beck^{Ische}reihe

W0045043

b^{sr}

Dieses Buch handelt von der Entstehung der sexuellen Begierde und des sexuellen Subjekts und bietet erstmals einen Überblick über die Sexualitätsgeschichte im deutschsprachigen Raum vom 17. bis ins 20. Jahrhundert. Es wird die ganze Bandbreite sexueller Äußerungen vorgeführt und in einem gesellschaftlichen und kulturellen Rahmen interpretiert: die Praktiken der bäuerlichen Bevölkerung und der städtischen Arbeiterschaft; der aufklärerische Onanie-Diskurs und die Geschlechterdebatte des 18. und 19. Jahrhunderts; die Entstehung des modernen sexuellen Subjekts und die sexuellen Wurzeln der bürgerlichen Gesellschaft. Homosexualität, Prostitution und andere Formen der ‹Abweichung› von Sittlichkeit und Moral werden in ihren sozialen und individuellen Dimensionen vorgestellt. Auch die angebliche ‹Befreiung› und Kommerzialisierung des Sex nach dem Zweiten Weltkrieg ist ein Beleg dafür, dass die sexuelle Begierde keine anthropologische Konstante darstellt.

Franz X. Eder lehrt als ao. Professor am Institut für Wirtschafts- und Sozialgeschichte der Universität Wien.

Franz X. Eder

Kultur der Begierde

Eine Geschichte der Sexualität

Verlag C.H.Beck

Mit 10 Abbildungen

Die Deutsche Bibliothek – CIP-Einheitsaufnahme

Eder, Franz X.:
Kultur der Begierde: eine Geschichte der Sexualität /
Franz X. Eder. – Orig.-Ausg. – München : Beck, 2002
    (Beck'sche Reihe ; 1453)
    ISBN 3 406 47593 0

Originalausgabe

© Verlag C.H. Beck oHG, München 2002
Gesamtherstellung: Druckerei C.H. Beck, Nördlingen
Umschlagbild: Paul Delvaux, Pygmalion, 1939
© VG Bild-Kunst, Bonn 2001
Umschlagentwurf: +malsy, Bremen
Printed in Germany
ISBN 3 406 47593 0

www.beck.de

Inhalt

Vorwort

Ein «jungfräuliches Feld» nannte der amerikanische Psychoanalytiker und Historiker Vern L. Bullough die Sexualitätsgeschichte in den siebziger Jahren. Heute ist dieses Feld gut bestellt und trägt reichlich Früchte. Allerdings entwickelte sich die Saat anders, als dies psychoanalytisch informierte Historiker nach der «Sexuellen Revolution» erhofften. Entgegen ihren Erwartungen erwies sich die Freudsche Theorie als recht stumpfes Werkzeug für das unwegige Terrain der Sexualitätsgeschichte. Die radikale Historisierung der «Sexualität» hätte beinahe zum «Vatermord» geführt: In den achtziger und neunziger Jahren stellte die sozial-konstruktionistische Kritik nicht nur die essentialistische Festschreibung des Sexuellen in Frage, sondern auch gleich die Grundlagen der psychoanalytischen Sexualtheorie. Diese «kopernikanische Wende» brachte das Feld der Sexualitätsgeschichte erst richtig zum Blühen. In den letzten Jahren entwickelte sich die Historiographie der Sexualität immer mehr zu einer neuen Subdisziplin der Geschichtswissenschaften. Musste man noch vor dreißig Jahren darauf hinweisen, dass die menschliche Sexualität auch eine Geschichte hat, kann man heute mit Fug und Recht behaupten: «Sexualität» ist Geschichte.

Die neue Sexualitätsgeschichte entwickelte sich in Großbritannien, den Niederlanden, Frankreich und in den USA. Für den deutschsprachigen Raum liegen inzwischen ebenfalls zahlreiche Detailstudien vor, eine am aktuellen wissenschaftlichen Diskussionsstand orientierte Synthese steht allerdings bislang noch aus. Der vorliegende Band bringt einen solchen ersten kultur- und sozialgeschichtlichen Überblick über die Entwicklung der sexuellen Begierde und die Genese des Sexualverhaltens sowie des sexuellen Subjekts in Deutschland und Österreich vom 17. bis 20. Jahrhundert. Er umfasst damit einen Zeitraum, in dem die Grundlagen der modernen Sexualität als Idee, Wissen und Praxis entstanden.

Synthesen eines Forschungsfeldes fällt die Aufgabe zu, das Terrain überschaubar zu machen, Lücken zu füllen und unbearbeitete

Gebiete aufzuzeigen. Dies ist auch die Zielsetzung des vorliegenden Bandes, der die Forschungen des Autors im Rahmen der internationalen Historiographie präsentiert und dabei die Sexualitätsgeschichte des deutschsprachigen Raumes reinterpretiert. Einige der abgedruckten Kapitel wurden bereits in einer Erstversion veröffentlicht und für diese Publikation überarbeitet. Zeitgleich mit diesem Band erscheint im Internet eine interaktive Bibliographie zur Geschichte der westlichen Sexualität. Die «Bibliography of the History of Western Sexuality, 1700–1945» (http://www.univie.ac.at/Wirtschaftsgeschichte/Sexbibl/) umfasst rund 15000 Titel der nichtbelletristischen Literatur über die Geschichte der Sexualität in Europa und Nordamerika und ist nach gängigen Fachtermini beschlagwortet.

Viele Personen waren an der Genese dieses Bandes beteiligt. Josef Ehmer, Michael Mitterauer, Helmut Puff und Hannes Stekl haben einzelne Kapitel kommentiert – ein herzliches Dankeschön für diese Hilfe. In- und ausländische Kollegen und Kolleginnen haben in den letzten Jahre mein Interesse an der Sexualitätsgeschichte geteilt und durch Anregung und Kritik meine Arbeit gefördert. Besonders bedanken möchte ich mich bei Jim Brown, Sabine Frühstück, Christa Hämmerle, Lesley Hall, Gert Hekma und Harry Oosterhuis. Die Autor/inn/en der beiden Bände «Sexual Cultures in Europe» und die Referent/inn/en der Ringvorlesung «Neue Geschichte/n der Sexualität» (1999/2000) haben ebenfalls zu meinem Verständnis der Sexualitätsgeschichte beigetragen. Gleiches gilt für die Teilnehmer/innen der Amsterdamer Konferenz «Sexual Cultures in Europe, 1700–1990» (1996) und der «Sexuality Session» der «European Social Science History Conference» (1998 und 2000). Zahlreiche Anregungen stammen auch von meinen Mitherausgeber/inne/n der «Österreichischen Zeitschrift für Geschichtswissenschaften» und unserer gemeinsamen Arbeit an Themenheften zur Sexualität. Christine Zeile und die Mitarbeiter/innen des C.H. Beck-Verlages haben mir ebenfalls wertvolle Unterstützung zukommen lassen.

Ohne Erika und Anna-Lena wäre dieses Buch nicht zustande gekommen. Ihnen beiden ist es gewidmet.

Einleitung:
Sexualität historisch er/finden

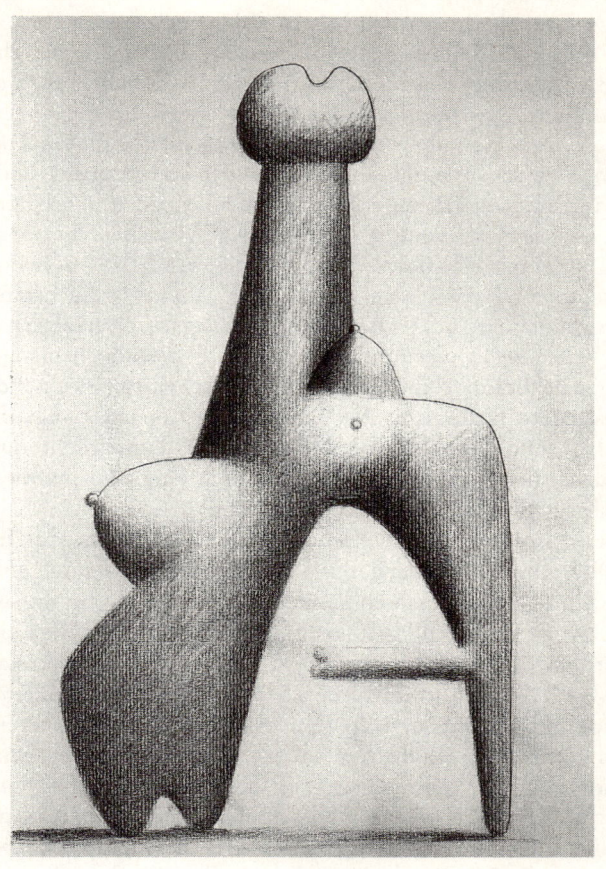

Die Historiographie der Sexualität kann auf eine rund hundert-jährige Geschichte zurückblicken.[1] Zwar interessierte man sich auch schon in früheren Jahrhunderten für das Sexualverhalten und die Sexualmoral der Vergangenheit, ausführlichere historische Abhandlungen existierten aber nur zu wenigen, für die Zeitgenossen besonders brisanten Aspekten – die zwei beliebtesten Themen waren zweifelsohne die Geschichte der Prostitution und der venerischen Krankheiten.[2] Erst mit dem Ende des 19. Jahrhunderts und der Entwicklung einer eigenen Wissenschaft vom Sexuellen wurden auch andere Facetten des Sexuallebens historisch beleuchtet und die Geschichte der Sexualität als eigenständiger Gegenstand untersucht. Die ersten Sexualforscher verfolgten dabei nicht selten recht eigennützige Gründe, galt es doch mangelnde empirische Befunde durch anthropologische, ethnologische und insbesondere historische Ausführungen zu ersetzen. Sexualwissenschaft und Sexualitätsgeschichte haben damit nicht nur ein und denselben Gegenstand, sondern auch eine gemeinsame Entstehungsgeschichte.

Die Historiographie der Sexualität wurde anfangs durch eine besondere Form der Darstellung geprägt: die sogenannte «Sittengeschichte».[3] Sittengeschichtliche Werke wurden bis in die dreißiger Jahre weniger von Historikern, sondern eher von Medizinern, Anthropologen und Ethnographen verfasst. Sie alle verstanden sich als «Kulturhistoriker» und sahen im Sexualverhalten ein Maß für den moralischen und zivilisatorischen Zustand früherer und gegenwärtiger Gesellschaften. Sexualität war in ihren Augen eine omnipotente und omnipräsente Triebkraft der Geschichte und bedurfte deshalb besonderer wissenschaftlicher Aufmerksamkeit. Die oft vielbändigen Sittengeschichten erhoben den Anspruch, möglichst alle Formen des Sexuellen darzustellen – egal ob sie als sozial erwünscht oder verboten, ‹natürlich› oder ‹pervers›, ‹gesund› oder ‹krankhaft› galten. Anekdoten, Skandale und Groteskes standen dabei im Mittelpunkt und nicht selten sollte durch pikante Abbildungen und schlüpfrige Beschreibungen auch erotische Spannung erzeugt werden.[4] Ähnliche Intentionen verfolgten sittengeschichtliche Ausflüge ins Reich der ‹Primitiven› und zu den «Sitten aller Zeiten und Völker».[5] Auch hier wurden «sexuelle Geschichtchen» erzählt, die, wie schon zeitgenössische Kritiker erkannten, aneinandergereiht noch «keine Sexualgeschichte bildeten»,[6] vor allem keine Entwicklung und Zusammenhänge sichtbar machten. In nach heutigen Maßstäben recht unkritischer Manier interpretierten die Sittenhistoriker normative Quellen als unmittelbares Abbild sozialer Praxis und ignorierten dabei, dass es sich bei den von ihnen gesammelten Texten und Bildern um Materialien handelte, die meist mit moralisch-didaktischen oder auch erotisch-pornographischen Zielsetzungen entstanden waren.

Psychoanalytische Ansätze blieben – verglichen mit dem Stellenwert, den das Sexuelle im Theoriegebäude Freuds und seiner Nachfolger einnahm – in der Historiographie der Sexualität lange Zeit unbedeutend. Erst in den sechziger Jahren und mit der Ausbreitung der «Sexuellen Revolution» etablierte sich eine psychoanalytisch informierte Sexualitätsgeschichte. Nun waren es primär Historiker/innen und historisch interessierte Sozialwissenschaftler/innen, die die Sexualkultur früherer Jahrhunderte betrachteten.[7] Manche glaubten in der psychoanalytischen Theorie den generellen soziosexuellen Schlüssel für die Entwicklung der modernen Sexualität gefunden zu haben. In das Zentrum der Aufmerksamkeit rückte nun das Bürgertum und sein Umgang mit jener Lebensäußerung, der man erst zu Beginn des 19. Jahrhunderts den Namen «Sexualität» gegeben hatte. Die Genese der bürgerlichen Sexualität sollte vor allem durch Repression und Verdrängung gekennzeichnet sein. Beide Phänomene schienen für jene sexuellen Nöte verantwortlich, gegen die man in den späten sechziger und frühen siebziger Jahren mit einer «Befreiung der Sexualität» ankämpfen wollte.

Im Lichte der «Repressionsthese»[8] erschien die bürgerliche Sexualität als zwiespältiges Phänomen: Einerseits sollte es seit der Frühen Neuzeit zu einer zunehmenden Verleugnung und Unterdrückung des «Sexualtriebes» gekommen sein. Kulminieren würde diese Entwicklung in der angeblich umfassenden Prüderie des 19. Jahrhunderts, die einen fast undurchdringlichen Mantel des Schweigens über alles Sexuelle gebreitet hätte. Besonders Frauen galten als Opfer der bürgerlichen Sexualmoral, ihre sexuellen Begierden würden in den ‹bürgerlichen Jahrhunderten› grundsätzlich negiert. Andererseits – und das sollte primär Männer betreffen – hätte sich unter der prüden Oberfläche ein verbotener, aber nichtsdestotrotz weit verbreiteter sexueller Untergrund entwickelt. Zumindest für Männer wäre es aufgrund der bürgerlichen Doppelmoral möglich gewesen, mittels Mätressen, Prostituierter und Pornographie in den Genuss sexueller Freuden zu gelangen. Doppelmoral und Repression seien auch die Ursache vieler psychischer Krankheiten, die im 19. Jahrhundert besonders unter Frauen grassierten. Erst durch die sexuelle Liberalisierung der sechziger und siebziger Jahre würden sich Frauen von den repressiven Wirkungen der bürgerlichen Sexualmoral emanzipieren und ihre ‹wahre› Sexualität angemessen befriedigen können.

Die sozialgeschichtliche Forschung änderte an diesem «Double-Standard»-Modell nur wenig.[9] Der Verdienst vor allem französischer und englischer Historiker war es vielmehr, die sexualitätsgeschichtliche Forschung in den sechziger und siebziger Jahren methodisch und inhaltlich erweitert zu haben. Methodisch, indem nun in größerem Umfang quantitative, nämlich primär demographische Studien zum Sexualverhalten durchgeführt wurden. Inhaltlich, weil das Sexualleben unterschiedlichster Bevölkerungsgruppen – und nicht nur das des Bürgertums und einiger sexueller ‹Minoritäten›, wie Prostituierter und schwuler Männer – zum Thema wurde. Die erhobenen demographischen Daten führten zu hitzigen Diskussionen über die Interpretation von Fertilitätszahlen und Illegitimitätsraten.[10] Nicht weniger heftig war die Debatte über das Ausmaß der Unterdrückung bzw. Liberalisierung der Sexualität im Bürgertum und die Auswirkungen der Industriellen Revolution und der Agrarrevolution auf das Sexualverhalten.[11]

In der zweiten Hälfte der siebziger Jahre kam es zu einer paradigmatischen Wende in der Sexualitätsgeschichte, die die Forschungslandschaft bis heute beeinflusst. Auch wenn andere Forscher/inne/n Wesentliches dazu beitrugen,[12] wurde vor allem Michel Foucaults «Histoire de la sexualité»[13] wegbestimmend für die weitere Entwicklung. Im ersten Band seiner unvollendet gebliebenen «Sexualitätsgeschichte» forderte er eine Abkehr vom Freudschen «Dampfkessel-Modell» und eine Historisierung und De-Naturalisierung des Sex. Nach Foucault sei die These von der zunehmenden Sexualrepression in der bürgerlichen Gesellschaft zwar nicht grundsätzlich falsch, sie täusche aber darüber hinweg, dass die moderne Vorstellung von «Sexualität» erst im Diskurs der

Humanwissenschaften entstanden sei. Ein «Sexualitätsdispositiv» – Diskurse und Technologien des Sex – hätte in den letzten drei Jahrhunderten immer weitere Bereiche des menschlichen Lebens in den Bannkreis des Sexuellen gezogen und so die Identitäts- und Wahrheitssuche des modernen Menschen sexualisiert. Angesichts dieser Entwicklung sei es die vordringliche Aufgabe der Sexualitätsgeschichte, die soziale Konstruktion des sexuellen Subjekts zu erforschen und nicht unentwegt der Sexualunterdrückung hinterherzuspüren.

Auch die Vertreter/innen der Schwulen- und Lesbenbewegung und des Feminismus kritisierten in den siebziger und achtziger Jahren die essentialistische Begründung der Sexualität. Ihre sozialkonstruktionistische Abrechnung mit der traditionellen Sexualitätsgeschichte fiel vernichtend aus: Jeder Form von Rückführung hetero-, homo- oder wie immer gearteter sexueller Begierden auf einen im Menschen vorhandenen Sexualtrieb sei zu misstrauen; gleiches gelte für eine generalisierende Geschlechterdichotomie. Auch die Freudsche Psychoanalyse, die in ihrem soziosexuellen Modell einen agierenden und womöglich auch sinn- und bedeutungsstiftenden Sexualtrieb annehmen würde, könnte nicht mehr als Königsweg der Sexualtheorie fungieren. An die Stelle der essentiellen Festschreibung der Sexualität sollte eine soziale und historische Konstruktion der sexuellen Begierde, Orientierung und Identität treten.

In den neunziger Jahren hatte es vielfach den Anschein, als ob essentialistische Positionen in der Sexualitätsgeschichte, weniger in der Sexualwissenschaft, der Vergangenheit angehörten. Populärwissenschaftliche und journalistische Darstellungen der Sexualität und ihrer Geschichte vermittelten ein eher gegenteiliges Bild: Auch wenn man die menschliche Sexualität derzeit nicht grundsätzlich erklären könnte, würde die zukünftige, vor allem naturwissenschaftliche Forschung die genetische und hormonelle Basis des Sexuellen entziffern und so den rätselhaften Sex aufklären können. Seitens des sozialen Konstruktionismus zeichnete sich im letzten Jahrzehnt keine Theorie ab, die die Entstehung, Richtung und Erfüllung der sexuellen Begierde sowohl sozial als auch historisch erklären könnte. Die repetitive Kritik an der psychoanalytisch geprägten Historiographie und an biologistischen Theorien konnte nicht darüber hinwegtäuschen, dass die konstruktionistischen Versuche einer Geschichte des sexuellen Subjekts und der sexuellen Begierde bislang kaum über Foucault hinauskamen.

Womit das Dilemma und gleichzeitig auch das Potenzial der gegenwärtigen Sexualitätsgeschichte umrissen ist: Einerseits scheint kein Weg zurück zu führen zu ehemals festen essentialistischen Begriffen und Theorien. Statt von *der* Sexualität zu sprechen, wird deshalb seit Mitte der achtziger Jahre oft der Begriff «Sexualitäten» verwendet.[14] Mit dem Plural soll sowohl die Vielfalt sexueller Identitäten, Rollen und Begierden konnotiert als auch darauf hingewiesen werden, dass jener Lebensbereich, den wir im Alltag leichthin «Sexualität» nennen, seines essentiellen Kerns entledigt wurde. Obwohl das Untersuchungsobjekt damit schwerer handhabbar ist, hat sich die Zahl sexualitätshistorischer Publikationen in den letzten Jahren vervielfacht. Sexualitätsgeschichtliche Themen haben Einzug in die universitäre Lehre gehalten und geschichtswissenschaftliche Konferenzen und Tagungen präsentieren einschlägige Panels.

Zugespitzt formuliert wird das aktuelle Wissenschaftsfeld durch eine Haltung des «anything goes» und pluralistische wie methodenübergreifende Versuche gekennzeichnet. Auch das seit 1990 die Forschung bereichernde «Journal of the History of Sexuality» hat sich dieser Uneindeutigkeit verschrieben. John C. Fouts programmatisches Statement im Editorial des ersten Heftes ist noch heute gültig: «Now the study of human sexuality is being addressed by social historians, sociologists, anthropologists, philosophers, psychologists, literary scholars, classicists, art and film historians, and scholars in other fields from a variety of disciplinary and crossdisciplinary perspectives. It is far too early in the progression of this new area of scholarship to establish its parameters.»[15] Sexualhistoriker/innen sehen sich mit einem Untersuchungsobjekt konfrontiert, dessen Konzeption und Operationalisierung kaum gesicherten Vorgaben folgen kann.[16] Deshalb gehört es zu den Aufgaben der Historiographie der Sexualität, die historischen Formen des Sexuellen immer wieder neu zu konstruieren, ja zu erfinden. Und dies gerade, weil die moderne Selbstwahrnehmung in diesem Lebensbereich so unmittelbar mit ‹eigener› und scheinbar ‹natürlicher› Erfahrung aufgeladen ist.

«Sexualität» ist ein «Plastikwort», das erst in der zweiten Hälfte des 20. Jahrhunderts Eingang in die Umgangssprache gefunden hat und seitdem erfolgreich seinen Platz behauptet.[17] In der Fachsprache wurde der Begriff seit Anfang des 19. Jahrhunderts als substantivische Ableitung von «sexual» bzw. «sexuell» verwendet. Anfänglich diente er in Anlehnung an die Linnésche Klassifikation zur Bezeichnung des Geschlechts von Pflanzen und bedeutete in der Folge «Geschlecht», «Geschlechtsleben» und die «Gesamtheit der geschlechtlichen Lebensäußerungen». Der Begriff «sexuell» wiederum stammte aus dem Französischen und tauchte vereinzelt schon im späten 18. Jahrhundert auf.[18] Während seiner zweihundertjährigen Geschichte wurde das «sexuelle» Begriffsfeld mit wirkungsmächtigen Konnotationen, einprägsamen Bildern und vielschichtigen Metaphern aufgeladen – man denke nur an performative Begriffe wie «Sexualtrieb», «Beherrschung», «Höhepunkt» oder «Befriedigung». Es ist geprägt von der Vorstellung, dass der Mensch von einem intrinsischen Trieb bewegt und von ihm in seinem Verhalten, seinen Wünschen, seiner sexuellen Orientierung und Geschlechtsidentität determiniert würde. Angesichts dieser Vorgeschichte ist verständlich, warum der ‹starke› Begriff «Sexualität» hier nur mit Distanz verwendet und allenfalls durch zeitgenössische und ‹schwächere› Begriffe ersetzt wird.

Im vorliegenden Band wird das Sexuelle als vielschichtiges Phänomen aufgefasst. Unter «Sexualität» werden alle mit dem Geschlechtsleben zusammenhängenden Erscheinungen verstanden – das sind Begriffe, Ideen, Wissen, Begierde, Orientierung, Phantasie und Praxis. Im Gegensatz zur häufig geäußerten Meinung, Sexualität sei etwas Privates, vom Öffentlichen und Politischen getrenntes, wird angenommen, dass die sexuellen Subjekte unabwendbar den soziokulturellen Codes ausgeliefert sind – was allerdings nicht bedeutet, dass sich Menschen nicht auch gegen diese Vorgaben entscheiden könnten. So gesehen wurde und wird das Sexuelle immer auf konkrete Art und Weise gelebt, also durch Erfahrung und Praxis konstituiert. Menschen bedienen sich dabei vorgeprägter Begriffe, Vorstellungen und Wahrnehmungsformen, um den Körper und die Seele zu erfahren, zu beschreiben und mit Bedeutung und Sinn zu versehen. Selbst wenn sie meinen, den Leib selbst zu verspüren, sendet ihnen dieser nicht einseitig seine Signale – vielmehr ‹lesen› sie ihn unausweichlich in kulturell geprägten Codes.[19] Das bedeutet aber nicht, dass sich das Kulturelle gleichsam in einen ‹leeren› Leib einschreiben könnte. Die biologische «Wollust» ist, wenn auch in den evolutionären Tiefen des menschlichen Körpers verborgen, von sich aus ein wichtiger Antrieb des Sexuellen.

Die Biologie des menschlichen Sexuallebens, seine genetischen und hormonellen Determinanten kommen in diesem Band sicherlich zu kurz; gleiches gilt für die Tiefenstrukturen der menschlichen Psyche. Beide Bereiche tragen – vielleicht sogar ‹essentiell› – zur Ausformung des Sexuellen als Drang, Verhalten und Befindlichkeit bei. Bereits Sigmund Freud hat diesen ungreifbaren Kern in noch heute gültiger Weise charakterisiert: «Wenden wir uns nun von der biologischen Seite her der Betrachtung des Seelenlebens zu, so erscheint uns der ‹Trieb› als ein Grenzbegriff zwischen Seelischem und Somatischem, als psychischer Repräsentant der aus dem Körperinnern stammenden, in die Seele gelangenden Reize, als ein Maß der Arbeitsanforderung, die dem Seelischen infolge seines Zusammenhanges mit dem Körperlichen auferlegt ist.»[20] Der biologische Ursprung des Triebes blieb für ihn im Dunkeln: «Die Trieblehre ist sozusagen unsere Mythologie. Die Triebe sind mythische Wesen, großartig in ihrer Unbestimmtheit. Wir können in unserer Arbeit keinen Augenblick von ihnen absehen und sind dabei nie sicher, sie scharf zu sehen.»[21]

Für die vorliegende Untersuchung bleibt die biologische Determination der Sexualität ebenfalls unbestimmt. Mit Simon LeVay wird angenommen, dass eine Vielzahl von sozialen, kulturellen, genetischen und hormonellen Faktoren zur Diversifizierung des Sexuellen beitragen – ihr jeweiliger Anteil an der Entwicklung sexueller Energie, Orientierung, Verhaltensformen etc. lässt sich derzeit nicht festmachen.[22] In Abrede gestellt wird allerdings, dass genetische und hormonelle Faktoren als bedeutungs- und sinngebende Motoren sexueller Gefühle, Phantasien, Verhaltensweisen und Identitäten gelten können. Die im Laufe der Evolution entstandenen physischen und psychischen Eigenschaften des Menschen sehen gerade im Bereich des Sexuellen kein simples Instinkthandeln mehr vor. Vielmehr umfasst die menschliche ‹Natur› ein vielfältiges, heterogenes, vielleicht sogar widersprüchliches sexuelles Repertoire. Die sexuelle «Begierde» des Menschen ist Natur und Kultur zugleich.

Dieses Buch handelt von der Konstruktion der «sexuellen Begierde» und des «sexuellen Subjekts» vom 17. bis 20. Jahrhundert.

Nicht die Disziplinierung und Unterdrückung des Sexuellen werden dabei fokussiert, sondern der positive und produktive Aufbau des «sexuellen Subjekts» und seiner «Begierde» auf den Ebenen von Wissen, Praxis und Einzelperson. Unterlegt ist die Annahme, dass die sexuelle Begierde zu jener Art gehört, die Ian Hacking als «interaktiv» bezeichnet hat. Auch sexuelle Klassifikationen verändern demnach, «sobald sie den Personen oder ihren Mitmenschen bekannt sind und in den Institutionen zum Einsatz gebracht werden, die Art der Selbsterfahrung der einzelnen» und können Personen dazu bewegen «ihre Gefühle und ihr Verhalten zum Teil aufgrund dieser Klassifikation zu entwickeln».[23] Diese Intervention ist jedoch nicht als Top-Down-Effekt oder einseitiger Vorgang zu verstehen. Looping-Effekte existieren auch in der Gegenrichtung und führen dazu, dass die Akteure durch ihr Handeln das Sexuelle als Idee, Wissen und Praxis in vielfältiger Art und Weise verändern und damit auch auf ihr weiteres Geschick einwirken.

Hacking hat darauf hingewiesen, dass die soziale Konstruktion des (sexuellen) Subjekts – so sie nicht zur plakativen Metapher verkommen will – den Aufbau verschiedener Entitäten, wie Begriff, Wissen, Praxis und Einzelperson, zu unterscheiden hat.[24] Wiederholt wird in diesem Buch deshalb der Frage nachgegangen, wie die Idee des «sexuellen Subjekts» entstand und zu einer eigenständigen Kategorie der Selbst- und Fremdwahrnehmung werden konnte. Akteure vorweg als sexuelle Subjekte zu verstehen, mag für die Gegenwart evident sein, für frühere Jahrhunderte kann dies nicht als selbstverständlich vorausgesetzt werden. Die Einführung des «Sexualitäts»-Begriffes an der Wende vom 18. zum 19. Jahrhundert markiert hier, wie in mehreren Kapiteln gezeigt wird, eine elementare Weichenstellung in der Geschichte des Sexuellen. Des weiteren werden praktische Verfahrensweisen aufgezeigt, durch die das sexuelle Subjekt seine Wesensartigkeit zugewiesen bekam. In der neuzeitlichen Sexualitätsgeschichte reichte die Palette von den Geständnistechniken des frühen Onaniediskurses bis zu den experimentellen Szenarien der modernen Sexualwissenschaft und der Kommerzialisierung und Therapeutisierung des Sex.[25] Wohl am weitesten fortgeschritten ist bislang die Geschichte des wissenschaftlichen, weniger des populären Sexual-Wissens, die hier synthetisiert und in ihrer Bedeutung für das sexuelle Subjekt reflektiert wird. Und schließlich wird auch die Kategorie der Einzelperson sexual-historisch und konstruktionistisch betrachtet. Beschrieben wird die Genese eines Subjekts, das sich während der letzten beiden Jahrhunderte zunehmend in sexuellen Begriffen verstand und der sexuellen Wissensproduktion willig zuarbeitete.

Für den untersuchten Zeitraum wird in Anlehnung an Niklas Luhmann ein weitgehend ‹klassischer› Subjektbegriff unterstellt. Demnach etablierte sich nach dem Niedergang der religiösen und metaphysisch-kosmischen Grundlegung von Erkenntnis eine empirische und gleichzeitig transzendentale Subjekt-Vorstellung: Das Bewusstsein musste «als ein über Empirizitäten hinausgehender ‹transzendentaler› Sachverhalt, als ‹Subjekt› der Welt begriffen werden. So konnte die Selbstreferenz des Bewußtseins, Subjekt genannt, als Quelle der Erkenntnis und als Quelle der Erkenntnis der Bedingungen der Erkenntnis zugleich in Anspruch genommen werden.»[26] Anders als im nachmodernen Denken, wo das Subjekt als Spielball von Machtkonstellationen und Ideologien, von unbewussten Regungen und kommunikativen Akten, jedenfalls als Unterworfenes oder gar Zerfallendes aufgefasst wird, galt in der hier behandelten Zeit das «subiectum» noch als Zugrundeliegendes, als Hort der Wirklichkeit und Wahrheit.[27] Doch gerade die Diskurse über das Sexuelle rührten immer wieder an der bedrohlichen Frage, ob denn das Subjekt aufgrund seiner Geschlechtlichkeit tatsächlich ‹Herr im eigenen Hause› sei. Die Autonomie des Subjekts müsse gegen die unterwerfende Wirkung des Sexuellen verteidigt werden – so könnte das Motto der neuzeitlichen Sexual-Erzählung lauten. Lösen wollte man diese unlösbare Aufgabe, indem man unfreie sexuelle Subjekte – wie Onanisten, hysterische Frauen, Homosexuelle, Perverse u.a. – konstruierte und mit ihnen stützende Mauern um das angeblich freie sexuelle Subjekt errichtete.

Theoretische Hürden kennzeichnen nicht nur das Untersuchungsobjekt, sondern auch den Quellenbestand. Die großen Hoffnungen, die in den siebziger Jahren in die Auswertung quantifizierbarer Quellen gesetzt wurden, sind angesichts der Kontroversen über Sexualitäts-Indikatoren inzwischen verflogen. Über grundlegende demographische Veränderungen wissen wir heute allerdings recht gut Bescheid. Mittels Textquellen wurde in den letzten beiden Jahrzehnten eine große Bandbreite von Diskursen über das Sexuelle erschlossen. Sie reicht von wissenschaftlichen Debatten über Gesetzestexte und Aufklärungsliteratur bis zu politischen Schriften und der Belletristik.[28] Viele der gegenwärtig intensiv erforschten Textsorten – etwa die besonders beliebten Gerichtsprotokolle – geben jedoch die sexuellen Vorstellungen und Praktiken in einer strategischen und normierten Sprache wieder. Die institutionellen Umstände ihres Entstehens und ihre oft normativen und sozialdisziplinierenden Zielsetzungen haben dazu geführt, dass diese Quellen eher moralische Wunschvorstellungen, ‹deviante› Sexualformen, legistische Normen und nicht das ‹durchschnittliche› Sexualleben wiederspiegeln. In wenigen anderen historischen Forschungsbereichen sind Quellen zur Selbst- und Fremdinterpretation des alltäglichen Handelns, Fühlens und Denkens so spärlich gesät wie im Bereich der Sexualität. Selbst autobiographische Texte machen meist einen weiten Bogen um die Thematik. Wenn Sexuelles in lebensgeschichtlichen Texten angesprochen wird, geschieht dies oft in stereotyper Rede und selten in Form (selbst)reflektierender Aussagen. Es verwundert nicht, dass expressive autobiographische Texte und solche mit Selbst- und Fremdinterpretationen in der Sexualitätsgeschichte überaus große Bedeutung erlangten. Lebensgeschichtliche Interviews und Gesprächsrunden bieten hier zumindest für einen Gutteil des 20. Jahrhunderts einen Ausweg. Dass bildliche Darstellungen des Sexuellen ebenfalls intensiver Deutung bedürfen und keinesfalls als authentische oder dokumentarische Abbildungen zu verstehen sind, braucht nicht eigens betont zu werden.

Für die vorliegende Studie wurden Textquellen unterschiedlichster Provenienz herangezogen. Dabei erwies sich die von Norman Fairclough vorgestellte textorientierte Diskursanalyse, die sozialtheoretische und linguistische Aspekte vereint, als eine den Fragestellungen und dem Untersuchungsobjekt angemessene Methode.[29] Im Sinne Faircloughs wird unter Diskurs ein dreidimensionales Konzept – die Instanz des Textes, die diskursive Praxis und die soziale Praxis – verstanden und damit eine sozial- und kulturgeschichtliche Betrachtung auf mehreren Ebenen angestrebt. Diskurse konstituieren demnach soziale Identität, Subjektpositionen und Typen des Selbst. Solcherart formen sie die sozialen Beziehungen zwischen Menschen und tragen zur Bildung von Wissens- und Glaubenssystemen bei. Diskurse sind auch als politische Praktiken zu verstehen: «Discourse as a political practice establishes, sustains and changes power relations, and the collective entities (classes, blocs, communities, groups) between which power relations obtain. Discourse as an ideological practice constitutes, naturalizes, sustains and changes significations of the world from diverse positions in power relations.»[30] Die Relation von Diskurs und sozialer Praxis muss dabei als dialektisches Verhältnis und nicht als einseitige Determination gesehen werden – Hackings «interaktive Kategorie» materialisiert sich hier im Diskurs. Auf der Ebene des Textes bezieht die textorientierte Diskursanalyse grundlegende Bereiche der Textlinguistik, nämlich Vokabular, Grammatik, Kohäsion und Textstruktur, mit ein und berücksichtigt die Performanz, Kohärenz und Intertextualität von Texten bzw. die Interdiskursivität von Diskursen. Letztere sind auch Merkmale von diskursiven Praktiken, die insgesamt den Prozess der Textproduktion, -distribution und -konsumtion umfassen. Auf der Ebene der sozialen Praktiken wird der Diskurs als Ausdruck hegemonialer Konflikte verstanden. Wobei das von Antonio Gramsci entlehnte Hegemonie-Konzept den diskursiven Wandel im Lichte sich verändernder Machtbeziehungen erscheinen lässt. Diskursive Praktiken – die Produktion, Distribution und Konsumption von Diskursen – werden als Facetten hegemonialer Auseinandersetzungen gesehen, die zur Reproduktion und Transformation der existierenden Ordnung von Diskursen genauso beitragen wie zur Reproduktion und Veränderung der sozialen Ordnung und der Machtrelationen. In Form kontradiktorischer und inkonsistenter Elemente hinterlassen gesellschaftliche Konflikte in Texten ihre Spuren und können mittels Textanalyse erschlossen werden. Umgekehrt disartikulieren Texte die bestehende soziale Ordnung und artikulieren eine neue. Die textorientierte Diskursanalyse bedient sich jedoch – das zeigt schon dieser kurze Abriss – einer recht sperrigen Sprache. Deshalb wird, auch wenn die Faircloughsche Methode dieser Untersuchung zugrunde gelegt ist, bei der Darstellung schon aus Gründen der Allgemeinverständlichkeit auf die dort vorgeschlagenen Termini und Darstellungsprinzipien verzichtet.

Auch die Historiographie der Sexualität ist ein Diskurs, der als Text, diskursive Praxis und soziale Praxis interpretiert werden kann.

Die deutschsprachige und internationale Sexualitätsgeschichte entwickelte sich in den letzten Jahrzehnten in direkter Interaktion mit den gesellschaftlichen Sexualitäts-Diskursen. Unübersehbar ist, dass die sexualhistorische Forschung in den späten sechziger und in den siebziger Jahren die «Sexuelle Revolution» mit vollzog und gleichzeitig auf sie einwirkte. Der Gestus der sexuellen ‹Befreiung› ließ vor allem das bürgerliche Sexualleben des 18., 19. und frühen 20. Jahrhunderts als unterdrückt und unbefriedigt erscheinen. Mittelalter und Antike hingegen galten als ‹goldenes› Zeitalter, in dem der ‹Sexualtrieb› noch nicht in die Fänge des Zivilisationsprozesses geraten war. Manche in den siebziger Jahren erschienenen Publikationen versuchten nicht nur Einsichten in die historische Sexualrepression zu vermitteln, sondern versprachen den Leser/inne/n zugleich Abhilfe für rezente sexuelle Leiden.[31] Bezeichnenderweise avancierten ‹Unterdrückungsopfer› auch in der Geschichtswissenschaft zu einem zentralen Forschungsgebiet. Vor allem die französische und angloamerikanische Forschung lieferte wichtige Studien zur Geschichte der Homosexualität[32] und der weiblichen Sexualität (insbesondere zu Prostitution, Illegitimität und Fertilität).[33] Sozialhistoriker bauten das Feld der Sexualitätsgeschichte um neue soziale Gruppen und Klassen aus; Forscher aus dem Umfeld der Zeitschrift «Annales» und der englischen Demographie- und Strukturgeschichte sind hier besonders hervorgetreten.[34] Die ‹sexuellen Revolutionäre› versicherten sich zudem ihrer Stammväter: Erste größere Studien zur Geschichte der Sexualwissenschaft und zu bedeutenden Persönlichkeiten der Emanzipations- und ‹Befreiungs›-Geschichte wie Havelock Ellis und Sigmund Freud gehörten ebenso dazu wie Untersuchungen über Visionäre des Sex, etwa Marquis de Sade und Charles Fourier.[35]

In den achtziger Jahren führte die Kritik am traditionellen Zwei-Geschlechter-Modell und an der «Repressionsthese» zu einer Erweiterung der sexualhistorischen Forschung. Die feministische Diskussion und die Debatten der Schwulen- und Lesbenbewegung hinterließen ebenfalls ihre Spuren.[36] Sexualität, so der durchgängige Tenor, sollte nicht mehr durch das Triebmodell, sondern durch Kategorien, Diskurse, Wissen und Dispositive bestimmt werden. Die Forschung stand nun ganz im Zeichen sozialer Konstruktion und der Repräsentationen des Sex.[37] Angeregt durch die Historisierung der sexuellen Orientierung in der schwul-lesbischen Bewegung avancierte die wissenschaftliche Konstruktion der Homosexualität im 19. Jahrhundert zu einem neuen Forschungsschwerpunkt. Dass die rein auf Wissensformationen und Diskurse abzielende Historiographie jedoch meist recht einseitige Ergebnisse zutage förderte, zeigten schon erste Untersuchungen zur Lebenswelt von Schwulen und Lesben.[38] Die Geschichte der Sexualwissenschaft und der Emanzipationsbewegungen bekam durch die konstruktionistische Umorientierung ebenfalls neues Gewicht.[39] Als Folge der Politisierung der Sexualität rückten die Zwischenkriegszeit und der Nationalsozialismus stärker in den Blick.[40] Mediävisten und Frühneuzeit-Historiker zeigten, dass Foucaults Periodisierung der Sexualitätsgeschichte – vereinfacht gesagt in eine Epoche vor dem 18. Jahrhundert, in der es primär sexuelle Handlungen gegeben hätte und in die Zeit danach, die durch das «sexualisierte Subjekt» geprägt wurde – zu grob und bei der Klärung von Geschlechter- und Machtrelationen wenig hilfreich war.[41] Die Fixierung auf Foucault führte auch dazu, dass neue Theorieangebote und abweichende Darstellungen – insbesondere solche zur bürgerlichen Sexualität – von der Sexualitätsgeschichtsschreibung kaum rezipiert wurden.[42]

Die Gründung des «Journal of the History of Sexuality» im Jahr 1990 markierte einen wichtigen Entwicklungsschritt für die internationale sexualitätsgeschichtliche Forschung. Regionale und nationale Forschungsergebnisse werden seitdem von einer größeren Forscher/innen/gemeinde rezipiert, Lücken im internationalen Vergleich leichter identifizierbar. Die internationale und deutschsprachige Forschung hat im letzten Jahrzehnt zahlreiche neue Forschungsfelder und -perspektiven erschlossen. Heute existiert kaum mehr eine hetero-, homo- oder wie immer geartete Form des Sexuellen, die nicht historisch beleuchtet wird. Soziale Differenzierungen gehören inzwischen genauso zum Standard wie altersspezifische und regionale Unterscheidungen. Wenn auch mit deutlichen zeitlichen Schwerpunktsetzungen, erstrecken sich die historischen Studien von der Antike bis in die Gegenwart. Bei der Theorie der Sexualität, den paradigmatischen Zugängen, Untersuchungsmethoden und bearbeiteten Quellen hat ebenfalls eine Diversifizierung stattgefunden. Die derzeit behandelten Themen sind kaum mehr überschaubar: Illegitimität, vor- und außerehelicher Sex, Pornographie, Transvestismus, Strafrecht, Gerichtsbarkeit, Sexualreformbewegung, Prostitution, Sittenpolizei, homosexuelle Autobiographie, Sexualwissenschaft, Abtreibung, Lustmord, Kindsmord, Sexual-Diskurse, Verhütung, Subkulturen, Sexualpolitik, Schwulenbewegung, Masturbation, Geschlechtskrankheiten, Sexualität im Nationalsozialismus, ehelicher Sex – die Liste der Untersuchungsobjekte ließe sich noch lange fortsetzen.[43]

Infolge der Diversifizierung der Ansätze und Inhalte beginnt sich die Sexualitätsgeschichte in den letzten Jahren in spezialisierte Segmente aufzuspalten. Synthesen des Forschungsstandes kommt in dieser Situation eine besondere Bedeutung zu. Für einige der hier behandelten Themengebiete liegen schon mehr oder weniger gelungene englischsprachige Gesamtdarstellungen vor, etwa für die Geschichte der Sexualwissenschaft,[44] der Sexualität im 16. und 17. Jahrhundert[45] oder die Geschichte von Sexualität und Staat in Deutschland im 18. Jahrhundert.[46] Für die Geschichte der Homosexualität existiert neben einem deutschsprachigen Handbuch auch eine Einführung in die einschlägige Historiographie.[47] Seit kurzem ermöglichen zwei englischsprachige Sammelbände auch einen ersten europaweiten Vergleich länder- und themenspezifischer Sexualitätsgeschichten, der mit vielen Klischees – etwa über die prüden Engländer/innen, die erotisch bewanderten Franzosen und Französinnen oder die sexuell liberalen Niederländer/innen – aufräumt.[48]

Der vorliegende Band synthetisiert erstmals die Forschungen zur Geschichte der sexuellen Begierde in Deutschland und Österreich vom 17. bis zum 20. Jahrhundert.[49] Er ist am internationalen Forschungsstand orientiert und präsentiert gleichzeitig die Forschungsschwerpunkte des Autors. Aus beidem ergeben sich deutliche inhaltliche und zeitliche Gewichtungen: Erstens ist unübersehbar, dass die Sexualitätsgeschichte einzelner sozialer Klassen und Schichten für den deutschsprachigen Raum recht unterschiedlich entwickelt ist. Während das Sexualleben der bäuerlichen Bevölkerung (Kapitel 1) und der Arbeiterschaft (Kapitel 6) relativ gut untersucht wurde, mangelt es bei unseren Kenntnissen der bürgerlichen Sexualität, insbesondere der Sexualpraxis, noch an vielem. Die bisherigen Forschungen über das bürgerliche Sexualleben sind entweder von den Untersuchungen über andere Länder beeinflusst[50] oder vermengen unreflektiert Diskurse und

Praktiken.[51] Bei der weiteren Erforschung der bürgerlichen Sexualität wird deshalb autobiographischen Quellen besonderes Gewicht zukommen. Gerade bürgerliche Autor/inn/en, das zeigen erste Analysen, waren bei dieser Thematik «mit der Verschleierung von Tatsachen so augenscheinlich beschäftigt, daß die Befunde höchst aufschlußreich sein können».[52] Dem (wissenschaftlichen) Diskurs bürgerlicher Autoren des 18. und 19. Jahrhunderts über die geschlechterspezifische Sexualität wird in diesem Band – vor allem hinsichtlich seiner Bedeutung für die Konstruktion der Geschlechterdifferenz – nachgegangen (Kapitel 4). Der Onanie-Diskurs des 18. Jahrhunderts ist, so eine zentrale These, als Ausdruck der intensiven Anstrengungen zur Kultivierung und Befried(ig)ung des Sexuellen in der bürgerlichen Gesellschaft zu sehen (Kapitel 3).

Zweitens sind bestimmte Sexualformen in der Forschung über den deutschsprachigen Raum klar überrepräsentiert: Homosexualität, Prostitution, Illegitimität und all jene Formen des Sexuellen, die öffentlich problematisiert oder als ‹Abweichung› von gesetzlichen Bestimmungen, von Sittlichkeit und Moral wahrgenommen wurden, haben in den historischen Quellen und in der Forschung überproportional Niederschlag gefunden. Die ‹dunkle› Seite des Sexuellen wurde in den Archiven und Bibliotheken weit häufiger verzeichnet als das konsensuelle und konfliktfreie sexuelle Leben. Gerade weil es im letzteren Bereich nach wie vor große Forschungsdefizite gibt, wird dieser Frage wiederholt nachgegangen.

Drittens wurden einzelne Zeiträume bislang recht unterschiedlich bearbeitet: Die Geschichte der Sexualität der letzten Jahrzehnte des 19. und der ersten Hälfte des 20. Jahrhunderts und hier wiederum die Politisierung und Medizinierung des Sexuellen haben große Aufmerksamkeit auf sich gezogen (Kapitel 7). Dieses Interesse resultierte einerseits aus der Quellenlage, die für diese Zeit deutlich besser ist als für frühere Jahrhunderte. Andererseits hing der regelrechte Boom der deutschsprachigen und internationalen Forschung auch mit den für die Sexualforschung und -geschichte bedeutenden Veränderungen dieser Zeit zusammen: Zu nennen sind hier besonders die Genese der Sexualwissenschaft, die Emanzipationsbestrebungen der Homosexuellen, die erste Frauenbewegung, die ‹Sexualreform› und die nationalsozialistische Sexualpolitik. Für die Zeit davor gibt es noch immer recht heterogene Schwerpunktsetzungen: So hat Isabel V. Hull mit ihrer Studie über Sexualität, Bürgertum und Staat im 18. Jahrhundert den Boden für eine Synthese bereitet.[53] Der Großteil der Forschungen über das 17. und 18. Jahrhundert beschäftigte sich jedoch mit thematisch und regional eingeschränkten Fragen. In den letzten Jahren zeichnet sich auch hier durch die Analyse neuer Quellenbestände, insbesondere von Gerichtsakten, eine Weiterentwicklung ab. Obwohl immer wieder als normativer Rahmen des Sexuallebens heraufbeschworen, gibt es bislang nur wenige, unterschiedliche Rechtsebenen berücksichtigende Studien über das Sexualstrafrecht (Kapitel 2).[54]

Die Sexualitätsgeschichte der Nachkriegszeit ist bislang fest in den Händen der Sexualwissenschaftler. Seit den späten vierziger Jahren wurden von ihnen zwar zahlreiche empirische Umfragen durchgeführt und Studien publiziert, umfangreichere sozial- und kulturgeschichtlich orientierte Untersuchungen stehen aber noch aus. Kapitel 8 bringt einen Ausblick in diese Zeit und damit eine Vorschau auf einen geplanten Band zur Geschichte des Sexuellen in der Nachkriegszeit. Gerade die Diskussion um die ‹Befreiung› und Kommerzialisierung des Sex im 20. Jahrhundert hat gezeigt, dass die «Sexualität» kein ‹einfach› zu konstituierendes Untersuchungsobjekt ist und theoretische Annahmen die Wahrnehmung historischer Sexualformen massiv beeinflussten. Eine Gegenüberstellung sozial-konstruktionistischer und essentialistischer Ansätze im Epilog dieses Bandes zeigt deren jeweilige Folgen für die Konzeption der Sexualitätsgeschichte und ihrer Untersuchungsobjekte.

Zwei ‹klassische› Themen der Sexualitätsgeschichte werden in diesem Band nur am Rand angesprochen – die Entstehung der Sexualwissenschaft und die Geschichte der Homosexuellenbewegung.[55] Beide wurden zwar ausführlich untersucht, die Studien konzentrierten sich aber vor allem auf die personen-, institutionen- und wissenschaftsgeschichtliche Entwicklung und sind deshalb für die hier gestellten Fragen nur bedingt von Wert. Dass die im wissenschaftlichen und emanzipatorischen Diskurs entstandenen Konzepte und Theorien des Sexuellen die Selbst- und Fremdwahrnehmung der Menschen nachhaltig veränderten, wird anhand der Genese des homosexuellen Subjekts im 18. und 19. Jahrhundert vorgeführt (Kapitel 5).

Ein großes Manko der deutschsprachigen, aber auch der internationalen Sexualitätsgeschichte stellen Forschungen zum Verhältnis von Religion bzw. Kirche und Sexualität dar. Dabei handelt es sich weniger um die generelle Haltung der Kirche/n zu Fragen des Sexuellen – dieser Bereich ist relativ gut abgedeckt[56] –, als vielmehr um die Frage, wie kirchliche Institutionen ihre Vorstellung vom Sexuellen in die Lebenswelt der Gläubigen transportierten und deren sexuelle Erfahrungen und Wünsche kolonisierten. Besonderes Augenmerk wird man dabei der Konfessionalisierung des 16. bis 18. Jahrhunderts zu schenken haben und sie als Geschichte sexueller Disziplinierung genauso verstehen müssen wie als Form der Sexualisierung.[57] Gerade im Sexual- und Eheleben richteten sich die kirchlichen Maßnahmen gegen die noch weithin praktizierte heidnisch-christliche Sexualmagie. Mit rituellen Handlungen, wie der Segnung des Ehebettes, machten zum Beispiel katholische Kleriker ihre Zuständigkeit für das eheliche Sexualleben deutlich und traten damit gegen traditionelle Formen des Fruchtbarkeitszaubers auf.[58] Die Unterschiede zwischen katholischer und protestantischer Konfessionalisierung und die jeweiligen Praktiken der Kirchenzucht – insbesondere Beichte, Buße und innere wie äußere «disciplina»[59] – führten offenbar zu divergierenden Einstellungen gegenüber dem Sexuellen. Institutionen wie die protestantischen Presbyterien konnten zudem praxisnäher als etwa obrigkeitliche Gerichte in das vor- und außereheliche Sexualleben der Gemeinde intervenieren und solcherart als Agenten der kollektiven Regulierung fungieren.[60] ‹Verkirchlichung› hieß auch ‹Verstaatlichung›, die kirchliche Moralpolitik traf sich mit den zentralstaatlichen Interessen der Landesfürsten und ihrer Bürokratien und wurde so zu einem wichtigen Motor und Mediator der säkularen Sexualpolitik.[61] Für das 19. und 20. Jahrhundert wird man vor allem zu untersuchen haben, wie lange und in welcher Form sich kirchliche Disziplinierungstechniken gegen ‹moderne› Lebensstile, erweiterte Handlungsoptionen und das neue Sexualwissen halten konnten.[62]

Die neue Männer- und Männlichkeitsgeschichte wird ebenfalls zu einer perspektivischen Erweiterung der Sexualitätsgeschichte beitragen.[63] Pointiert formuliert, könnte man behaupten, dass die Geschichte der männlichen Sexualität – insofern sie nicht Homosexualität, vor- und außereheliche Sexualität und deviante Sexualformen betrifft – bislang noch nicht geschrieben wurde.[64] Der Grund dafür ist in einem Paradoxon der modernen Sexualität zu suchen: Während der letzten Jahrhunderte galt das Sexualleben des erwachsenen abendländischen Mannes als der ‹Normal›-Fall, als Standard und gleichzeitig redundante Position im Sexualitätsdiskurs. Wenn es um eine Konkretisierung ging, wurde über maskuline Sexualität vor allem mittels Negation und Differenzbildung gesprochen. Sie sollte weder eine gleichgeschlechtliche noch solitäre, weibliche noch kindliche, perverse noch lustbezogene Begierde darstellen, sondern … Doch hier klaffte dann eine diskursive Leere, galt doch die sexuelle Begierde des erwachsenen, insbesondere des bürgerlichen Mannes als so selbstverständlich, dass man sie nicht weiter zu definieren brauchte. Männliche Heterosexualität mutierte in den letzten Jahrhunderten zum «Nicht-Ich»[65], zu einem durch ‹fremde› Sexualitäten abgesicherten und abgedichteten Vakuum, das auch die Sexualitätsgeschichte erst ausfüllen muss.

1. «Gemieth und Lieb»:
Die sexuelle Begierde in der bäuerlichen Kultur[1]

«No Sex» am Bauernhof?

«Die Notwendigkeit, große, starke Frauen zu heiraten, die ihren vollen Anteil an der Arbeit auf die Schultern nehmen konnten, hat die Bauern blind gemacht gegenüber einer schönen Figur und feinen Gesichtszügen, die unserem modernen Ideal weiblicher Schönheit zugrunde liegen. (Dasselbe galt für die Bauern in den Augen der Frauen.)» In den Quellen würde auch nirgends «etwas über schlechte Haut, Sex-Appeal und gegenseitige Zuneigung gesagt», «fehlendes Vorspiel, schnelle Ejakulation, Gleichgültigkeit für den Orgasmus des Partners» kennzeichneten den Geschlechtsverkehr.[2] «Diese Art sexueller Beziehungen war unmittelbar auf die Befriedigung der Bedürfnisse des Mannes ausgerichtet. Die Sexualität der Frau braucht zu ihrer vollen Entfaltung im allgemeinen eine andere, zusätzliche Stimulierung erogener Zonen. Man kann deshalb mit großer Sicherheit davon ausgehen, daß die sexuellen Beziehungen zwischen dem bäuerlichen Ehepaar die Frau kaum befriedigen konnten.»[3]

Diese aus den 1970er Jahren stammende Kollage aus Interpretationen der bäuerlichen Gefühlswelt der vorindustriellen Zeit ist zweifelsohne ein extremes Beispiel für die Projektion moderner Wertvorstellungen auf das emotionale und sexuelle Leben der bäuerlichen Bevölkerung der letzten Jahrhunderte. Eine Sexualitätsgeschichte dieser Spielart beruft sich auf ein natürliches Gefühlsrepertoire des Menschen und eine intrinsische Sexualität als ahistorische Prämisse und sieht die sexuellen Subjekte passiv und hilflos einer Welt ausgeliefert, die ausschließlich von Fragen der Arbeitsfähigkeit, von Erbrechtsangelegenheiten, durch die Sorgen der bäuerlichen Subsistenz und die dörfliche Sozialhierarchie bestimmt wurde. Für die Kultivierung differenzierter Emotionen sei dort, so wird geschlossen, genauso wenig Platz gewesen wie für ein befriedigendes Sexualleben von Männern und noch weniger von Frauen.

Im Gegensatz zu dieser Sicht der Sexualitätsgeschichte, die eine Sublimierung bzw. Repression des Sexualtriebes in der Lebenswelt der Akteure annimmt, setzen zivilisationstheoretisch orientierte Historiker/innen zumeist auf der Makroebene an. Angelehnt an Norbert Elias[4] und in Sachen Sexualität vor allem an Jos van Ussel, sind ihre Vertreter/innen auf Indikatoren einer zunehmenden Sexualunterdrückung in der Neuzeit – wie das Entstehen des sexuellen Schamgefühls oder die Sexualisierung der Kinder und Jugendlichen[5] – spezialisiert. Verantwortlich zu machen für diesen Prozess seien verschärfte Selbst- und Fremdzwänge, die etwa durch die Kirche im Zuge der (Gegen)Reformation institutionalisiert wurden, als auch die immer diffizileren Zwangsmechanismen, die aus der zunehmenden Interdependenz der sozialen und wirtschaftlichen Kontakte entstanden. Hierbei handle es sich um einen «Prozeß der Verinnerlichung, in dessen historischen Verlauf insbesondere der Sexualität strukturelle Hemmungen aufgelegt wurden». Zivilisationstheoretiker und -historiker verfolgen also die Frage, «wie durch die Verdrängung der Sexualität aus der Öffentlichkeit nicht nur eine äußere, sondern auch eine innere Macht ausgeübt wird».[6]

Beide, die Historiographie der 1970er und 1980er Jahre dominierenden Richtungen bauen auf eine Vorstellung vom Sexuellen, die erst mit der Entstehung der Psychoanalyse bzw. mit der Orgasmus-Forschung der Nachkriegszeit zu datieren ist: die moderne «Sexualität». Angesichts der vielfältigen Konnotation moderner sexueller Begriffe, Kategorien und Vorstellungen ist ihr Einsatz bei der Analyse historischer Formen des Sexuallebens – und dabei nicht nur des bäuerlichen – jedoch äußerst problematisch.

Dies aus mehreren Gründen: Erstens impliziert die moderne Vorstellung von Sexualität ein weites Spektrum von sexuellen Identitäten und Ausdrucksformen, die jeweils als Modifikationen einer einzigen, aber gleichzeitig variablen Sexualität bzw. als unterschiedliche Modellierungen des Sexualtriebes verstanden werden. Viele der hier gebrauchten Kategorien, wie «Sadismus», «Onanie» oder «kindliche Sexualität», haben jedoch kein Äquivalent in früheren Zeiten. Das bedeutet aber nicht, dass es nicht entsprechende Verhaltensweisen und Ausdrucksformen gegeben hätte, allerdings können diese nicht vorweg als «sexuell» etikettiert werden. Auch die genannten sexuellen Varianten wurden in einem anderen Kontext interpretiert: sadistische Handlungen zum Beispiel als strafrechtlich relevante Verhaltensformen, Masturbation als eine Handlung wider das kanonische Recht und die Moral und «kindliche Sexualität» als spielerisches, unreifes – aber nicht primär «sexuelles» – Verhalten noch nicht erwachsener Menschen.

Zweitens ist es nicht gerechtfertigt, aufgrund der gegenwärtig engen Verbindung zwischen sexueller, insbesondere orgiastischer Befriedigung und individueller Glückssuche einerseits und dem zentralen Stellenwert, den das Sexuelle im aktuellen Menschenbild einnimmt andererseits, auch die Menschen früherer Zeiten als von ihrer eigentlichen menschlichen Bestimmung entfremdet, als unterdrückt und tendenziell unbefriedigt einzustufen. Dem gegenüber scheint das genital- bzw. orgasmuszentrierte Sexuelle innerhalb des Werte- und Glückskanons früherer Jahrhunderte eher weniger zentral gewesen zu sein. Das soll, wie weiter unten dargestellt wird, aber nicht heißen, dass die geschlechtliche Begierde – auf eine uns vielfach fremde Art und Weise und innerhalb eines anders codierten kulturellen Rahmens – eine wichtige Rolle spielte.

Dabei ist drittens zu bedenken, dass die gegenwärtige Sexualität emotional stark geladen, wenn nicht überladen ist. Dies in einem doppelten Sinn: Sexuelle Befriedigung bedeutet in der europäisch-amerikanischen Sexualideologie ganz «bei sich», emotional «wahrhaftig» und gleichzeitig «frei» zu sein.[7] Sexualität – zumindest eine, die über längere Zeit befriedigen soll – wird nicht als rein genitale Kommunikation definiert, sondern mit emotionalem Beiwerk versehen, mit romantischer «Liebe» und «Erotik». Wenn man dieser modernen Definition glauben darf, verkommt eine Sexualität, die ihrer affektiven Komponenten entkleidet wurde, über kurz oder lang zum bloßen «Sex». Oder anders formuliert: Liebe und Erotik würden nur dann ihr ‹wahres› Ziel erreichen, wenn sie auch mit einem befriedigenden Sexualleben verbunden sind. Die Verknüpfung von Emotion bzw. Liebe und Sexualität entspricht in vielem nicht der sozialen und kulturellen Praxis früherer Jahrhunderte. Besonders die uns geläufige Romantisierung des Sexuellen ist nicht unreflektiert auf frühere Zeiten übertragbar. Auch aus dem Fehlen vor allem expressiver emotionaler Äußerungen kann nicht auf mangelnde Leidenschaften geschlossen werden.

Viertens greift die für die Gegenwart häufig postulierte These einer Trennung von «öffentlich» und «privat» und die Zuordnung des Sexuellen in die Privat- und Intimsphäre des Individuums für die bäuerliche Gesellschaft früherer Jahrhunderte ins Leere. Gleiches gilt für die Vorstellung, das Private sei jener Raum, in dem sich die individuelle (sexuelle) Freiheit jenseits der Politik und

Macht im Zusammentreffen zweier sich selbst verwirklichender und auf das jeweilige Gegenüber reflexiv Bedacht nehmender Subjekte realisieren ließe.[8] Einmal abgesehen von der grundsätzlichen Fragwürdigkeit dieser Annahme, steht fest, dass bäuerliche Gesellschaften keine solche Polarisierung kannten. Beispielsweise wurden individuelle wie auch kollektive sexuelle ‹Verhältnisse› im dörflichen «Gerede» – jener Form der Kommunikation, die an speziellen Orten und zu bestimmten Gelegenheiten, wie am Kirchplatz nach der Messe, am Wirtshaustisch oder bei Hochzeitsfeiern, stattfand – verhandelt und konstruiert.[9] Entscheidungen zwischen privater-öffentlicher, selbstbestimmter-fremdbestimmter oder freier-unfreier Sexualität lagen deshalb jenseits der Möglichkeiten der damaligen (und wohl auch der heutigen) Subjekte.

Und zuletzt wird man nach zwanzig Jahren Diskussion über die Paradigmen der «Sexualität» auch das Trieb-Modell nicht mehr als gegeben annehmen können (siehe den Epilog dieses Bandes). Im Gegensatz dazu geht es nun vielmehr darum, auch für die bäuerliche Gesellschaft die sexuelle Begierde als soziales Konstrukt zu kreieren und zu erklären. Oder, in den Worten Isabel V. Hulls: «Sexual desire and its possible modes of expression were fashioned within the contours of one's particular life condition. These conditions were material, mental, physical, social, and accidential, and they differed by Stand [estate], wealth, gender, age, and so on. (…) Desire is not a ‹force› that must be contrained, but something that actually comes into being within a set of circumstances. It is an act of will, but it is never free.»[10] Dieses Set von Umständen zu analysieren und ihren Anteil an der Entstehung der sexuellen Begierde zu reflektieren, offeriert einen neuen Weg, auch das sexuelle Begehren der bäuerlichen Bevölkerung früherer Jahrhunderte besser zu verstehen.

«Ein sonderliches Gemieth und Lieb»

Die Historiographie ist sich einig, dass die soziosexuelle Begierde der bäuerlichen Bevölkerung in hohem Maße auf die Heirat bzw. Ehe gerichtet war und diese christliche Institution als ihr zentrales Referenzsystem anzusehen ist. Durch das christliche Sakrament legitimierte eheliche Beziehungen fungierten als Rahmen und

Normgebung für legale sexuelle Äußerungen. Gerade im deutschsprachigen Mitteleuropa gab es jedoch soziale Gruppen, die eine gewisse Phase ihre Lebens vom Heiraten abgehalten wurden (etwa die «life-cycle-servants») oder überhaupt lebenslang davon ausgeschlossen waren (wie die «life-time-servants»).[11] Andere unterbäuerliche Gruppen, etwa inwohnende Taglöhner, konnten oft schon aus wirtschaftlichen Gründen an keine Heirat und Hausstandsgründung denken. Hinter den bäuerlichen Formen der Reproduktion verbarg sich also eine komplexe und reich differenzierte Sozialstruktur: «Überall gab es eine fließende Skala von großen, landwirtschaftlich lebensfähigen Höfen über Kleinbauern, Häusler und Gewerbetreibenden bis hin zu landlosen Inwohnern, wenn auch die Anteile der einzelnen Gruppen und damit die durchschnittlichen Besitzgrößen enorm variierten.»[12] Die Heirats- und Sexualchancen waren von vielen Faktoren abhängig – insbesondere aber von der Schichtzugehörigkeit und dem Besitz, der Stellung innerhalb des dörflichen Sozial- und Machtgefüges und dem damit verbundenen Ansehen.

Sexuelle Handlungen, die vor oder außerhalb der Ehe stattfanden, galten in den meisten Fällen als illegitim. Viele moderne, als sexuell kategorisierten und konnotierten Verhaltensweisen wurden allerdings, wenn sie nicht in einem Verhältnis zu diesem Referenzsystem standen, kaum als «sexuelle» wahrgenommen. Die Studien zur bäuerlichen Sexualität im deutschsprachigen Raum spiegeln diese Perspektive wider: Vor allem voreheliches Sexualleben und Eheanbahnung, gebrochenes Eheversprechen, gescheiterte Heiratswünsche und Illegitimität, sexuelle Unstimmigkeiten innerhalb der Ehe, ehebrecherische Sexualität (inklusive Prostitution) und sexuelle Gewalt wurden bislang eingehender erforscht. Über das nicht-deviante, alltägliche eheliche Sexualleben innerhalb des bäuerlichen Milieus wissen wir hingegen wenig.

Es gehört zu den historischen Allgemeinplätzen, dass bei der Wahl eines Heiratskandidaten bzw. einer -kandidatin wie eines Sexualpartners nicht primär romantische Liebeswünsche (in unserem heutigen Sinn) im Vordergrund standen, sondern sozioökonomische Motive: Besitz, Vermögen, Erbschaft und Arbeitsfähigkeit waren neben der «Ehre» einer Person und dem Ansehen des elterlichen Hofes wesentliche Kriterien der Partnerwahl. Dass diese nicht bloß im Entscheidungsbereich der Heiratswilligen lag, sondern in nicht unbedeutendem Ausmaß vom sozialen Umfeld und den Familien mitbestimmt wurde und die Initiative vor allem vom Mann auszugehen hatte, entsprach der sozialen und geschlechterspezifischen Hierarchie der bäuerlichen Gesellschaft.[13] Hier ging es nicht darum, ein romantisches Liebesideal zu erfüllen,[14] sondern vor allem einen potentiellen Partner für die Leitung eines bäuerlichen Haushaltes zu finden. Gleichzeitig musste den kollektiven Normen der sozialen Reproduktion genügt und zur Aufrechterhaltung der sozialen Ordnung durch die adäquate Verbindung zweier Familien beigetragen werden. Reinhard Sieder hat zurecht angemerkt, dass es deshalb völlig «irreführend [sei], die Sexualität der Bauern von ihrer ‹hauswirtschaftlichen› Bestimmtheit loszutrennen und sie ‹für sich genommen› einschätzen zu wollen».[15] Das hieß aber auch, dass manche bäuerliche Gruppen, wie insbesondere das Gesinde, die Inwohner, Kleinhäusler oder auch landwirtschaftlichen Taglöhner, angesichts dieses sozioökonomischen Systems nur reduzierte bis schlechte Chancen hatten, eheliche und sexuelle Begierden zu vereinbaren.

Zweckrationale, ökonomische Motive waren aber nicht die einzigen Beweggründe[16] für die Wahl eines/einer bestimmten Heirats- und/oder Sexualkandidaten/in, emotionale Faktoren spielten ebenfalls eine wichtige Rolle.[17] Erst als positiv empfundene Charakterzüge und Verhaltensweisen des Partners bzw. der Partnerin ließen «ein sonderliches Gemieth und Lieb»[18] entstehen und sexuelle Begierde aufkommen. Eheliche Sexualbeziehungen konnten nur gelingen, wenn auch ein gewisses Maß an gegenseitiger Zärtlichkeit und Geduld vorhanden war.[19] Letztlich darf auch die Wirkung körperlicher Vorzüge und sensueller Kommunikation nicht unterbewertet werden. In der bäuerlichen Körper- und Bekleidungssprache, die bis zum Beginn des 20. Jahrhunderts dem frühneuzeitlichen Leibesverständnis näher stand als der (post)modernen Körpermodellierung,[20] war alles interessant und attraktiv, was Gesundheit, Kraft, Reproduktionsfähigkeit, Besitz und andere bäuerliche Werte repräsentierte. Körperliche Kommunikation war eine wichtige Basis für positive Emotionalität und trug maßgeblich zur Entwicklung und Stabilität einer Beziehung bei. Rainer Beck hat die weibliche Klage über die Impotenz der Männer deshalb zurecht nicht nur als Ausdruck der formalen und institutionellen Ansprüche an den Vollzug der Ehe interpretiert: «Plötz-

lich, anläßlich der Begegnung der Körper, erscheinen ‹Affection›
oder ‹Liebe› als womöglich konstitutive Bedingung für die Beziehung von Mann und Frau.»[21]

Sexuelle Begierden brachte man in der bäuerlichen Gesellschaft
vor allem jenen potentiellen Partner/inne/n entgegen, die die Voll-
endung des eigenen sozialen Schicksals bzw. die Hoffnung auf das
Überschreiten des eigenen sozialen Horizonts durch körperliche wie charakterliche Eigenschaften und durch ihren Besitz
repräsentierten. Die Homogamie im Heiratssystem wie im System des sexuellen Begehrens trug wesentlich zur Stabilisierung
der dörflichen Gesellschaft bei. Werte, wie «anständig», «gesund»,
«treu», «stark» und «sittsam»[22] und andere affektiv-materiale
Normen der vollbäuerlichen Existenz fanden sich aber auch in
den Heiratsargumenten und sexuellen Motiven aller anderen
ländlichen Schichten – auch der unterbäuerlichen.[23] Nachfolgende
autobiographische Textstelle zeigt, dass die Partnerwahl bis weit
hinein ins 20. Jahrhundert von diesen soziosexuellen Werten bestimmt wurde: «Außergewöhnliche Schönheit war sie keine»,
schrieb der Bauernsohn Oswald Sint über seine zukünftige Ehefrau, «und so war sie von den Burschen der Gemeinde auch nicht
begehrt. Denn es gab Schönere, Reichere und Angesehenere;
schon damals [in den 1920er Jahren, F. X. E.] zählte das bei den
heiratsfähigen Bauernsöhnen. Mir war sie hübsch genug, und
schön war sie auch, besonders ihre braunen, ehrlichen Augen ge-
fielen mir. Die Haare waren auch braun. Sie war mittelmäßig
groß, kräftig, arbeitsam, freundlich mit jedermann und im Haus-
wesen sehr tüchtig. Auch war sie friedsam, brav und fromm, auch
nicht stolz, sondern bescheiden.»[24] Wie die Kenntnisse und Fähig-
keiten in der bäuerlichen Produktion, wurden die sexuellen Normen und Deutungen und die soziale Logik der sexuellen Begierde
innerhalb der Geschlechter (und hier besonders unter den Ledigen) tradiert. Unbekanntes und noch nicht selbst Erfahrenes
konnte so in Form von Erzählungen, Beobachtungen und Miter-
lebtem erlernt werden und ermöglichte die spätere Orientierung
im bäuerlichen Liebes- und Heiratssystem.

Affektive, soziale und ökonomische Faktoren wurden im dörflichen Sexual- und Reproduktionssystem nicht geschlechterneutral investiert. Im symbolischen und sozialen Kapital[25] der «Ehre»
waren, wie es scheint, vornehmlich für Männer Möglichkeiten zur

Abweichung von den auf die Ehe fixierten sexuellen Verhaltensweisen vorgesehen. Der sexuell aktive und erfahrene «Verführer» galt in der bäuerlichen Kultur zwar nicht als erwünscht, sein Verhalten wurde aber dennoch mit Aktivität und Männlichkeit attribuiert.[26] Frauen hingegen hatten mit ihrer «Ehre» und «Scham» ein Kapital einzusetzen und zu verteidigen, das ganz wesentlich über ihr weiteres Schicksal entschied. Der Verlust der «Ehre» führte sie an den Rand des von der Familie, der Gemeinde und der Herrschaft regulierten sozialen Feldes. Bezeichnenderweise wurde das weibliche Verhalten auch bei der gerichtlichen Verhandlung von «Unzuchts»-Delikten unterschiedlich bewertet: Nach Ulrike Gleixner lag hier eine «Rollenverteilung als Norm zugrunde, nach der die Frauen defensorisch abwehrend, sexuell passiv bestimmt sind und von daher ihre Einwilligung erklärungsbedürftig war, während die Männer als aktiv Wollende definiert sind, bei denen der Akt selbst den ‹Willen› ausdrückte und hinreichend erklärte».[27] Auch im Verhalten gegenüber «geschwächten», «zu Fall gebrachten» und «sitzen gelassenen» Frauen kam eine Asymmetrie zum Vorschein, die Frauen immer dann zu Schuldigen machte, wenn sie die Reziprozität von Leistung und Gegenleistung nicht beherrschten. Sie hatten das primäre Risiko vorehelicher Beziehungen zu tragen, stand doch «einem tatsächlichen Geben der Frau ein lediglich versprochenes Bekommen entgegen».[28]

Familie, Peer-group und Gemeinde waren jene Institutionen, die das Verhalten von Frauen und Männern überwachten, die sozialen Mechanismen für die Anbahnung geregelter Sexualbeziehungen zur Verfügung stellten und deviantes Sexualverhalten bereits an der Basis verhinderten oder bestraften.[29] Das voreheliche Soziosexual-System des Dorfes wurde dabei durch eine breite Palette von Sitten und Gebräuchen für präsumtive Ehepartner bestimmt. Am bekanntesten ist die Institution des «Kiltgangs» (auch «Gasslgehen», «Nachtfreien», «Fensterln» etc.), die in Österreich und in Teilen Deutschlands verbreitet war.[30] Diese meist nächtlichen Aktionen männlicher Peer-Gruppen reichten vom Vorsprechen am Fenster eines Mädchens bis zum gemeinsamen Besuch in deren Schlafkammer. Je nach dem Alter der Beteiligten führten die zumeist nach strengen Regeln ablaufenden und von der Gruppe überwachten Gebräuche zu verbalen Annäherungen oder sogar zu einem ersten Austausch von Zärtlichkeiten.

Zum «unvollkommenen Beiwohnen»[31] oder sogar zum Coitus kam es hingegen erst im letzten Stadium der individuellen und vor allem nicht mehr überwachten Eheanbahnung. Der nach einem Eheversprechen – bezeichnenderweise meist im Bett und nicht im Freien, wie zum Beispiel nach einem Fest oder einer Feier – praktizierte Coitus diente dabei auch der symbolischen Bestätigung und Festigung der Heiratsabsichten. In zeitgenössischen kulturgeschichtlichen Darstellungen des späten 18. Jahrhunderts ist zudem die Praxis festgehalten, nach der die Verlobung sogar ganz ‹offiziell› durch den Vollzug des Beischlafs (die «copula carnalis») vollendet wurde.[32] Mancherorts diente der voreheliche Geschlechtsverkehr unter Mitwissen der Gemeinde auch als Fruchtbarkeitstest.[33] Und selbst die in Sachen vorehelicher Sexualzucht relativ rigide agierenden reformierten Kirchenräte sahen über die «Anticipation», die Aufnahme sexueller Kontakte nach der Verlobung, hinweg, wenn diese auf eine Ehe abzielte.[34]

Die sozial-integrative Funktion der Partnerwahl kam auch bei kollektiven Ereignissen zum Ausdruck: So bei den mehrmals im Jahr stattfindenden Festen an kirchlichen Feiertagen, Wallfahrten und «Bauernfeiertagen», die letztlich auch als Heiratsmarkt unter der direkten Aufsicht der Erwachsenen fungierten. Hauptsächlich von den Peer-Gruppen geregelt wurden hingegen «Spinnstuben»[35] und ähnliche gesellige Einrichtungen der Partnersuche. In den «Spinnstuben» arbeiteten ledige Frauen während der kalten Jahreszeit nicht nur an der Produktion von Garn, sondern – ebenso wie die Männer, die nach bestimmten Vorgaben Zugang erhielten[36] – auch an der Verbesserung ihres sozialen Ansehens und ihrer Positionierung am Heirats- und Sexualmarkt. Gleichwohl die «Spinnstuben» wie die «Kiltgänge» ab dem 18. Jahrhundert von der kirchlichen Obrigkeit bekämpft wurden, hielt sich diese Form der Konstruktion sexuellen Begehrens bis zur endgültigen Auflösung der alten bäuerlichen Ordnung im 20. Jahrhundert.[37] Die weltliche Obrigkeit hingegen sah angesichts der positiven Wirkung auf den «Gewerbefleiß» schon in früheren Jahrhunderten meist geflissentlich über die angeblich sittlichkeitsgefährdende Wirkung dieser Institution hinweg.[38]

Zu betonen ist, dass die hier beschriebene, voreheliche ländliche Sexualkultur auf eine längerfristige Beziehung ausgerichtet war. Kurzfristige Kontakte oder Partnerwechsel bildeten die Ausnahme und wurden grundsätzlich als «leichtfertig» und «unzüchtig» angesehen.[39] Trotz aller Toleranz gegenüber der vorehelichen Konzeption galt die «Jungfräulichkeit» in der dörflichen Kultur als ein Gut, das nicht bloß individuell, sondern auch kollektiv zu verteidigen war. Zum Beispiel, indem die Burschenschaften des Dorfes auswärtige Männer am «Fensterln» im eigenen Dorf hinderten oder unehrenhaftes Sexualverhalten innerhalb der dörflichen Gemeinschaft mittels Rügebrauchtum bloßstellten. So etwa durch das «Haberfeldtreiben»[40], eine Art von Charivari, mit dem Gruppen lediger Männer soziosexuelle Devianz durch Schamstrafen sanktionierten, indem sie in Vertretung der Dorfgemeinschaft verheimlichte Liaisonen und «liederliche» Personen anprangerten. Eine ähnliche Funktion hatte der sogenannte «Mai-Steig», ein in Niederösterreich ebenfalls von Burschengruppen gepflegtes Brauchtum, das heimliche ‹Verhältnisse› durch Markierungen zwischen den Häusern und Wohnungen der Betroffenen veröffentlichte und brandmarkte. Aber auch lokale kirchliche Institutionen, wie die meist aus dem Pfarrer und den Kirchenältesten bestehenden kurhessischen Presbyterien, konnten als sozialregulative Instanzen auftreten. Diese Gremien verlangten von unehelich Schwangeren, und wenn möglich auch von den Vätern eine «Privatzensur», ein seelsorgerisches Gespräch samt Buße, und schlossen die durch ihren «verfrühten Beischlaf» öffentliches Ärgernis erregenden Personen bis dahin – für alle sichtbar – vom Empfang des Abendmahles aus.[41]

Neben den Peer-Gruppen und der Gemeinde regulierte die Hausgemeinschaft, vornehmlich in Person des «Hausvaters» und der «Hausmutter»[42] das Sexualverhalten der Familien- und Haushaltsmitglieder. Bis zur Auflösung der hausrechtlichen Abhängigkeit und den massiven Veränderungen in der ländlichen Arbeitsorganisation im Zuge der Modernisierung waren diesen Autoritäten nicht bloß die leiblichen Kinder, sondern auch das verwandte und nicht-verwandte Gesinde unterstellt. Für die eigenen Kinder mussten Bauer und Bäuerin Strategien und Rituale der Eheanbahnung einleiten und bis zur Verlobung und christlichen Eheschließung überwachen. Seit der (Gegen)Reformation konnten sie dabei in einen massiven Konflikt kommen: Zum einen galt es den Forderungen der Kirche und des Staates nachzukommen und sexuelle Beziehungen erst mit der Hochzeitsnacht zuzulassen. Zum anderen unterstanden auch Bauer und Bäuerin den kulturellen Traditionen, die den Geschlechtsverkehr bereits nach dem Eheversprechen zuließen, ihn mancherorts sogar als integrativen Bestandteil der Eheanbahnung vorsahen. Gegenüber den hausrechtlich abhängigen Arbeitskräften hatten sie eine nicht minder widersprüchliche Aufgabe zu erfüllen: Einerseits sollten diese Personen nicht zur Heirat zugelassen und von allen sexuellen Aktivitäten abgehalten werden. Andererseits kollidierten die patriarchalen Ansprüche schon während des späten 18. Jahrhunderts und vor allem im 19. Jahrhundert mit den veränderten Anforderungen der bäuerlichen Wirtschaft. Beide Phänomene fanden ihren Niederschlag in der Entwicklung und Beurteilung der Illegitimität.

Eine erste «sexuelle Revolution» im 19. Jahrhundert?

Die Entwicklung der Unehelichkeit hat für die Sexualitätsgeschichte des deutschsprachigen Raumes einen besonderen Stellenwert. Der Grund dafür ist evident: Während des 19. Jahrhunderts kam es in einigen Gebieten Österreichs und Deutschlands zu den höchsten Illegitimitätsraten Europas. Im Zentrum lag der Ostalpenraum und hier wiederum Kärnten (in den 1870er Jahren mit Bezirken wie St. Veit mit 68 Prozent illegitimer Geburten), die Obersteiermark (40–50 Prozent) und die alpinen Regionen Salzburgs (30–40 Prozent); an den Randlagen der Alpen fanden sich in Salzburg, in Ober- und Niederösterreich noch immer 10–30 Prozent uneheliche Geburten. Auch in den deutschen Ländern gab es hohe Raten, wobei das Gebiet mit besonders hoher Unehelichkeit von Bayern nach Westen Richtung Südbaden und nach Norden bis Sachsen (ebenfalls mit vereinzelten Spitzenwerten bis 60 Prozent) reichte. Insgesamt betrachtet, fallen die hohen Illegitimitätsraten in die Zeit zwischen den 1810er Jahren und Ausläufern in den 1870/1880er Jahren, mit einem Höhepunkt in den 1850ern und 1860ern.[43]

Diese spektakulären Zahlen haben zu gewagten Hypothesen und heftigen Diskussionen geführt: Den Stein des Anstoßes gab vor allem Edward Shorter, der den drastischen Anstieg der Illegitimität als Ausdruck einer ersten «sexuellen Revolution» interpretierte.[44] Nach ihm sei die hohe Unehelichkeitsrate durch einen radikalen Mentalitätswandel, durch die Individualisierung und durch den Wunsch nach Selbstverwirklichung und Emanzipation in weiten Teilen der Bevölkerung verursacht worden. Die profit- und individuumorientierte kapitalistische Wirtschaftsweise und die elementare Schulbildung hätten zusammen mit der größeren ökonomischen Selbständigkeit und Mobilität der Frauen zu diesem mentalen Modernisierungsschub geführt. Erhöhte Illegitimität galt für Shorter als eine selbstbewusste Lebensäußerung eines neuen, sich selbst verwirklichenden Individuums, das sich durch sein «befreites» Sexualleben von den alten, auf die Ehe abzielenden Normen emanzipieren konnte.

Die Positionen der Kritiker/innen der «ersten sexuellen Revolution» einzeln anzuführen, würde den hier vorgegebenen Rahmen bei weitem sprengen.[45] In Summe sahen sie die Ursachen für erhöhte Illegitimitätsraten vor allem in Veränderungen im sozioökonomischen und rechtlichen Bereich. Dabei ist grundsätzlich einmal festzuhalten, dass am Land schon in früheren Jahrhunderten eine gewisse, wenn auch viel niedrigere Rate illegitimer Geburten existierte. Uneheliche und eheliche Fertilität folgten ähnlichen saisonalen Mustern: Beide lagen in den Wintermonaten hoch, in der arbeitsintensiven Zeit niedrig.[46] In den Verhörprotokollen, die für den deutschsprachigen Raum ausgewertet wurden,[47] findet sich dabei eine typische Verlaufsform: Uneheliche Konzeptionen und in der Folge ebensolche Geburten kamen zustande, weil Frauen nach einer zumeist längeren Phase des Kennenlernens und oftmals auch nach einem Heiratsversprechen dem Beischlaf zustimmten und es nach der Konzeption aus unterschiedlichsten Gründen zu keiner Heirat kam. Wobei sich diese unehelichen Geburten nicht auf die unterbäuerlichen Schichten und das Gesinde beschränkten, sondern auch nichterbende Geschwister von Vollbauern einen wichtigen Anteil ausmachten. Unehelichkeit war, so gesehen, nicht nur eine schichtspezifische Erscheinung, sondern auch eine, die vom individuellen Zugang zum – wenn überhaupt vorhandenen – Familienerbe, von der hausrechtlichen Position und der Stellung im dörflichen Macht- und Sanktionierungsgefüge bestimmt wurde.[48] Abtreibungen kamen dementsprechend besonders in jenen Gruppen vor, in denen die Heiratschancen schlecht standen.[49] Wobei die Initiative für einen Schwangerschaftsabbruch in den wenigsten Fällen von den

Frauen selbst, sondern meist von mitwissenden Personen, oft auch vom Schwängerer, ausging. Abtreibungsmittel konnten unter dem Vorwand einer «verstockten Mensis» besorgt und eingesetzt werden, eine häufige Strategie, um auch bei Bekanntwerden einer Abtreibung den strengen Strafen zu entgehen.[50] Gewissheit über eine Schwangerschaft gewannen die Frauen und lange Zeit auch die Hebammen und Ärzte ja meist erst durch die ersten wahrnehmbaren Bewegungen des Fötus.

Mit dem Ende des 18. Jahrhunderts veränderten sich die Rahmenbedingungen dieses Musters der Illegitimität. Die Raten stiegen besonders in jenen Regionen überproportional an, die durch folgende Faktoren gekennzeichnet waren: Hier dominierten Anerbenrechtsformen und relativ große Höfe, die in der ersten Phase der Agrarrevolution[51] einen hohen und ständigen Arbeitskräftebedarf zu verzeichnen hatten. Die bäuerlichen Arbeitskräfte setzten sich aus den traditionell unverheirateten Dienstboten – die sich wiederum aus den unterbäuerlichen Schichten, seltener aus den Kindern ärmerer Bauern rekrutierten – und den nicht zur Verheiratung gelangenden Schwestern und Brüdern des Hoferben (und aus deren illegitimen Kindern) zusammen. Die Nachfrage nach Arbeitskräften führte zu größerer Mobilität und zur Erosion der hausrechtlichen Abhängigkeit des Gesindes.[52] Und sie vergrößerte den Anteil des Landproletariats, einer Bevölkerungsgruppe, die ebenfalls hohe Illegitimitätsraten und häufige Konkubinate aufzuweisen hatte.

Die armen und besitzlosen Schichten sollten auch durch eine Verschärfung des politischen Ehekonsens von der Heirat abgehalten werden. Obwohl im deutschsprachigen Raum Ehebeschränkungen für Dienstboten schon in früheren Jahrhunderten existierten, fällt der eigentliche Beginn des politischen Ehekonsens erst in das späte 18. Jahrhundert und richtete sich gegen alle unselbständig Erwerbstätigen und Besitzlosen. Die betroffenen Personengruppen mussten nun vor der Heirat einen Nachweis über ein ausreichendes Vermögen, ein stabiles Einkommen, einen sittlichen Lebenswandel u. a. m. erbringen. In den 1820er und 1830er Jahren wurde der Ehekonsens weiter verschärft und galt in einer Reihe deutscher Länder bis in die Jahre 1868/1870 (am weitreichendsten in Süddeutschland), in den meisten Kronländern Österreichs bis 1868 (am längsten in Tirol und Vorarlberg, nämlich bis 1921) und in der Schweiz bis 1874.[53]

Wie stark die staatlichen Ehehindernisse die Illegitimität tatsächlich in die Höhe schnellen ließen, ist nach wie vor umstritten: Manche sehen den Ehekonsens als eine wichtige, wenn nicht zentrale Ursache für die steigende Illegitimität, andere interpretieren ihn als eine Folge der Verarmung und als ein von den lokalen Obrigkeiten eingesetztes Mittel zur Verhinderung der nachträglichen Legitimierung von unehelichen Kindern und Konkubinaten.[54] Nach Josef Ehmer waren Gebiete, in denen der politische Ehekonsens vorherrschte, in der zweiten Hälfte des 19. Jahrhunderts von einem sehr hohen Heiratsalter und einem großen Anteil lebenslänglich Lediger geprägt. Weiters meint er: «Die errechneten Prozentwerte der beeinspruchten Eheanträge sind auch zu niedrig, um diese realen Heiratsverhältnisse zu erklären. Sie legen vielmehr den Schluß nahe, daß neben den gesetzlichen Regelungen das Hinausschieben oder der völlige Verzicht auf die Eheschließung als soziale Praxis noch gegen Ende des 19. Jahrhunderts lebendig war. Die Gesetze mögen diese Praxis verstärkt und zu ihrer Bewahrung beigetragen haben, sie können aber nicht als ihre Ursache angesehen werden.»[55]

Durch die Ehekonsensregelungen scheint der Wunsch nach der Ehe in den betroffenen Bevölkerungsgruppen insgesamt nicht minimiert, sondern infolge der Aufwertung dieses Lebensziels sogar verstärkt worden zu sein.[56] Andererseits stellte die zunehmende Polarisierung der ländlichen Gesellschaft in wohlhabende Vollbauern und arme unterbäuerliche Gruppierungen die Fixierung der bäuerlichen Kultur auf den christlichen Ehestand auch in Frage. Beide Entwicklungen – die Aufwertung der Heirat wie die reduzierten Heiratschancen – scheinen insgesamt den Stellenwert der christlichen Ehe als zentrales Referenzsystem der sexuellen Begierde relativiert zu haben. Die steigende repetitive Illegitimität und die Tatsache, dass die Eltern unehelicher Kinder immer wieder zu heiraten versuchten, weisen darauf hin, dass sich ihr Sexualverhalten immer weiter vom standardisierten Ehe-Kontext entfernte und dieser unerreichbarer wurde.[57] Entgegen zeitgenössischen bürgerlichen Diagnosen über einen «liederlichen» Lebenswandel entstammten die unehelichen Kinder vielfach stabilen Konkubinaten und waren nur selten die Folge promiskuitiven Verhaltens.

Die geringen Heiratschancen und die beginnende Erosion der hausrechtlichen Macht der Bauern – und zweifelsohne auch der

Bäuerinnen – scheinen den Spielraum für die soziosexuelle Praxis der unselbständigen ländlichen Arbeitskräfte vergrößert zu haben. In extremen Fällen, wie etwa in einer steirischen Region zu Beginn des 19. Jahrhunderts, waren die Bauern aufgrund des Arbeitskräftemangels entgegen allen Traditionen, Ordnungen und Gesetzen sogar gezwungen, Gesinde-Liebespaare in Dienst zu nehmen und solcherart das sozial geächtete Konkubinat am eigenen Hof zu akzeptieren.[58] Die Freiheiten der überall begehrten Mägde und Knechte gingen auf großen und primär Viehwirtschaft treibenden Höfen sogar so weit, dass die Bauern Gesindepaare in einem Nebengebäude, wie dem Stadl oder einem freien Auszughaus, zusammen leben und schlafen ließen.[59] Völlig gegen die patriarchale Ordnung erweist sich auch ein Beispiel aus dem württembergischen Neckarhausen: Hier blieben Frauen in den 1830er Jahren trotz mehrerer unehelicher Kinder – die von Großeltern oder anderen Verwandten aufgezogen wurden – bewusst ledig, um den Lebensabschnitt, in dem sie als Dienstmägde den höchsten Verdienst erzielen konnten, unabhängig und ohne die Vormundschaft eines Ehemannes zu verbringen.[60]

Der Dienst von Jugendlichen im fremden Haus war zweifelsohne ein wichtiger Antrieb für die Entstehung der europäischen Sexualnormen seit dem Mittelalter.[61] In der ersten Hälfte des 19. Jahrhunderts scheint die große Nachfrage nach den hausrechtlich abhängigen Arbeitskräften eben diese sexuellen Normen durch eine veränderte soziale Praxis unterlaufen und in Frage gestellt zu haben. Voreheliche Konzeptionen und nachträgliche Legitimationen wurden im Gesinde wie in den unterbäuerlichen Schichten in manchen Regionen derart gängig, dass man dieses Verhalten sogar mit eigenen, nicht (nur) negativ attribuierten Termini versah. So etwa in Kärnten, jenem Kronland Österreichs mit den höchsten Illegitimitätsraten, wo der noch heute gebräuchliche Terminus «Kärntner Hochzeit» für die Heirat einer sichtbar Schwangeren bzw. eines Paares mit illegitimen Kindern verwendet wurde.

Uneheliche Kinder wurden auch in Bayern in der zweiten Hälfte des 19. Jahrhunderts nicht als Schande betrachtet – allerdings nur dann, wenn die Heiratsabsichten und -chancen der Eltern intakt blieben. Die steigende Fluktuation am Arbeitsmarkt und die Landflucht führten jedoch auch hier, wie in anderen Regionen, dazu, dass die Liebes- und Sexualbeziehungen unter dem Gesinde insgesamt kurzfristiger und weniger stabil wurden. Für die «sitzen gelassenen» Frauen bedeutete ein Kind, wie Berichte von Kindstötungen ebenfalls aus dem bairischen Raum belegen, aber nach wie vor eine existentielle Bedrohung.[62] Auf Seiten der Männer scheinen die gesetzlichen Ehehindernisse und die Vorbildwirkung nicht zustande gekommener Verbindungen eher die Tendenz verstärkt zu haben, Eheversprechen bloß vorzutäuschen bzw. nicht einzuhalten und «die Angelegenheit» durch Geldzahlungen «aus der Welt zu schaffen».[63]

Aber auch eine gegenläufige Tendenz hat mit der Infragestellung der alten soziosexuellen Ordnung an Dynamik gewonnen: Es gibt Hinweise, dass «Liebespaare», die aufgrund ihrer heterogenen sozialen Zugehörigkeit keine Eheerlaubnis durch die Eltern oder die Obrigkeit erwarten konnten, ihre Beziehungen fortsetzten und gegen den Willen der Autoritäten legitimieren wollten. Die Beharrlichkeit, mit der diese Paare trotz der Gefahr des sozialen Abstiegs gegen den Widerstand von Eltern und Gemeinde an ihrem «Liebesbund» festhielten,[64] bedeuteten aber nicht, dass sich hier bereits Frühformen individualisierter ‹romantischer› Liebe und sexueller ‹Selbstverwirklichung› entwickelten. Denn auch diese Beziehungen basierten auf der ‹alten› bäuerlichen Liebes- und Begierdekultur, die gemeinsames Arbeiten und Wirtschaften als zentrales Bindeglied von Mann und Frau ansah. In der ersten Phase der Agrarrevolution scheinen jedoch der steigende Arbeitskräftebedarf in der Landwirtschaft und die vermehrten Einkommensmöglichkeiten in Industrie und Gewerbe dazu geführt zu haben, dass die Realisierung dieser soziosexuellen Lebensformen auch bei fehlender Zustimmung der Eltern und Gemeinde sowie ohne den Segen der Kirche möglich wurde.

Sexuelle Herrschaft und Gewalt

In der sozialen Enge des Dorfes nahmen neben der Familie und den Arbeitskräften des Hofes auch die Nachbarschaft, die Peergroups und letztlich die gesamte Kommune an der Produktion und Regulierung des sexuellen Begehrens teil. Das galt insbesondere auch dann, wenn sexuelle Herrschaft und Gewalt vornehmlich von Männern über Frauen und Kinder ausgeübt wurde.[65] Grundsätzlich waren die genannten sozialen Institutionen bestrebt, Anzeichen und Auswirkungen sexueller Herrschaft und Gewalt zu verdecken und innerhalb des jeweiligen sozialen Kontexts zu regulieren. Wir wissen deshalb über das eigentliche Ausmaß dieser sexuellen Verhaltensweisen nur ungenügend Bescheid und sind auf jene Fälle angewiesen, die – primär wegen nicht mehr kaschierbarer Schwangerschaften, unehelicher Geburten oder allgemeiner Gewalttätigkeit – angeklagt wurden und damit Eingang in Gerichtsakten und Gutachten fanden. Wenn vielfach angenommen wird, dass auch in alltäglichen Sexualbeziehungen etwa zwischen Eheleuten oder Liebespaaren ein sexuelles Herrschaftsregime, körperliche Zudringlichkeit und Gewalt von Seiten der Männer herrschten, so begründet sich diese Vorstellung bisher hauptsächlich auf Quellen, die deviantes oder durch das Strafrecht tangiertes Verhalten vorführen. Dass alltägliche Sexualkontakte grundsätzlich auf diese Art und Weise vor sich gingen, kann jedoch nicht ausreichend belegt werden.

In den Gerichtsakten und gerichtsmedizinischen Fallgeschichten, die in den letzten Jahren analysiert wurden, treten Herrschaft und Gewalt vornehmlich in drei Formen auf: Erstens als Bruch des Inzesttabus, zweitens als «Verführung» von sozial ‹schwachen› Frauen durch höher gestellte Männer und drittens als unmittelbar gewalttätige Sexualakte von Männern – wobei die Grenzen zwischen diesen Formen sexueller Machtausübung fließend sind.[66] Vor Gericht wurden alle drei eindeutig geschlechterspezifisch aufbereitet: Bei «Verführung» verhandelte man vornehmlich darüber, ob ein Eheversprechen gegeben, vom Mann nur vorgetäuscht oder von der Frau erfunden wurde. Sexuelle Gewalt innerhalb der Ehe wurde am Recht der patriarchalen Verfügungsmacht und der ehelichen Pflichten der Gattin gespiegelt. Sexueller Zwang durch den Ehemann fiel damit genauso wenig unter «Nothzucht» wie (bis ins späte 18. Jahrhundert) die Vergewaltigung von ehrlosen «Huren» – zu denen im Extremfall all jene Frauen zählten, die eines unsittlichen Lebensstils verdächtigt wurden.[67] Anklagen wegen Vergewaltigungsdelikten außerhalb der Ehe beschäftigen sich mit der Frage, ob eine Frau einen Mann gereizt, ob sie ihre «Scham» ausreichend verteidigt und während der Tat Lust empfunden hatte. Sexuelle weibliche Lust galt nach wie vor als Vorbedingung für eine Schwängerung und in der Folge eine Schwangerschaft bis weit ins 19. Jahrhundert als Beweis für eine mehr oder weniger gewollte oder zumindest mit Zustimmung erfolgte Sexualhandlung. Gleiches traf für die Anklagen wegen Inzest zu,[68] wobei hier die Geschlechtergrenze durch eine elementare Schranke gekreuzt wurde: Wider die Natur sei sowohl das Verhalten des Mannes als auch das der Frau, die selbst im Vergewaltigungsfall manchmal mitschuldig gesprochen wurde. Insgesamt gilt, dass Frauen vermehrt dann die Schuld zugesprochen bekamen, wenn sich der Verdacht promiskuitiven Verhaltens erhärtete und die «Unberührtheit» des Opfers fraglich war.[69] Für den männlichen Part ging es vor allem darum, ob bei einer «Notzüchtigung» die Kopulation vollständig – das heißt bis zur Ejakulation – durchgeführt und damit gemäß dem zeitgenössischen Verständnis der «Beischlaf» auch wirklich vollzogen wurde sowie um den konkreten Nachweis körperlicher Misshandlung und physischer Gewalt.

In der Interpretation der meisten in den letzten Jahren veröffentlichten Studien zur Geschlechter- und Sexualitätsgeschichte ist die Frage, wie Herrschaft und Gewalt in den sexuellen Beziehungen ausgeübt wurde, recht einseitig beantwortet: Frauen seien die Opfer der sexuellen Herrschafts- und Gewaltverhältnisse gewesen, ihnen fiele der Part des Objekts der aggressiven männlichen Begierde zu. Männer hingegen hätten ihre dominante Stellung in der alteuropäischen Welt auch in Form von Übermächtigung, von sexueller Erpressung oder sogar von brutaler Vergewaltigung ausgeübt.[70] Egal ob in Arbeitsbeziehungen, im familiären Zusammenhang oder im rechtlichen Bereich: Männer seien die Akteure und die Gewinner der sexuellen Herrschaftsverhältnisse gewesen, ihre Begierden hätten die sexuelle Praxis dominiert. Gerade Gerichtsprotokolle würden zeigen, dass Frauen nicht einmal vor dem Gesetz ein Recht auf sexuelle Subjektfähigkeit zugesprochen bekamen: Schon bei nachlassendem Widerstand gegen den männlichen Aggressor wurde ihnen hier die (Mit)Schuld für den Sexualakt zugeschrieben.

Diesem Befund soll in der Folge nicht grundsätzlich widersprochen werden. Bedenklich erscheint das Szenario aber zumindest in jenem Bereich, wo es Frauen a priori den Part des passiven Sexualobjekts zuschreibt, eine Vereinfachung, die selbst in einer

«Kultur der Übermächtigung»[71] die unterschiedlichen weiblichen Handlungsperspektiven und -möglichkeiten verkennt. Dies aus mehreren Gründen: Erstens, weil die derzeit wichtigsten diesbezüglichen Quellen, die Gerichtsprotokolle, vielfach missinterpretiert werden. Ulrike Gleixner hat für die von ihr untersuchten Unzuchtsfälle zu Recht festgestellt, dass «das männliche [Ehe]-Versprechen, die Verbindlichkeit und Dauer des Verhältnisses, die Monogamie und Treue des Partners und die Wehrlosigkeit gegenüber männlichen physischen Gewaltsamkeiten (...) aus der Perspektive des Gerichtes akzeptierte Begründungen für sexuelles Handeln von Frauen [waren]. Deshalb nannten Frauen auch keine anderen Gründe, denn sie reflektierten in ihren Antworten die Beurteilungskriterien des Richters mit.»[72] Im Sprechen und Agieren vor Gericht mussten sich Frauen, unabhängig von den stattgefundenen Sexualhandlungen, schon aus strategischen Gründen als passive Opfer der männlichen Begierde darstellen; Männer hatten sich umgekehrt als vom weiblichen Körper und dem «unzüchtigen» Agieren der Frauen Verführte zu deklarieren.

Zweitens ist das Ausmaß weiblicher Verhaltens- und Entscheidungsräume in einer männlich dominierten Herrschafts- und Gewaltkultur noch immer nicht ausreichend erforscht.[73] Nur wenige Studien zeigen weibliche Handlungsperspektiven angesichts sexueller Bedrängung: Sie deuten darauf hin, dass die Entscheidung zwischen «Wegdrehen» und «Zugeben» nicht an modernen Wertvorstellungen einer «freien» Wahl zwischen Sexualpartnern zu messen ist. Auch unter Bedrängung und in Zwangslagen scheinen aktive und eigen-sinnige Handlungspotenziale für Frauen vorhanden gewesen zu sein.[74] Erwünschte, weniger erwünschte und nicht erwünschte Annäherungsversuche und Sexualkontakte – diese Alternativen lagen auch für Frauen aus dem bäuerlichen Milieu in früheren Jahrhunderten im Bereich des Praktizierbaren und eröffneten ihnen einen Spielraum für die Entstehung und Realisierung sexuellen Begehrens. Dass aber gerade bei sozialer und (haus)rechtlicher Abhängigkeit – etwa zwischen einem Bauern und einer Magd – die mangelnde Zustimmung oft mit psychischem Druck und physischer Gewalt überwunden wurde, steht außer Frage.[75] Bislang verfügen wir jedoch kaum über Information darüber, wie häufig dies bei sexuellen Kontakten der Fall war, geschweige denn, wie erfolgreich sich Frauen gegen sexuelle Gewalt und Übergriffe verteidigen konnten. Gleiches trifft zu für die Frage, auf welche Art und Weise Frauen bei sexuellen Kontakten selbst aktiv wurden, damit Männer in Entscheidungszwang brachten und sie womöglich durch ihre Vorgehensweise der Lächerlichkeit und dem Spott auslieferten.

Nicht zielführend dürfte es jedenfalls sein, Männer aus dem bäuerlichen Milieu mangels Zivilisierung ihres «Sexualtriebes» oder wegen größerer Gewaltbereitschaft geradezu als «Sex-Besessene» darzustellen oder zu meinen, sie hätten ihre «Sexualität» prinzipiell unter Einsatz von Gewalt befriedigt. Auch die männliche sexuelle Begierde wurde innerhalb eines komplexen soziokulturellen Kontexts konstruiert und reguliert. Im soziosexuellen System der bäuerlichen Kultur galt die sexuelle Begierde auch für Männer als grundsätzlich positiver Wert, der zum Gedeihen der christlichen Ehe und des bäuerlichen Haushaltes genauso beitragen sollte wie zur Aufrechterhaltung und zum Wohlergehen des dörflichen Sozialverbandes. Nicht vergessen werden sollte zudem, dass im Fall sexueller Gewalt meist strukturelle Herrschafts- und Machtrelationen zum Ausdruck kamen – etwa die zwischen Bauern und Gesindepersonen oder zwischen sozial etablierten Dorfbewohnern und nicht im bäuerlichen Gesellschaftssystem verankerten Personen. Wenn vor Gericht sexuelle Handlungen mit Begriffen des «Gebrauchens» und Sich-Nehmens, bzw. des «Nachgebens» und Sich-Gebrauchen-Lassens bezeichnet wurden, dann kam damit auch zum Vorschein, dass Männer mittels gewalttätiger Sexualität «ein Bedürfnis nach Macht stillen oder eine Machtposition bekräftigen» konnten.[76]

Eine schamhafte Hochzeitsnacht

In autobiographischen Schriften aus dem bäuerlichen Milieu wird das eheliche Sexualleben höchst selten und selbst dann nur kursorisch thematisiert.[77] Eine der wenigen ausführlicheren Textpassagen für die erste Hälfte des 20. Jahrhunderts belegt jedoch, dass viele der hier vorgestellten Bausteine der sozialen Konstruktion der sexuellen Begierde noch lange weiterbestanden. Oswald Sint, ein Osttiroler Bauernsohn, berief sich in seiner Hochzeitsnacht (1929) auf eine ganze Reihe von ihnen:

«Es war schon elf Uhr, als wir [mit der Hochzeitsfeier] Schluß machten. Alle Anwesenden wünschten uns noch herzlich Glück, dann verabschiedeten wir uns und begaben uns in unser Ehezimmer. Bevor wir uns entkleideten, küßten wir uns liebevoll. Das waren die ersten Küsse, die meine Maria einem jungen Mann gegeben hatte und ich einem jungen Mädchen. Begreiflich, daß wir stark vibrierten, als wir nahe beisammen in unseren Betten lagen, denn das war uns beiden etwas Neues, etwas ganz und gar Ungewohntes. Eine Weile lagen wir so, ohne daß einer von uns ein Wort sprach. Maria begann als erste zu reden: ‹Du›, sagte sie, ‹wärst du nicht einverstanden, eine Josefsehe zu führen? Das wär' doch schön!› – ‹Schön würde es schon sein, aber sehr schwer. Nein, Maria, zu dem kann ich mich nicht entscheiden! Fürs erste würde ich dieses Gelübde nicht halten können, die Versuchung wäre zu groß für mich, und fürs zweite freue ich mich doch auf Kinder. Du nicht?› – ‹Ja, einerseits schon, aber für eine Josefsehe würd' ich das Opfer bringen können.› – ‹Weißt Maria, ich hab' auch noch andere wichtige Gründe, um Kinder zu bekommen. Schon mein Vater und mein Bruder und alle meine Schwestern würden es ungern sehen, wenn wir kein Kind hätten, wahrscheinlich auch alle deine Leute. Auch würde es mir nicht gleich sein, wenn von unserer Sippe aus der Sintstamm aussterben würde, der schon im Urbar vom Schloß Bruck bei Lienz aufscheint. Und im Jahr 1693 hat der Kaiser Leopold I. in Wien durch Johannes von Ortenheim den drei Sintbrüdern Nikolaus, Blasi und Tobis ein Wappen mit einem Wappenbrief verliehen, in dem es heißt: … ‹wegen ihrer Redlichkeit und Tugenden in Kriegs- und Friedenszeiten! Du Maria, mußt mir als liebende Gattin helfen, daß unser Name nicht ausstirbt!› – ‹Wenn alles so ist, bin ich bereit, hab' dir's ja heut' in der Kirche versprochen!› Bevor wir uns in dieser Nacht dem sehr notwendigen Schlaf hingaben, vereinigten wir uns liebend, aber auch mit Schüchternheit und Schamhaftigkeit.»[78]

2. «Verbrechen» oder «öffentliches Ärgernis»?
Die Kriminalisierung des Sexuellen
(16.–19. Jahrhundert)

Es allerdurchleuthtig-
sten großmechtigste vn-
überwindtlichsten Key-
ser Karls des fünfften: vnnd des
heyligen Römischen Reichs peinlich gerichts ord-
nung/auff den Reichsztägen zü Augspurgk
vnd Regenspurgk/in iaren dreissig/vn
zwey vnd dreissig gehalten/auff-
gericht vnd beschlossen.

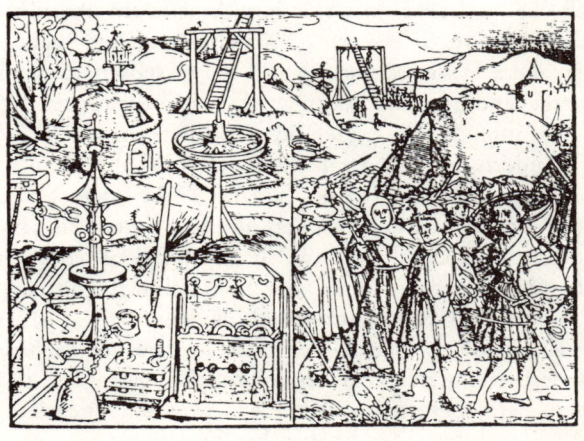

Cum gracia et priuilegio Imperiali.

Nach Meinung der Reformatoren wie der Gegenreformatoren sollten nicht nur Kleriker und kirchliche Institutionen für die «Zucht» in ehelichen und sexuellen Angelegenheiten sorgen, sondern auch die weltlichen Obrigkeiten. Im Inneren des Menschen würde das christliche Gewissen die «Ordnung» garantieren, in zwischenmenschlichen und gesellschaftlichen Belangen fiele diese Aufgabe den kirchlichen und weltlichen «Ordnungen» und Institutionen zu. Schon in der ersten Hälfte des 16. Jahrhunderts wurden deshalb kirchliche «Zucht-», «Kirchen-» und «Reformationsordnungen» erlassen. Institutionen wie die «Ehegerichte» und die «Zuchtherrn», die gleichermaßen von Klerikern und weltlichen Amtsträgern besetzt waren, sollten für ihre praktische Umsetzung sorgen.[1] Auch das weltliche Straf- und Disziplinierungssystem zielte nun vermehrt auf eine Regulierung der Ehe und der sexuellen Begierde. In regionalen, territorialen und im gesamten Reich geltenden «Ordnungen» wurden dabei wesentliche Vorgaben des kirchlichen Sexualrechts in weltliches (Straf)Recht überführt. Die gleichzeitige Auseinandersetzung mit dem römischen Recht brachte eine größere Systematisierung und Verwissenschaftlichung des noch weitgehend uneinheitlichen weltlichen Sexualrechts. Trotz all dieser Bemühungen bestanden in katholischen wie protestantischen Ländern bis ins 18. Jahrhundert erhebliche Unterschiede zwischen den einzelnen Partikularrechten.[2] Mit dem Erlass von Rechtsordnungen und der Etablierung einer darauf aufbauenden Rechtsprechung übernahm die weltliche Obrigkeit jedoch immer mehr die bisher primär der Kirche unterstellte Regulierung und Disziplinierung des menschlichen Sexuallebens.

Die weltliche Pönalisierung der «fleischlichen Verbrechen» und die Etablierung einer eigenen strafrechtlichen Kategorie des «Sexualverbrechers» beförderte auch die Ausbildung sexueller Identität(en).[3] Sodomiten oder Ehebrecher begingen nun nicht mehr nur «fleischliche Sünden», sondern auch strafrechtlich relevante «Verbrechen». Ihr Verhalten galt nicht bloß als «unkeusch» im religiös-moralischen Sinn, sondern auch als «kriminell» und war damit gegen die soziale Ordnung gerichtet. Vor allem aus diesem Grund sollten sie auch von den weltlichen Gerichten verfolgt werden. In der Praxis scheint sich der weltliche Zugriff auf die sexuelle Devianz kaum von den bisherigen kirchlichen Usancen unterschieden zu haben: Kirchliche Institutionen hatten sich über die Jahrhunderte auf einen strengen Sittenkanon berufen, waren aber bei der Verfolgung der Fleischessünden vergleichsweise inkonsequent vorgegangen und hatten oft Milde vor Strenge walten lassen. Gerade in Fällen, wo zwischen dem durch ein Sexualvergehen verursachten ‹Schaden› und den dafür angedrohten strengen Strafen eine große Kluft bestand, gingen auch die weltlichen Gerichte verhältnismäßig milde gegen die Delinquent/inn/en vor. Erregte ein sexuelles «Verbrechen» aber öffentliches Aufsehen oder führte es zu sozialer und ökonomischer ‹Unordnung› und zu Schäden an Leib und Leben, griffen auch die weltlichen Gerichte zu strikten Maßnahmen.

Für das Gros der Bevölkerung hatte die Kriminalisierung der Sexualmoral geringe lebensweltliche Auswirkungen. Für sie machte nach wie vor der kirchliche Sexualkanon das primäre moralische Universum aus und war weiterhin kompatibel mit den sozialen und kulturellen Gegebenheiten. Vom weltlichen Sexualstrafrecht und seiner polizeilichen und gerichtlichen Umsetzung sehr wohl betroffen waren all jene, die durch sexuelles Handeln aus den vorbestimmten «sittlichen» Bahnen geworfen wurden. Obwohl die Strafen mit der Zeit eine immer geringere geschlechterspezifische Ausprägung aufwiesen, wurde Frauen insgesamt stärker bedroht. Manche Bestimmungen – insbesondere Paragraphen gegen Abtreibung, Prostitution und Kindstötung – kamen in der Praxis vor allem gegen «Täterinnen» zur Anwendung. Hier wie in vielen anderen Fragen des Sexualrechts verfolgte die kirchliche und weltliche Moralpolitik bis weit ins 20. Jahrhundert hinein ein gemeinsames Ziel: Auch wenn man sich vordergründig um den sittlichen Zustand der Gesellschaft sorgte, diente die Regulierung und Sanktionierung des Sexuellen vor allem der Inszenierung der kirchlichen und weltlichen Herrschaft und der Stabilisierung der Sozial- und Geschlechterhierarchien.[4] In den «sexuellen» Rechtsgütern und der Definition des delinquenten Sexualverhaltens sollte die herrschende Konzeption von Gesellschaft und Individuum unmissverständlich zum Ausdruck kommen.[5]

Eine «Peinliche Gerichtsordnung»

Mit der «Peinlichen Gerichtsordnung» des Heiligen Römischen Reiches, der «Constitutio Criminalis Carolina» (Carolina), wurde 1532 am Reichstag zu Regensburg ein Gesetzeswerk beschlossen, das römische, germanische und kanonische Rechtstraditionen vereinigte und zu einem Vorbild für spätere partikulare Rechte wurde. Obwohl gerade in Sachen Sexual- und Eherecht das römische Recht in der Carolina noch immer eine wichtige Rolle spielte, sind die Einflüsse des christlichen Sexualrechts unverkennbar.[6] Gegenüber den Rechtsgebräuchen der Grundherrschaften, Städte und Territorien blieb die Carolina weiterhin subsidiär, den «Churfürsten Fürsten und Stenden [sollte] an jren alten wohlhergebrachten rechtmessigen vnnd billichen gebreuchen nichts benommen» werden.[7] Aufgrund dieser Bestimmung änderte sich auch nach der Veröffentlichung des Reichsgesetzes nur wenig an der strafrechtlichen Vielfalt. Anders als die carolinische «Ordnung», die dem «peinlichen» Strafrecht, also vornehmlich Sanktionen an Leben, Leib und Gliedern gewidmet war und in vielem die harten Strafen des römischen Rechts tradierte, behandelten die «Reichspolizeiordnungen» von 1530, 1548 und 1577 primär jene Fälle, die die öffentliche Sittlichkeit und gesellschaftliche Ordnung bedrohten. Den stärker sozialregulativen Zielsetzungen der «Policey»-Ordnungen entsprechend, sollten die dort genannten Sexualdelikte nicht mit dem Tode, sondern nur «ernstlich an Leib und Gut» bestraft werden.[8]

Gerade im Bereich des materiellen Rechts wies die Carolina jedoch einige, die weitere Entwicklung des Sexualstrafrechts bestimmende Charakteristika auf:[9] Sittlichkeitsdelikte machten, wenn auch nicht den zentralen, so doch einen wichtigen Teil der Strafbestimmungen aus. Viele sexuelle Straftaten betrafen konsensuelle Akte, durch die das Rechtsgut einer dritten Partei – etwa eines Ehepartners oder Vaters – verletzt wurde. Wie schon im kanonischen Recht stellte dabei die Ehe das zentrale Ordnungsprinzip des Sexuellen dar. Nach Auffassung der Carolina würden Sexualdelikte vor allem die essentielle Verbindung von christlichem Ehebund, Fortpflanzung und männlicher Autorität und Ehre bedrohen. Diese unter allen Umständen schützenswerten Rechtsgüter waren auch anderen Rechtsprinzipien wie der Blutsverwandtschaft, der Jungfräulichkeit und der «natürlichen» sexuellen Ordnung zugrunde gelegt. Obwohl in der «Peinlichen Ordnung» naturgemäß Todes- und Verstümmelungsstrafen überwogen, wurden den Richtern und «Rechtverstendigen» zahlreiche Möglichkeiten für eine eigenmächtige und auf die sozialen und örtlichen Gegebenheiten ausgerichtete Deliktfeststellung und Strafbemessung eröffnet. Zwei maßgebliche Bestimmungen des kanonischen Rechts blieben in der carolinischen Ordnung bezeichnenderweise unberücksichtigt: Die ‹heißen› Themen vorehelicher Geschlechtsverkehr und Prostitution rangierten schon alleine wegen der großen Differenz zwischen dem Recht und der soziosexuellen Praxis nicht unter den sanktionierten Delikten (siehe Kapitel 1).

Auch wenn die sexuellen Kategorien des römischen und klerikalen Rechts meist ausgefeilter waren, avancierten die in der Carolina genannten Delikte zu strafrechtlichen «Klassikern» und hielten sich vielfach bis in die ersten Codices des 18. Jahrhunderts. Folgende sexuelle Handlungen fielen darunter: Unkeuschheit wider die Natur, Blutschande, gewaltsame Entführung, Notzucht, Ehebruch, zweifache Ehe, Kuppelei und die «Straff der jhenen so jre eheweiber oder kinder durch böses genieß willen williglich zu vnkeuschen wercken verkauffen» (Art. 122). Des Weiteren Abtreibung, als ein Delikt, das von beiden Geschlechtern begangen werden konnte, sowie Kindsmord und Kindesweglegung, beides Verbrechen, bei denen laut Gesetz nur Täterinnen in Betracht kamen. In den ebenfalls auf Reichsebene geltenden Polizeiordnungen wurden darüber hinaus noch Konkubinat, «öffentlicher Ehebruch» und zum wiederholten Male Kuppelei genannt.

Ehebruch, egal von welchem Gatten begangen, galt in der Carolina als Kapitalverbrechen und sollte mit dem Tode bestraft werden. In der Praxis wurde die Todesstrafe allerdings – wie die meisten der hier vorkommenden Delikte – nur in Verbindung mit weiteren schweren Taten und abhängig vom Stand der Beschuldigten verhängt.[10] Bigamie kam einem Ehebruch am ersten Ehegatten gleich und sollte nicht geringer als dieser sanktioniert werden. Gerichtlich verfolgt wurde der Ehebruch nur, wenn der geschädigte Partner das Delikt einklagte. Bei einem «öffentlichem Ehebruch» handelte es sich hingegen laut Polizeiordnungen um einen «so rücksichtslosen Ehebruch, dass er öffentlich Ärgernis erregte und deshalb den Eingriff ‹einer guten Policey› rechtfertigt[e]».[11] Öffentlicher Verdacht genügte auch, um strafrechtlich gegen in Konkubinat lebende Personen vorzugehen. Bereits vor der Carolina hatte die erste Reichspolizeiordnung von 1530 für all diese Delikte eine harte Bestrafung beider Geschlechter gefordert. Anders als im römischen Recht, wo mehr oder weniger die Ansicht vertreten wurde, dass nur Frauen zu Ehebrecherinnen werden könnten, entsprach die Egalisierung des weltlichen Strafrechts ganz den kanonischen Usancen.[12] Die Gleichbehandlung der Geschlechter hatte allerdings auch in der Carolina ihre Grenzen: Wie im römischen Recht konnte ein Ehemann bei einem Tötungsdelikt als Entschuldigungs- und Notwehrgrund vorbringen, den Getöteten «vnkeuscher werk halben bei seinem ehelichem weib, tochter» (Art. 150) gefunden zu haben und deshalb gleichsam zu der Tat ‹gezwungen› worden zu sein.[13] Analoge Rechte für eine Ehefrau, die ihren Gatten ‹auf frischer Tat› ertappte, sah die Gerichtsordnung nicht vor.[14]

Wer Unkeuschheit mit nahen «gesipten freunden» – Stieftöchtern, Stiefmüttern, Schwiegertöchtern und näheren Verwandten – trieb, hatte ebenfalls das Leben verwirkt. Die Entführung einer Jungfrau oder Ehefrau gegen den Willen des Vaters oder Gatten, konnte, unabhängig davon, ob dies mit oder ohne Einwilligung der Entführten geschah, ähnlich kapitale Folgen haben. Analog zum römischen Recht wurde bei diesem Delikt allerdings nur das Rechtsgut des Ehemannes, Vaters oder Vormundes verletzt und nur diese Personen konnten eine Privatklage gegen die Ehebrecher einbringen. Kupplern, unzuchtfördernden Quartiergebern und Männern, die ihre Ehefrauen und Töchter von anderen Männern sexuell «gebrauchen» ließen, drohte im schlimmsten Fall ebenfalls die Todesstrafe, in leichteren Fällen Landesverweis sowie Schand- und Körperstrafen wie Prangerstehen, Abschneiden der Ohren und Aushauen mit Ruten. Bei der Definition der «Nottzucht» war besonderer definitorischer Aufwand notwendig: Von Notzucht könnte nur gesprochen werden, wenn das Opfer eine «unverleumdete» Frau war und sich ausreichend gegen die Attacke gewehrt hatte. Zudem müsste geklärt sein, ob die Tat vollständig ausgeführt wurde. Im Fall vollzogener Notzucht sollte der Täter wie ein «Räuber» – nämlich der Jungfräulichkeit und weiblichen Ehre – behandelt und mit dem Schwert gerichtet werden. Versuchte Notzucht hingegen war vom Richter je nach Tatumständen zu pönalisieren. Gegen ein Notzuchtsdelikt konnten Gerichte nur nach Klage der betroffenen Frau vorgehen.

Sehr kurz fiel in der Carolina die Formulierung über die «vnkeusch, so wider die natur beschicht» (Art. 116), aus: «Item so eyn mensch mit eynem vihe, mann mit mann, weib mit weib, vnkeusch treiben, die haben auch das leben verwürckt, vnd man soll sie der gemeynen gewonheyt nach mit dem fewer vom leben zum todt richten.» Mit diesem Artikel, der das Strafrecht bis ins 18. Jahrhundert bestimmte, folgte das Reichsgesetz ganz der kanonischen Vorgabe.[15] Die im römischen Gesetz lange Zeit geltende Unterscheidung zwischen einer (mehr oder weniger) legitimen Beziehung zwischen einem Freien und einem Unfreien und dem mit der Todesstrafe pönalisierten analen Geschlechtsverkehr zwischen zwei freien Männern blieb ebenso unberücksichtigt wie die unterschiedlich hohe Bestrafung von aktivem und passivem Part.

Frauen, die ihre Neugeborenen töteten, sollten mit glühenden Zangen «gerissen» und dann ertränkt werden. Diese spezielle Strafart galt auch bei der Abtreibung eines «lebendig kindts». An der Tat beteiligte Männer sollten als Mörder behandelt und mittels Schwert hingerichtet werden.[16] Ab welchem Zeitpunkt ein ungeborenes Kind als «lebendig» und «beseelt» zu gelten hatte, wurde dabei nicht festgelegt. In der Gerichtspraxis war man sich deshalb oft uneinig, ob dies mit dem vierzigsten oder achtzigsten Tag der Schwangerschaft der Fall war – so die üblichen Termine des Kirchenrechts – oder nach den ersten Kindsbewegungen.[17] Einer «verheimlichten Schwangerschaft» und Kindstötung müsste laut Carolina schon bei Verdacht mit ‹intimen› Recherchen nachgegangen werden. In Artikel 35 hieß es dazu: «Item so man eyn dirn so für jungfraw geht, imm argkwon hat, dass sie heymlich eyn kindt gehabt, vnnd ertödt habe, soll man sonderlich erkunden, ob sie mit eynem grossen vngewonlichen leib gesehen worden sei, Mer, ob jr der leib kleyner worden, vnd darnach bleych vnnd schwach gewest sei. So solchs vnd dergleich erfunden wirdet, wo dann die selbig dirn eyn person ist, darzu man sich der verdachten thatt versehen mag, Soll die durch verstendig frawen an heymlichen stetten, als zu weither erfarung dienstlich ist, besichtigt werden.»

Die überwiegend kapitalen Sexualstrafen der Carolina bildeten den immer wieder aufgerufenen strafrechtlichen Rahmen für die Konstruktion der «Sexualverbrechen» im 16., 17. und frühen 18. Jahrhundert. Im Gegensatz zum Reichsrecht entfernten sich die territoriale und lokale Gesetzgebung wie die Rechtsprechung in diesem Zeitraum aber immer mehr vom harschen «peinlichen» Recht. Schon in der Frühen Neuzeit wurden auf diesen Rechtsebenen bei der Deliktdefinition und im Strafausmaß immer häufiger die sozialen Gegebenheiten und spezifischen Lebensumständen der sexuellen Akteure berücksichtigt.

Strenge Rechte und milde Richter

Das Geschlechtsleben der Untertanen müsse «dienstlich besichtigt» werden – so könnte das Motto jener unzähligen Malefiz-, Gerichts- und «Policey»-Ordnungen lauten, die bis zur Mitte des 18. Jahrhunderts entstanden und neben den Reichsgesetzen und dem römischen Recht die eigentliche Basis für die Jurisdiktion bildeten.[18] Mehr noch als in den Reichsgesetzen schlug sich in den Gerichts- und Polizeiordnungen das gesellschaftspolitische Interesse der Landesfürsten und ihrer Verwaltungen nieder.[19] Ihrer Meinung nach sollte die sexuelle Ordnung zur Stabilisierung der sozialen Ordnung beitragen und solcherart auch die ökonomische Wohlfahrt des Landes fördern. Unordnung im Geschlechtsleben, so der allgemeine Tenor, würde auf jeden Fall zu gesellschaftlichem Chaos führen und müsste schon aus diesem Grund verhindert werden. Zur transzendentalen Absicherung der «staats-» und gesellschaftspolitischen Zielsetzungen aktivierten reformatorisch wie gegenreformatorisch gestimmte Autoren alte kirchliche Vorstellungen, nach denen die göttliche Strafe für die «Unkeuschheit» nicht nur den Einzelnen, sondern das gesamte Kollektiv treffen würde. Drohungen mit dem Weltuntergang, mit Seuchen, Kriegen, Dämonen und Hexen verfolgten ebenfalls diesen Zweck. Die von Leopold I. 1683 erlassene Novelle zur Ordnung über «Tugendsame Lebensführung» (von 1633) aktivierte beispielsweise gleich mehrere dieser Schrecknisse: «Ungerechtigkeit, Pracht, Hoffart, Füllerey, Unzucht, Ehebruch und dergleichen» würden dazu führen, dass Gott «ein unbarmhertzig und grausames Volck, nemblich die Türcken und Tartaren über dieses Land und Stadt schickt», zudem die «grausambe Pest» wüten ließe und sogar einen «erschröcklichen Cometen» gesandt hätte.[20] Die «Keuschheit» der Individuen wurde als besonderer Indikator für den gesellschaftlichen und moralischen Zustand des Landes gewertet. Eine erfolgreiche Moralpolitik sollte nicht nur eine moralisch-religiöse «Verbesserung» der Untertanen bringen, sondern auch zur sozialen Stabilisierung und insbesondere zum ökonomischen Gedeihen beitragen. Manche der Sittlichkeitsordnungen, etwa die katholischer Grundherren Ober- und Niederösterreichs im 16. und 17. Jahrhunderts, zielten deshalb weniger auf das Seelenheil der Untertanen, sondern auf die Kommerzialisierung der Herrschaft ab.[21] «Gute Policey» lautete der einzuschlagende Weg und meinte die Bewahrung und, wenn notwendig, auch die Herstellung eines geregelten und gesitteten Gemeinwesens mittels Rechtssetzung durch die legitimierten Autoritäten (wie Reich, Landesherrn, Städte etc.).[22] Mit der Publikation von Sittengesetzen machte sich die Obrigkeit nicht nur als solche kenntlich, sondern tat mit diesem symbolischen Akt auch kund, dass sie als «gute» christliche Obrigkeit handelte.[23]

Trotz großer regionaler Unterschiede wiesen die frühneuzeitlichen Lokal-, Territorial- und Reichsordnungen eine Reihe typischer Gemeinsamkeiten auf: Der heterosexuelle, auf Prokreation abzielende und auf «natürliche» Art und Weise praktizierte eheliche Koitus galt allen als die positive Norm schlechthin. Wie schon im kanonischen Recht standen ihm all jene Sexualfälle gegenüber, die das eheliche Sexualleben gefährdeten oder seine kirchlich-staatliche Legitimierung unterliefen. Jede Form von «Unkeuschheit» würde soziale und ökonomische «Unordnung» nach sich ziehen und fungierte als Sammelbegriff für unterschiedlichste sexuelle Delikte. Vor allem vorehelicher und ehebrecherischer Geschlechtsverkehr avancierten zum Inbegriff des Ordnungschaos. Diese Sexualhandlungen sollten nicht nur die Ehebande bedrohen, sondern auch das ständische Gesellschafts-, Wirtschafts- und Rechtssystem. Nicht-eheliche Kinder und Nachkommen ohne eindeutig geklärte Vaterschaft würden zu instabilen Beziehungen in Familie, Peer Group und Sozialverband führen, die Kommunen hätten mit Folgekosten für die Armenversorgung zu rechnen und Erbrechtsangelegenheiten würden ebenfalls verkompliziert.[24] Sexuelle Handlungen, die den Ehebund nicht unmittelbar tangierten, schenkte man vergleichsweise geringe Aufmerksamkeit. Meist berief man sich hier auf das kaiserliche oder römische Recht und übernahm dessen Deliktdefinition und, teils mit Milderungen, auch dessen Strafmaß.

Vom 16. bis ins 18. Jahrhundert existierten damit bei vielen Sexualdelikten teils recht gravierende Unterschiede zwischen den Bestimmungen des Reichsgesetzes und den Territorial- und Lokalrechten. Je nachdem, welches Gesetz zur Anwendung kam, unterschied sich auch die Vorgangsweise und die Strafbemessung der Gerichte. Schon vor den aufklärerischen Gesetzesreformen wurden dabei aber vermehrt Gefängnis-, Ehren- und Geldstrafen anstelle von Todes- und Verstümmelungsstrafen verhängt.[25] Auch erste Schritte zu einer sozialen Vereinheitlichung des Rechts sind unübersehbar. Insgesamt herrschte jedoch auch im Sexualrecht weiterhin das Prinzip der «Vergeltung», für das die gesellschaftliche Ausgangslage der Delinquent/inn/en ausschlaggebend war.[26] In welchem Ausmaß Männer und Frauen bei sexuellen Delikten vor Gericht eine unterschiedliche Behandlung erfuhren, ist nach wie vor umstritten.[27] In Summe scheinen die hohen moralisch-sittlichen Forderungen der frühneuzeitlichen Ordnungen jedenfalls die strafrechtliche Gleichstellung der Geschlechter vorangetrieben zu haben. Wie schon im Kirchenrecht, sollten nun auch Männer hohe Moralstandards erfüllen.[28] Geschlechterspezifische Kategorien wurden dabei von anderen Differenzkriterien wie dem Familienstand und dem symbolischen Kapital einer Person überlagert. Dies ist mit ein Grund, warum etwa bei Ehebruch verheiratete Frauen neben ihrer «Keuschheit» und der Treue zum Gatten auch den Kern ihres wichtigsten symbolischen Kapitals, die «Ehre», verloren. Im Konzept männlicher «Ehre» spielte «Keuschheit» eine vergleichsweise geringe Rolle, die «Ehre» eines Mannes wurde hauptsächlich durch Besitz, Autorität, Amt und Wille konstituiert.[29] Seine Sexualehre resultierte auch aus sexueller Virilität und der sozialen Verantwortung gegenüber einer ehrlichen Frau.

Egal ob hoher oder niederer Stand, Mann oder Frau, im 16. und 17. Jahrhundert wurden häufig Strafen angedroht, die das Ansehen einer Person in Mitleidenschaft zogen und damit auch als soziale Abschreckungsmaßnahme fungieren sollten. Für einen «gemeinen», wenig besitzenden Untertanen konnten dabei öffentliche Schandstrafen genauso «hoch» bemessen sein wie für einen städtischen Bürger der Verlust von Amt und Würden.[30] Spätestens im 18. Jahrhundert sprachen die Gerichte bei «einfachen» Sexualdelikten wie einmaligem Ehebruch oder vorehelichem Geschlechtsverkehr meist nur mehr gestaffelte Geldstrafen und kürzere Gefängnisstrafen aus. Seit dieser Zeit verlor selbst in reformierten Gegenden die neben der weltlichen Gerichtsbarkeit weiterbestehende kirchliche Sexualzucht – u.a. wegen des häufig in Anspruch genommenen weltlichen Dispensationsrechts – endgültig an Terrain.[31]

Gerade bei Sexualdelikten existierte im frühneuzeitlichen Recht keine klare Grenze zwischen ‹eigentlichem› Strafrecht und den auf Sozialdisziplinierung abzielenden Ordnungen. Die Bestimmungen von Gerichts- und «Policey»-Ordnungen überschnitten sich in vielen Belangen. Letzteren fiel primär die Aufgabe zu, erstere zu ergänzen und zu konkretisieren und dies vor allem in jenen Bereichen, wo es weniger um harte, womöglich sogar Leib- und Todesstrafen ging, sondern um die Abschaffung von soziosexuellen ‹Missständen›. Mit den Polizeiordnungen wurde dementsprechend weniger der Einzelne, sondern vielmehr das Gemeinwesen «unter bewußtem Einschluß aller seiner Glieder» beschützt.[32] Mit den von Städten und Grundherrschaften, von Landesfürsten und auf Reichsebene erlassenen, teilweise recht umfangreichen Polizeiordnungen des 16. und 17. Jahrhunderts wurde die Ausformung und Differenzierung des weltlichen Sexualstrafrechts weitergeführt. Im 17. und insbesondere 18. Jahrhundert übernahmen diesen Part immer mehr die um Systematik bemühten landesfürstlichen Gerichtsordnungen und die ersten umfassenden Rechtscodices.[33]

Viele der in den Ordnungen des 16. und 17. Jahrhunderts genannten Delikte kamen schon in der Carolina und in den ersten Reichspolizeiordnungen vor. Hierzu gehörten insbesondere Ehebruch, Bigamie, gewaltsame Entführung, Konkubinat, Notzucht, Kuppelei, Blutschande und «Unkeuschheit wider die Natur». Auch Delikte, die als unmittelbare Folge sexuellen Handelns galten – Abtreibung, Kindsmord und Kindesweglegung – waren bereits Teil der Reichsgesetze. Neu hinzu trat die Bestrafung des vorehelichen Geschlechtsverkehrs – in der zeitgenössischen Terminologie meist als «leichtfertige» oder «frühe Beiwohnung» bezeichnet – und der Prostitution. Im 17. und 18. Jahrhundert wurde dem Ehebruch vermehrt Aufmerksamkeit geschenkt, auch die verheimlichte Schwangerschaft lediger Frauen gewann an Bedeutung. In der Gerichtspraxis machten Ehebruch, «Unzucht» und «früher Beischlaf» bei weitem das Gros der verfolgten Sexualdelikte aus, die im Gesetz hart sanktionierten Kapitalverbrechen – wie Notzucht, gleichgeschlechtlicher Verkehr und Bestialität – wurden hingegen vergleichsweise selten gerichtlich behandelt.[34]

Schutz des christlichen Ehebundes

Obwohl sich die Autoren der lokalen und territorialen Ordnungen ab den 1530er Jahren auf reichsweit geltendes Recht berufen und das römische und kirchliche Recht rezipieren konnten, fielen ihre sexualrechtlichen Bestimmungen recht heterogen aus.[35] Besonders deutlich wird dies bei der Bestrafung des Ehebruchs. Schon im 16. Jahrhundert wurde dieses Vergehen bzw. Verbrechen in den deutschen und österreichischen Lokal- und Territorialordnungen höchst unterschiedlich belangt. Lokale Ordnungen drohten bei einfachem Ehebruch oft nur mehr mit Geldbußen. Die Autoren landgerichtlicher Ordnungen sahen in dieser kulanten Pönale hingegen eine der Ursachen für die angebliche Ausbreitung des ehebrecherischen Übels und untersagten, dass ausschließlich Geldstrafen verhängt wurden. Strafen an Leib und Gut, aber auch härtere Gefängnisstrafen sowie Schandbußen sollten an ihre Stelle treten. Bei mehrmaligen Ehebruch wurde eine weitere Verschärfung und meist auch Landesverweis verlangt. Von einem Gericht verurteilt, sollten Ehebrecher aber auf keinem Fall von einer anderen Instanz und vor allem nicht von der Grundherrschaft und Kirche belangt werden. Mit dieser Bestimmung versuchten die landesfürstlichen Regierungen gegen die eigennützige Verfolgungspraxis der grundherrschaftlichen, städtischen und auch der niederen kirchlichen Gerichte vorzugehen, die in den Einnahmen aus Sittlichkeitsdelikten einen mehr oder weniger fixen Bestandteil ihrer Ökonomie sahen.[36]

Im Gegensatz zum Kirchenrecht und kaiserlichen Recht, die beide eine weitgehende Gleichbehandlung von Mann und Frau anstrebten, verlangten die partikularen Ordnungen in Sachen Ehebruch keineswegs immer eine geschlechter- und standesneutrale Behandlung der Delinquent/inn/en. Nach den Bestimmungen der Landgerichtsordnungen für Österreich unter der Enns und ob der Enns im 17. Jahrhunderts sollte etwa von einem schweren Ehebruch nur dann gesprochen werden, wenn das Delikt zwischen zwei verheirateten Personen oder zwischen einem unverheirateten Mann und einer verheirateten Frau begangen wurde. Hingegen galten sexuelle Kontakte zwischen einem verheirateten Mann und einer ledigen Frau als leichtes Vergehen oder wurden nicht belangt.[37] Gerade auf dieser Rechtsebene hing das Strafmaß nach wie vor vom Geschlecht, Familienstand und Stand einer Person ab. «Gemeine» Personen sollten im Falle eines schweren Ehebruchs mit Ruten geschlagen und des Landes verwiesen, bei nochmaligem Ehebruch unabhängig von der Schwere des Verbrechens sogar geköpft werden. Personen höheren Standes mussten im ersten Fall im Turm oder im Gefängnis (bei Wasser und Brot) einsitzen und eine Geldbuße bezahlen. Im Wiederholungsfall drohte auch ihnen die Todesstrafe. Der «leichte», zwischen einem verheirateten Mann und einer ledigen Frau begangene Ehebruch, wurde im Erstfall nur mit Geldstrafe, bei Wiederholung mit Gefängnis und Zwangsarbeit bedroht. Ledige Personen sollten immer besser davonkommen. Da es sich beim schweren Ehebruch um ein «malefitzisches» Delikt handelte und weitreichende Folgen für Familie und Gemeinde zu erwarten waren, musste im Wiederholungsfall vor dem Landgericht und nicht vor einem Niedergericht verhandelt werden.

Die Halsgerichtsordnung Josephs I. aus dem Jahre 1707 nannte einen der Gründe, warum verheiratete Frauen gegenüber ledigen schlechter abschnitten: Ihr Verhalten hätte eine unsichere väterliche Abstammung der Nachkommenschaft und damit familiales und gesellschaftliches Chaos zur Folge.[38] Erhöht wurde diese Unsicherheit, wenn eine Täterin das Delikt mehrmals beging. Beim ersten einfachen Ehebruch sahen die Kriminalordnungen und -codices bis in die fünfziger und sechziger Jahre des 18. Jahrhunderts nur Gefängnis- und Geldstrafen vor und gewährten ledigen Personen Strafmilderung. Die Wiederholung des Delikts führte zur Strafverschärfung, wobei im Strafmaß nach wie vor relativ große Unterschiede nach Geschlecht und Zivilstand existierten. Der bayerische «Codex Juris Bavarici Criminalis» von 1751 verlangte bei wiederholtem Ehebruch mit einer verheirateten Frau die Enthauptung beider Delinquenten. War die beteiligte Frau jedoch ledig, kamen die Ehebrecher mit schweren, aber nicht tödlichen Strafen davon.[39] Auch die jeweiligen Lebensumstände des betrogenen Eheteils sollten berücksichtigt werden. Als Milderungsgrund konnten die Ehebrecher geltend machen, dass der betrogene Ehepartner den Ehebruch verzieh oder wegen hohen Alters, langer Abwesenheit, Krankheit, Impotenz etc. die ehelichen Pflichten nicht erfüllen konnte.

Auch wenn einige Formen des Ehebruchs damit relativ streng bestraft wurden, darf nicht übersehen werden, dass die Ordnungen auch auf die Stabilisierung zerrütteter Ehen abzielten. Schon die Polizeiordnungen und die ebenfalls mit Strafbestimmungen durchsetzten «Eheordnungen» des 16. Jahrhunderts waren von dieser doppelgleisigen Behandlung des Ehebruchs geprägt.[40] So sollten etwa Amtleute und Eherichter nach der kurpfälzischen Eheordnung von 1582 allen «möglichen Fleiß anwenden, damit solche verworne Eheleut widerum versönt, zusammen geteidiget und veglichen, zur gebürlichen Bueß und christlicher Verzeihung ermahnet» werden.[41] Halsstarrige Verächter und Zerstörer des ehelichen Standes wurden umgekehrt mit Landesverweis bedroht. Auch geschiedene Ehen sollten nach den Vorgaben der Württembergische Eheordnung von 1553 wiederhergestellt werden: «Doch wa die Eeleute aus einicher obgemelter Ursach mit der Urteil geschieden werden, so mögen sie sich wol miteinander wiederum christenlich versönen und einander eeliche Beiwonung tun, darin Unser Amtleut allen müglichen Fleiß fürwenden sollen.»[42] In protestantischen wie katholischen Ländern standen sich damit bis ins 18. Jahrhundert zwei nicht leicht zu vereinende Prinzipien gegenüber: Auf der einen Seite die unbedingte Bewahrung bestehender Ehen, auf der anderen die strenge Verfolgung ehebrecherischen Verhaltens. Einen vorläufigen Höhepunkt dieser widersprüchlichen Sicht des Ehebruchs stellte die «Constitutio Criminalis Theresiana» (Theresiana) von 1769 dar. Hier wurde sowohl die Ausforschung und «Inquisition» von verdächtigten Ehebrecher/inne/n gefordert, als auch soziales Augenmaß bei der Rechtsprechung verlangt. Vor allem bei leichteren Fällen sollte die Untersuchung mit «Behutsamkeit und Bescheidenheit» erfolgen und die «Verfahrung der gebührlichen Verschwiegenheit beflissen seyn».

Auf diese Weise sollte verhindert werden, dass nicht etwa «einer sonst wohl verhalten- und ansehnlichen Person, so einen solchen Fehltritt begangen, zugleich auch ihren Kindern Schimpf, Schand, und verkleinerlicher Vorwurf zugezogen, oder wohl gar durch solch- unbescheidene Kundmachung schädliche Ehespaltung angezettelt werden mögen».[43]

Die Ordnung ehelicher Beziehungen sollte auch durch ein rechtmäßiges Zustandekommen des Ehebundes gesichert sein. Als Folge des intensiven (gegen)reformatorischen Diskurses über die Ehe entstanden seit der Mitte des 16. Jahrhunderts vermehrt strafrechtliche Bestimmungen über den vorehelichen Geschlechtsverkehr.[44] Territoriale Ordnungen wie die niederösterreichische Polizeiordnung von 1542 sahen im Laster «unehelicher leichtvertiger beywonung und vermischung» ein gesellschaftliches Grundübel und forderten strengste Bestrafung, von der niemand, auch nicht die oberen Stände, ausgenommen werden dürften.[45] Nach den Bestimmungen der zehn Jahre später in Anlehnung an die erste Reichspolizeiordnung (von 1530) erlassenen bayerischen Landesordnung wurde dieses Delikt auch von in Konkubinat lebenden Personen begangen: «Personen, die uneelich bei ainander wonen, auch die, so eelichs Stands seind, an ainander verlassen und mit andern in offentlichen Eebruch sitzen, kains Wegs sollen gedult, sondern ernstlich gestraft werden.»[46] Im Standardfall konzentrierten sich die gesetzgeberischen Anstrengungen jedoch auf die aus dem kanonischen Recht bekannten Tatbestände des «stuprum», des vorehelichen Sexualverkehrs mit einer Jungfrau und der «fornicatio», der «Unzucht» bzw. des Beischlafes mit einer ledigen Person. Die «Kebsehe», so die schon im Mittelalter gebräuchliche Bezeichnung für das Konkubinat, stellte in dieser Sicht bloß eine andauernde Form der «fornicatio» dar.

Die auf territorialer Ebene erlassenen Bestimmungen wurden häufig in die regionale und lokale Gesetzgebung übernommen.[47] Anfänglich fanden sich hier wie dort jedoch nur unscharfe Tatdefinitionen, später wurden mit den Delikten auch die Pönale spezifiziert. In der Preußischen Landordnung konnte man sich schon 1577 sehr genau über das Vergehen des «Jungfrauschwechen» informieren. Zentral war hier die Frage, ob eine Frau, die an «iren Ehren (die weiblichen Geschlechts größter Schatz ist) geschwecht» wurde, vor dem Geschlechtsverkehr ein Eheversprechen erhalten hatte.[48] Bei Vorliegen eines heimlichen Verlöbnisses musste der geständige Täter die «geschwächte» Person ehelichen. Ohne Eheversprechen sollte er eine der Mitgift entsprechende Pönale an den Vormund der Frau bezahlen und Kirchen- bzw. befristete Ehrenstrafen über sich ergehen lassen. Wie schmal der gesetzliche Grad zwischen «frühem» Beischlaf (unter Verlobten), «Leichtfertigkeit», «Verführung» und «Hurerei» war, zeigt eine weitere Bestimmung dieser Ordnung, in der das sittliche Verhalten und das Ansehen der geschwängerten Frau als entscheidender Faktor für die Schuld des beteiligten Mannes angeführt wurde: «Trüge sichs auch zu, daß eine Jungfrau oder Magd sich zu einem Manne nötigt, im nachginge, zu im legte oder sonsten Ursach zur Schwengerung gebe und das gnugsam ausführlich gemacht oder durch gemein offenbar Geschrei eine berüchtigte Person ist, so sol der Teter weder sie zu eheligen noch zu dotieren, sondern das Kind zu ernehren helfen verpflichtet sein.» Die soziale Positionierung der Sexualpartner bestimmte auch hier den Strafrahmen: Ein höher gestellter Mann, der eine «Jungfrau geringen Standes» schwängerte, wurde zur Zahlung einer Mitgift in der Höhe der Morgengabe seines Standes verpflichtet. «Schwächte» hingegen ein Dienstbote eine höherrangige Frau, hatte er mit Leibesstrafen und sogar mit der Todesstrafe zu rechnen.

Lokale Ordnungen waren auch bei diesem Delikt einen Schritt näher der sozialen Praxis und sahen die «verheimlichte Schwangerschaft» im Kontext der Eheanbahnung und Eheschließung. Ein typisches Beispiel einer solchen Regelung ist die Polizeiordnung für Scharnstein und Kremsmünster (Oberösterreich) aus dem Jahr 1587. Dort wurde beklagt, dass manche Frauen zwar als Jungfrauen vor den Altar traten, aber vor Erreichen der normalen Schwangerschaftsdauer ein Kind zur Welt brächten. Diese Eheleute sollten, «ungeachtet si gar im ehestant sein, nit weniger umb irer vorgeiebten unzucht willen gestraft, gegen den eltern aber oder [die] darbei sie gedient, [soll] mit gefenknuß straffentlich fürgegangen werden».[49] Neben den Eltern und Dienstgebern sollte auch der Amtmann, der ihr Verbrechen nicht angezeigt hatte, eine Geldstrafe erhalten. Die Delinquenten hingegen müssten zu einer Leib- und Geldstrafe verurteilt werden. Neben Geldstrafen spielten in diesem Bereich Schandstrafen eine wichtige Rolle. Nicht wenige herrschaftliche Gerichte verhängten sie, um die besondere Verwerflichkeit der Fornikanten vorzuführen. Ehrenstrafen wurden aber oft auch deshalb ausgesprochen, weil viele Verurteilte das verhängte Fornikationsgeld nicht aufbringen konnten. Auch hier zeigte sich, dass die offenen und arbiträren Formulierungen der territorialen und Reichsordnungen von den lokalen Richtern sehr weit ausgelegt wurden und zu milderen Strafen führten. Oft begnügte man sich auch mit einer Abmahnung oder verhängte eine Geldstrafe, bei schweren und wiederholten Delikten wurden gestaffelte Geld-, Schand- und Ehrenstrafen ausgesprochen.[50]

Gemildert wurde das Delikt des vorehelichen Geschlechtsverkehrs, wenn es zu keiner Schwangerschaft kam. Die Sachsen-Gothaische Landesordnung von 1666 machte deutlich, dass bei Bekanntwerden eines solchen Falles «Schande» und Ehrverlust vor allem der «entehrten» Frau zufielen: «Wo zwo verlobte Personen vor dem öffentlichen Zusammengeben und Trauen sich fleischlich einlassen, sol die Weibsperson, wenngleich auch keine Schwängerung daraus erfolget, mit verdecktem Häupte und ohne Spiel zur Kirchen gehen und sie beiderseits mit zeitlicher Gefängnis oder sonsten nach Gelegenheit willkürlich gestrafet werden.»[51] Nach Meinung der meisten Gesetzgeber waren primär heimliche Eheversprechen der Grund, warum so viele Frauen ihre «Ehre» verspielten. Den Autoren blieb allerdings auch nicht verborgen, dass sie hier in einem Bereich agierten, der hauptsächlich der Selbstregulierung der dörflichen und städtischen Gemeinschaften unterstand (siehe Kapitel 1). Aus diesem Grund wohl eher vergeblich versuchten der Bürgermeister und der Rat der Stadt Frankfurt in dieser Frage regulierend einzugreifen. In einem 1739 erlassenen Edikt gegen «Scheinvergliche in Schwängerungssachen» beklagten sie, dass «einige hiesige Notarii sich höchst ärgerlich und sträflicher Weise unterfangen, in Schwängerungssachen unter denen Parteien allerhand Scheinvergliche und Absolutoria zu fertigen, wodurch es dann mehrmalen dahin gediehen, dass die rechte und wahre Vätter verschwiegen und gemeiniglich nur Musquetier davor angegeben, die Justiz illudiret, gedachtem Unserem Consistorio die wahre Beschaffenheit verschwiegen und hinterhalten, mithin das obrigkeitliche Strafamt an jenen zu vollstrecken die Gelegenheit abgeschnitten würde».[52]

Verheimlichte Schwangerschaft und «frühe Beiwohnung» bedeuteten für die frühneuzeitliche Gesellschaft auch deswegen ein besonderes Problem, weil hier einmalige «Leichtfertigkeit» nur schwer von genereller «Unzucht» zu unterscheiden war. Die strafrechtlichen Passagen zeugen von den großen rhetorischen und argumentativen Nöten, die man mit «ehrlosen» Frauen hatte.[53] Die Ordnungen des 16. Jahrhunderts beschränkten sich darauf, unzüchtige «Dirnen» als ehrlos und in den Rechten eingeschränkt zu erklären und versuchten vor allem die Kuppelei in den Griff zu bekommen. Im 17. und frühen 18. Jahrhundert wurde gewerbsmäßige «Unzucht» immer häufiger mit teils recht harten Strafen verfolgt. Je nach Schwere des Delikts standen auf «Hurerei» und Kuppelei Geldstrafen, die Ausstreichung mit Ruten, Landgerichtsverweisung und bei Verkupplung eigener Familienangehöriger sogar die Todesstrafe. Neben der Vermittlung der «Huren» wurde nun auch ihre Beherbergung strengstens sanktioniert.

Die strafrechtliche Nähe von «Hurerei», vorehelichem Geschlechtsverkehr und Konkubinat kommt etwa in der Theresiana (1769) deutlich zum Ausdruck. Dort wurden unter «Gemeiner Hurerey und anderen unziemlichen Beywohnungen» folgende Sexualfälle zusammengefasst: «Die gemeine Hurerey wird begangen, da entweder erstlich: ledige Personen beyderley Geschlechts sich ein- oder andermal mit einander fleischlich vergehen; oder andertens: zwey ledige Personen in stäter unehrlicher Beywohnung leben; oder Drittens: da eine ledige Weibsperson dem unzüchtigen Leben nachhanget und Jedermann zu Willen stehet.»[54] Für die ersten beiden Vergehen sollten die Betroffenen von der Obrigkeit «in vernünftiger Rucksicht, und Erwegung ihres Standes, Geschlechts, Bedienstung, guten Anverwandtschaft, und sonstigen Wohlverhaltens das erstemal bescheidentlich, und ohne öffentliche Beschimpfung» abgemahnt oder mit einer angemessenen Geldbuße oder mit Gefängnis bestraft werden. Erst nach dreimaliger Wiederholung der Tat sollten die Delinquenten mit einer Leibesstrafe und mit Landesverweis rechnen. Genau diese Behandlung erwartete auch «Huren» und in verschärftem Ausmaß Kuppler/innen. Wer nächste Verwandte oder sogar gottgeweihte Personen sowie «Ungläubige» mit Gläubigen verkuppelte und damit die göttliche Ordnung verletzte, sollte mit dem Tode bestraft werden.

Wider die göttliche Ordnung

Sexualhandlungen «wider die Natur» und solche, die mit Gewaltanwendung oder Mord und Totschlag verbunden waren, sollten gemäß den zwischen dem 16. und der Mitte des 18. Jahrhunderts erlassenen «Policey»- und Gerichtsordnungen mit strengen, meist tödlichen Strafen sanktioniert werden. Im Zuge der strafrechtlichen Ausdifferenzierung wurden jedoch auch in diesem Bereich die Definitionen, Untersuchungsanweisungen und Strafbemessungen spezifiziert. An erster Stelle der schweren Delikte stand nach wie vor die «Unkeuschheit wider die Natur», gefolgt von Blutschande und Notzucht. Je nach Systematik wurden dem «widernatürlichen Verbrechen» dabei unterschiedliche Tatbestände zugeordnet: Im Minimalfall umfasste es den Geschlechtsverkehr mit Tieren sowie gleichgeschlechtliche Akte, im Maximum auch sexuelle Handlungen mit Toten, «widernatürliche» heterosexuelle Akte wie den Analverkehr und sogar Masturbation.[55] Bestialische, nekrophile und gleichgeschlechtliche Handlungen wurden durchgehend mit der Todesstrafe (meist durch Verbrennen) bedroht, alle anderen Delikte mit arbiträren Strafen. Bezeichnend für diese Einschätzung der «Widernatürlichkeit» war, dass bei nachgewiesener Bestialität neben dem Täter auch das penetrierte Tier verbrannt werden und so das «Gräuel» sowohl physisch als auch symbolisch ausgelöscht werden sollte. Die gerichtliche Verfolgung widernatürlicher Verbrechen sollte möglichst sensibel geschehen. Aus diesem Grunde wurden zum Beispiel in Hamburg im 17. und frühen 18. Jahrhundert Sodomitenprozesse zunehmend unter Ausschluss der Öffentlichkeit geführt. Auch die Bestrafung der Delinquenten sollte im Geheimen erfolgen und so die Existenz des «Lasters» gänzlich verschwiegen werden.[56] Bestialität und gleichgeschlechtlicher Verkehr waren Delikte, die von den Gerichten vergleichsweise oft mit dem Tode bestraft wurden. Beispielsweise endeten mehr als die Hälfte der 113 Bestialitätsdelikte, die zwischen 1592 und 1800 in Württemberg verhandelt wurden, mit dieser Strafe.[57] Bei gleichgeschlechtlichen Delikten erfolgte die Verhängung der Todesstrafe regional recht unterschiedlich.[58] Wie bei allen «widernatürlichen» Delikten konnte jedoch auch hier eine Reihe von Milderungsgründen eingebracht werden, die

Richter hatten die Wahl zwischen Feuer-, Schwert-, Gefängnis- und Schandstrafen.[59]

Kaum weniger «greulich und abscheuchlich» war es laut württembergischer Eheordnung von 1553, wenn Bluts- und angeheiratete Verwandte «beieinander» schliefen.[60] Seit dem 16. Jahrhundert fanden sich deshalb auch im weltlichen Recht immer genauere Spezifikationen der von der «Blutschande» betroffenen «Sippschaft».[61] Da nach christlichen Vorstellungen Ehegatten und ihre Familien durch Heirat zu «einem Fleisch und Blut» verschmolzen, konnte es nicht nur innerhalb der eigentlichen Abstammungsfamilie zur «Blutschande» kommen, sondern auch zwischen verschwägerten Personen. Die Rechtsordnungen des 17. Jahrhunderts enthielten lange Listen von Verwandtschaftspositionen, die von ehelichen und sexuellen Kontakten ausgeschlossen waren. Größte Aufmerksamkeit schenkte man nun aber nicht mehr der «Blutschande» zwischen Eltern und Kindern und zwischen Geschwistern, sondern sexuellen Beziehungen zwischen verschwägerten Personen.[62] Dieser Verwandtenkreis machte die juristische Legitimation der kanonischen Blutmetapher besonders schwierig. «Blutschande» auf- oder absteigenden ersten Grades wurde während der Frühen Neuzeit mit der Feuerstrafe bedroht, unter Geschwistern sollten das Schwert oder schwere Körperstrafen zur Anwendung kommen. Bei Geschlechtsverkehr innerhalb der Schwägerschaft musste die Strafe ebenfalls schwer, aber nicht unbedingt tödlich ausfallen. Erst ab dem dritten Grad verlor das «Blut» mehr und mehr an «vergiftender» Wirkung. Dies galt auch für jene Fälle, wo nach Präzedenzurteilen ein Dispens geltend gemacht werden konnte.

Die strafrechtliche Verfolgung der «Notzucht» blieb bis weit ins 18. Jahrhundert dem Schutz der weiblichen «Ehre» verpflichtet. «Wer eine ehrlich unverleumte Person mit Gewalt wider ihren Willen, zur Unzucht nöthiget, ist mit dem Schwerdt zu straffen, doch leydet die Straff eine Milderung, wann die genöthigte Person eben zur Zeit beschehener That in üblen Ruf gestanden, dass sie vorhin schon der Leichtfertigkeit und Unzucht ergeben gewesen, oder da sie zur Ersetzung ihrer Ehre den Nothzwänger zur Ehelichen begehrt, oder bereits mit ihm versprochen, und seine gewidmete Braut gewesen, oder wo die That nicht gänzlich vollbracht worden.»[63] Der bayerische Kriminalcodex von 1751 ließ keinen Zweifel daran, wodurch die strafrechtliche Deliktskonstruktion geprägt wurde:[64] Nur wenn eine Frau über einen einwandfreien Leumund und eine unangetastete «Ehre» verfügte, konnte sie zum Opfer einer ‹richtigen› Vergewaltigung werden. Wobei die weibliche «Ehre» nicht nur von der geschlechtlichen ‹Unversehrtheit› abhing, sondern ein komplexes moralisches Rechtsgut darstellte. Dies ist der Grund, warum nach einigen Ordnungen die «Ehre» einer Frau auch nach einer schuldlosen Vergewaltigung intakt blieb. «Ehrlose Huren» und promiskuitive Frauen konnten hingegen den Verlust dieses Rechtsgutes nicht mehr einklagen. Für den Tatbestand der Notzucht mussten einige Voraussetzungen erfüllt sein: Etwa dass es während der Penetration zu einem Samenerguss gekommen war – nach manchen Ordnungen genügte auch bereits die Zerstörung des Hymens. Ausschlaggebend war zudem, ob und wie sich eine Frau zur Wehr setzte. Vergewaltiger konnten als mildernde Umstände einbringen, dass «die vor nothgezüchtigt sich angebende Person der vorgeschützten Gewalt wohl hätte widerstehen können und nach einer kleinen Gegenwehr die Unzucht mit ihr hat vollbringen lassen».

Da das Delikt von mehreren schwer zu beweisenden Faktoren abhing, kam es vor Gericht immer wieder zu denselben Streitpunkten: Ob der Leumund der Frau einwandfrei gewesen sei, ob sie sich ausreichend gewehrt hätte, ob sie Lust empfunden habe etc. Erst sekundär interessierte man sich dafür, ob der Geschlechtsverkehr tatsächlich gegen den «Willen» der Betroffenen geschehen war.[65] Eine Schwangerschaft konnte bis ins 18. Jahrhundert ebenfalls gegen das Opfer verwendet werden. Beigezogene Gerichtsärzte beriefen sich in dieser Frage nach wie vor auf die galenische Säftelehre, nach der es für eine Befruchtung zu einer beiderseitigen Samenejakulation kommen musste. Bei der Frau konnte der Samenausstoß als Zeichen sexuellen Lustempfindens interpretiert werden und dieses wiederum galt als Indiz für die unvollständige Gegenwehr des Opfers (siehe Kapitel 3).[66] Die schwierige Beweislage hatte zur Folge, dass die Gerichte bei Notzuchtsdelikten meist relativ niedrige Strafen verhängten. In der Regel wurden mehrjährige Zuchthausstrafen ausgesprochen und die Täter anschließend des Landes verwiesen. Letzteres konnte selbst den Opfern passieren – auf diesem Weg wurde mit den betroffenen Frauen auch die Tat aus dem sozialen Gedächtnis entfernt.[67]

Erschwert wurde das Delikt, wenn «einer ein unmannbares Mägdlein, oder aber ein Kind nothzüchtigte (…), wenn es von einer Person, welche anstatt der Eltern den Kindern vorgesetzt ist, beschähe (…), da eine Obrigkeit, oder Gerhab sich gegen seine Unterthanin, oder Pupillen dergleichen unterstünde (…), wenn ein Diener seines Herrn Tochter oder Frau nothzüchtigte (…), so eine Person von schlechten Stand eine von hohen Geschlecht überwältigte (…) [oder] wenn ein Jud eine christliche oder Jemand eine geistliche Person schwächte».[68] Wie die Theresiana kannten auch andere Gesetze des 17. und 18. Jahrhunderts die noch heute gängige Altersdifferenzierung und berücksichtigten zudem mögliche Abhängigkeitsverhältnisse zwischen den beteiligten Personen. Geradezu blasphemisch war es vielerorts, wenn jemand mit – aber auch ohne – Ausübung von Gewalt Geschlechtsverkehr mit Nichtchristen oder Klerikern hatte. Gewaltsam erzwungener Geschlechtsverkehr innerhalb der Ehe kam im Strafrecht dafür weder als sexuelles Delikt noch als Milderungs- oder Verschärfungsgrund vor. Typisch für die frühneuzeitliche Sicht des Sexuellen ist auch, dass bei einer aus sexuellen Motiven durchgeführten «gewaltsamen Entführung» der Besitzanspruch des Gatten oder Vaters verletzt wurde. Die niederösterreichische Landgerichtsordnung von 1656 ließ beispielsweise die willentliche Entscheidung der entführten Frau völlig außer Acht: «Wer ein ehrliche Jungfrau oder Eheweib wider deß leiblichen Vatters, Ehemanns oder der Vormunder Willen wie auch eine Wittib oder Closterfrau mit Gewalt boßhafftiger weiß zur Schmach und Unehr entführet oder zu der Entführung wissentlich hilffet, der ist mit hinnach gesetzter Straff [der Enthauptung durch das Schwert] zu belegen.»[69] Erst im 18. Jahrhunderts konnte das Delikt auch dann zustande kommen, wenn eine Frau gegen ihren Willen entführt wurde.[70]

Das Strafmaß für Abtreibung und «Kinderverthun» (Kindsmord) blieb seit der Carolina mehr oder weniger unverändert. Aber auch hier wurde der richterliche Entscheidungsrahmen genauer festgelegt, die Tatumstände und Beweggründe der Delinquent/inn/en erhielten immer größeres Gewicht. Laut Ferdinandea konnten etwa bei einer Abtreibung folgende Milderungsgründe geltend gemacht werden: «Erstlich, wann es nicht aus Vorsatz und zu dem End die schon empfundene Schwängerung oder Frucht abzutreiben beschehen. Andertens, wann die Leibs-Frucht noch nicht gelebt und die Abtreibung noch vor halber Zeit zwischen der Empfängnuß und der Geburt beschehen. Drittens, wann die gebrauchte Artzney zur Abtreibung untauglich und hierzu keine genugsame Krafft und Würkung in sich hätte, welches dann ein Richter in allweeg noch vor Schöpffung des Urtheils erkundigen solle. Viertens, wann die abgetriebene Frucht wider die Menschliche Gestalt und Eigenschafft gewesen.»[71] Die Bekämpfung von Abtreibung, Kindsmord und «heimlichen Schwangerschaften» gehörte zu den, seit dem 17. Jahrhundert deutlich forcierten, ordnungspolitischen Maßnahmen. Um diesen Taten vorzubeugen, galt mancherorts schon die Geheimhaltung einer Schwangerschaft als strafbar. Vor Gericht kamen Abtreibungsfälle jedoch viel seltener als Kindsmorde, ihre Dunkelziffer dürfte dafür wesentlich höher gelegen sein.[72] Abtreibungen wurden in der Regel nicht mit dem Tode, sondern mit Gefängnis, Schandbußen und Landesverweis bestraft. Nachgewiesener Kindsmord hingegen endete seit dem späten 16. Jahrhundert immer häufiger mit der Todesstrafe, wobei wie in Württemberg die Todesart noch durch Ertränken, Säcken und Lebendigbegraben verschärft wurde. Nach Meinung der Zeitgenossen sollten Kindsmorddelikte schon deshalb so massiv sanktioniert werden, weil hier nicht nur ein Tötungsdelikt vorlag, sondern auch gegen eine von Gott gestiftete «Institution» verstoßen wurde: die ‹natürliche› Mutterliebe.[73]

Zur Besserung der Sexualmoral sollte auch das Verbot «unzüchtiger» Schriften und Bilder beitragen. Seit dem späten 16. Jahrhundert entstanden neben den kirchlichen Zensurbestimmungen weltliche Pressordnungen, die die Verbreitung von moralisch gefährlichen Büchern regelten. Nach dem Vorbild des kanonischen Rechts erließen vor allem die katholischen Länder Dekrete über «leichtfertige» Bücher und «unzüchtige» Bilder. Wie schon im Kirchenrecht wurden allerdings nicht alle Formen sexueller Darstellung untersagt, sondern nur jene, die – in der Interpretation der Zeitgenossen – vornehmlich der Lustbefriedigung dienten oder häretische und politische Ziele verfolgten. Aufgrund der offenen Formulierungen der Zensurbestimmungen kam der Einrichtung und Besetzung der Zensurstellen größte Bedeutung zu.

Im absolutistischen Österreich unterstand die Sittenzensur lange Zeit den jesuitischen Universitäten und fiel deshalb äußerst streng aus. Unter Maria Theresia übernahmen staatliche Stellen diese Aufgabe, ohne die Zügel wesentlich lockerer zu lassen. In den meisten protestantischen Ländern scheint die sexuelle Zensur weniger rigide ausgefallen zu sein, dort standen vor allem religions- und regimekritische Bücher auf dem Index.[74] Spätestens im 18.Jahrhundert büßte die Sittenzensur aber auch hier ihre kanonische Rückbindung ein, an die Stelle theokratischer Legitimation trat die gesellschaftliche Begründung der Sexualmoral.

Entkriminalisierung der Sexualmoral

Schon vor den aufklärerischen Strafrechtsreformen wurde also das strenge Sexualrecht der Reichsgesetze und mancher Territorialgesetze durch die milderen Bestimmungen der lokalen Ordnungen und durch die Rechtsprechung der Gerichte konterkariert. Moderate Schand-, Gefängnis- und Geldstrafen traten dort nicht selten an die Stelle der in den Gesetzen der oberen Rechtsebenen angedrohten schweren Leibstrafen oder gar der Todesstrafe. Statt rigide dem strafrechtlichen Prinzip der Rache zu frönen, waren die frühneuzeitlichen Gerichte gerade im Bereich des sexuellen Lebens um eine soziale Kompatibilität der Rechtsprechung bemüht. Die Kluft zwischen den gesetzlichen Bestimmungen und der Gerichtspraxis wurde, wie Isabell V. Hull zurecht meint, ein zentraler Impuls für die aufklärerischen Reformen: «The chasm that ultimately gaped between law and juridical practice was (...) one of the major impetus for legal reform in the eighteenth century, and one of the main reasons that there was a space for Enlightenment theory, which acted as a retrospective legitimation for developments that had already occured where law and life did not simply match.»[75] Die Gesetzesanpassung erfolgte in den einzelnen Ländern in recht unterschiedlichem Ausmaß. In der überwiegenden Zahl der deutschen und österreichischen Codices des späten 18. und frühen 19.Jahrhunderts wurden primär die unverhältnismäßig hohen Kapital- und Todesstrafen abgeschafft und klar festgelegte Gefängnis- und Geldstrafen eingeführt. Manche Deliktarten und insbesondere der voreheliche Geschlechtsverkehr

wurden nicht mehr unter Strafe gestellt. Andere «Sittlichkeitsver-
gehen» wie etwa die «Erregung öffentlichen Ärgernisses» tauchten in stark modifizierter Form in den aufgeklärten Gesetzen auf.
Einige Gesetzesreformer gingen noch einen bedeutenden Schritt
weiter: In vom Code Penal von 1810 bzw. vom Bayerischen Strafgesetzbuch von 1813 beeinflussten Codices wurden konsensuelle
Sexualakte, durch die kein Schaden für Dritte entstand, entkri-
minalisiert oder zumindest das Strafmaß deutlich reduziert. Im
Bayerischen Strafgesetzbuch von 1813 wurden Sexualmoral und
Strafrecht am weitesten entflochten – hier existierte für Sittlichkeitsdelikte überhaupt keine eigene Kategorie mehr.

Die klassischen und für die weitere Rechtsentwicklung maßgeblichen Codices des deutschsprachigen Raumes repräsentierten
den ersten, moderaten Anpassungstyp.[76] In Österreich waren dies
das sogenannte «Josephinische Strafgesetzbuch» von 1787, das im
Jahre 1803 erlassene «Österreichische Strafgesetzbuch» und das
«Österreichische Strafgesetz» von 1852.[77] Die deutsche Entwick-
lung wurde zum einen vom ebenfalls moderaten «Allgemeinen
Landrecht für die Preußischen Staaten» von 1794 und durch das
«Strafgesetzbuch für die Preußischen Staaten» von 1851 geprägt.[78]
Letzteres bildete auch in Sachen Sexualstrafrecht das Vorbild für
das spätere «Strafgesetzbuch für das Deutsche Reich» von 1871.[79]
Die zweite reformfreudigere Gruppe orientierte sich am «Bayerischen Strafgesetzbuch» von 1813. Länder wie Sachsen (1838),
Hannover (1840) oder Braunschweig (1840) blieben bei der Liberalisierung ihres Strafgesetzes jedoch in wesentlichen Punkten
hinter dem bayerischen Recht zurück.[80] Der ebenfalls liberale französische Code Penal prägte vor allem die Strafgesetzgebung der
linksrheinischen Gebiete. Die radikalste Reform in einem originär
deutschen Strafgesetzbuch des 19. Jahrhunderts lag, wie schon
gesagt, mit dem Bayerischen Strafgesetzbuch von 1813 vor.

Das codifizierte Sexualstrafrecht des 18. und frühen 19. Jahrhunderts war das Ergebnis eines langfristigen Wandels in Gesetzgebung und Gerichtsbarkeit, dessen Anfänge bis weit in die Frühe
Neuzeit zurückreichten. Möglich wurde die Milderung der Sexualstrafen und die Entkriminialisierung der Sexualmoral vor allem
durch eine Abkoppelung der juristischen Normen vom kirchlichen Kanon.[81] An die Stelle der theokratischen und metaphy-
sischen Grundlegung des Rechts trat nun eine vernunftrechtliche

Vorstellung vom Gesellschaftsvertrag, der zur Wahrung des Gemeinwohls auf eine gegenseitige Bindung von Souverän und Bürger abzielte. Durch ein rationales, für alle Personen geltendes Rechtssystem sollte der Staat die Sicherheit, Wohlfahrt und «Glückseligkeit» aller Bürger/innen gewährleisten. Auch der Souverän und die Repräsentanten des Staates sollten demnach dem Gesetz unterstellt und in ihrer Machtausübung eingeschränkt werden. Die Rechtfertigung und Limitierung der staatlichen (Straf)Gewalt wurde durch elementare Rechtsprinzipien gerechtfertigt, deren Wurzeln ebenfalls vor die Aufklärung zurückreichten: Erstens sollten nur mehr jene Taten bestraft werden, die das friedliche Zusammenleben und die körperlich-seelische Integrität des Menschen gefährdeten. Sexuelle Handlungen, die zwar den «guten Sitten» widersprachen, aber keines dieser Rechtsgüter verletzten, sollten – zumindest der Theorie nach – unbestraft bleiben. Zweitens sollte es schon aus Gründen der Rechtssicherheit keine Anklage ohne vorherige strafrechtliche Spezifizierung im materiellen und Verfahrensrecht geben.[82] Statt «peinlicher», weit auslegbarer und erst von den Gerichten an die sozialen Umstände anzupassender Paragraphen, sollten präzise Delikt- und Strafdefinitionen treten. Gerade in diesem Bereich vollendeten die aufgeklärten Rechtsreformer eine über mehrere Jahrhunderte dauernde Entwicklung im Rechtssystem. Drittens entsprachen auch die dem alten Strafrecht unterlegten Pönalprinzipien Rache und Buße nicht mehr der pazifizierenden Zielsetzung des neuen Rechtsdenkens. Wie schon vom Polizeyrecht des 16. und 17. Jahrhunderts gefordert, sollten die Delinquent/inn/en durch die verhängten Strafen zu «besseren», jedenfalls aber zu nützlichen und disziplinierten Mitgliedern der Gemeinschaft erzogen werden. Wenn noch immer Körper- und Todesstrafen angedroht wurden, geschah dies nicht wegen des Racheprinzips, sondern um damit eine abschreckende und prophylaktische Wirkung zu erreichen. Schon Michel Foucault hat auf den veränderten Körpereinsatz im neuen Rechtssystem hingewiesen: «Im alten System wurde der Körper des Verurteilten zur Sache des Königs, welcher der Souverän sein Brandmal eindrückte und an welcher er seine Macht ausließ. Jetzt ist er eher ein gesellschaftliches Eigentum, Gegenstand einer kollektiven und nutzbringenden Aneignung.»[83] Viertens musste angesichts der gesellschaftspolitischen Zielsetzungen des Strafrechts eine adäquate Relation von Tat, strafrechtlicher Untersuchung und Strafmaß gefunden werden. Die Abschaffung der Folter als gerichtlicher Befragungsmethode und die Aufhebung der Todesstrafe für die meisten konsensuellen Sexualdelikte waren die logische Folge.[84] Auch auf der obersten Rechtsebene sollten nun eindeutig definierte Besserungsstrafen wie öffentliche Arbeit, Gefängnis oder Geldbuße die kapitalen und Leibesstrafen ersetzen. In der Praxis führte die gesetzliche Herabsetzung des Strafmaßes nicht automatisch zu einer Reduktion der Strafhäufigkeit. Im Gegenteil, die geringeren Strafen bewirkten, dass die Universalität und Notwendigkeit strafrechtlicher Sanktionen sogar an Bedeutung gewannen.[85] Fünftens führte die aufklärerische Reflexion des Pönalsystems zur endgültigen Vereinheitlichung und zur Kodifizierung des Rechts. Mit den Codices des späten 18. und frühen 19. Jahrhunderts wurden auch die statutarischen Rechtsebenen – die Provinz-, Land- und Reichsrechte – abgeschafft. Im jeweiligen Herrschaftsgebiet kam nun auch bei Sexualdelikten ausschließlich das kodifizierte Strafrecht zur Anwendung. Parallel dazu bestanden nur die regional stark divergierenden Polizeirechte weiter.

Wie groß die Unterschiede zwischen den moderaten und radikalen Strafrechtsreformen gerade im Bereich des Sexualrechts sein konnten, zeigte sich am deutlichsten beim Delikt der «widernatürlichen Unzucht». In der überwiegenden Zahl der deutschen und österreichischen Codices des späten 18. und der ersten Hälfte des 19. Jahrhunderts blieb dieses Delikt weiterhin Bestandteil der «fleischlichen Verbrechen» bzw. der «Verbrechen gegen die Sittlichkeit». Die Liste der zur «widernatürlichen» Unzucht zählenden Straftaten wurde allerdings stark eingeschränkt. Schon im Josephinischen Gesetzbuch zählten dazu nur mehr Bestialität und gleichgeschlechtlicher Sexualverkehr. Heterosexueller Analverkehr, der Sexualverkehr zwischen «Heiden» und Christen und die Masturbation gehörten nicht mehr zu den strafwürdigen Vergehen. Das Preußische Landrecht von 1794 blieb weiterhin ungenau und bestrafte «Sodomiterey und andre dergleichen unnatürliche Sünden, welche wegen ihrer Abscheulichkeit hier nicht genannt werden können» (§ 1069). Im Preußischen Strafgesetzbuch von 1851 wurden nur mehr Bestialität und gleichgeschlechtliche Delikte unter Männern bedroht – das ein Jahr später erlassene Österreichische Strafgesetz sanktionierte nach wie vor beide Geschlechter.

Nach Meinung Gisela Bleibtreu-Ehrenbergs kam die geschlechterspezifische Einschränkung des preußischen Rechts eher ‹zufällig› zustande: Während der Erarbeitung des Strafgesetzbuches wurde der alte Sodomie-Begriff zuerst unreflektiert mit «Knabenschänder» übersetzt und mutierte dann zur Unzucht «zwischen Personen männlichen Geschlechts».[86] In diesem ‹Übersetzungsfehler› offenbare sich die traditionelle Vorstellung von homosexuellen Akten – nämlich analer Penetration unter Männern. Eine alternative Erklärung sieht gerade darin den Grund für die Nichterwähnung gleichgeschlechtlicher Kontakte unter Frauen. Die beteiligten Strafjuristen hätten diese Einschränkung bewusst vorgenommen und die «Unzucht» zwischen Frauen bloß als eine Art von Onanie eingestuft.[87] Letztere blieb, so sie nicht öffentliches Ärgernis erregte, aber straffrei. Die für ‹richtige› homosexuelle Akte angedrohten Strafen bewegten sich im späten 18. Jahrhundert zwischen mehrjährigem Zuchthaus mit nachfolgender Verbannung im preußischen Recht und öffentlicher Züchtigung durch Auspeitschen und langjähriger Zwangsarbeit im österreichischen Gesetz. Drakonische Arbeitsstrafen wie das Schiffziehen, 1788 von der Josephinischen Kriminalgerichtsordnung zusätzlich eingeführt, wurden von der Forschung oft als Fortsetzung des Todesurteil interpretiert. Allerdings existieren bislang keine Quellen, die belegen, dass diese für Schwerverbrecher erlassene Strafe auch beim Delikt der widernatürlichen Unzucht zur Anwendung kam.[88] Das österreichische Strafrecht von 1803 sah als Strafe nur mehr Kerker von sechs Monaten bis einem Jahr vor. Diese relativ milde Pönale wurde allerdings 1852 wieder verschärft, nämlich auf ein bis fünf Jahre Kerker und lag damit klar über den im preußischen Gesetz von 1851 vorgesehenen Gefängnisstrafen.[89]

Angesichts der in den meisten Ländern drohenden langjährigen Gefängnisstrafen kam die vollständige Entkriminalisierung gleichgeschlechtlicher Handlungen im Bayerischen Strafgesetzbuch von 1813 einem revolutionären Akt gleich. Der maßgebliche Autor des bayerischen Gesetzes, Anselm Feuerbach, setzte mit diesem Codex das aufklärerische Postulat einer Trennung von Moral und Gesetz mit aller Konsequenz um.[90] Neben homosexuellen Handlungen galt dies auch für alle anderen konsensuellen Akte unter Erwachsenen – insbesondere für voreheliche Geschlechtsverkehr, Konkubinat und Prostitution – und zudem für Taten, die zwar öffentliches Ärgernis erregten, aber keine anderen Rechtsgüter verletzten. Nach Meinung Feuerbachs sollten diese Handlungen einzig dem moralischen Empfinden und kirchlichen Sündenkanon unterstehen, «fleischliche Verbrechen» und Sittlichkeitsdelikte würden keine eigene strafrechtliche Deliktgruppe mehr konstituieren. Dieser Logik folgend wurden im Feuerbachschen Codex Sexualakte, die mit Gewaltausübung oder Tötungsabsichten verbunden waren, den «Verbrechen wider das Leben anderer» bzw. den Misshandlungsdelikten unterstellt. Der Begriff der «widernatürlichen Wollust» tauchte nur mehr in zwei Artikeln auf: Als mögliche Form der gleichgeschlechtlichen Vergewaltigung eines Mannes und als «widernatürliche» Wollust mit Knaben und Mädchen unter zwölf Jahren. Ob es in Bayern und anderen liberalen deutschen Ländern mit dem Ende der Strafverfolgung zu einer Ausweitung der polizeilichen Überwachung der Homosexuellen kam, lässt sich derzeit nicht sagen. Anzunehmen ist aber, dass auch hier die Bagatellisierung des Delikts bzw. die strafrechtliche Freigabe zu einer verstärkten polizeilichen Wahrnehmung der «Begleiterscheinungen» des (halb)öffentlichen Handelns von «Homosexuellen» geführt hat.[91]

Dass die gesetzliche Freigabe gleichgeschlechtlicher Sexualbeziehungen von den Zeitgenossen kaum gutgeheißen wurde, zeigte sich spätestens in jenen Gesetzeswerken, die wie die Strafgesetze von Württemberg (1839), Hannover (1840) und Braunschweig (1840) am bayerischen Codex orientiert waren. Im Gegensatz zum Feuerbachschen Strafrecht wurde dort sowohl die Rubrik der Sittlichkeitsdelikte als auch die strafrechtliche Verfolgung «widernatürlicher» Sexualakte beibehalten – letzteres allerdings unter der Bedingung, dass öffentliches Ärgernisses erregt wurde oder ein «Beleidigter» Klage erhob.[92] Andere deutsche Strafgesetzbücher erklärten homosexuelle Akte und Kontakte mit Tieren weiterhin als strafbar, sahen aber wie das sächsische Recht von 1838 mit bis zu einem Jahr Gefängnis relativ ‹milde› Pönale vor. Auch das ‹neue› bayerische Strafgesetzbuch von 1861 öffnete wieder die Tür zur Verfolgung «widernatürlicher» Wollust. Konsensueller Beischlaf zwischen Erwachsenen wurde zwar weiterhin nicht bestraft, der Paragraph 214 war aber so formuliert, dass im Zweifelsfalle zwischen vollendetem homo- und heterosexuellen

Beischlaf und «widernatürlicher Wollust» unterschieden werden konnte.[93] Was unter widernatürlicher Wollust zu verstehen war, blieb nicht nur der Auslegung der Gerichte, sondern auch manch erpresserischer Phantasie überlassen. Angesichts der unterschiedlichen strafrechtlichen Sanktionen in den deutschsprachigen Ländern verwundert es nicht, dass gleichgeschlechtlicher Delikte bezichtigte Männer – Frauen fanden sich eher selten unter den Angeklagten – vor der strafrechtlichen Verfolgung in liberalere Länder wie Italien, Frankreich, Holland und Belgien flüchteten.[94] Aber selbst strenge deutsche Strafgesetze eröffneten mit dem Geständnis mutueller Masturbation einen häufig begangenen Ausweg.[95] Allerdings blieb auch dieser nach der Festschreibung des Paragraphen über die «Erregung öffentlichen Ärgernisses» meist nicht unbestraft.

Als «öffentliches» Ärgernis wurden sexuelle Handlungen schon in den Reichspolizeiordnungen des 16. Jahrhunderts bezeichnet, wobei wie im Falle des «öffentlichen Ehebruchs», ein Sexualvergehen durch allseitiges Bekanntwerden und durch die daraus resultierende soziale Irritation deutlich verschlimmert werden konnte. Zu einem eigenständigen Sexualparagraphen mutierte die «Erregung öffentlichen Ärgernisses» allerdings erst im späten 18. und frühen 19. Jahrhundert. Schon im Josephinischen Gesetzbuch wurde dabei primär an ein weiblich konnotiertes Rechtsgut gedacht: «Wer auf offener Strasse eine Weibsperson von unbescholtenem Rufe, die ihren Weg anständig wandelt, mit Gebärden, oder Reden auf eine solche Art verfolgt, welche die Verführung zur Ausgelassenheit deutlich anzeigt, ist auf Anklage der beleidigten Weibsperson» (§ 69) mit gelindem zeitlichen Gefängnis zu bestrafen. Mitte des 19. Jahrhunderts war nach österreichischem wie preußischem Gesetz klar, welches Rechtsgut tangiert wurde: Öffentliches Ärgernis erregte jemand durch die «Verletzung der Sittlichkeit oder Schamhaftigkeit» (§ 500) oder, wie es im preußischen Strafrecht hieß, «durch eine Verletzung der Schamhaftigkeit» (§ 150). In beiden Fällen drohten mehrmonatige bis mehrjährige Gefängnisstrafen. Seit die «Sonderanthropologie» des späten 18. Jahrhunderts die geschlechtertypische Psychophysis bestimmt hatte, brauchte nicht näher erläutert werden, wessen «Schamhaftigkeit» hier gemeint war, nämlich das «natürliche» Schamgefühl der Frau (siehe Kapitel 4).[96]

In der Gerichtspraxis bestand die erregte und klagende «Öffentlichkeit» allerdings nicht aus den im Gesetz fokussierten Frauen, sondern meist aus Gemeindehonoratioren und lokalen geistlichen Funktionsträgern.[97] Diese Männer konnten sich auf den Paragraphen überall dort berufen, wo die alte Unzuchtsgesetzgebung vor- und außereheliche Sexualpraktiken sanktioniert hatte. Typische Anklagen richteten sich gegen promiskuitives Verhalten von Frauen, unerwünschte Liaisonen und gegen Konkubinate. Letztere ‹wilde Ehen› galten zum Missfallen der katholischen Kirche seit dem späten 18. Jahrhundert nicht mehr als eigenes strafrechtliches Delikt und konnten nur auf diesem Umweg – oder mittels Polizeirecht und durch die Bestimmungen des politischen Ehekonsenses – verfolgt werden. Personen, die wegen der Erregung öffentlichen Ärgernisses verurteilt wurden, erhielten häufig keine Heiratserlaubnis, ihr «unsittlicher» Lebenswandel wurde von obrigkeitlicher Seite prolongiert.[98] Strafrechtlich folgenlos blieb auch der voreheliche Geschlechtsverkehr. Allerdings sollten «Verführer» nach österreichischem Gesetz dann rechtlich belangt werden, wenn es zu einer «Entehrung unter Zusage der Ehe» (§ 506) gekommen war. Nach preußischem Recht sollte dies geschehen, wenn ein Mann «eine Frauensperson zur Gestattung des Beischlafes dadurch verleitet, daß er eine Trauung vorspiegelt» (§ 145). Der «Verführer» hatte mit mehrmonatiger bis mehrjähriger Gefängnisstrafe zu rechnen und musste die «entehrte Frau» auch finanziell entschädigen. Um das Delikt der Erregung öffentlichen Ärgernisses nicht allzu dehnbar zu machen und der Denunziation Tür und Tor zu öffnen – die Formulierungen der diesbezüglichen Paragraphen animierten förmlich dazu –, wurden auch all jenen Personen Sanktionen angedroht, die andere ungerechtfertigt unsittlicher und unzüchtiger Handlungen bezichtigten.

Wer für solche Handlungen warb, sollte ebenfalls bestraft werden. Seit dem späten 18. Jahrhundert gehörten Bestimmungen über die Verbreitung, den Handel und die Bewerbung unzüchtiger Schriften und Abbildungen zum fixen Bestandteil der Strafcodices.[99] In einigen Fällen – etwa im sächsischen Kriminalgesetzbuch (von 1838) – wurden «erregende» Darstellungen und Handlungen sogar in einem Atemzug genannt: «Die Verletzung der Sittlichkeit durch unzüchtige, zum öffentlichen Aergernisse gereichende Handlungen, Verbreitung unzüchtiger Schriften oder bildlicher Darstellungen ist mit Gefängnis bis zu einem Jahre zu bestrafen.» (§ 353) Auch bei diesem Delikt war die «Schamhaftigkeit» der Frau, vor allem durch unsittliche Enthüllungen für den weiblichen Blick, tangiert.[100] Nach österreichischem und preußischem Strafrecht wurde der Verkauf wie auch die Verteilung und Verbreitung unzüchtiger Darstellungen mit Geld- und kürzeren Gefängnisstrafen sanktioniert. Konfiskation und Vernichtung drohte auf jeden Fall dem Corpus delicti. Weiterhin unbestraft konnte man sexuelle Darstellungen betrachten und verbreiten, wenn sie (angeblich) künstlerischen oder wissenschaftlichen Zwecken dienten. Nicht wenige pornographische Werke, aber auch seriöse Aufklärungsbücher wurden deshalb im 19. Jahrhundert als «klassische» Kunst oder medizinische Fachliteratur vertrieben.[101]

Die dehnbaren Paragraphen über die «Erregung öffentlichen Ärgernisses» boten zudem eine perfekte Handhabe gegen jede Form promiskuitiven und prostitutiven Verhaltens von Frauen. Noch im späten 18. Jahrhundert wurde die «Hurerei» meist mit Gefängnisstrafen und im wiederholten Falle mit Körperstrafen belangt. Für Kuppelei und die Beherbergung von Prostituierten standen Arbeits- und Körperstrafen sowie Landesverweis ins Haus. Das Allgemeine Landrecht zwang «liederliche Weibespersonen, welche mit ihrem Körper ein Gewerbe treiben wollen» in staatlich geduldete und konzessionierte «Hurenhäuser» (§ 999). Bei Nichtbefolgung dieser Anweisung drohte auch in Preußen dreimonatige Zuchthausarbeit und anschließende Einweisung in eine Arbeits- und Besserungsanstalt. Wer eine «Hurenwirtschaft» ohne polizeiliche Genehmigung betrieb, hatte mit mehrjährigen Gefängnisstrafen zu rechnen.[102] Nach 1800 brachte die strafrechtliche Liberalisierung auch in diesem Bereich, wenn nicht überhaupt die Abschaffung, so doch eine deutliche Reduktion der Pönale. Kuppelei sollte mit Gefängnis zwischen einem und fünf Jahren bestraft werden. Das bayerische Strafrecht von 1813 ging wie immer einen Schritt weiter: Dort blieb nicht nur der «Hurerei» straflos, auch Kuppelei sollte nur im Fall von Blutschande und Unzucht zwischen Geschwistern und Abhängigen verfolgt werden.

Mitte des 19. Jahrhunderts war man sich in Deutschland und Österreich über die richtige Behandlung der Prostitution weitgehend einig: Nicht das Strafrecht, sondern die Polizeibehörden sollten mittels lokaler sittenpolizeilicher Regulierung und Überwachung eine reibungslose Abwicklung des Gewerbes gewährleisten.[103] Je nach polizeilicher «Sittenordnung» überwog in einer Stadt die Bordellprostitution, in einer anderen die «bewilligte Ungebundenheit» der Straßenprostitution.[104] Prostituierte, die den polizeilichen Bestimmungen zuwider handelten oder «öffentliches Ärgernis» erregten, wurden weiterhin mit mehrmonatigen Gefängnisstrafen bedroht. Im Gegensatz zur Prostitution blieb die Kuppelei während des gesamten 19.Jahrhunderts ein strafrechtliches Delikt. Das Kriminalgesetzbuch von Hannover (1840) zählte erschwerende Faktoren der Kuppelei auf: Anleitung zum Ehebruch, Schwächung ehrbarer Frauen, Befriedigung widernatürlicher Wollust und «Verleitung zur Unzucht» (§ 278). Was unter letzterem zu verstehen war, wurde auch in den Bestimmungen des Strafgesetzbuches für das Deutsche Reich ausgeführt. Dort konnten selbst bei nicht gewohnheitsmäßiger Kuppelei immer dann verschärfte Strafen verhängt werden, wenn «der Schuldige zu den Personen, mit welchen die Unzucht getrieben worden ist, in dem Verhältnis von Eltern zu Kindern, von Vormündern zu Pflegebefohlenen, von Geistlichen, Lehrer oder Erziehern zu den ihnen zu unterrichtenden oder zu erziehenden Personen» (§ 181) stand.

Schutz der sexuellen Integrität

Der Schutz von «unmündigen» Personen, insbesondere von Minderjährigen und Gewaltunterstellten, avancierte seit dem späten 18.Jahrhundert zu einem wichtigen Anliegen des Strafrechts. Zuvor hatten sexuelle Handlungen an Kindern und abhängigen Personen primär als erschwerende Umstände anderer Delikte gegolten. Das Allgemeine Landrecht von 1794 ist ein Beispiel dafür, dass nun recht unterschiedliche Abhängigkeitsverhältnisse zusammengedacht wurden: sexuelle Kontakte zwischen Hausbediensteten und Kindern oder Verwandten der «Herrschaft», zwischen Aufsehern in Gefängnissen, Arbeits-, Armen-, und Waisenhäusern und den von ihnen Beaufsichtigten, zwischen Erziehern, Predigern und Lehrern und den ihnen Anvertrauten, zwischen Eltern und ihren Stiefkindern und letztlich zwischen Vormündern und ihren Mündeln. Laut österreichischem Strafrecht von 1803 sollte die «Schändung» einer Person unter vierzehn Jahren als Notzucht angesehen und wie diese mit schwerem Kerker zwischen fünf und zehn Jahren belangt werden. Acht bis sechzehn Jahre Zuchthaus erwartete nach dem bayerischen Strafgesetz von 1813 diejenigen, die Notzucht mit Personen unter zwölf Jahren trieben. In beiden Fällen konnte hetero- wie homosexuelle Notzucht nicht nur an minderjährigen Frauen, sondern auch an jungen Männern verübt werden – ein Novum, das in früheren Gesetzen fehlte und auf eine möglichst systematische und egalitäre Behandlung der Geschlechter im aufgeklärten bayerischen Strafcodex zurückzuführen war.

Dass sich die Nivellierung der Geschlechterdifferenz à la longue nicht durchsetzen konnte, belegt unter anderem das österreichische Strafgesetz von 1852, in dem wieder eine geschlechterspezifische Trennung von Schändung und Notzucht an Minderjährigen vorkam.[105] Als Notzuchtsdelikt galt der gewaltsam erzwungene Beischlaf mit einem Mädchen, das das Schutzalter nicht erreicht hatte, als «Schändung» wurden sonstige sexuelle Handlungen an unter vierzehnjährigen Personen beiderlei Geschlechts definiert. Das Preußische Strafrecht von 1851 gab den Gerichten großen Spielraum bei der Deliktfeststellung und Bestrafung. Wer an Personen unter vierzehn Jahren unzüchtige Handlungen jeglicher Art vornahm, beging schwere Unzucht und sollte bis zu zwanzig Jahre ins Zuchthaus kommen. Die «Verführung einer Minderjährigen» hingegen kam nur durch «Beischlaf» mit einem unbescholtenen, vierzehn- bis sechzehnjährigen Mädchen zustande – nicht aber durch andere sexuelle Handlungen – und wurde mit drei Monaten bis einem Jahr Gefängnis sanktioniert.

Die sexuelle Reife und subjektive Entscheidungsfreiheit des ‹passiven› Sexualpartners kam bis ins 18. Jahrhundert auch bei der Definition der Notzucht ins Spiel. Nach 1800 berief sich dabei allerdings nur mehr der bayerische Codex von 1813 auf den Willen der genötigten Person: «Wer eine Person weiblichen Geschlechts wider ihren Willen durch körperliche Gewalt oder durch Drohungen, welche mit dringender gegenwärtiger Gefahr für Leib oder Leben verbunden sind, zur Unzucht nöthiget, (...)

ist der Nothzucht schuldig» (§ 186). Selbst erwachsene Männer sollten dabei, wenn auch nur von Geschlechtsgenossen, vergewaltigt werden können. Dass ein erwachsener Mann von einer Frau zum Geschlechtsverkehr genötigt wurde, kam selbst in diesem ‹modernen› Codex nicht vor. Vier- bis achtjähriges Arbeitshaus samt körperlicher Züchtigung und Einzelhaft standen für Notzucht in Aussicht.

Indem die aufgeklärten Reformer die körperlich-seelische Unversehrtheit zu einem zentralen Rechtsgut erhoben, beseitigten sie das ‹alte› weibliche Ehrkonzept und ermöglichten damit auch, dass «ehrlose» Frauen als potentielle Vergewaltigungsopfer in Betracht kamen. Allerdings sollte, so das Allgemeine Landrecht, für den Täter eine «verhältnißmäßige Minderung der Strafe statt-[finden], wenn die genothzüchtigte Person schon vorher in dem Rufe einer schlechten liederlichen Lebensart gestanden hat» (§ 1058). In den meisten Strafgesetzbüchern wurde das Notzuchtsdelikt zudem auf den erzwungenen Beischlaf außerhalb der Ehe beschränkt. Vergewaltigung in der Ehe fiel maximal unter körperliche Gewaltanwendung. Drohung und psychischer Zwang zum Geschlechtsverkehr existierten unter Eheleuten zumindest im Strafrecht nicht. Weniger klar war man sich bei der Frage, ab welchem Zeitpunkt ein erzwungener Beischlaf als vollzogen zu gelten hatte – einen Punkt, der auch bei anderen Sittlichkeitsdelikten immer wieder brisant wurde. Laut Kriminalgesetzbuch von Hannover (von 1840) sei das Verbrechen «für vollendet zu halten, sobald die Vereinigung der Geschlechtstheile erfolgt ist» (§ 270). Andere Strafrechtsbücher verwendeten den Begriff «Beischlaf» unkommentiert und überließen es den Gerichten, ihn genauer zu definieren.

Der tatsächliche Vollzug des Coitus war auch für das Delikt der Blutschande konstitutiv. In den Gesetzesbüchern wurde deshalb der vieldeutige Begriff «Unzucht» durch den klareren Terminus «Beischlaf» ersetzt. Seit dem späten 18. Jahrhundert blieb das Verbrechen des blutschänderischen Beischlafes meist auf den engeren Verwandtenkreis beschränkt.[106] Laut Allgemeinem Landrecht sollten jegliche sexuelle Kontakte innerhalb von drei Generationen sowie den Halb- und Vollgeschwistern und den «unehelichen Verwandten dieser Art» (§ 1042) bestraft werden. Im ersten Fall drohte Festungsstrafe von drei bis fünf Jahren, sonst mildere

Strafen. Der Feuerbachsche Codex sah die Blutschande nicht nur als inzestuöse Sexualbeziehung, sondern auch als Verletzung der Privatgewalt unter Familienmitgliedern.[107] Dementsprechend fiel die Bestrafung des Geschlechtsverkehrs unter Geschwistern mit ein- bis vierjährigem Arbeitshaus deutlich milder aus als unter Verwandten absteigender Linie. Im Laufe des 19. Jahrhunderts wurde noch klarer zwischen sexuellen Kontakten unter Blutsverwandten und solchen zwischen Schwiegereltern und -kindern sowie Stiefeltern- und -kindern unterschieden. Egal in welcher Konstellation, den «Verführern» sollte immer die größere Schuld zukommen, ihnen drohte auch eine strengere Strafe.

Um die jeweilige Tatbeteiligung ging es auch bei der Abtreibung. Die Codices des späten 18. und des 19. Jahrhunderts machten kaum Unterschiede zwischen den betroffenen Frauen und den sonstigen Beteiligten. Der Schutz des (lebensfähigen) Ungeborenen stand in allen Gesetzen im Vordergrund, die soziale, psychische und auch gesundheitliche Situation der Schwangeren galt als sekundär.[108] Bei Abtreibung innerhalb der ersten dreißig Schwangerschaftswochen standen im österreichischen Recht von 1803 schwerer Kerker von ein bis fünf Jahren, im preußischen Landrecht von zwei bis sechs Jahren in Aussicht, danach acht- bis zehnjähriges Zuchthaus. Auch das Bayerische Strafgesetzbuch von 1813 bildete hier keine Ausnahme und verhängte vier- bis achtjähriges Arbeitshaus. Für gewerbsmäßige Abtreibung konnten über zehnjährige Gefängnisstrafen ausgesprochen werden. Mit vieljährigen bis lebenslangen Gefängnisstrafen hatten auch Mütter zu rechnen, die ihr Neugeborenes töteten, wobei die Ermordung eines unehelichen Kindes meist deutlich geringer bestraft wurde. Dass sich die Gesetzgeber hier auf einem strafrechtlich und gerichtlich schwierigen Terrain bewegten, kommt in manchen Gesetzespassagen klar zum Ausdruck. Etwa im Paragraph 126 des Sächsischen Strafgesetz, der den Gerichten viel Spielraum gab: «Eine Mutter, welche ihr uneheliches Kind während der Geburt oder in den ersten vier und zwanzig Stunden nach derselben um das Leben bringt, ist mit vier- bis funfzehnjähriger Zuchthausstrafe zweiten Grades zu belegen. Bei Abmessung der Strafe ist vorzüglich zu berücksichtigen, ob sie den Entschluß zur Tödtung des Kindes schon vor der Entbindung, oder erst während oder nach derselben gefasst hat. Ist jedoch mit Gewißheit oder großer

Wahrscheinlichkeit anzunehmen, daß das lebend geborene Kind nicht lebensfähig war, so ist die nach vorstehender Bestimmung verwirkte Strafe auf die Hälfte herabzusetzen.»[109]

Um Kindsmorde und Abtreibungen einzudämmen, wurden im 18.Jahrhundert die gerichtlichen Schandstrafen und Kirchenbußen für unverheiratete Schwangere abgeschafft oder zumindest stark eingeschränkt.[110] Nach Meinung der Zeitgenossen hatten diese Strafen kaum abschreckende Wirkung, vielmehr trieben sie die Schwangeren aus Angst vor öffentlicher Zurschaustellung und Demütigung zu ihren «Schreckenstaten».[111] Die Kindsmorddebatte verschob die Perspektive endgültig von der verbrecherischen Tat auf die Täter/in und deren Motive und Lebensumstände.[112] Mit der strafrechtlichen Regulierung unehelicher Schwangerschaften glaubten die meisten Strafrechtsautoren weiterhin ein adäquates Mittel gegen das «Kinderverthun» zu besitzen.[113] Wie schon in den Ordnungen und Territorialgesetzen des 16. und 17.Jahrhunderts fanden sich in den aufgeklärten und liberalen Codices deshalb recht umfangreiche Bestimmungen gegen die Verheimlichung von Schwangerschaften und Geburten. Meist ging es dabei nicht um die Geheimhaltung als solche, sondern um die womöglich daraus resultierenden Komplikationen – gedacht war vor allem an Abtreibungen, Totgeburten und tot aufgefundene Neugeborene. Kam ein uneheliches Kind lebend zur Welt und wurde erst nachträglich den Behörden gemeldet, unterblieb nach den meisten Gesetzen eine Bestrafung oder fiel relativ milde aus. Nach Hannoverschem Gesetz von 1840 wurde eine verheimlichte Geburt mit mindestens einem Monat Gefängnis bestraft, nach Österreichischem Strafrecht von 1852 mit strengem Arrest von drei bis sechs Monaten. Schon das preußische Landrecht nahm auch den Schwängerer in die Pflicht. Besonders wenn er ein Eheversprechen gegeben hatte, sollte er nicht nur eine Entschädigung entrichten, sondern auch dafür sorgen «daß die Geschwächte den gesetzlichen [Melde]Vorschriften (...) gehörig nachkomme. Verabsäumt er diese Pflicht (...), so macht er sich in allen Fällen, wo die Geschwächte zur Strafe gezogen werden muß, einer zwey- bis viermonathlichen Gefängnisstrafe schuldig.» (§ 915 f.)

Eheversprechen müssen eingehalten werden – das war eine der zentralen Vorgaben des Sexualstrafrechts. Für den Ehebund selbst galt ein ähnlicher Imperativ: «Wer durch das Band rechtmäßiger Ehe mit einem Ehegatten vereint» werde, sei «dadurch zur ehelichen Treue verpflichtet» (§ 44), so das Josephinische Strafgesetzbuch. Ehebruch würde begehen, wer sich «mit einer andern unverehlichten, oder ebenfalls verehlichten Person fleischlich vermischt». Auch im späten 18. und im 19. Jahrhundert konnte ein Ehebruch jedoch nicht von Amts wegen, sondern nur auf Antrag des betrogenen Ehepartners verfolgt werden. Der «beleidigte» Teil konnte ein begonnenes Verfahren sogar wieder einstellen lassen und damit den beschuldigten Ehegatten vor Bestrafung retten. Möglich wurde dies, indem er/sie die Tat öffentlich verzieh und der Wiederaufnahme der ehelichen «Beywohnung» zustimmte. Brisant blieb das Ehebruchdelikt hinsichtlich der Frage des ungleichen Strafmaßes von Männern und Frauen.[114] Obwohl sonst um eine weitgehende Nivellierung der Geschlechterdifferenz bemüht, sah auch das Feuerbachsche Strafgesetzbuch für ehebrecherische Gattinnen Gefängnis von einem bis drei Monaten vor, für untreue Ehemänner nur eine Gefängnisstrafe von acht Tagen bis einem Monat. Als Hauptmotiv für diese gesetzliche Ungleichheit wurde noch immer die unsichere Vaterschaft eines Kindes genannt. Manche Gesetze forderten auch nur für diesen Fall strengere Strafen für Ehefrauen.

Die strafrechtliche Gleichsetzung von Ehebund und ehelicher Treue kam spätestens seit Mitte des 19. Jahrhunderts ins Wanken. Am deutlichsten lässt sich dies an der Entwicklung des deutschen Strafrechts ablesen: Das Preußische Strafgesetzbuch von 1851, das Bayerische von 1861 und das Strafgesetzbuch des Deutschen Reiches von 1871 machten das Ehebruchdelikt vom Weiterbestehen des Ehebundes abhängig: «Der Ehebruch wird, wenn wegen desselben die Ehe geschieden ist, an dem schuldigen Ehegatten, sowie dessen Mitschuldigen, mit Gefängniss bis zu sechs Monaten bestraft» (§ 72), lautete die kurze Formulierung des Deutschen Strafrechts von 1871. Diese Definition galt auch für katholische Ehen, da selbst dort nach bürgerlichem Recht eine «Scheidung» durch «Trennung von Tisch und Bett» möglich war. Per lege blieben hier die ehemaligen Ehepartner aber auch nach der Trennung zur ehelichen Treue verpflichtet.[115] Aufgrund des sakramentalen Charakters konnten katholische Ehen nicht aufgelöst werden, an eine Wiederverheiratung war ebenfalls nicht zu denken. Selbst das in Sachen Ehe ganz dem Kirchenrecht verpflichtete österreichische Strafrecht machte seit der Jahrhundertmitte kenntlich, dass ehebrecherische Handlungen zuallererst als Privatangelegenheit behandelt und ein Ehebruch nicht unbedingt strafrechtlich verfolgt werden müsste. Der Paragraph 525 des Österreichischen Strafgesetzbuches von 1852 regelte die «Verletzung der ehelichen Treue» und bestimmte, dass diese Unsittlichkeiten, «so lange sie im Innern der Familie verschlossen bleiben, lediglich der häuslichen Zucht zu überlassen» seien. «Wenn aber diese Unordnungen so weit gehen, daß Eltern, Vormünder, Erzieher, Verwandte, Ehegenossen, Dienstherren u. a. dgl. sich bemüssiget sehen, die Hilfe der Behörden anzurufen, so werden sie Uebertretungen gegen die öffentliche Sittlichkeit» und müssten von den Behörden verfolgt werden.

Deutsche und österreichische Gesetzgeber legten die Verantwortlichkeit für das eheliche, zunehmend auch für das voreheliche Sexualleben immer mehr in die Hände der Betroffenen und ihres sozialen Umfeldes. Die über Jahrhunderte festgeschriebene Gleichsetzung von Ehe und legitimer sexueller Beziehung wurde gelockert und schließlich ganz aufgegeben. Doch selbst wenn das voreheliche und eheliche Sexualleben damit weitgehend zur Privatangelegenheit der Bürger/innen wurde, blieb es auch im 19. und 20. Jahrhundert nicht von staatlichen Interventionen verschont. Die weitere Diskussion um die strafrechtliche Regulierung und Disziplinierung des Sexuellen wurde von zwei konträren Positionen bestimmt: Zum einen der Vorstellung, wonach das menschliche Sexualleben primär Angelegenheit selbstbestimmter Individuen sei. Wenn sich erwachsene Personen über ihr sexuelles Handeln ‹frei› und konsensuell einigen konnten und kein Schaden für Dritte oder für das eigene oder fremde Leben entstand, sollte dies strafrechtlich nicht mehr belangt werden. Die solcherart postulierte sexuelle Integrität der Individuen müsste sogar vor ‹unfreien› Bedingungen geschützt werden – insbesondere vor Gewalt, Drohung, Abhängigkeit und Ausnutzung.[116] Zum anderen beharrten die Gesetzgeber teils bis in die Gegenwart darauf, dass neben der sexuellen Selbstbestimmung auch andere sexuelle Rechtsgüter und hier vor allem der Primat der Heterosexualität und öffentliche Sittlichkeitsempfinden geschützt werden müssten. Letztere Rechtsgüter kamen immer dann ins Spiel, wenn verhindert werden sollte, dass sämtliche konsensuellen Sexualakte der individuellen Verantwortung anvertraut werden und damit Politik und Gesellschaft jeglichen Einfluss auf das Sexual- und Reproduktionsverhalten der Menschen verlieren. Erst durch die großen Strafrechtsreformen der letzten Jahrzehnte des 20. Jahrhunderts büßten auch diese Rechtsgüter stark an Bedeutung ein. Manche, wie das Delikt der Erregung öffentlichen Ärgernisses, überlebten die Zeit fast unbeschadet.

3. Onanie und die Wurzeln des modernen sexuellen Subjekts im 17. und 18. Jahrhundert

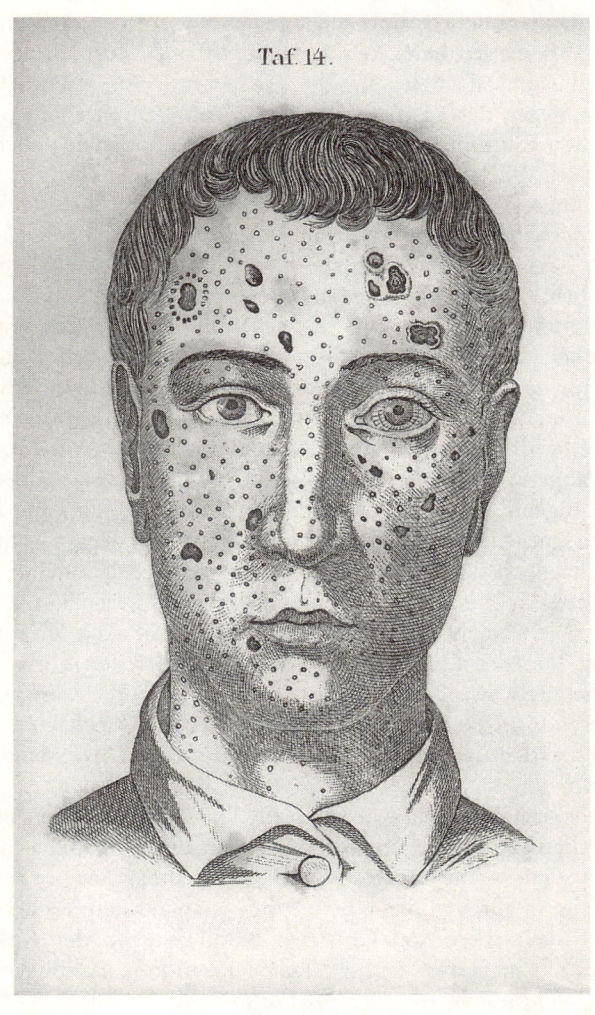

Taf. 14.

Über die heimlichen Sünden der Jugend

Als der Pädagoge Christian Gotthilf Salzmann 1785 seine Schrift
«Über die heimlichen Sünden der Jugend» veröffentlichte, konnte
er sich auf eine stattliche Anzahl von brieflichen Zusendungen berufen, die ihm als Beleg für die große Verbreitung jenes Übels
dienten, gegen das er mit Verve und Akribie anschreiben wollte.
Unter den von ihm abgedruckten Textstellen findet sich auch fol-
gender, angeblich von einem Studenten stammende Brief:
    «So lange, bis in mein ein und zwanzigstes Jahr, blieb ich in der
schaendlichsten Unwissenheit, und bleiben es, durch Schuld ihrer
Eltern, Lehrer, Erzieher, Aufseher etc. zu ihrem schrecklichesten
Verderben, tausend Jünglinge und noch mehr Maedchen. Niemals
kam es mir in den Sinn, dass diese Handlung schaedlich sey, und
entsetzliche Schaudern erregende Folgen nach sich ziehe. Ich hielt
es für nichts weiter, als höchstens etwas unanstaendiges, das man
nicht öffentlich thun dürfe. Haette ich nur einmal gehört, es sey
etwas schaedliches, unerlaubtes und sündliches! ich würde gewiss
davon abgestanden haben. Denn, Gott sey Dank, von meiner frü-
hesten Jugend auf, war ich gewissenhaft, und beging nicht leicht
eine wissentliche Sünde. Nur leider! war ich von dem, was Sünde,
und schaedlich und verderblich ist, zu wenig belehret. So lange
ich auf der Schule war, hatte ich den Namen dieser Sünde nicht
gehört; vielweniger etwas von ihrer Schaedlichkeit und Strafbarkeit. Von der *Onanie* hatte ich einigemal reden hören; aber
nicht gewusst, was diess für ein Laster sey. (…) Ich war begierig
zu wissen, was das für ein schaedliches Laster sey; schaemte mich
aber Jemanden deswegen zu fragen, und meine Unwissenheit zu
gestehen.»[1]
    Begierig nach Wissen war auch jene Dame, die sich aus der me-
dizinischen Literatur Aufklärung über ein Leiden verschaffte, das
sie seit dem sechzehnten Lebensjahr quälte: Eine dauerhafte
Schwäche in ihrem linken Bein könnte, so schrieb sie dem bekannten deutschen Arzt Gottfried Baldinger, von der Anstrengung durch jahrelang geübte Onanie herrühren. Baldinger wiederum fand diese Krankengeschichte so bezeichnend, dass er 1779
Auszüge in der ersten Nummer seiner Zeitschrift «Neues Magazin für Ärzte» publizierte: «In meinem ein und zwanzigsten Jahre

entdeckte ich diese Geschichte einem alten und sehr berühmten Arzte, der nichts daraus machte – und mir sagte, es sey ihm eben dergleichen von einem Kinde bekannt, das noch auf den Armen getragen worden, und in Convulsionen gefallen sey, wenn man es an diesen Bewegungen [der Onanie] gehindert habe. Ich trieb es also fort! Aber in meinem vier und dreyßigsten Jahre kam mir Herrn Tissots Schrift über die Onanie in die Hände. Nun ward ich über diese schändliche Sache besser belehrt, und habe mich derselben auch, Gott Lob, ohne Mühe enthalten. Doch, der Schaden war geschehen, und ich empfinde, wie billig die Folgen.»[2]

Seitdem 1770 die Onanie-Schrift des Schweizer Arztes Samuel Auguste Tissot[3] übersetzt und verbreitet worden war, sahen sich auch deutschsprachige Ärzte und Pädagogen immer häufiger mit Zusendungen und Anfragen wie diesen konfrontiert. Die Briefschreiber und -schreiberinnen suchten Aufklärung und Rat über eine Verhaltensweise, von der sie zwar wussten, dass sie eine Sünde oder zumindest ein Laster darstellte, aber nicht, dass sie zu schweren körperlichen und seelischen Schäden führte. Die Dringlichkeit der Anfragen und die in den Briefen ausgebreiteten Krankheitssymptome und Folgeerscheinungen der Masturbationen waren mit ein Grund, warum auch im deutschsprachigen Raum Gelehrte unterschiedlichster Disziplinen über die neue Krankheit Onanie zu diskutieren begannen. Gemessen an ihrem Engagement und der Heftigkeit der Auseinandersetzung stand ihr Diskurs bald in nichts den Debatten in anderen europäischen Ländern nach.[4] Während der letzten drei Jahrzehnte des 18. Jahrhunderts erhoben deutsche Pädagogen, Mediziner, Kleriker und Staatswissenschaftler die solitäre Lust zum Inbegriff einer schweren körperlichen und seelischen Krankheit und zu einer gesellschafts-, ja sogar staatsschädigenden Lebensäußerung.[5]

Der Onanie-Diskurs des späten 18. Jahrhunderts stellte keine revolutionäre und gleichsam aus dem Nichts entspringende Neubetrachtung der Masturbation dar. Vielmehr wurden ältere religiöse, medizinische und strafrechtliche Vorstellungen mit «aufgeklärten» psychophysiologischen Visionen vom ‹neuen› bürgerlichen Menschen und seinen körperlichen und seelischen Qualitäten verknüpft. Die Onanie fungierte als diskursives Experimentierfeld, auf dem die individuellen und kollektiven Chancen, aber auch die Gefahren einer von ständischen Schranken und Traditionen befreiten geschlechtlichen Begierde abgehandelt werden konnten. Nicht mehr die biblischen Wahrheiten oder das Strafgesetz galten den Trägern des Onanie-Diskurses als epistemischer Rahmen, sie setzten auf ‹moderne› wissenschaftliche Objektivierungspraktiken und auf empirische Befunde. Diese sollten ihnen vor allem über die geschlechtliche Begierde von Kindern und Jugendlichen Auskunft geben. Die Pädagogisierung und Pathologisierung des jugendlichen Sexuallebens hatte zur Folge, dass die «Manustupratio» nicht mehr nur als ein unanständiges Verhalten und sündhaftes Laster gesehen wurde, sondern auch als ein womöglich das gesamte Leben schädigendes, krankhaftes Geschehen. Mit dem «Onanisten» bzw. der «Onanistin» wurde ein Subjekt kreiert, das in hohem Maße durch sein Geschlechtsleben bzw. durch seine sexuelle Begierde determiniert wurde. Wie die «Homosexuellen» des 19. Jahrhunderts sollten auch die Onanisten ihren Körper und ihre Seele primär im Kontext ihrer «Krankheit» verstehen.

Der Onanie-Diskurs des späten 18. Jahrhunderts war an die sexuellen Vorstellungen der adressierten Menschen gebunden. Überlieferte Patientenbriefe belegen, dass ihre Fallgeschichten den gelehrten Diskurs maßgeblich stützten und ihn mit Wahrheitsgehalt und Wirkungsmacht auffüllten. Umgekehrt standen die Onanist/inn/en massiv unter dem Eindruck der von ihnen rezipierten Anti-Masturbationsschriften und der dort ausgebreiteten Ursachen und Wirkungen ihrer Krankheit. Die «Anti-Masturbations-Kampagne» oder «Anti-Onanie-Kampagne»[6] lieferte kohärente Interpretationsangebote für unterschiedlichste Lebensgeschichten und ermöglichte es den angesprochenen Männern und Frauen, ihre psychischen und physischen Probleme und Leiden mit Sinn anzureichern.[7] Auf diesem Wege hatte der Onanie-Diskurs auch eine sozialdisziplinierende und regulierende Wirkung – ein Aspekt, der die Historiographie der Onanie und der bürgerlichen «Sexualrepression» lange Zeit bestimmte.[8]

Die «Onanie-Kampagne» des späten 18. Jahrhunderts hat eine komplexe Vorgeschichte. Allein den Begriff «Onanie» kannte man im deutschen Sprachraum schon längere Zeit. An ein breiteres Publikum gerichtete Lexika wie Johann Heinrich Zedlers «Universal-Lexikon» listeten bereits in der ersten Jahrhunderthälfte unter dem Stichwort «Selbst-Befleckung» neben «Manustupratio» und «Masturbatio» auch Begriffe wie «Crimen Onaniticum»,

«Onania» und «Onanie» auf.[9] Zur weiteren Lektüre verwies
Zedlers Lexikon auf das 1736 erschienene Werk «Onania oder
die schreckliche Sünde der Selbstbefleckung».[10] Diese Schrift war
wiederum eine Übersetzung des bereits 1716 anonym in London
erschienenen Werkes «Onania, or the Heinous Sin of Self-Pollution».[11] Die meist als «Onania» titulierte Kompilation und nicht
Tissots Werk war der erste wirkliche Bestseller der Onanie-
Literatur und löste eine Welle von Imitationen und Gegenschrif-
ten aus.[12] Aber auch die «Onania» bediente sich älterer begriff-
licher Ableitungen aus theologischen und medizinischen Diskursen.[13] In der einschlägigen deutschen Literatur dieser Zeit fanden
sich ebenfalls Wortschöpfungen wie «Onaniterey» und «onanitische Sünd». Sie wurden meist synonym oder in engem lexika-
lischen Kontext zu den Termini «stumme Sünd», «Weichlichkeit»,
«Unreinigkeit» und «Mollities» gebraucht.[14]

«Onaniterey» und «Unreinigkeit»

Die für die Entwicklung der «Onanie» maßgeblichen Schriften
des 17. und frühen 18. Jahrhunderts entstammten hauptsächlich
der Feder protestantischer Autoren der sogenannten «zweiten
Reformation». Mehr noch als die ersten Reformatoren, forderten
die in vielen europäischen Ländern auftretenden Protagonisten
eines asketischen Protestantismus nicht nur ein auf das Jenseits
ausgerichtetes Leben, sondern auch eine strenge und «reine»
Lebensführung im Diesseits.[15] Durchaus in Einklang mit ihren
katholischen Zeitgenossen[16] und protestantischen Vorgängern sahen sie vor allem im Sexuellen eine Gefährdung ihrer religiösen
Zielsetzungen: Fleischliche Begierden würden als Handlungen,
aber auch als Gedanken und Phantasien vom Menschen Besitz
ergreifen und solcherart ein christliches Leben verunmöglichen.
Zur Vermeidung überschießender sexueller Lust, schien es ein
probates Mittel zu geben: Männer und Frauen sollten ihre geschlechtlichen Begierden durch moderaten, auf «natürliche» Art
und Weise ausgeführten ehelichen «Beyschlaf» befrieden. «Mollitia» (Weichlichkeit), «Immunditia» (Unreinigkeit), «Pollutio»
(Befleckung) und «kleine Sodomie» umfassten hingegen all jene
Samenergüsse, die außerhalb des von Gott vorgesehenen körper-

lichen und sozialen Ortes stattfanden. Neben der individuellen und mutuellen Masturbation zählten dazu auch «unzüchtige» Berührungen und «unreine» Gedanken sowie Phantasien, die zur Sünde wider die göttliche Ordnung führten.[17]

Anders als in der katholischen Tradition, in der die «Mollitia» vor allem aus der Perspektive des zölibatären Klerus diskutiert wurde, wichen die Reformatoren der zweiten Stunde in einem wesentlichen Punkt von der bisherigen Sicht ab: An Luther und andere anschließend, meinten sie, dass sich die «kleine Sodomie» vor allem gegen die christliche Ehe und ihre zentrale Aufgabe, für eine christliche Nachkommenschaft zu sorgen, richtete.[18] Mit der biblischen Onan-Geschichte konnte diese Meinung bestens bebildert werden. Anders als häufig angenommen, versündigte sich Onan ja nicht durch Masturbation, sondern durch den Verstoß gegen eine zentrale Regel des israelitischen Verwandtschafts- und Familiensystems: Anstatt die Frau seines verstorbenen, erstgeborenen Bruders zu schwängern und damit die patrilineare, auf Primogenitur basierende Identität des Geschlechts aufrechtzuerhalten, ließ er seinen Samen auf den Boden fallen. Onan widersetzte sich damit dem Levirat, das auf der Vorstellung basierte, dass der Name des Geschlechts über den Sohn des Erstgeborenen tradiert werden müsste. Mit dem Familien- bzw. Geschlechternamen würde die Seele weitergegeben, nämlich auch dann, wenn ein nachgeborener Bruder mit der Witwe des Erstgeborenen Kinder zeugte.[19] Onans eigentliches Problem hieß also nicht unvollständiger Coitus oder gar Masturbation, sondern Unterbrechung des Levirats und damit Mord an der Seele des Bruders und des Geschlechts. Angesichts der Schwere dieses Delikts verwundert es nicht, dass er ebenfalls sein Leben lassen musste.

Die strikten Reformatoren des 17. und frühen 18. Jahrhunderts evozierten mit «Onanitery», «Self-Pollution», «Weichlichkeit» und ganz besonders mit dem Begriff «Unreinigkeit» also nicht nur die geschlechtliche Sünde Onans, sondern auch dessen eigentliche «Tod»-Sünde – die Zerstörung der gottgewollten Familiennachfolge durch willentliche Samenverschüttung. Für Calvinisten, Pietisten und andere Vertreter einer strikten Glaubensreform schien bewiesen, dass mit dem verschütteten Samen ihr höchstes diesseitiges Lebensziel, das «reine» eheliche Leben, verloren ging.[20] Mit der «Unreinigkeit» trat eine Form der sexuellen Begierde in den Mittelpunkt der theologischen Diskussion, die jenseits des legitimen und natürlichen Ortes der Lust, der christlichen Ehe, angesiedelt war. Bereits in der theologischen Vorstellung wurde damit die Sorge um eine christliche Nachkommenschaft mit den sexuellen Begierden der noch nicht ehefähigen, aber sexuell aktiven Jugendlichen und Heranwachsenden verknüpft. Diese könnten ihre sexuellen «Energien» weder durch Beischlaf noch durch Masturbation abbauen und hätten damit keine Möglichkeit, ihre Phantasie zu kühlen. «Vorbeugung» und hier wiederum die Vermeidung von geschlechtlichen Anreizen schien der einzige Weg um sie von ihren «unreinen» Taten abzuhalten.

In den medizinischen und theologischen Werken der ersten Hälfte des 18. Jahrhunderts fanden sich neben sündhaften und unsittlichen Verhaltensweisen vermehrt Krankheiten, die durch die «Unreinigkeit», vor allem durch die willentliche, aber auch ungewollte (etwa nächtliche) Samenverschüttung ausgelöst wurden. Dörr- und Schwindsucht, Convulsionen und Epilepsie sowie «schwacher Samen», der die Gesundheit der Nachkommen gefährdete, galten den Autoren als «zeitliche», schon im Diesseits verhängte «Strafe Gottes». Funktionale und anatomische Erklärungsmodelle standen dem gegenüber noch im Hintergrund – was nicht heißt, dass sich die Schreiber nicht ausgiebig der gängigen medizinischen Vorstellungen über die körperlichen und seelischen Auswirkungen der «Selbstbefleckung» bedienten.[21] Als Beleg, aber auch zur Exemplifizierung der schädigenden Wirkung der handgreiflichen «Unreinigkeit», führte man mehr oder weniger ausführliche «Fallbeispiele» an. Diese sollten beweisen, dass sich bereits bei Heranwachsenden körperliche Schäden abzeichneten, etwa in Form lokaler Zerstörungen an den Genitalien, von Verkrüppelung und Auszehrung. Wie schon durch die religiösen Drohungen sollte der Leserschaft mit diesen abschreckenden Körperszenarien auch eine gehörige Portion Angst eingejagt und sie so auf den Weg des Seelenheils zurückgeführt werden. Die «Traité contre l'impureté» (1707) des Schweizer Calvinisten Johann Friedrich Osterwald und die erste originär deutschsprachige Monographie zur Onanie, verfasst vom Kölner Pietisten Georg Sarganeck (1740) zählten genauso zu den Mittlern von theologischer und medizinischer Abschreckung wie die englische «Onania» (1716).[22] Letztere verfolgte darüber hinaus auch recht profane Ziele. Wie nicht wenige Werke der medizinischen «Ratgeber»-Literatur dieser Zeit war die «Onania» als Werbeträger konzipiert und pries eine Tinktur mit dem bezeichnenden Namen «Prolificks Powder» («Fruchtbarkeitspulver») und einen nicht minder verheißungsvollen «Restoring Drink» («Wiederherstellungstrunk») an. Beide Heilmittel konnte man praktischerweise gleich beim Verleger der Schrift bestellen.[23]

Die englische «Onania» zeichnete sich durch eine weitere Eigenheit aus, die sie zum Vorbild für den Onanie-Diskurs des späten 18. Jahrhunderts machte: die Veröffentlichung von Fallgeschichten aus der Hand der Betroffenen.[24] Mit diesen Onanie-Geständnissen versicherte sich der Autor der «Onania» eines zweifachen Publikums: Zum einen jener Rezipient/inn/en, die in einer Zeit medizinischer Spekulation und Quacksalberei auf authentische, durch die «Kranken» verbürgte Anamnesen und, noch wichtiger, erfolgreiche Therapiegeschichten bauten. Die «Onania» verstand es vorzüglich, nicht bloß gängiges medizinisches Wissen aufzubereiten und zu popularisieren, sondern die Betroffenen auch als Zeugen heranzuziehen.[25] Zum anderen sprachen die persönlichen Enthüllungen Leser/innen an, die nicht unmittelbar an medizinischen Fragen, sondern eher an den veröffentlichten Tatsachen des Geschlechtslebens interessiert waren. Seit dem 17. Jahrhundert entstand in ganz Europa eine Vielzahl solcher für ein breites Publikum verfasster, zweideutiger medizinischer Werke. Typische Vertreter dieses Genres, etwa «Aristotle's Masterpiece» oder Nicolas Venettes «Tableau de l'amour conjugal», konnten zwar über das Geschlechtsleben kaum Neues sagen, bereiteten das gängige theologische und medizinische Wissen aber in populärer, handlicher und anregender Form auf.[26]

Unter dem Deckmantel puritanischer Gesinnung bewegten sich diese Werke auf dem schmalen Grat von Benennen und Verschweigen. Neben anatomischen ‹Nahaufnahmen› lieferten sie ‹pikante› Details aus dem ehelichen Leben genauso wie stimulierende Leerstellen in Fallgeschichten.[27] So gesehen, funktionierte die abendländische «scientia sexualis» nicht nur als «Geständniswissenschaft» und wissenschaftliche Wahrheitsproduktion, sondern hatte besonders in ihrer popularisierenden Form auch erotisch-pornographische Wirkung.[28] Zu weit würde es allerdings führen, die englische «Onania» zu einer Art medizinisch-pornographischen «roman-feuilleton» zu erklären.[29] Angesichts der prekären Situation, mit dem Schreiben über die «Unreinigkeit» selbst zur Anreizung der «unreinen» Phantasie beizutragen, warnten viele Autoren bereits auf den ersten Seiten vor den Gefahren der weiteren Lektüre. Etwa auch der Verfasser der «Onania»: «It is almost impossible to treat of this Subject so as to be understood by the meanest Capacities, without trespassing at the same time against the Rules of Decency, and making use of Words and Expressions which Modesty forbids us to utter.»[30] Nur keusche Personen könnten den Anspielungen und «unreinen» Bildern widerstehen. Der scheinbare Widerspruch zwischen Enthüllen und Verbergen kennzeichnete auch den späteren Onanie-Diskurs, der die naturwissenschaftliche und aufgeklärt-pädagogische Wahrheit über die Selbstbefleckung ans Tageslicht bringen wollte.

Die Quelle und der Fluss des Samens

Wenn Mediziner, Pädagogen, Theologen, Philosophen oder sogar Staatswissenschaftler im 18. Jahrhundert über die Masturbation nachdachten, verwendeten sie Samen- und Körpermodelle, deren Wurzeln zum Teil bis in die antike Körperkonstruktion zurückreichten. Bei der theoretischen Untermauerung ihrer Behauptungen blieben die meisten Onanie-Autoren jedoch recht vage. Auch die von ihnen zusammengetragenen Samentheorien glichen mehr einem Pasticcio als einem kohärenten und widerspruchsfreien Gedankengebäude. Es ist nicht ungewöhnlich, dass die der Onanie unterlegten Körperbilder verschiedenen medizinischen Welten entstammten und ein nicht immer konsistentes Ganzes ergaben. Die ‹alte› Humorallehre, die nicht ganz so ‹neue› Anatomie und die ‹moderne› Nervenlehre wurden je nach Bedarf referenziert und zur psychophysiologischen Untermauerung des Onanie-Diskurses verwendet.[31]

Stark vereinfacht lassen sich zwei Samenmodelle skizzieren:[32] Nach dem einen sollte der männliche Samen beim «Durchkochen» jenes Teils des Blutes entstehen, der nicht zur Ernährung gebraucht wurde. Die Samengenerierung sollte entweder im gesamten Körper oder in Teilen davon, insbesondere in der Nähe des Hodens, geschehen. Aufgrund geringerer «innerer Hitze» würde das weibliche Blut ‹nur› Muttermilch oder, so die Vertreter der «Zwei-Samen-Theorie», auch einen, wenngleich qualitativ minderwertigeren Samen erzeugen, den die Frau am Höhepunkt der Lust abgab.[33] In Folge galt auch für Frauen eine sexuelle Klimax als notwendige Voraussetzung für die «Befruchtung». Im Gegensatz dazu glaubten die Protagonisten des anderen Modells, dass der Samen im Gehirn oder im Rückgrat entstehen würde und über die Nervenbahnen zu seinem Ausflussort gelangte. War man sich über den Entstehungsort des Samens schon uneinig, so gingen die Meinungen über dessen Eigenschaften noch weiter auseinander. Die eine Gruppe postulierte, dass er aus einer materiellen Trägersubstanz und einem beseelten «Spiritus» – meist nur im männlichen Körper – bestehen würde. Dieser «Lebensgeist» sollte die eigentlich lebensspendende Kraft verströmen. Die anderen erklärten den (männlichen) Samen selbst zur kreativen Urmaterie, aus dem sich im mütterlichen Nährboden ein neuer Mensch entwickelte. Egal nach welcher Theorie bedeutete Masturbation aber auf jeden Fall eine Art von Mord, da der beseelte «Spiritus» nicht seinem ‹natürlichen› Verwendungszweck zugeführt, sondern «verschüttet» wurde.

Ging die hämatogene Lehre bis die Antike zurück,[34] so war die neue Nerventheorie eine Folge der Entdeckung des Blutkreislaufes und des Lymphsystems: Wie das Blut in den Adern, sollte auch der «Nervensaft» im «Nervensystem» kreisen. Diese Sicht der Samenproduktion konnte allerdings nicht mehr mit einer Reihe antiker Postulate in Einklang gebracht werden. Das berühmteste Hindernis war zweifelsohne die von der hippokratischen und galenischen Medizin postulierte «Zwei-Samen-Theorie». Mehrere Anläufe waren zu ihrer theoretischen und anatomischen Widerlegung notwendig: Als erstes behauptete William Harvey 1651 in seinen Studien über die Zeugung, dass jede tierische und menschliche Lebensform aus dem Ei komme. Dann entdeckte Reinier de Graaf 1672 den Follikel und schließlich zeigte Caspar Bartholin 1677, dass der Saft, den man bisher für den weiblichen Samen gehalten hatte, bloß ein Sekret darstellte, das von den nach ihm benannten Drüsen abgesondert wurde.[35] Im daraus entstehenden «Ovismus» mutierte der weiblichen Samen zu einem «Ei», das einzig der Fortpflanzung diente. Das verbleibende Drüsensekret gab hingegen Anlass zu Überlegungen, ob sexuelle Lust auch jenseits der Reproduktion möglich sei.[36] Auch die Vorstellung, dass der männliche Same mit «Lebensgeistern» durchsetzt sei, kam durch eine irritierende Entdeckung in Bedrängnis: 1677 berichtete Antoni van Leeuwenhoek, dass er mit Hilfe selbstkonstruierter Mikroskope männliche Samen betrachtet und darin «Animalculi» oder, wie man im Deutschen sagte, «Samen-Tierchen» und «Samen-Würmlein» erkannt hatte. Diese «Würmlein» passten schon aufgrund ihres Aussehens nicht zum jahrhundertealten Bild eines durchgeistigten männlichen Samenfludiums, das aufgrund seiner seelischen Strahlkraft eine Befruchtung bewirkte. Lange Zeit spekulierte man deshalb, ob es sich bei den «Würmern» nicht eher um Parasiten statt Animalculi handelte.[37] Mit ihren Theorien lieferten die «Ovulisten» und «Animalculisten» jedenfalls genügend Diskussionsstoff für das 18. Jahrhundert.

Heftig debattiert wurde auch die Frage nach den Auswirkungen von Koitus und Masturbation auf die körperliche und seelische Verfassung. Wie schon ihre antiken und mittelalterlichen Kollegen meinten die Mediziner des 17. und 18. Jahrhunderts, dass die sexuelle Begierde zur Grundausstattung des Menschen gehörte und eine selbständige und unausweichliche Macht darstellte.[38] Das richtige Maß an Erregung und Befriedigung geschlechtlicher Begierden würde zum leiblich-seelischen Wohl des Einzelnen und damit zum Glück von Familie und Gemeinwesen beitragen. Egal welcher Samentheorie man anhing, über die Formen der «natürlichen» bzw. «unnatürlichen» sexuellen Erregung und den dadurch bewirkten Samenfluss herrschte weitgehend Einigung: Sowohl in der Säfte- als auch in der Nervenlehre bedeutete die Erzeugung und Ausschüttung der Samenflüssigkeit einen elementaren und gleichzeitig notwendigen Vorgang, durch den die Gleichgewichtsökonomie des Körpers aufrecht erhalten wurde. Die Menge des vorhandenen Samensaftes wiederum würde die «natürliche» Geschlechtsbegierde determinieren.[39] Sexuelle Außenreize und Phantasien fungierten zwar als Auslöser, ein der Gesundheit durch Säfte- und Energieabfuhr zuträglicher Coitus sollte aber nur bei auseichend angehäufter Samenflüssigkeit möglich sein. Abstinenz und unnatürliche bzw. zu häufige Erregung und Befriedigung der Geschlechtslust hätten pathogene Folgen für den allgemeinen Säfte- und Energiehaushalt.[40] Durch gestaute oder gestörte Abfuhr von Säften – die «modernen» Mediziner sprachen schon von ihrer Zirkulation – käme es zum Verderben des Samens und in der Folge unausweichlich zu Krankheiten. Aber auch übermäßige Samenabgabe würde die Funktion der «Körpermaschine» empfindlich beeinträchtigen. «Austrocknung» stellte eine klassische Folgekrankheit dar, viele andere Leiden sah man durch die Nerven und den Nervensaft vermittelt und von zerstörerischer Wirkung auf das «Nervensystem», das «Mark» des Rückgrats und das Gehirn. Körperliche und seelische Gesundheit könnte nur durch einen Mittelweg von Samenentleerung und -aufsparung, von Exzess und Abstinenz erreicht werden, am besten durch moderaten ehelichen Beischlaf. Oder wie es Zedlers Lexikon 1733 formulierte: «Sonst ist zu mercken, daß, gleichwie von dem allzuhäufigen Genuß des Beyschlaffes grosse Kranckheiten entstehen, man sich nicht weniger viele Ungelegenheiten zuziehen kan, wenn man solchen ganz und gar unterlässet.»[41]

Exzessive und gewohnheitsmäßige Samenentleerung würden die Säfte-Ökonomie des Leibes in extreme Unordnung bringen oder sie sogar ganz zerstören. Neben Austrocknung, Erkaltung, Starre, fiebrigen Anfällen und anderen physischen Krankheiten, könnten gravierende seelische Schäden auftreten. Nächtliche Pollutionen hingegen würden, wenn sie nicht Resten einer überreizten Tagesphantasie entstammten, eine Selbstreinigung des Körpers darstellen und deshalb folgenlos bleiben. Im Gegensatz dazu würde die ‹bewusste› Masturbation mit «Einbildungen» und einer Überreizung der Nerven einhergehen. Auch wenn genügend Samenvorräte vorhanden seien, dürfte manuelle Entleerung – im Gegensatz zum Aderlass – aus diesem Grund nicht als therapeutische Maßnahme eingesetzt werden.[42] Waren sich die Mediziner damit über die Folgen der habituellen Masturbation einig, existieren bezüglich der eher selten ausgeübten Onanie durchaus geteilte Meinungen. Noch 1765, fünf Jahre nach dem Erscheinen von Tissots «Onanie», konnte man noch im zehnten Band von Diderots «Encyclopédie» im Artikel «Manustupration» folgende liberale Haltung zu dieser Frage finden: «In diesem Sinne sagen wir, daß die Manustupration, die nicht häufig praktiziert wird, nicht von einer lustvollen und überschäumenden Phantasie angestachelt und letztlich nur von der Notwendigkeit bestimmt wird, keine Krankheit zur Folge hat und kein (medizinisches) Übel ist.»[43] Dieser Meinung widersprach Tissot alleine schon deshalb, weil er in der einmal begonnenen Onanie die Gefahr der Wiederholung sah: «Denn so bald die Gewohnheit nur ein wenig mächtig geworden ist, so geben Leib und Seele einen Reiz und Sporn zur Begehung dieses Lasters her.»[44]

Die Autoren des späten 18. Jahrhunderts bedienten sich der ‹alten› und ‹neuen› Samen- und Körpertheorien in teilweise recht willkürlicher Manier. Insgesamt überwog bei ihnen aber die Meinung, dass die Masturbation vor allem das ‹Nervenkostüm› angreifen würde. Die Gelehrten der 1760er bis 1790er Jahre verwiesen auf die klassischen Theorien der Antike und bedienten sich gleichzeitig der medizinischen Entdeckungen der jüngeren Zeit. Die von ihnen vorgestellten Onaniemodelle wurden dabei nicht mehr durch die Kategorien des Sittengesetzes, des Strafrechtes und der Moraltheologie zum Funktionieren gebracht, sondern durch die Wirkungszusammenhänge der menschlichen Psychophysis. Nachhaltige Publikumswirkung erzielten die Autoren vor allem durch die Art und Weise, wie sie ihren Gegenstand konstruierten und präsentierten – mit Tissot und seinen Nachfolgern entstand das onanistische Subjekt, der «Onanist» und die «Onanistin».

Die Onanist/inn/en

«Da ich überzeugt bin, daß die Körper, seit ihrer Schöpfung, an gewisse Gesetze gebunden sind, nach welchen sich alle Bewegungen derselben notwendig richten müssen, und daß Gott diese Einrichtung nur bey einer kleinen Anzahl ihm allein vorbehaltener Fälle ändert, so wollte ich nicht gern eher zu Wunderwerken meine Zuflucht nehmen, als bis man findet, daß etwas mit allen physikalischen Gründen in offenbarem Widerspruche stehe. Dieser Fall ist hier [bei der Onanie] nicht; es läßt sich alles aus den Gesetzen der Mechanik des Körpers, und seiner Harmonie mit der Seele, sehr wohl erklären.»[45] Paradigmatische Erklärungen, wie diese Tissots, waren typisch für die aufgeklärte Psychophysiologie des 18. Jahrhunderts. Mit ihr sollte eine körperbasierte Ordnung in die Innen- und Außenwelt des Menschen gebracht werden.[46] Verbesserte anatomische Kenntnisse des weiblichen und männlichen Körpers sollten die elementaren Zusammenhänge des

Subjekts und des Sozialen erklären helfen. Auch die Protagonisten des Onanie-Diskurses unterstellten sich diesen Anstrengungen. Strenge psychophysiologische Wissenschaftlichkeit rangierte für sie weit vor moralischen, theologischen oder auch pornographischen Ambitionen.

Genau aus diesem Grund galt die englische «Onania» des 18. Jahrhunderts für den aufgeklärten Arzt Tissot als «ein wahrer Mischmasch, nichts an einander hängendes; alles ist darinn unter einander geworfen, wie Kraut und Rüben. Verständigen Lesern ist nichts darinn erträglich, außer den Anmerkungen; alle Betrachtungen, die der Verfasser darinn anstellt, sind theologische und moralische Alltagsgedanken.»[47] Was nicht heißt, dass sich er und andere Onanie-Autoren der Fallgeschichten der «Onania» trotzdem ausgiebig bedienten. Falsch wäre es jedoch, in Tissots «Onanie» und der englischen «Onania» des frühen 18. Jahrhunderts ein und denselben Gegenstand zu suchen. Erst Tissot und seine Mitstreiter des späten 18. Jahrhunderts schufen jenen Gegenstand, der bis ins frühe 20. Jahrhundert die Sicht der Autoerotik prägen sollte: den «Onanisten». Sie konstruierten ein Subjekt, dessen Lebensäußerungen in hohem Ausmaß durch seine masturbatorische Gewohnheit und die daraus resultierenden physischen und psychischen Krankheiten bestimmt wurde. Das onanistische Subjekt wurde in ein detailliertes System von Ursachen und Folgen seiner Begierde, von individuellen und sozialen Umständen, Vorbeugungsmaßnahmen und Therapien eingespannt. Doch nicht nur persönlichkeitsdeterminierende Faktoren der Krankheit wurden «zergliedert», auch die Folgen des onanistischen Verhaltens für die (zukünftige) bürgerliche Gesellschaft kamen nun ausführlich zur Sprache.

Wie funktionierte die Psychophysis des Onanisten?[48] Auch im späten 18. Jahrhundert sah man im masturbatorischen Akt zuallererst den «Verlust» des Samens, einer Körperflüssigkeit, die nach zeitgenössischen Schätzungen eine bis zu vierzig mal höhere körperliche Wirksamkeit hatte als das Blut. Aufgrund dieser Eigenschaft hätte der Same, seine «Feuchtigkeit» und sein «Spiritus», einen besonders großen Einfluss auf die Gesundheit und die körperliche Entwicklung. Da der Mensch aber nicht nur als Leib-Maschine gesehen wurde, sondern als leiblich-seelische Einheit, fragte man auch nach den psychischen Umständen der Samenausschüttung. Sowohl beim Koitus als auch bei der Masturbation müsste die menschliche Maschine eine enorme Anstrengung vollbringen, um ihn hinauszuschleudern. Dabei würde sie von gewaltigen Zuckungen und Erschütterungen, ja sogar von epileptischen Krämpfen zerrüttet – eine Vorstellung, die man schon in der Antike finden konnte. Bezeichnenderweise würden nach der Ejakulation sogleich Erschöpfung und Entkräftung eintreten. Dieser Zustand würde nicht bloß aus dem Samenverlust resultieren, sondern auch aus den Krämpfen, die den Magen, die Nervenbahnen und das Gehirn schwächten.

Wie schon ihre Vorgänger fragten die meisten Autoren, warum die Masturbation so viel gefährlicher sei als die «fleischliche Vermischung». Gründe dafür wurden viele genannt: So würde die angeblich unvollkommene Erektion während der Onanie genauso schädlich wirken wie die Ausübung dieser Praxis im Stehen, wodurch es zu einer großen körperlichen Anspannung käme. Anders als beim Beischlaf würden Frauen und Männer nicht von der ausgeschütteten Feuchtigkeit des Partners profitieren. Besonders betont wurde, dass die Onanie meist bei geringem Samenstand stattfand, also Bedürfnisse ohne körperliche Notdurft abgeführt und einzig durch Einbildungskraft und Gewohnheit erregt würden. Im Gegensatz zum normalen Beischlaf würde die Einbildungskraft die Sinne beherrschen und sich der Befallenen jederzeit und allerorts bemächtigen. Masturbanten blieben in hohem Maße auf sich selbst bezogen und würden nicht dem seelischen Zauber einer andersgeschlechtlichen Person verfallen. Dies gelte auch für die mutuelle Masturbation unter Gleichaltrigen in Schulen und Internaten, zwischen Lehrern und Schülern sowie zwischen Erziehern und Zöglingen, bei denen sich die sexuelle Lust auf den gleichgeschlechtlichen Körper konzentriere. Letztlich würden Onanisten unter Angst, Reue, Scham und Schwermut leiden, die Menschen unweigerlich nach der «Selbstbefleckung» befiele.[49]

Viele dieser Faktoren wurden schon alleine deshalb als so gravierend angesehen, weil nicht primär Erwachsene onanierten, sondern Kinder und Jugendliche. Die Neigung zur «Selbstbefleckung» würde, so der Leipziger Arzt Christian Friedrich Börner 1780, durch «in zarter Jugend genossene reizende und erhitzende Speisen» gleichsam mit eingepflanzt. «[So] wird durch reizende Dinge unser Blut in schnellen Umlauf gebracht, werden die zarten Nerven zu ungewöhnlichen Empfindungen gewöhnet, wird auf einer Seite der Zufluß der Säfte zu den Zeugungstheilen vermehrt, und auf der andern die Einbildungskraft erhitzet: so sind mit einmal viele Ursachen vorhanden, die einen Knaben in den wollüstigen Zustand versetzen, und Anlaß geben, daß nicht nur dieser und jener Zufall gefährlicher gemacht, sondern daß auch neue und Kindern ungewöhnliche Krankheiten erzeuget werden.»[50] Der Leibarzt Friedrichs II., Johann Georg Zimmermann, sah in seiner «Warnung an Aeltern, Erzieher und Kinderfreunde wegen der Selbstbefleckung» 1779 die Masturbation von Mädchen als Hauptursache für spätere Nervenkrankheiten, die seiner Meinung nach beim weiblichen Geschlecht gehäuft auftraten. «Krankengeschichten» von fünf- oder sechsjährigen Mädchen waren ihm Beweis dafür, dass Mädchen «schon in den Kinderjahren Gewohnheiten annehmen, die sie theils in alle mögliche Nervenkrankheiten, in schleichende Fieber, in Schwindsucht und hundert andere Uebel stürzen können; und theils den Hang zur Wollust so tief in ihre Seele einpflanzen, daß man befürchten kann, [sie] werden Huren werden, ehe sie mannbar sind.»[51] Zimmermanns Ausführungen über die kindliche Onanistin animierten einen anonymen Autor, zur «Rettung unschuldiger Kinder weiblichen Geschlechts von fälschlich beschuldigter Selbstbefleckung»[52] aufzurufen. Seiner Meinung nach könnte bei kleinen Mädchen schon wegen der Verborgenheit der Geburtsteile kaum festgestellt werden, was in ihren Genitalien vorginge. Zumeist würden Krätze oder ähnliche Ausschläge ein Jucken verursachen, das nichts mit Geschlechtslust zu tun habe. Bezug nehmend auf den Fall einer jungen Frau, die wegen eines Juckens dauernd ihre Brustwarzen rieb, warf der Kritiker nicht ohne Witz ein: «Nach Herrn Zimmermann könnte man dieses die Warzenonanie nennen, ja alle unsere Glieder und äußere Leibestheile wären derselben unterworfen.»[53] Einige Jahre später stand außer Frage, dass schon Kinder der Onanie verfallen könnten. So meinte der philanthropische Pädagoge Salzmann im Jahre 1785, dass selbst Säuglinge und Kleinkinder onanieren würden und zog dabei zwei mögliche Ursachen in Betracht: Erstens, indem sie «von selbst durch einen geheimen Trieb, und durch den Reiz, der damit verbunden ist»,[54] dazu gezwungen werden. Und zweitens, indem sie durch Ammen, Kindermädchen oder auch durch Eltern, die ihre Genitalien reizten, um sie zu beruhigen, verleitet würden.

Kindliche und jugendliche Onanist/inn/en sollten auch geschlechterspezifische Eigenheiten aufweisen. Masturbierende Mädchen und Frauen sollten das Übel auf andere Weise zu spüren bekommen als Knaben und Männer. Neben den üblichen Verfallserscheinungen drohte ihnen ein Verlust von Anmut, Frische und Schönheit: «Bleyfärbige Wangen, Sprödigkeit der Haut; die Augen verlieren ihren Glanz, trüben sich, und kündigen durch ihre Mattigkeit den Verfall der ganzen Maschine an; die Lippen verlieren ihre angenehme Röthe, die Zähne ihre Weiße, und nicht selten gewinnt die ganze Leibesgestalt ein unförmiges Wesen.»[55] Im heiratsfähigen Alter und während der Ehe käme es zu einer Abneigung gegen den ehelichen Beischlaf und viele Frauen würden aus diesem Grunde überhaupt ledig bleiben. Die größere Anfälligkeit von Frauen sei in ihrer Konstitution begründet. Der weibliche Körper sei, so Börner, weit schwächer, zarter und empfindlicher als man angesichts des Auftretens vieler Frauen annehmen würde: «Dieses Geschlecht hat auch weniger Erfahrung; es ist weichlicher wegen der Erziehungsart, und hanget mehr wollüstigen Gedanken nach, da die Empfindungen in den äusserlichen Geburtstheilen zu den innerlichen übergehen, und das Gefühl vervielfältigen.»[56] In den sensiblen inneren und äußeren «Geburtsgliedern» der Frau würden während der Stimulierung die reichlich vorhandenen Säfte, Fäden, Fleischfasern und Nerven gewaltsam und übermäßig gereizt. Aufgrund der direkten Verbindung zwischen Genitalien und Rückenmark bzw. Gehirn fielen auch dort die nervlichen Schäden massiver aus als beim Mann.

Unterschiede wurden jedoch nicht nur zwischen den Geschlechtern und Lebensaltern postuliert, sondern auch zwischen den sozialen Schichten. Die bäuerliche Bevölkerung glaubte man am wenigsten von diesem Übel betroffen: «Unsere deutschen Mitbrüder und jezige Jugend, im allgemeinen Sinn genommen, sind wollüstiger und weichlicher, als es unsere Vorfahren mit ihren Kindern waren. War is es, die Kinder reicher vornehmer Eltern, sind weichlicher, wollüstiger, als die Kinder des zünftigen Bauernstandes, der immer noch, besonders was diesen Punkt angeht, reineres Herzens ist als viele wohlerzogene, und sonst fein gebildete unsers aufgekärten Zeitalters. Die Beispiele der Wollust sind seltener auf den Dörfern, als in den Städten.»[57] Friedrich Rehm, ein hessischer Pfarrer, fasste hier 1793 zusammen, was viele seiner Kollegen aus den medizinischen und pädagogischen Wissenschaften über die Anfälligkeit des «naturverbundenen Körpers» dachten: Die starken, nicht verbildeten, «unkultivierten» Leiber der Landbevölkerung seien weitgehend resistent gegen die Onanie. Am anderen Ende der sozialen Leiter schien es mit der sexuellen Gesundheit dafür weniger gut bestellt zu sein. Dort triebe eine «Menge adelicher Müssiggänger, Verschwender und Abentheurer»[58] die Sittenverderbnis der Gesellschaft voran.

Doch nicht im Adel sahen die Vertreter des Onanie-Diskurses ihr eigentliches Zielgebiet, sondern in den (bildungs)bürgerlichen Schichten. Karl Gottfried Bauer, ein medizinisch und pädagogisch äußerst gebildeter Pfarrer aus Frohnburg, listete in seinem, durch die philanthropinische Erziehungsanstalt zu Schnepfenthal preisgekrönten Buch im Jahre 1791 einige Spezifika des problematischen bürgerlichen Sexuallebens auf: «Viele Gattungen des Luxus wirken unmittelbar physisch auf Erregung der Geilheit. Der tägliche und überhäufte Genuss von warmen und geistigen Getränken, von lockeren und hitzigen Speisen, erhitzt das Blut und erschlafft die Gefässe, erzeugt fressende Schärfen und örtliche Vollblütigkeiten in den Geschlechtstheilen, befördert auch vielleicht eine unverhältnismäßige Absonderung des Zeugungsstoffes, wobey das Gleichgewicht der übrigen Kräfte leidet. Stark geheitzte Zimmer, weiche Federbetten, weiche erhitzende und allzu knapp anliegende Kleider, öfteres Tanzen u. s. w. wirken auf ähnliche Weise. Wohlriechende Salben u.d.gl. betäuben die Nerven, verdunkeln das Bewusstseyn und erregen das Spiel der Geschlechtswerkzeuge. Ganz vorzüglich aber befördert der frühe Gebrauch solcher Dinge das Erwachen des Geschlechtstriebes, in einem Alter, wo er der Bestimmung der Natur noch lange ruhen sollte, wird Veranlassung zur Selbstschwächung, auch wohl zu einer unglaublich frühen Vermischung beyder Geschlechter.»[59] Kinder und Jugendliche aus bürgerlichen Familien würden vor allem deshalb zu Onanisten, weil sie eine «unnatürliche» Erziehung erhielten. Der Pädagoge Salzmann glaubte 1785 die Fehler klar erkannt zu haben: «Es laeßt sich das gut erklaeren: Die jetzige Generation ist die erste, die von der Wiege an mit Weichlichkeit genaehrt. Unsere Vaeter wuchsen noch bey kalten Getraenken auf; wird sind die ersten, die die Muttermilch mit Thee und Kaffee verwechselten. So unsere Kindheit. Die Periode, wo wir zu lesen anfiengen, fiel gerade in jenes Decenium, wo der empfindsame Thon, jene kraftlose schmachtende Stimmung in allen Modeschriften herrschte. (...) Zu frühe Kultur keine [Kultur], zu früher Genuss unreifer [Genuss], Krankheit und Tod. Wir erziehen ja, was wir wollten, 10jährige Jünglinge, 15jaehrige Maenner u. s. w.»[60]

Wie in anderen europäischen Ländern wurde auch im deutschen Sprachraum der Onaniediskurs von den (männlichen) Repräsentanten des Bildungsbürgertums getragen und zu aller erst auf die eigene soziale Klasse bezogen. Die masturbatorischen Eigenheiten anderer Bevölkerungsgruppen dienten eher der positiven oder negativen Abgrenzung. Dass sich die Onanie-Autoren dabei nicht um einen plötzlichen Masturbationsboom unter Kindern und Jugendlichen kümmern mussten, ist in der Forschung unbestritten. Im Vergleich zu anderen europäischen Ländern traten im deutschsprachigen Onanie-Diskurs besonders viele Nicht-Mediziner und hier vor allem Pädagogen auf. Sie fanden in der Onanie den idealen Gegenstand, um ihre Vorstellungen von der zukünftigen bürgerlichen Gesellschaft zu präsentieren und sich als Spezialisten für die sexuelle «Kultivierung» des Nachwuchses auszuweisen.[61]

Ungeregelte Begierden und die Zukunft der bürgerlichen Gesellschaft

Ginge es nach Tissot, sollte das 18.Jahrhundert nicht das «aufgeklärte» genannt werden, sondern das «Jahrhundert der Schwachheit».[62] «Schwachheit», das sei auch die Grundbefindlichkeit der Onanist/inn/en. Der Zustand allgemeiner Schwachheit würde von einer Reihe weiterer körperlicher Symptome überlagert und verstärkt. Neben den bereits genannten seien dies u.a. Hitzen im Magen und in den Gedärmen, scharfer Urin, harter Stuhlgang, Erbrechen, Frösteln in den Gliedern, Entzündungen der Geschlechtsteile, allgemeine Leibschmerzen, Kopfschmerz, Appetitverlust, Heißhunger, Nachlassen der Sehschärfe. Frauen würden darüber hinaus von «Vorfällen» in der Gebärmutter, von schmerzhaften Entzündungen der Klitoris, unnatürlichen Ausdünstungen,

Schmerzen in der Nase, Fall- und Bleichsucht heimgesucht. Dazu würden gravierende seelische Krankheiten treten: «Nervliche» Leiden wie «Mutterbeschwerung» (Hysterie) und «Mutterwuth» (Nymphomanie) oder beide Geschlechter betreffende Erscheinungen wie Unruhe, Ängstlichkeit, Schlaflosigkeit, Benebelung der Sinne, Ohnmachten, Abnahme der Gedächtnisleistung und der Verstandeskraft, Hypochondrie, Melancholie usw. – die Liste der durch die Masturbation ausgelösten leiblich-seelischen Beschwerden ließe sich beliebig fortsetzen.

Das der Onanie zugrunde gelegte psychophysiologische Modell erlaubte es, nicht nur individuelle Leiden zu thematisieren, sondern auch «Krankheiten», die mit den neuen sozialen Verkehrsformen des bürgerlichen Menschen in Zusammenhang gebracht wurden.[63] Durch die Aufwertung der sozialen Onanie-Folgen unterschied sich der deutschsprachige Diskurs des späten 18. Jahrhunderts deutlich von den hauptsächlich auf das Individuum zentrierten pietistischen und medizinischen Diskursen des 17. und frühen 18. Jahrhunderts. Anhand des onanistischen Subjekts wurde nun über die Sozialisierung und Kultivierung des Sexuellen in der bürgerlichen Familie und Gesellschaft gesprochen. So gesehen funktionierte der Onanie-Diskurs als ein Gedankenexperiment, in dem die sozialen Folgen des von ständischen Regeln und Normen befreiten geschlechtlichen «Triebes» durchgespielt werden konnten.[64] Die Repräsentanten des (Bildungs)Bürgertums sahen in der sexuellen Problematik eine Bedrohung für ihr gesellschaftliches Projekt, aber auch eine Chance, um das Sexuelle für ihre eigene soziale Klasse zu nützen.

An erster Stelle stand dabei die Sorge um die quantitative Entwicklung der bürgerlichen Schichten. Onanie und andere entfesselte sexuelle Begierden könnten «mit einer unaufhörlich wütenden epidemischen Krankheit verglichen werden, die einen heimlichern und desto empfindlichern Schaden bringet, je mehr sie die Vermehrung des menschlichen Geschlechtes nicht nur auf eine unbeschreibliche Art hindert, sondern auch junge Leute in der besten Blüte ihrer Jahre häufiger wegräffet, als jemals durch Schwindsucht, Pocken, Venusseuche geschehen ist. So wie uns die Einpfropfung der Pocken Bürger schenket, eben so gewiß würde die Verhütung der Onanie die Welt mit häufigen Nachkommen bereichern.»[65] Der Arzt Christian Friedrich Börner sprach hier aus, was auch andere Autoren befürchteten: Die Masturbation sei nicht nur gegen die «Natur» des Einzelnen gerichtet, sondern auch gegen das bürgerliche Gemeinwohl und die Genese der (bürgerlichen) Bevölkerung. Seiner Meinung nach würden Onanist/inn/en nachhaltig geschädigte Kinder in die Welt setzen. Auch Johann Peter Frank, ein anerkannter Spezialist in Sachen Bevölkerungsdiskussion, sorgte sich 1779 insbesondere über die Qualität der Nachkommen: «Solchen Elenden sollte das Heyrathen nicht gestattet werden, ehe sie den Beweis abgeleget: daß sie ihren unregelmäßigen Gelüsten Einhalt zu thun, und ihren Körper wieder einigermassen auszubessern, noch im Stande sind; (...) Daher ist selten eine solche Ehe fruchtbar, und wenn Kinder gezeugt werden, so sind sie würdige Früchte des dürren Gerippes, und sterben unter dem ersten Zahnausbruche, oder noch früher hinweg.»[66]

Onanist/inn/en würden jedoch nicht nur die soziale Zukunft gefährden, sie seien auch minderwertige Mitglieder der eigenen Gesellschaft. Selbst Mediziner wie Samuel Gottlieb Vogel hielten sich mit diesbezüglichen gesellschaftspolitischen Statements nicht zurück: «Ein solcher Mensch ist also schlechterdings unfähig, ein brauchbares Mitglied der menschlichen Gesellschaft zu werden. Er ist zu gar nichts zu gebrauchen, es heiße, wie es wolle. Mithin darf er sich keine Hoffnung machen, irgend ein Amt mit Ehren zu begleiten. Wenn es ihm ja glückt, ein solches unverdienterweise zu bekommen, so wird er bald seinen Vorgesetzten, seinen Mitarbeitern u. s. w. lächerlich und verächtlich, weil er überall zurückbleibt, nichts mit der erforderlichen Einsicht, die er nicht hat, beschickt und ausführt.»[67] Neben wirtschaftlichen Schäden, die solche zu bürgerlichen Berufen ungeeignete Personen verursachten, seien auch Folgen für das soziale Leben zu erwarten. «Selbstbeflecker» würden asozial handeln, indem sie sich der Gemeinschaft entzögen und damit gegen grundlegende bürgerliche Verkehrsregeln verstießen. So platzierten sie sich außerhalb des bürgerlichen Sozialkontrakts und seiner Normierungs- und Disziplinierungspraktiken. Vereinsamung hieße das ultimative soziale Menetekel. Und selbst wenn Onanisten trotz Scham, Angst und Verzweiflung versuchten, «Bürger dieser Welt» zu sein, blieben ihre Anstrengungen fruchtlos – sie fielen beim geringsten «Sturme [wie] die Aepfel, in deren Inneren der Wurm nagt».[68]

Damit dies nicht geschah, lieferten die Mediziner, Pädagogen und Pfarrer neben Diagnosen auch gleich Vorschläge für Therapie und Prävention. In ihren Schriften konnten Eltern, Erzieher, Geistliche und Ärzte einer Unzahl von Methoden und Mitteln finden, die die sexuelle Phantasie und Begierde von Kindern und Jugendlichen kurieren oder zumindest mindern sollten. Nicht weniger umfangreich war die Palette der Präventionsmaßnahmen, die es zu ergreifen galt. In der Historiographie der Sexualität wurden einige dieser Verfahren besonders herausgestrichen und zum Inbegriff der Sexualfeindschaft und Masturbationsphobie der bürgerlichen Gesellschaft erklärt. Als abschreckend wirkten vor allem chirurgische Eingriffe wie die Infibulation oder auch mechanische Apparaturen zur Verhinderung der Onanie. Diese brachialen Methoden waren mit ein Grund, warum der Onanie-Diskurs zum «Krieg gegen die Onanie»[69] oder zur «Onanie-Inquisition»[70] stilisiert wurde. Anders als in der modernen Bewertung schien es den Zeitgenossen aber angesichts der angeblich enormen Gefahren der Onanie durchaus gerechtfertigt, extreme Mittel anzuwenden oder zumindest mit ihnen zu drohen. Bei aller Onaniephobie darf nicht vergessen werden, dass selbst die extremsten Anti-Onanie-Autoren eine moderate sexuelle Betätigung von Erwachsenen für durchaus wünschenswert hielten und sie als notwendige Voraussetzung für ein glückliches und gesundes Leben ansahen.

Die Liste der therapeutischen und präventiven Maßnahmen war genauso unüberschaubar wie die der potentiellen Krankheitsfolgen. Am Beginn der Therapie sollte auf jeden Fall eine allgemeine physische Stärkung stehen, danach könnten die spezifischen Krankheitssymptome bekämpft werden. Parallel zur leiblichen Gesundung sollte eine ‹Verhaltenstherapie› einsetzen und die seelische Entwöhnung erfolgen. Dauerbeschäftigung sei die beste Methode um Kinder und Jugendliche von den Genitalien und von geilen Phantasien abzulenken. Da die krankhafte Gewohnheit als omnipräsent galt, sollten Onanisten und Onanistinnen auch nachts überwacht werden. Als wirksame therapeutische Maßnahme, und vor allem auch als Abschreckung für noch nicht masturbierende Kinder, sollten exemplarische Krankengeschichten geschildert werden. Der furchtbare Leidensweg der Onanist/inn/en würde sich tiefer einprägen als jede moralisch-religiöse

Erläuterung. Da Onanie eine langwierige und nur schwer zu heilende Krankheit darstellte, sei Vorbeugung erfolgversprechender als Therapie. Der präventiven Erziehung in Familie, Schule und Internat müsste deshalb vorrangige Bedeutung zukommen.

Pädagogen, Lehrer und Erzieher eröffnete sich in der Onanie-Bekämpfung eine Aufgabe von größter gesellschaftlicher Bedeutung. Joachim Heinrich Campe, Pädagoge am Basedows Dessauer Philanthropinum,[71] gab den Anstoß für eine weitere Intensivierung der Präventionsdebatte, mit der sich die «neuen» Pädagogen gegenüber den privaten Erziehern und Hauslehrern profilieren konnten.[72] Mit der Bekanntmachung seiner «Revision des gesamten Schul- und Erziehungswesens»[73] stellte er 1785 folgende Preisfrage: «Wie man Kinder und junge Leute vor dem Leib und Seele verwuestenden Laster der Unzucht ueberhaupt und Selbstschändung insonderheit verwahren, oder dafern sie schon angesteckt seyn sollten, wie man sie davon heilen koennte?»[74] Autoren verschiedener Professionen beteiligten sich an dem Ausschreiben, die meisten wie Campe und Basedow Verfechter jener «natürlichen» Erziehungsmaxime, die Jean-Jacques Rousseau in «Emil» (1762) beispielhaft vorgeführt hatte. Gemäß dieser Maxime sollte die «natürliche» körperlich-sexuelle Entwicklung des Menschen anerkannt und in der Erziehung nicht gegen sie angekämpft werden. Allerdings könnten sich jenseits des sexuell-prokreativen «Instinkts» schädliche erotische Phantasien entwickeln und zum größten Feind der erzieherischen Arbeit werden. Gerade die Masturbation galt dabei als besonders gefährlich, ging sie doch mit «unzüchtigen» und «schlüpfrigen» Vorstellungen einher und entsprang nicht einem körperlichen Bedürfnis.

Rousseau und seine Nachfahren meinten, dass Erzieher gegenüber onanierenden Zöglingen zu aller erst tiefes Misstrauen entwickeln sollten. Dies vor allem, weil Kinder und Jugendliche durch Masturbation von ihren Eltern, Erziehern und Lehrern entfremdet würden. Rousseau, der auch mit Tissot korrespondierte und seine Werke schätzte,[75] lieferte in «Emil» die vom Onanie-Diskurs immer wieder aufgerufene Argumentation. Sie ist es wert, ausführlicher wiedergegeben zu werden:

«Wacht daher sorgfältig über den jungen Mann; vor allem anderen kann er sich selbst schützen, wenn ihr ihn vor sich selbst schützt. Laßt ihn weder Tag noch Nacht allein; schlaft wenigstens in seinem Zimmer: vom Schlaf überwältigt muß er sich zu Bett legen und im Augenblick aufstehen, wo er erwacht. Mißtraut dem Instinkt, sobald ihr euch nicht mehr auf ihn beschränkt; er ist gut, solange er allein wirkt; er ist verdächtig, sobald er sich in die Erziehung der Menschen einmischt. Man darf ihn nicht zerstören, man muß ihn zügeln; und das ist vielleicht schwieriger, als ihn zu vernichten. Es wäre sehr gefährlich, wenn er euren Schüler lehrte, seine Sinne zu täuschen und ihm als Ersatz für die Gelegenheiten ihrer Befriedigung zu dienen: Kennt er einmal diese Abhilfe, ist er verloren. Von da ab ist sein Leib und seine Seele entnervt. Er trägt bis zum Grabe die traurigen Wirkungen dieser Gewohnheit, der schlimmsten, die ein junger Mann haben kann. Dann es wäre zweifelsohne noch besser... Wird die Erregung eines heißen Temperamentes unbesiegbar, so bedaure ich dich mein lieber Emil; ich werde es, ohne einen Augenblick zu schwanken, nicht dulden, daß der Zweck der Natur umgangen wird. Wenn du dich unter ein Joch beugen mußt, so liefere ich dich lieber dem aus, von dem ich dich befreien kann. Was auch kommen mag, ich entreiße dich leichter den Frauen, als dir selbst.»[76]

Wie schon Rousseau, umgaben auch die deutschen Pädagogen die solitäre Begierde mit dem Flor des Geheimnisvollen und Undurchschaubaren. Dies auch deshalb, weil die Pädagogen und Verfechter eines öffentlichen Schul- und Erziehungssystems wie auch die ersten Protagonisten einer pädagogischen «Sexualerziehung» vor der ambivalenten Aufgabe standen, über etwas aufklären zu wollen, über das man – schon um die Phantasie nicht anzuregen – am besten gar nicht sprechen sollte. Auch die Autoren, die auf Campes Preisfrage mit mehreren hundert Seiten langen Abhandlungen antworteten und Mittel gegen die «Ansteckung» vorschlugen, sahen sich mit diesem Problem konfrontiert. Wissenschaftliche «Zergliederung» erschien als der Königsweg, diesem Dilemma zu entkommen. Nichts von der «Infektion» bis zur «Heilung» sollte dabei unbetrachtet bleiben.[77]

Die «Infektion», so der Erzieher Johann Friedrich Oest, erfolgte einmal durch Ammen, Kindermädchen und Dienstboten: Kinder suchten «gern ihren Umgang, weil sie ihnen manches erzaehlen, oft sehr schnackisch thun und ihnen etwas zu lachen geben, und immer fuer ihre Neugierde etwas Anziehendes haben. Wie wenig behutsam sie in ihren Ausdruecken sind und welche Zoten sie oft vorbringen, die ihnen durch Gewohnheit so gelaeufig sind, daß sie selbst oft nichts dabei denken, weiß jeder. Und was dies auf das Gemueth und die Einbildungskraft der Kinder für eine Wuerkung haben muß, ist auch leicht einzusehen. Dabei sehen Kinder auch oft thaetliche Unanstaendigkeiten, die zwischen maennlichen und weiblichen Bedienten vorfallen.»[78] Die Onanie würde auch durch schlechten Umgang in Schulen und falsch gewählte Freunde und Spielkameraden verbreitet. Nach Johann Peter Franks «Medizinischer Polizey» genügte hier schon ein einziger Ansteckungsherd: Ein «einziges zügelloses Kind [kann] ganze Schulen zu räudigen Schaafen umbilden (...). Das onanitische Laster ist in manchen Kollegien, Erziehungshäusern und Schulen vieler Gegenden, besonders in großen Städten so eingerissen und die Folgen dieses Verbrechens sind so erschröcklich, daß man von Seiten der Obrigkeit nicht genug Mittel treffen kann, einer solchen Pest überall zu begegnen.»[79] Weil Kinder solchen Kontakten unvermeidlich ausgesetzt wären, dürften sie laut Vogel «nie ohne Aufsicht seyn; sie müssen allenthalben, wo sie gehen und stehen, verfolgt und belauscht werden: besonders auf Abtritten; bey einsamen Spielen; wenn sie ihr Wasser abschlagen; wenn sie ein reines Hemd anziehen; im Bette; u.s.w.»[80] Als schwer zu kontrollierende und extrem phantasieanregende Tätigkeit kam besonders das «Lesen» – gemeint war die Lektüre von Romanen und Gedichten – in Verruf. Auch Börner vermutete, dass durch das Lesen sexuelle «Vorstellungen» hervorgerufen würden: «Knaben und Mädchen bringen den Tag und den Abend über oft viele einsame Stunden mit Lesen verführerischer oder solcher Bücher zu, die ihrem Hang zu einer verliebten Schwermuth Nahrung geben, und sie in ein sanfteres Gefühl, in eine bezaubernde Traurigkeit über den Gegenstand der Liebe, und verschiedener Ausschweifungen Liebender versetzen.»[81] Phantasien und Vorstellungen sollten, über die Maßen entwickelt, das Geschlechtliche außer Kontrolle geraten lassen. Peter Villaume, Prediger und ständiger Mitarbeiter an Campes «Revisionswerk», fragte sich, «warum die Unzucht bei der Jugend unsern Zeiten mehr im Schwange geht, als zu den vorigen Zeiten, und warum solche in den großen Staedten viel weiter um sich greift als auf dem Lande?» Als Antwort nannte er «Übel», die das bürgerliche Gesellschaftsprojekt besonders gefährden würden: «Die Stadtluft, die Pracht, die Nahrungsmittel, die Eingezogenheit, der Mueßiggang, die fruehe Aufregung an die Wissenschaften, die feinere Erziehung, die fruehe Galanterie, die Lesung, die Gesellschaften, das Tanzen, sind die Ursachen dieses Unterschiedes.»[82]

Die Onanie-Autoren problematisierten das individuelle und soziale Umfeld der Masturbation und besetzten dabei eine Vielzahl von bis dahin nicht oder wenig sexuell konnotierten Lebensäußerungen von Kindern und Jugendlichen. Handlungen, Gefühle, Phantasien und Gedanken, die zuvor nicht unmittelbar mit dem Geschlechtsleben assoziiert wurden, gerieten nun in seinen Bannkreis. Das Sexualleben der Onanist/inn/en sollte dem sexuellen «Trieb» permanent und nicht wie in der bisherigen Vorstellung zyklisch unterliegen. Onanist/inn/en würden die Herrschaft über das Selbst an eine – noch dazu pathogene – geschlechtliche Begierde abgeben. Bereits Ludmilla Jordanova hat postuliert, dass in der «Onanie» Gesundheit und Selbstbeherrschung verknüpft würden: «Ill-health and loss of selfhood were two facets of the same coin.»[83] Beherrscht von ihrem Trieb und von sexuellen Phantasien sei den Onanist/inn/en ein unausweichliches Schicksal bestimmt. Nicht bloß aufgrund leiblicher Schäden müsste diese Prognose gestellt werden, sondern auch, weil ihre Seele in onanistischer Wollust gefangen sei. Durch seine sexuelle Begierde sei das onanistische Subjekt in der Willensfreiheit eingeschränkt, ja sogar willenlos den «fleischlichen Lüsten» ausgeliefert. So konzipiert galt der ungeregelte «Geschlechtstrieb» als persönlichkeitszerstörend und kulturfeindlich zugleich. Zentrale Aufgabe des bürgerlichen Projekts müsste es deshalb sein, so Karl Gottfried Bauer im Titel seines 1791 erschienenen Buches, «dem Geschlechtstriebe eine unschädliche Richtung zu geben»[84].

In einer Zeit, in der sich der bürgerliche Mittelstand noch nicht durch Besitz und Kapital, geschweige denn durch politische Macht, gegen den Adel behaupten konnte, wurde die Beherrschung des «Geschlechtstriebes» zu einer elementaren Voraussetzung für den distinktiven Einsatz von Ratio, Emotion und Körper.[85] Nach Meinung der Gelehrten seien die Begierden des Adels ausschweifend, überhitzt und regellos, das adelige Blut befände sich in einer andauernden gesundheitsschädigenden Aufwallung.[86] Adeliges Geblüt neige zum geschlechtlichen Exzess und zur Vernichtung der leiblich-seelischen Ordnung und würde zum Untergang dieses Standes beitragen.[87] Der realen Macht des adeligen Körpers setzten die bürgerlichen Autoren die Gesundheit, Langlebigkeit und Fortpflanzungsfähigkeit des eigenen Körpers entgegen. Im mächtigsten Saft des Körpers, dem Samen, entdeckten die Gelehrten ein dem «blauen» Blut analoges symbolisches Kapital. Durch die Vermeidung samenvernichtender Exzesse könnte man nicht nur ein störungsfreies und planbares Lebens garantieren, sondern auch eine Vormachtstellung in der zukünftigen Gesellschaft.

Spätestens an dieser Stelle ist zu betonen, dass im Onanie-Diskurs des 18. Jahrhunderts bevorzugt die sexuelle Begierde des Mannes problematisiert wurde.[88] Selbst wenn einige Autoren die Masturbationsfolgen für Frauen als gravierender ansahen, wurde die Onanistin eher am Rande und der Vollständigkeit halber diskutiert. Mit der männlichen Samenvergeudung hingegen stand die Zukunft des leistungs- und aufstiegsorientierten, gleichzeitig sensiblen und familiären bürgerlichen Mannes auf dem Spiel. Durch sein zweckrationales Handeln, durch die Beständigkeit und Berechenbarkeit seiner körperlichen und seelischen Entwicklung sollte das gesellschaftliche Weiterkommen genauso gesichert sein, wie das Wohlbefinden der Familie. Auch die Stabilität der ehelichen Bande dürfte nicht unter späten Onanie-Folgen leiden: Impotenz und Ejaculatio praecox, beides scheinbar ursächlich mit der Zerrüttung der Genitalnerven verbunden, würden verhindern, dass ein Gatte seinen ehelichen Pflichten nachkommen könnte. Der vorausschauende Umgang mit dem wertvollsten aller Körpersäfte eröffnete dem bürgerlichen Mann und seiner Familie einen Anspruch auf zukünftige gesellschaftliche Vormachtstellung. Anders als der scheinbar zum Untergang verurteilte adelige Körper, würde der bürgerliche Leib über einen gesunden Samen verfügen und könnte damit Besitz und Vermögen sowie intellektuelle und moralische Qualitäten tradieren.[89] Oder umgekehrt formuliert: Erfolgversprechende Investitionen in die Nachkommenschaft, in ihre Erziehung und Ausbildung, würden sich nur lohnen, wenn diese nicht schwachen und zerrütteten Keimen entstammte.

Neben der sozialen Abgrenzung eröffnete die Onanie auch eine lebensgeschichtliche Differenzierung. Erwachsene sollten nun in Geschlechts- und Geschlechterfragen auf mögliche sexuelle Schäden in der Kindheit oder sogar im Leben der Eltern untersucht werden. Wer noch in «reifen Jahren» masturbierte, hätte die Entwicklung zur «natürlichen», penetrationsorientierten Begierde nicht geschafft und bliebe der unreifen kindlichen Lust verfallen. «Einsame» oder auch mutuelle Masturbation unter Knaben und männlichen Jugendlichen würde nicht nur zu unterentwickelten sexuellen Begierden führen, hier stand die heterosexuelle Begierde insgesamt auf dem Spiel. Durch die onanistische Praxis würden die Genitalien des eigenen Geschlechts in den Mittelpunkt rücken, die sexuellen Phantasien und Wünsche der Onanisten zentrierten sich nolens volens auf den männlichen Körper. Wer als Jugendlicher alleine, in Gemeinschaft Gleichaltriger oder in Folge sexueller Verführung durch erwachsene Männer onanierte, würde auch später erotische und sexuelle Gefühle zu Männern verspüren und könnte keine stabilen heterosexuellen Beziehungen aufbauen.[90] Hier überschnitt sich die Onanie-Problematik mit dem zeitgenössischen Diskurs über die schwierige Abgrenzung von freundschaftlichen, erotischen und sodomitischen Männerbeziehungen (siehe Kapitel 5).

Starke Worte und schwaches Fleisch

Erwachsene Onanist/inn/en müssten ihre Kindheit und Jugend erforschen, um zur Quelle ihres Leidens vorstoßen und das Leben im Zeichen des Sexuellen verstehen zu können. Dass die Betroffenen dieser Aufforderung auch tatsächlich nachkamen, trug ganz wesentlich zum Erfolg des Onanie-Diskurses bei. Anhand der überlieferten Patientenbriefe und publizierten autobiographischen Fallgeschichten kann die Rezeption des Diskurses skizziert und der Frage nachgegangen werden, wie denn die Kommunikation zwischen den Betroffenen und gelehrten Autoren vor sich ging.

Die Sprache der wissenschaftlichen Autorität funktionierte, um mit Pierre Bourdieu zu sprechen, «nur dank der Kollaboration der Regierten», das heißt «mit Hilfe sozialer Mechanismen zur Produktion jenes auf Verkennung gegründeten Einverständnisses, das der Ursprung jeder Autorität ist».[91] Der autoritäre Gestus des Onanie-Diskurses, seine Anmaßung, die Wahrheit über das Geschlechtsleben des Individuums und des Kollektivs zu sagen, wurde nur deshalb anerkannt, weil die Autoren Rezipient/inn/en antizipierten, die ihren epistemologischen Geltungsgsanspruch auch akzeptierten. Neben dem aufgeklärten, naturwissenschaftlichen Paradigma bestand dieser vor allem darin, die sexuelle Wahrheit mittels adäquater Kommunikationsformen enthüllen zu können. Damit das Sprechen über «unaussprechliche» Dinge geschehen konnte, bedienten sich die Diskursträger einer ganzen Reihe rhetorischer Strategien. Im Zuge des Onanie-Diskurses wurde es jedenfalls möglich, im Detail über das Geschlechtliche zu schreiben und – ohne Verstoß gegen die Sittlichkeit oder die Zensurbestimmungen – eine breitere Leserschaft mit Fragen der sexuellen Erziehung zu konfrontieren. Von der belletristischen und erotisch-pornographischen Literatur grenzten sich die Onanie-Autoren ganz bewusst ab und forderten ein sterile wissenschaftliche Sprache und autobiographische Authentizität. Dies galt für beide Diskurspartner, für die gelehrten Diskursträger wie für die Fallgeschichten produzierenden «Onanist/inn/en».

Mediziner, Pädagogen und Kleriker waren sich einig, dass sie, um ihrem aufgeklärt-wissenschaftlichen Anspruch gerecht zu werden, trotzdem ‹starke› Worte in Umlauf bringen mussten. Dem Einsatz und der Vermeidung zentraler Onanie-Begriffe wurde deshalb großes Augenmerk geschenkt. So entschuldigte sich bereits Tissot im Vorwort seines Buches für die unumgängliche Wortwahl: «Ich getraue mir, zu versichern, daß ich es an keiner möglichen Vorsicht habe ermangeln lassen, diesem Werke, in Ansehung der Ausdrücke, allen den Wohlstand zu geben, dessen dasselbige fähig war. Es giebt aber Klippen, die von der Materie unzertrennlich sind.»[92] Ohne die richtigen Worte könnte man aber des behandelten Gegenstandes nicht Herr werden. In Abwägung der Bezeichnungen «Selbstbefleckung» und «Onanie» verzichtete Salzmann darauf, «das eigentliche deutsche Wort das zu Bezeichnung dieser Sünde bestimmt ist, zu wählen, so haben mir doch meine Freunde so dringend vorgestellt, das es anstössig sey, dass ich mich desselben habe enthalten, und es nicht nur in diesem, sondern auch in allen übrigen Briefen, durchstreichen müssen. In der That glaube ich auch, dass man die Jugend sehr nachdrücklich von der grossen Schaedlichkeit dieser Sünde belehren kann, ohne nöthig zu haben, sich dieses Wortes zu bedienen.»[93]

«Onanie», «Selbstbefleckung» und andere Leitworte funktionierten als performative Begriffe, die die Bedeutung der benannten Gegenstände anreicherten und die Inkorporation der transportierten Bilder und Vorstellungen beförderten. Ihre Distribution gehörte, auch wenn dies die meisten Autoren leugneten, zu den zentralen Anliegen des Diskurses. Erst wenn die Betroffenen die richtigen Worte verwendeten, könnten sie die zum Onanie-Komplex gehörenden krankhaften Lebensäußerungen auch (be)greifen. Als der Stadtarzt von St. Gallen, Adrian Wegelin, im Jahr 1792 die «Onanie» unters «Landvolk» bringen wollte, musste er mit Bedauern feststellen, dass dieses noch nichts von der «Selbstbefleckung» wusste. Wie andere schlug er deshalb als erstes vor, dem Bauernstand – «wo das Volk in Unwissenheit lebt, es nicht als ein Laster ansiehet, und die traurigen Folgen desselben mißkennt»[94] – die neuen Worte und ihre Bedeutung beizubringen. Durch Benennen, Kategorisieren und Strukturieren müsste die körperlich-seelische Selbstwahrnehmung der Onanist/inn/en beeinflusst werden. Dies galt natürlich auch für all jene, die von der Seuche noch nichts wussten, aber in sich bereits das «schwache» Fleisch spürten.

Zur vorbildhaften Versprachlichung des «Unaussprechlichen» offerierte der Onanie-Diskurs exemplarische Geständnisberichte von Betroffenen. Diese Erzählungen fungierten als Schablonen und Raster, in die individuelle Erfahrungen eingetragen werden konnten. Im Gegensatz zu modernen Wissenschaftstexten blieben die Verfasser dabei in ihren Schriften unmittelbar präsent. Auch sie betonten ihre langjährige Erfahrung mit der Materie, berichteten ausführlich über persönliche Erlebnisse mit Patienten und gaben von Vertrauenspersonen mitgeteilte Erzählungen zum besten. Erst durch Patientenkontakte seien die meisten auf die Onanie-Frage gestoßen. So etwa Börner, dem sich die Problematik ebenfalls aufgedrängt hatte: «Es war demnach bey täglich zunehmender Anzahl solcher Patienten eine gewisse Art von Nothwendigkeit daß ich oder ein andrer in Tissots Fußstapfen trat, und eine so genaue Bestimmung der Cur, so gemeßne und umständliche Vorschriften gab, daß der Wunsch eines jeden dieser Herumirrenden und nach Hülfe Begierigen befriedigt ward.»[95] Andere Autoren gestanden die eigene Betroffenheit ein. Samuel Gottlieb Vogel, immerhin königlich-großbritannischer Hofmedicus, Landphysikus und Garnisonsarzt, «beichtete», selbst in den Bannkreis sexueller Phantasie geraten zu sein: «Aus meiner eigenen

Erfahrung weiß ich Folgendes: Als ich anfieng, die Arzneykunst zu studieren, welches sehr früh geschah, hörte und sah ich auf der Anatomie in den Vorlesungen der Hebammenkunst u.s.w natürlicher Weise vieles, was zur Erzeugung des Menschen gehört, und wovon ich vorher sehr unvollständige Begriffe hatte. Meine empfindliche Einbildungskraft war anfangs sehr geschäftig, die reizenden Wirkungen der neuen Ideen und Bilder, welche sie begierig auffaßte, zu begünstigen.»[96]

Anhand beispielhafter Geschichten sollte den «Unwissenden» vorgeführt werden, wie das Geschlechtliche in «reine» Gedanken und eben solche Worte gefasst werden könnte. Pfarrer Friedrich Rehm besaß in Sachen Sprachfindung große Erfahrung und konstruierte deshalb einen typischen Dialog zwischen einem Erzieher und seinem Zögling:

«J. (Jüngling) Ein Laster üben und es für etwas Gutes halten, ist das wohl möglich?
A. (Aufsichter [Erzieher]) Nun über die Möglichkeit wollen wir uns nicht streiten. Kennst Du das Laster? Weist du, was Onanie ist?
J. Onanie? – habe das Wort noch nie gehört! Was ist es denn? Onanie! Onanie?
A. Das Wort Onanie kommt her von der Sünde eines gewissen Onans, welche du aus der Genesis kannst kennen lernen. Dieses Laster hast du wohl noch nicht begangen,[97] aber ein anderes, glaube ich, das eben so schändlich und noch schreklicher ist. Man nennt es auch Selbstverderben, Selbstschwächung, weil die, die es üben, sich selbst richten, verderben, unbrauchbar machen, schwächen, früh und oft mit heftigsten Schmerzen, oder ohne alle Empfindungen, in der scheuslichsten Gestalt dahin sterben. Man nennt es auch geheime Sünde der Jugend, weil gar viele Jünglinge und Mädchen dies Laster so lange im Geheimen getrieben, bis sie sich zu Grunde gerichtet haben und ihre Beßrung dann unmöglich ist.
J. So weiß ich doch nun immer noch nicht, was es eigentlich für ein Laster ist!
A. Du begehest dies Laster durch Mißbrauch deiner –
J. Ach! nun versteh ich dich. Ja; das habe ich schon lange geübt, und übe es noch täglich. Ehe ich auf die Schule kam, hatte

mich's mein Bruder der Student schon gelehrt. Dieser ist nun todt, er starb an der Auszehrung. – Aber sag mir doch einmal aufrichtig, ist denn das wirklich so schädlich, wie du mir gesagt hast?

A. Ach leider! komm ich will dir Tissot auf einige Tage leihen, da kannst du dich selbst überzeugen.

J. Was wird mich aber das nun helfen? vielleicht bin ich schon verlohren! O! warum hat man mich denn nicht gewarnt! ich würde es gewiß nicht geübt haben! Wie kann ich aber nun das als Jüngling lassen, was ich seit meinem neunten Jahre schon geübt habe? O du schändlicher Bruder! War das ein Studenten Stükchen?

So verließ er uns mit dem Tissot in der Hand voll Verzweiflung und Scham. Durch diese Unterredung wurde ich bei Zeiten, Gott sei Dank! gewarnt.»[98]

Der Dialog zeigt, dass nun auch Theologen das medizinische Referenzmodell anerkannten und darauf, und nicht mehr (nur) auf den Sündenkanon, rekurrierten. Das erfundene Gespräch führte zudem vor, wie mit den Begriffen «Onanie», «Selbstbefleckung» und «Selbstschwächung» über das masturbatorische Laster gesprochen werden konnte, ohne die «Tat» direkt beschreiben oder ausschmücken zu müssen. Beispielhafte Szenen und lebensgeschichtliche Episoden gaben der onanistischen Persönlichkeit ihre Gestalt.[99] Die medizinisch-theoretische Seite des Onanie-Modells trat gegenüber diesen identifikationsträchtigen und emotional geladenen Geschichten und ihren Protagonisten immer mehr in den Hintergrund. In den autobiographischen Erzählungen nahm jener Typ Konturen an, der bislang durch den Diskurs über das Krankheitsbild und die moralischen und gesellschaftspolitischen Dimensionen der Masturbation überdeckt wurde: die Figur des «Onanisten».

Wie sie es auch drehten, den Onanie-Autoren fiel es nach wie vor schwer, «unverblümt» über ihren Gegenstand zu sprechen. Metaphern, Analogien und Bilder fanden sich deshalb überall dort, wo heikle Seiten des «Onanisten» umschifft werden mussten.[100] Besonders metaphernreich wurden ihre Ausführungen, wenn es um familiäre und soziale Aspekte des Übels ging. Tissot lieferte zum Beispiel folgende, immer wieder aufgegriffene Metapher für das Arzt-Onanisten-Verhältnis: «Und ich könnte eine nur allzu große Anzahl junger Pflanzen nennen, die der Gärtner, durch dessen Sorgfalt sie eine gute Richtung bekommen sollte, verdorben hat. Es giebt in dieser Art von Bearbeitung Gärtner und Gärtnerinnen. Wie ist aber, wird man einwenden, diesem Uebel abzuhelfen? Die Antwort gehört nicht in mein Fach; ich will sie also kurz eintichten. Man muß auf die Wahl des Lehrmeisters die größte Aufwerksamkeit wenden, und auf ihn und seinen Untergebenen diejenige Aufmerksamkeit haben, durch welche ein sorgfältiger und verständiger Hausvater, das was er in den dunkelsten Winkeln seines Hauses vorgeht, entdecken kann; dasjenige scharfe Auge, welches das Geweih eines Hirsches gewahr wird, worüber alle anderen hiweggesehen haben; kurz eine Achtsamkeit, die ein jeder haben kann, wenn er sie nur haben will.»[101] Indem onanierende Kinder als Pflanze/Tier und Väter/Erzieher als Gärtner/Jäger auftraten, wurde auch eine Vorstellung vom sozialen Arrangement des bürgerlichen Haushalts und von den pädagogischen Aufgaben der Eltern und Erzieher transportiert: Im Kampf gegen die Masturbation sollte man Kinder und Zöglinge nicht nur pflegen und hegen, sondern ihnen auch auflauern, nachspüren und eventuell sogar mit Gewalt gegen ihr Laster vorgehen.[102] Hier ging es nicht nur um physische Gewalt, sondern auch um die optische Verfügungsmacht über Kinder – nicht zufällig wurde Onanist/inn/en umgekehrt mit dem Verlust des Augenlichts gedroht.[103]

Salzmann konnte die bürgerliche Familie besonders bildreich unter dem Ansturm der solitären Begierde erzittern lassen: «So manche Schrift fertigte ich schon aus, und fast immer mit Muth und Freudigkeit. Nur die gegenwaertige fange ich mit ungemein traurigen Empfindungen an. Es geht mir fast wie einem Baumeister, der einige schadhaften Theile an einem Hause bemerkt, auf Bitte des Bewohners die Reparatur übernimmt, aber, so bald er eine genauere Untersuchung anfaengt, entdeckt, dass alle Saeulen und Schwellen morsch sind.»[104] Der Titelkupfer seiner Schrift sorgte dafür, dass die (Anti-)Onanie-Bilder nicht nur vor dem geistigen Auge der Leser/innen entstanden. Er zeigte eine triste Waldlandschaft, in der ein Gärtner (der Pädagoge) verzweifelt gegen ein im Untergrund tätiges Insekt (die Onanie) ankämpft. Die gärtnerischen Bemühungen scheinen allerdings aussichtslos – das Tier hat bereits die Wurzeln der meisten Bäume befallen und sie zum Absterben gebracht. Ähnlich das Frontispiz von Vogels Werk: Es stellte einen Arzt auf blühender Wiese dar, der auf einen durch die Onanie zugrunde gerichteten jungen Baum weist.

Mit Text- und Bildstrategien wie diesen wurden Emotionen geschürt, Aufmerksamkeit geweckt und so die Brisanz des Themas betont. In einem weiteren Schritt wurde das «Selbstgeständnis» vorgeführt.[105] Mit ihm unterwarfen sich die Betroffenen den Begriffen, Kategorien, Ursachen und Symptomen des angebotenen Modells und erklärten sich zu Onanist/inn/en. Durch das Geständnis bzw. durch die Onanie-«Beichte»[106] wurde auch die Autorität der wissenschaftlichen Onanie-Spezialisten anerkannt. Sie, und nicht die Beichtväter oder Eltern, sollten ab nun für das körperliche und seelische Heil der Gefallenen zuständig sein. Der Arzt Adrian Wegelin betonte gerade diese Funktion des ärztlichen Beichtgespräches, als er 1792 schrieb: «Ich gab ihr [der Onanistin] ihre Lage zu erkennen, so wie es Religion und Vernunft gebiethet. Sie müsse dem Arzt nichts verheimlichen, sondern alles offenbahren, um bloß dadurch Errettung zu erhalten. Mit Vergießung vieler Thränen gestund sie mir die Ausübung des Laster.»[107] Nach Vogels Meinung wiederum gab es unterschiedliche Wege, «den Onanism bey verdächtigen Kindern und jungen Leuten geständlich herauszubringen».[108] Das Geständnis sollte vor allem durch Aufklärung in Gang kommen – wie nicht anders zu erwarten, hatte dabei die Lektüre einschlägiger medizinischer und pädagogischer Schriften katalysatorische Wirkung. Nachgereiht folgten intime Beratungen unter Freunden oder, wie im eben zitierten Fall, das direkte Gespräch mit einem professionellen Spezialisten.

Seit dem Erscheinen der deutschsprachigen Ausgabe von Tissots «Onanie» im Jahr 1770 sahen sich auch deutsche Ärzte, Pädagogen und Pfarrer zunehmend mit brieflichen Konsultationen von Onanist/inn/en konfrontiert. Dass die von ihnen veröffentlichten Briefwechsel nicht einfach erfunden waren, kann nach Forschungen zu Patientenbriefen aus der Korrespondenz Tissots als gesichert gelten.[109] Unter den zeitgenössischen deutschen Berichterstattern gab es aber auch Gelehrte, die dem Onanie-Diskurs kritisch oder zumindest distanziert gegenüberstanden und deshalb wenig Interesse an einer Verbreitung von Onanie-Berichten hatten. Selbst die Vertreter dieser Seite veröffentlichten eingegangene briefliche Geständnisse und Fallgeschichten. So zum

Beispiel Ernst Gottfried Baldinger, der Herausgeber des «Neuen Magazins für Ärzte». Er bezweifelte vor allem den innovativen medizinisch-wissenschaftlichen Wert der ihm «zu Hunderten» übermittelten Krankengeschichten. Im Vorbericht zu dem 1790 erschienenen Artikel «Traurige Krankheitsgeschichte eines Onanisten» nannte er auch den Grund für seine ablehnende Haltung: «Man glaubt, man läse in Tissots Buch selbst, so reichlich hat der Kranke sein Gedächtnis mit der Lektüre von Tissots Buche angefüllt, und seine zerrüttete Einbildung ist so ganz das Tissotsche Gemälde.»[110]

Für die zeitgenössische, auf Empirie abgestellte, Wahrheitsfindung galten die persönlichen Fallgeschichten von Onanisten und Onanistinnen als wahrheitsstiftende Belege. Die Bekenntnisse nahmen deshalb große Teile der Werke ein und wurden von den Autoren wechselseitig abgeschrieben oder auszugsweise zitiert. Egal ob als briefliche Selbstbekenntnisse oder vom Autor dokumentierte Krankengeschichten – ihre Bedeutung für den Onanie-Diskurs kann nicht groß genug eingeschätzt werden. Mit den autobiographischen Erzählungen des deutschsprachigen Onanie-Diskurses des späten 18. Jahrhunderts wurde endgültig die Brücke zwischen der Wissenschaft vom Sexuellen und der Erfahrungswelt des Publikums geschlagen.[111] Die gegenseitige Bindung von sexueller Autobiographie und (populär)wissenschaftlicher Erzählung war für beide Seiten vorteilhaft. Die wissenschaftlichen Autoren konnten sich nun verstärkt auf die lebensweltliche Interpretation der Betroffenen berufen. Die Ausbreitung des Geschlechtlichen auf immer weitere Bereiche des Körpers und der Seele ergab sich aus den mitgeteilten Erfahrungen des Publikums quasi von selbst. Die Briefschreiber/innen lieferten reiches Material für die medizinische und pädagogische Lebensbetrachtung und damit Vorlagen für eine identifikatorische Reinterpretation durch die Leserschaft. Auch wenn dies unserer modernen Körperwahrnehmung widersprechen mag, spürten die Onanie-Patienten des 18. Jahrhunderts tatsächlich die Irritation ihrer Nerven und die Stockung der Leibessäfte und brachten diese Erscheinungen mit der Masturbation in Verbindung.[112] Vor allem Männer machten sich um ihre kohärente und konsistente Geschlechter- und Geschlechtsidentität größte Sorgen. Sie spürten in sich weiblich attribuierte Gefühle des Fließens und der Weichheit und glaubten mit dem Samen ihre Virilität schwinden zu sehen. Den Samen zurückhalten zu können, machte am eigenen Leib erfahrbar, dass man ein stabiler und autonomer bürgerlicher Mann war.[113] Von solchen Onanie-Erfahrungen berichteten auch die Autoren und bezeugten damit, dass sie diese Körpersensationen mit ihren Klienten teilten.

Die autobiographischen Erzählungen wurden von den Gelehrten mit gängigen psycho-physiologischen Begriffen, Kategorien und Theorien besetzt und in ein systematisches, wenn auch oft widersprüchliches Onanie-Modell eingebaut. Anders als lange Zeit von der Forschung angenommen, ging es bei der ärztlichen Therapie und Prävention jedoch nicht primär um eine generelle sexuelle Repression oder Disziplinierung des bürgerlichen Publikums. Die meisten Onanie-Autoren glaubten an eine reale Krankheit, ihre Patient/inn/en berichteten von tatsächlich erlebten psychischen und somatischen Symptomen, die es zu kurieren galt. Durch die Interaktion von autobiographischer Erzählung und wissenschaftlicher Interpretation lieferten die Onanie-Schriften plausible Erklärungen für eine Vielzahl körperlicher und seelischer Wahrnehmungen und irritierender Episoden des bürgerlichen Lebens. Hierin lag die schöpferische, sinnstiftende und handlungsleitende Kraft der Onanie-Schriften.[114] Viele Leser/innen akzeptierten und übernahmen die hier präsentierte pathogene Sicht der «einsamen» Begierde. Schon Salzmann sah den Einstellungswandel ganz klar: Vor der Konfrontation mit den Onanie-Schriften glaubten die meisten Masturbanten, dass ihr Handeln etwas «unanstaendiges [sei], das man öffentlich nicht thun dürfe», danach wussten sie, «dass diese Sünden ein Seel und Leib zerrüttendes und verderbendes Uebel» darstellten.[115]

Der Affinität der Onanie-Thematik zum individuellen und sozialen Selbstverständnis des bürgerlichen Publikums ist es auch zu verdanken, dass der Diskurs nach 1800 weiter rezipiert wurde. Mit zunehmender Redundanz fanden sich die klassischen Onanie-Symptome in den wissenschaftlichen und vor allem populärwissenschaftlichen Sexualdebatten des 19. und frühen 20. Jahrhunderts wieder.[116] Der Onanie-Diskurs des 18. Jahrhunderts trug wesentlich dazu bei, dass die geschlechtliche Begierde des Menschen eine determinierende Vor-Geschichte erhielt. Nach der Schaffung des onanistischen Subjekts stand außer Frage, dass Abweichungen von der sexuellen Norm, wie auch viele psychische und physische Störungen und Krankheiten, nur im Rahmen der sexuellen Biographie zu betrachten waren. Masturbanten würden ihr Schicksal dem Sexuellen unterstellen – das war die zentrale Aussage des Onanie-Diskurses. Als Marionette der sexuellen Begierde stand das onanistische Subjekt im krassen Widerspruch zum bürgerlichen Projekt des selbstbestimmten und ‹freien› Menschen. Die Onanie schien als Triebkraft eines sexualisierten Lebens aber auch deshalb so bedenklich, weil sie als krankheitsauslösend galt. Wer an sie glaubte, befürchtete auch, dass die pathogene Macht des onanistischen Samens über die individuelle Lebensgeschichte hinausreichte. Onanisten würden einen minderwertigen und verdorbenen Samen produzieren und damit negative körperliche und seelische Eigenschaften an die Nachkommenschaft vererben. Wenn man im 19. Jahrhundert über die Schattenseiten der «Sexualität» nachdachte, war es unvermeidlich, bei sexuellen ‹Anomalien› wie bei vielen Formen des ‹Wahnsinns› und der ‹Degeneration› die Onanie im Spiel zu sehen.[117] Wenn nicht überhaupt als Ursache, sollte sie zumindest ein deutlicher Hinweis auf unnatürliche und krankhafte sexuelle Begierden sein.

Die moderne «Sexualität» war damit – um eine beliebte Metapher des Onanie-Diskurses aufzugreifen – bereits an der Wurzel «verfault».

4. «Durchtränktsein mit Geschlechtlichkeit»: Bürgerliche Geschlechterdifferenz und wissenschaftlicher Diskurs über die Sexualität[1]

Auch die deutschsprachigen Geschichtswissenschaften haben sich seit Mitte der siebziger Jahre in die Diskussion um die bürgerliche Geschlechterdifferenz eingeschrieben: Spätestens nach Karin Hausens inzwischen zum Klassiker avancierten Aufsatz über die «Polarisierung der Geschlechtercharaktere»[2] und Barbara Dudens nicht weniger einflussreicher Abhandlung über die «Herausbildung des bürgerlichen Frauenbildes»[3] konnte das «Projekt des bürgerlichen Menschen» und seiner Vergesellschaftung nicht mehr geschlechterneutral interpretiert werden. Überblickt man die seither geführte Diskussion über den Entwicklungszusammenhang von Bürgerlichkeit und Geschlechterdifferenz, so zeichnen sich zwei Positionen ab: Zum einen jene, wonach die Ungleichheit von Mann und Frau im Politischen, Sozialen und Kulturellen als konstitutiv für die Entstehung der bürgerlichen Gesellschaft anzunehmen sei. «Oder aber», so Ute Gerhard, die zweite Position resümierend, «es vollendet sich erst in der Gleichstellung auch der Frauen der allzu lange versteckte Sinn, das eigentliche, aber verhinderte Ziel bürgerlicher Emanzipation, weshalb alle bisherige Bürgerlichkeit nur erst als ihre Vorgeschichte zu deuten wäre».[4]

Die historiographische Auseinandersetzung um diese, auch für die Bewertung rezenter Geschlechterkonflikte zentrale Problemstellung, konzentrierte sich während der letzten zwei Jahrzehnte zunehmend auf die Frage nach jenen Faktoren, die im 18. und 19. Jahrhundert zur (weiteren) Polarisierung der Geschlechtercharaktere geführt haben. In der deutschsprachigen Historiographie berief man sich dabei lange Zeit primär auf ein sozialhistorisches Erklärungsmodell: Die Spezifika der bürgerlichen Geschlechterdifferenz seien primär auf die Trennung von privatem und öffentlichem Bereich bzw. familialer und beruflicher Sphäre und die dabei entstandenen Rollenzuweisungen an Mann und Frau zurückzuführen. Zur Absicherung und Legitimation der sozialen und kulturellen Verortung der Geschlechter sei den Kategorien «männlich» und «weiblich» quasi im Nachzugsverfahren eine (wissenschaftliche) Definition scheinbar natürlicher geschlechtertypischer Eigenheiten des Leibes und der Seele unterlegt worden.

In den letzten Jahren wurde jedoch verstärkt Kritik an der Omnipotenz dieses Modells laut: Zum einen sei der Geschlechterdualismus samt seiner auf die «Natur» abzielenden Begründungsstrategien keine originäre Erfindung des Bürgertums des späten 18. Jahrhunderts gewesen. Mit der psychophysiologischen Grundlegung der angeblichen Differenz zwischen Frau und Mann würden vielmehr zählebige, zumindest bis an den Beginn der Frühen Neuzeit zurückreichende Traditionen fortgesetzt. Öffentlich/privat, aktiv/passiv, rational/emotional, kulturschaffend/naturgeprägt und andere dualistische Wesensbestimmungen würden schon von den Geschlechterdiskursen des Adels und des Stadt-Patriziats und ihren wissenschaftlichen Zulieferern im 16. und 17. Jahrhundert oder sogar in Diskursen des Mittelalters vorgegeben und von den bürgerlichen Autoren des 18. Jahrhunderts bloß neu problematisiert.[5] Und letztlich würden Analysen vor allem autobiographischer Quellen zeigen, dass gerade das bürgerliche Liebesideal in der Praxis zu vielschichtigen Geschlechterbeziehungen führte, die auch «sanfte Männlichkeit und selbständige Weiblichkeit» umfassten.[6]

Andere Studien wiederum rückten neben der sozialen Generierung von Verhaltensnormen[7] gerade die (wissenschaftliche) Konstruktion des «bürgerlichen Menschen» in den Mittelpunkt der Geschlechter- und Bürgertumsgeschichte. Die zentrale Problemstellung der Erforschung der bürgerlichen Geschlechterdifferenz sollte, so Claudia Honegger, eigentlich folgendermaßen lauten: «Wie und mit welchen außer- und suprasozialen Argumentformen [wurde] das Normalitätsproblem erfolgreich naturalisiert (...) und welche Rolle [haben] dabei die neuen Wissenschaften vom Menschen gespielt?»[8] Vor allem sei es notwendig, die im Zuge der Aufklärung veränderten Grundlegungen der Menschenwissenschaften zu analysieren und ihren Beitrag zur Konstruktion einer, angeblich aus der Natur ausgeforschten Norm der männlichen und weiblichen Psyche und Physis zu beleuchten.

Einigkeit besteht darüber, dass der Differenzdiskurs seit dem späten 18. und während des gesamten 19. Jahrhunderts von einem wissenschaftlichen Deutungsprozess begleitet und untermauert wurde, der die Fundierung der Geschlechtercharaktere vom Sozialen hin zur sogenannten «Natur» verschob. Die ‹naturgemäßen› Normen von Männlichkeit und Weiblichkeit bzw. deren

Bilder avancierten dabei zu einem der beliebtesten Forschungsfelder der sich neu etablierenden Disziplinen der Humanwissenschaften. Gegenüber den ‹alten›, noch bis ins frühe 18. Jahrhundert vorherrschenden Menschenwissenschaften, verschoben sich die paradigmatischen Vorzeichen und der epistemologische Status der neuen Disziplinen: Beriefen sich erstere noch hauptsächlich auf die Autoritäten der Antike oder auf das Naturrecht, so erforschten seit dem späten 18. Jahrhundert Anthropologen, Mediziner, Psychologen und Pädagogen den weiblichen und männlichen Leib mittels positiver Empirie und entlockten ihm seine, wie sie glaubten, die Psyche determinierenden Eigenschaften. Im 19. Jahrhundert gesellten sich zu diesen Wissenschaftlern weitere Spezialisten, wie Gynäkologen, Psychiater, Kriminologen und Sexualwissenschaftler und versuchten vor allem deviante «Eigenheiten» im geschlechtertypischen Körper zu lokalisieren. Doch erst ein grundlegender Wandel der Episteme führte dazu, dass die neuen Menschenwissenschaftler wie gebannt auf und in die Leiber blickten:[9] Die Wahrheit über den Mann und über die Frau, über ihre jeweiligen Lebenssphären und -aufgaben ließe sich primär aus dem Leib ausforschen – so lautet seit der Aufklärung der Imperativ der humanwissenschaftlichen Disziplinen.

Die Festschreibung geschlechtertypischer psychischer Eigenschaften erfolgte vorerst in Berufung auf die vergleichende Anatomie der Körper. Wurde das Körperbild bis weit ins 18. Jahrhundert von einen offenen, dem Sozialen zugängigen «Organismus» geprägt, so trat spätestens mit der Aufklärung eine geschlossene Körperorganisation an seine Stelle: Nicht mehr die sozial anschlussfähigen «Temperamente» und «humores» von Frau und Mann, sondern ihre durch die «moderne» Medizin unter Verweis auf die «Bescheidenheit des Wahrgenommenen»[10] erforschte Physis erhielt die Regentschaft über die menschliche Seele zugesprochen. Dass die frühe Psychophysiologie bzw. die sich auf die Anatomie berufende Philosophie und Anthropologie des ausgehenden 18. und frühen 19. Jahrhunderts dabei nicht geschlechterneutral vorging, steht nach den Forschungen zur Entstehung der «weiblichen Sonderanthropologie»[11] außer Frage.

Die umfassende «Naturalisierung» der bürgerlichen Geschlechterdifferenz hat jedoch dazu geführt, dass sich die Analyse ihrer Codierungsgeschichte bislang vor allem auf die allgemeinen psychischen Dualismen konzentrierte und kaum jene ‹Orte› des bürgerlichen Körpers und die mit ihnen verknüpften seelischen ‹Regionen› absteckte, die im Zentrum des Differenzdiskurses standen. Diese Sicht soll in der Folge durch zwei Thesen zur geschlechterspezifischen Sexualität differenziert und damit eine Erweiterung des aktuellen Diskussionsstandes versucht werden.

Insbesondere Michel Foucault hat gezeigt, dass mit der Konstruktion einer «Sexualität» immer größere Bereiche der menschlichen Identität und Sinnstiftung sexuell kolonisiert wurden.[12] Sowohl die durch die Humanwissenschaften betriebene Naturalisierung des Geschlechtslebens als auch die Entwicklung einer Metaphysik des Geschlechtstriebes haben jedoch Frauen und Männer in recht unterschiedlicher Weise in ihren Bann gezogen. Männer sollten im wissenschaftlichen Diskurs weiterhin die Herrschaft über ihre sexuelle Begierde zugesprochen bekommen; ihre geschlechtliche Lust sollte weiter den Leib durchfließen. Die weibliche Identität wurde im Gegenzug bis zum Beginn des 20. Jahrhunderts zunehmend sexualisiert und der Herrschaft einer Geschlechts-Natur unterstellt – wobei man gleichzeitig von mangelnden, fehlenden oder fehlerhaften weiblichen Begierden sprach. Weibliche Lust avancierte in den Augen der Wissenschaftler zur äußerst problematischen und deshalb intensiv zu beforschenden Lebensäußerung. In der Liste der das «Männliche» und das «Weibliche» definierenden Eigenheiten rangierte das Sexuelle seit dem späten 18. Jahrhundert an oberster Stelle.

Während sich die vergleichenden Menschenwissenschaften in der Frühphase mit dem Normalitätsproblem «Mensch versus Frau» auseinander setzten, indem sie die Definition des Männlichen zum generell Menschlichen erhoben und dem ‹abweichenden› Weiblichen kontrastierten, wurde im Laufe des 19. Jahrhunderts die Pathologie zum Angelpunkt im Diskurs um die Geschlechtercharaktere. Mit der Gynäkologie, der Kriminologie und der Sexualpathologie (später der Sexualwissenschaft) fand die «Geschlechterfrage» eine neue wissenschaftliche Heimat, die die Festschreibung der sexuellen Differenz auch nach dem Niedergang der vergleichenden Anatomie gewährleisten konnte. Nicht mehr die geschlechtertypische ‹natürliche› Physis, sondern die potentiell krankhafte und krankmachende geschlechtliche Begierde wurde in der Folge mit ungleicher Gewichtung in die Bestimmung der weiblichen und männlichen Geschlechtercharaktere eingetragen. «Homosexualität»[13], «perverse Sexualität»[14] und «jüdische Sexualität»[15] waren gemeinsam mit weiblicher, frigid-hysterisch-nymphomaner Sexualität jene Konstrukte, mit denen die «Sexual»-Wissenschaften das krankhafte Andere der «gesunden» männlichen Respektabilität bestimmten. Auch hier wurde mit dem Sexuellen die markanteste Grenze zwischen dem pathogenen «Weiblichen» bzw. effeminiert «Männlichen» und dem gesunden «Männlichen» gezogen.

Die geschlechterspezifische Sexualisierung und Pathologisierung des Geschlechtlichen durch die Humanwissenschaften führte zu einer neuen qualitativen Fundierung der angeblichen Differenz zwischen den psychischen Eigenheiten von Frau und Mann und trug damit grundlegend zu ihrer, bis in die Gegenwart reichenden Essentialisierung bei (siehe den Epilog dieses Bandes). Was eine Frau oder ein Mann dem «Wesen» nach sei, sollte nun vor allem aus der, den jeweiligen Geschlechtern innewohnenden essentiellen, heißt naturgegebenen und damit ahistorischen Sexualität erklärt werden – so lautete der bis ins 20. Jahrhundert wirkungsmächtigste Imperativ der bürgerlichen Geschlechtercharaktere.[16]

Der Leib und das Soziale

Ein uns weitgehend fremdes Körperbild bildet die Folie, auf der die Mediziner, Anthropologen und Philosophen seit der Mitte des 18. Jahrhunderts ihre positiven Wissenschaften vom Menschen zu zeichnen begannen. Viele der uns geläufigen Geschlechtermerkmale haben in diesem Körperbild noch keinen biologisch-anatomischen Leibes-Ort gefunden.[17] Die Sinngebung und Bedeutungszuschreibung des männlichen und weiblichen Leibes und seiner Geschlechtsfunktionen basierte bis ins frühe 18. Jahrhundert vielmehr auf der Teilhabe an den unterschiedlichen «Temperamenten», auf den Formen des Austausches der «humores» oder auf der jeweiligen Einbindung in zyklisch wiederkehrende Körperereignisse. Dieses ‹alte› Körperbild ließ die Grenzen zwischen Leib und Umwelt fließend erscheinen und maß der Inkulturation weiblicher und männlicher Eigenarten große Bedeutung zu: Nahrungs- und Arbeitsgewohnheiten, die ganze Lebensweise wie auch das Klima würden mit der unterschiedlichen Konstitution im «Temperament» zusammenwirken und die Wallungen und Hitzen des Blutes, den Austausch der Leibessäfte und Dünste und in der Folge die spezifischen Charaktermerkmale der Geschlechter bestimmen.[18] Politik und gesellschaftliche Regeln wurden explizit für die Formung des weiblichen und männlichen Verhaltens mitverantwortlich gemacht.

Diesem Menschenbild entsprechend sollte auch das Geschlechtsleben von Mann und Frau durch den Leib wie durch das Soziale bestimmt werden. Dieses ‹offene› Konzept des Sexuellen kommt etwa in einem repräsentativen Bestseller der ersten Hälfte des 18. Jahrhunderts, nämlich Nicolas Venettes «Abhandlung von Erzeugung der Menschen», 1738 in Königsberg und Leipzig als Übersetzung der französischen Originalausgabe von 1696 erschienen, zum Ausdruck.[19] Venette, ehemals Medicus, Professor und Dekan des Collegs in La Rochelle, definierte, in Beantwortung der Frage, «welches von beyden geschlechten das verliebteste und geilste theil sey?», die allgemeinen Faktoren des Geschlechtslebens von Mann und Frau: «Diejenigen, welche behaupten wollen, daß die männer viel geiler, als die weiber seyn, sagen, daß der mann viel mehr hitze, viel einen stärkeren puls und odem, und die eingeweiden und haut viel hitziger und truckener habe. Ingleichen daß er viel hurtiger, und letzlich, daß er die weiber mit weit grösserer stärke angreife. Es ist wahr, daß der mann viel hitziger als das weib, und diejenige eigenschaften habe, die man ihm hier zueignet; Er ist aber darum nicht desto geiler und brünstiger. Die liebe pflegt meistens die schwachen geister zu berühren. Der mann aber, weil er einen viel stärkeren geist als das weib hat, ist solcher übereilung und unordentlichen regung nicht unterworffen. Es scheinet, daß seine paßion einiger massen durch die vernunft gemäßiget werde, anstatt, daß die neigung eines weibes ohne ordnung und masse ist, so daß, wenn wenn man die frage von der liebe anstellt, so seynd wir, in gegenhaltung der weiber, nur für kinder zu achten, weil sie uns lange zeit viel lectionen über diese materie geben würden.»[20]

Frauen seien vor allem deshalb das «brünstigere und geilere» Geschlecht – und hier markiert Venette spezifische ‹Leibes-Orte› –, weil ihr «feuchtes Temperament» mehr «Saamen und Dünste» produziere, weil sich ihre Geschlechtsteile im Inneren des Körpers befänden und nicht austrocknen und verderben könnten und sie sich nicht durch nächtliche Pollutionen überschüssiger Samen entledigten. Letztlich würden aber die unterschiedlichen Lebensweisen die geschlechtliche Begierde antreiben: Während Männer mit Geschäften überhäuft den Tag verbrächten, hätten Frauen allein schon deswegen eine viel lebhaftere sexuelle «Einbildung», weil sie in ihrer sitzenden und dem Müßiggang frönenden Lebensart genügend Zeit zur «Vorstellung von Gegenbildern» fänden.

Weibliche wie männliche «Körper» hätten neben ihren physiologisch-anatomischen Differenzen auch individuelle Lebensgeschichten aufzuweisen, würden unterschiedlich ernährt und «gebildet» und stünden an der Schnittlinie von Natur und Kultur.[21] Venettes Sicht des Geschlechtsleben entsprach dem medizinischen Mainstream des frühen 18. Jahrhunderts wie der Jahrhunderte davor: Das richtige Maß an Erregung und Befriedigung geschlechtlicher Begierden würde zum Wohl des Einzelnen, wie der Familie und des Gemeinwesens beitragen. Die Erzeugung geschlechtlicher Lust sei sowohl kultur- als auch naturnotwendige (Reproduktions-)Arbeit von Mann und Frau – hier berief sich Venette wie viele andere noch auf die «Zwei-Samen»-Theorie Hippokrates' und deren Vorstellung von einer beiderseitigen Samenejakulation während des Orgasmus (siehe Kapitel 3).[22]

Die Entwicklung einer umfassenden Psychophysiologie zeichnete sich bei Venette allerdings bereits ab. Zum Thema «Ob im beyschlaf der mann oder das weib mehr lust empfinde?», teilte er neben Bekanntem auch präanatomische Begründungen mit: «Der mann und das weib schmecken beyde die äusserliche lust, wenn sie sich mit einander begehen. Und kan ich fast nicht sagen, wer von ihnen beyden solche am meisten empfinde. Wenn man aber gleichwohl das entdecken kan, welcher theil mehr empfindliche und verwickelte geburts-glieder hat, und die daher am meisten wind und blähung zeugen, auch eine stärckere einbildung, und hitziger und wallender geblüte habe, so achte ich, daß diese frage gar leichte könne erörtert werden. Man zweifelt gantz nicht, daß unsere geheime glieder nicht empfindlicher seyn solten, als die weiblichen, sintemal sie durchaus ganz nervosisch, oder besser zu sagen, an und vor sich selbst nichts als nerven sind, an statt, daß der weiber glieder nur fleischicht, und daher weniger empfindlich, als die unseren, seynd. (...) So haben wir auch einen viel schäfern verstand und viel stärckere einbildung, als die weiber. Die zäserlein unsers gehirnes seynd vielmehr ausgespannter und härter, und wann wir lieben, so lieben wir viel heftiger, und mit weit grösserer wollust.»[23]

Mit den Genitalien, dem Nervensystem und dem Gehirn sprach Venette jene Leibesregionen an, die die französische, englische und deutsche Psychophysiologie bis in die ersten Jahrzehnte des 19. Jahrhunderts als «natürliche» Orte der Geschlechterdifferenz definieren wird. Durch die epistemologische Verbindung von Leib und Seele gelang es den neuen Disziplinen der Menschenwissenschaften die «Substanz» und «Organisation» dieser Leibes-Orte als Referenz für ihre Deutungen zu erschließen.[24] Während sich die «reine» Philosophie vielfach noch gegen eine «transzendentale Physiologie»[25] verwehrte, wurde den medizinisch-psychologisch-pädagogisch argumentierenden Empirikern ein weites Tätigkeitsfeld im Bereich der Moral- und Gesellschaftslehre und in der, auf die «Fakten der Natur» zurückgreifenden Definition der psychischen Eigenarten von Frau und Mann eröffnet.

Bevölkerung und bürgerlicher Körper

Dem menschlichen Geschlechtsleben wurde im Naturalisierungsprozess vor allem auch deshalb besondere Aufmerksamkeit zuteil, weil die weibliche und männliche Reproduktionsfähigkeit im Laufe des 18. Jahrhunderts zusehends zur «Staatsaffäre» avancierte. Eine gesunde, arbeitsfähige und vermehrbare, insgesamt «qualitativ» hochwertige, statt massenhaft und unkontrolliert sich ausbreitende «Bevölkerung» war in den Augen der Ökonomen, der herrschaftlichen Bürokratien und auch der bevölkerungspolitisch denkenden Humanwissenschaftler zum wichtigsten Garanten für das Gedeihen des Gemeinwesens geworden.[26] Neben den bürgerlichen Mittelständen, dem Adel und Klerus sollte diese «Bevölkerung» vor allem jene Personen umfassen, die sich als arbeitsfähig und für den ‹Wettbewerb der Nationen› rekrutierbar erwiesen. Die Erforschung und Pflege des «Bevölkerungs-Körpers», genauso wie die Ab- und Ausgrenzung jener Gruppen, die wie Arme, Sträflinge oder ‹Irre› an seinen devianten Rändern angesiedelt waren, wurde zum wichtigen Anliegen des zentralistischen Staates und seiner Institutionen.[27]

Unproduktive Begierden sollten gemäß dieser neuen Sicht der Bevölkerung nicht mehr bloß durch moralische und religiöse Normen sanktioniert, sondern einem breiten wissenschaftlichen Diskurs unterstellt werden. Demographen problematisierten deshalb das Wachstum und die Gesundheit des Gesellschaftskörpers, die «medizinische Polizei» erforschte seine Schädigung etwa durch Prostitution und venerische Krankheiten und die Medizin und Pädagogik eruierte die angeblich weitreichenden Auswirkungen der Onanie und des ‹anormalen› Geschlechtsverkehrs auf seine Reproduktionsfähigkeit. Unzählige empirische Klassifikationen erstreckten sich in der Folge über das Geschlechtsleben von Mann und Frau. Oder in Foucaultscher Terminologie: «Der Sex, das ist nicht nur eine Sache der Verurteilung, das ist eine Sache der Verwaltung. Er ist Sache der öffentlichen Gewalt, er fordert Verwaltungsprozeduren, er muß analytischen Diskursen anvertraut werden.»[28] Ein gewaltiger Aufschwung des Schreibens und Nachdenkens über das Geschlechtliche, eine Vielzahl von wissenschaftlichen und populärwissenschaftlichen Publikationen kennzeichnen die Jahrzehnte um 1800. «Sexualität» – so der zu Beginn des 19. Jahrhunderts aufkommende Terminus[29] – wurde dabei als Verbindungsglied zwischen der «Bevölkerung» und der Lebenswelt der Subjekte etabliert. «Sexualität» ist jenes Feld, das die Psychophysiologen mit ihren positiven biologisch-anatomischen Wahrheitsstrategien am intensivsten bearbeiteten und zur Parzellierung des männlichen und vor allem des weiblichen «Wesens» einsetzten.

Im Zentrum des Diskurses über die «Bevölkerung» stand die «widernatürliche Sexualität». Sie soll etwa in Form eines «zu frühen Beischlafes (...) unausbleiblich entstehende üble Folgen sowohl für den Ehemann (und die Ehefrau [F. E.]) selbst, als auch für den Staat und für die Nachkommenschaft»[30] nach sich ziehen. Wilhelm Josephi, «der Arzneigelahrtheit Doktor», angesehener Privatlehrer an der Universität Göttingen und Prosektor am dortigen königlich-anatomischen «Theater», konnte in seinem Werk «Über die Ehe und physische Erziehung» (1788 in der Reihe «Natur und Vernunft» erschienen) bereits mit einem ansehnlichen Repertoire an bevölkerungsschädlicher Sexualität aufwarten: Männer würden durch zu frühe oder anormale Geschlechtstätigkeit ihre «Vorratskammern» erschöpfen, an Entkräftung und Schwächung der Sinne und der «Seelenfähigkeiten» leiden, frühzeitig ergreisen, insgesamt nichts zum «Zweck des Staates bei der Ehe, viele, gesunde und dauerhafte Bürger zu erhalten», beitragen. Das weibliche Geschlecht hingegen «verspendet beim Beischlaf zwar keinen so wichtigen Theil, als wie der männliche Saamen ist, und verhält sich überhaupt mehr leidend dabei, aber demohngeachtet darf [ihm] doch die zu frühe Beiwohnlassung (...) nicht erlaubt werden». Zum einen könnten sich die weiblichen «Zeugungswerkzeuge» nicht richtig ausbilden und in der Folge zur Schädigung der Nachkommenschaft führen, zum anderen würde mit der «Jugendhitze» auch die Fruchtbarkeit schwinden. Neben diesen staatsschädigenden Auswirkungen würde «der Beischlaf, dieses innige konvulsivische Fieberschauer, (...) sie schwächen, ihr zu zartes Nervensistem aufs gewaltsamste angreifen, und Nervenkrankheiten, die vielleicht schon im Keim in ihr liegen, auf das lebhafteste rege machen und zum Ausbruch befördern».

Wenn bürgerliche Wissenschaftler wie Josephi über die Bedeutung des individuellen Geschlechtslebens für Staat und Gesellschaft sprachen, strichen sie zumeist auch eine weitere Funktion des Sexualitäts-Diskurses heraus: Er diente der Problematisierung und Neudefinition des sexuellen Körperbildes des Bürgertums. Wissenschaftler des späten 18. Jahrhunderts konstruierten einen neuen «bürgerlichen Körper» als unmittelbarste Form des Besitzes und Vermögens und als Abgrenzung gegenüber dem adeligen Kunstkörper. Letzterer würde, so die Argumentation vieler Autoren, durch äußere, oberflächliche und künstliche Verregelungen gekennzeichnet, er gehorche den Normen der Etikette und der höfischen Geometrie und verstoße damit gegen die Vorgaben der Natur.[31] Nicht zufällig glaubten viele Ärzte im Adel körperlich und seelisch Kranke in einem viel höherem Ausmaß gefunden zu haben als in der eigenen sozialen Formation: Wider die Natur sei dessen «Körpergebrauch» und führe deshalb zu vielfältigen physischen wie insbesondere auch psychischen Krankheiten. Langwierige leibliche Übel, ‹Nervenkrankheiten› und vererbte ‹degenerative› Erscheinungen kennzeichneten den Adelskörper. Deren Ursachen seien nicht selten Geschlechtskrankheiten, geschlechtliches Unvermögen und unbeherrschte sexuelle Begierden.[32]

Demgegenüber würde der neue bürgerliche Körper den Gesetzen der Natur gehorchen, die bürgerliche Lebensweise ziele auf eine permanente Förderung naturgemäßer Körperlichkeit. «Natürlichkeit», «Gesundheit» und «Leistungsfähigkeit» waren jene Kategorien, die zur geschlechtlichen Verkörperlichung des bürgerlichen Individuums eingesetzt wurden. Sie fanden sich in Ernährungsvorschriften und Verhaltenscodices genauso wie in der medizinischen und populären Literatur zum richtigen Umgang mit dem eigenen Leib. Der naturgemäße oder widernatürliche Gebrauch der Geschlechtsorgane nahm dabei einen Stellenwert ein, der durchaus als schicksalsmächtig bezeichnet werden kann, wobei für Männer und Frauen recht unterschiedliche Schicksalswege vorgesehen waren.

Die Konstruktion sexueller Identitäten

Die Konstruktion einer geschlechterspezifischen bürgerlichen Sexualität band den weiblichen «Charakter» vorerst an die Reproduktionsfähigkeit. Das Wesen der Frau, ihre (Geschlechter-)Identität wurde durch die Geschlechtsorgane und die, wie man glaubte, von ihnen ausgehenden Wirkungen auf das Nervensystem und das Gehirn definiert. Im Gegenzug wurde ihr die geschlechtliche Begierde – der «Geschlechtstrieb» – weitgehend abgesprochen. Waren «Geilheit» und «Wollust» noch im frühen 18. Jahrhundert Kategorien, die der Frau auch jenseits der Reproduktionsfähigkeit zuerkannt wurden,[33] so scheinen in der weiblichen «Sexualität» um 1800 die neuen Wesensmerkmale «Liebestrieb» und später «Mütterlichkeitstrieb» auf. Definierte man zuvor den Geschlechtstrieb als in das Gesamtgefüge der weiblichen Existenz integrierte Lebensäußerung, so wurde nun ein isolierter, bedeutungsschwangerer Lebensraum «Sexualität» bestimmt, der das ganze «Weib-Sein» umfassen sollte.

Der Arzt J. Phil. Bauer bringt in seinem 1819 erschienenen Kompendium «Der Mensch in Bezug auf sein Geschlecht» die gängige Einschätzung der neuen «Genitalität» der Frau: «Die Lust nach Beischlaf spricht sich zwar bei dem anderen Geschlechte nicht so ungestüm aus, als bei dem männlichen; allein er ist deshalb nicht weniger lebhaft – sondern gleich einem conzentrirten Feuer welches unter der Asche glimmt, ergreift und erschüttert es alle Nerven nur um so tiefer. (...) Die Zeichen, welche bei der Frau die Stärke ihrer Begierden in dieser Hinsicht verrathen, sind eben so deutlich, und haben einen um so größeren Einfluß auf ihr Physisches: da bei ihr jene Unterbrechungen dieses Triebes, man möchte sagen jene Epochen von Ruhe nicht statt haben, welche die Natur den Thieren verlieh. Von dem Augenblicke der Mannbarkeit an, fühlt sie eine Unruhe und Verwirrung, deren Quelle sie sich nicht zu gestehen wagt; die Gesellschaft des Mannes macht ihr Vergnügen, die Säfte scheinen sich gegen die Geschlechtstheile zu drängen, deren Lebensthä[tig]keit auf das Höchste gesteigert wird.»[34]

Mit der Zuschreibung einer essentiellen, das gesamte Weiblich-Sein determinierenden Genitalität verschob sich auch der gesellschaftliche Auftrag an die Frau. Wie Isabel V. Hull[35] gezeigt hat, veränderten bürgerliche Wissenschaftler des späten 18. und frühen 19. Jahrhunderts den weiblichen Pflichtenkanon, indem sie die Sexualität der Frau auf die Wollust des Mannes bezogen: Mangelnde, aber das gesamte weibliche Wesen okkupierende geschlechtliche Begierden sollten vor allem auch der Kultivierung und Befried(ig)ung des männlichen Geschlechtstriebes dienen. Hierin sei eine wichtige zivilisatorische Aufgabe im Rahmen der Verbürgerlichung zu sehen. Durch die Bindung an eine janusköpfige Sexualität wurde Frauen im Gegenzug eine der elementaren Voraussetzungen des bürgerlichen Subjekts aberkannt: aktiv die Individuierung jenseits der «Natur» betreiben und damit vollwertig an der bürgerlichen Gesellschaft teilhaben zu können.[36]

Frauen würden ihre «Persönlichkeit» als Passivum der aktiven männlichen Begierde gestalten. Dies, so Hegel 1830 in der «Enzyklopädie der philosophischen Wissenschaften», weil die weiblichen Geschlechtsorgane sie dafür prädestinierten: «Wie im Manne der Uterus zur bloßen Drüse herabsinkt, so bleibt dagegen der männliche Testikel beim Weibe im Eierstock eingeschlossen, tritt nicht heraus in den Gegensatz, wird nicht für sich, zum tätigen Gehirn, und der Kitzler ist das untätige Gefühl überhaupt. Im Manne hingegen haben wir das tätige Gefühl, das ausschwellende Herz, die Bluterfüllung der corpora cavernosa und der Maschen der schwammigen Gewebes der Urethra; dieser männlichen Bluterfüllung entsprechen dann die weiblichen Blutergüsse. Das Empfangen des Uterus, als einfaches Verhalten, ist auf diese Weise beim Manne entzweit in das produzierende Gehirn und das äußerliche Herz. Der Mann ist also durch diesen Unterschied der Tätige; das Weib aber ist das Empfangende, weil sie in ihrer unentwickelten Einheit bleibt.»[37] Der Konnex von aktiver «Sexualität» und aktiver «Geistigkeit», von Geschlechtstrieb und Vernunftfähigkeit auf Seiten des Mannes und die Ausschließung beider Eigenschaften in der Frau bildeten die Matrix, in die die Wissenschaften des 19. Jahrhunderts ihre Vorstellungen von der Geschlechterpolarität eintragen konnten.

Wie der Diskurs über die weibliche «Sonder-Sexualität» kreiste auch der Onanie-Diskurs (siehe Kapitel 3) des späten 18. Jahrhunderts um die «Bevölkerung» und um den bürgerlichen «Körper». Vor allem Knaben und männliche Jugendliche wurden zum Zielgebiet der Psychophysiologen und der physiologisch argumentierenden Pädagogen. Vernunft versus Wollust, diese Entscheidung sollte – zumindest nach den wissenschaftlichen Erziehungsregeln – schon in der Kindheit fallen und die Identität des erwachsenen Bürgers nicht mehr gefährden. Der Onanie-Diskurs wich jedoch in einem Punkt von den Bestimmungen der weiblichen «Sonder-Sexualität» ab: Während sich letztere auf die Physis berief, wurde die männliche «Selbstbefleckung» auch dem Sozialen unterstellt. Nach Christian Gotthilf Salzmann und den meisten anderen Diskursteilnehmern sprach alles dafür, dass die Ausschweifungen der Kinder nicht von den Trieben der Natur, sondern «immer von äußeren Veranlassungen herrühren»[38].

Die Pathologie des weiblichen «Geschlechtswesens»

Mit dem Onanie-Diskurs wurde eine Sichtweise des menschlichen Geschlechtslebens eingeführt und popularisiert, die die Konstruktion der «Sexualität» und in der Folge die Festschreibung der bürgerlichen Geschlechterdifferenz immer stärker dominieren sollte: die Pathologie des Geschlechtslebens. Auf dem Weg zu einer geschlechterspezifischen «Psychopathia sexualis» sind vorerst die Leistungen der akademischen Gynäkologie zu nennen. In den ersten Jahrzehnten des 19. Jahrhunderts etablierte sich mit ihr eine medizinische Teildisziplin, die die totalisierende Definitionsmacht über die angeblich natürlichen, gesunden, aber insbesondere auch pathologischen Wesensmerkmale der Frau für sich beanspruchte.[39] Die wissenschaftliche «Frauenkunde», so der zeitgenössische Terminus, erweiterte die Konstruktion der «sexuellen» Geschlechterdifferenz, indem sie die Psyche der Frau auf potentiell krankhafte Vorgänge in den Genitalien, vor allem aber im Uterus und in den Ovarien fixierte. Die «endogene» Krankheit[40] «Sexualität» sollte in der Folge zu einer primär weiblichen Wesenseigenheit werden.[41]

Gesunde weibliche Sexualität wurde hingegen weiter in Relation zur männlichen Begierde definiert. Dietrich Wilhelm Heinrich Busch, Professor der Medizin und Direktor des klinischen Instituts für Geburtshilfe an der Friedrich-Wilhelms-Universität in Berlin, brachte in seinem fünfbändigen Handbuch «Das Geschlechtsleben des Weibes» (1839–1844) eine Zusammenschau des Diskussionsstandes über den Geschlechtstrieb: «Der Geschlechtstrieb des Weibes soll kein activer Trieb sein, er soll mehr passiv im Inneren selbst wirken. Wenn die weiblichen Geschlechtstheile mehr zurückgezogen erscheinen und ihre Functionen verborgen im Schosse des Weibes vollziehen, so ist doch andererseits ihr Einfluss auf den Geist und Körper grösser als beim Manne. Wir haben schon gesehen, dass die Gefallsucht ein Hauptzug des weiblichen Charakters sei, der jedoch in der Gegenwart eines Mannes am stärksten hervortritt, und gewiss wirkt hier der geheime Einfluss des Geschlechtstriebes ein.»[42] Der aktiven männlichen Begierde setzte die Gynäkologie den empfangenden, weitgehend von Wollust gereinigten, weiblichen «Liebestrieb» entgegen.

Sie lieferte zudem die ersten akademisch abgesegneten «Beweise» für die potentielle Krankhaftigkeit des weiblichen Geschlechtslebens. Der Frau scheinbar eigentümliche Wesensarten, für die nichts Analoges im männlichen Körper aufzufinden sei, führte Busch zum Beispiel darauf zurück, «dass das Nervensystem mit den Sexualorganen in stetem Consensus steht und im krankhaften Zustande daher immer eine Abweichung in den Functionen derselben hervorruft. Daher treten denn auch die wichtigsten Krankheiten der Nerven in den Entwicklungsepochen des Weibes auf, an welchen die Geschlechtstheile den wichtigsten und bedeutendsten Antheil nehmen. Bei dem Manne ist das Gehirn und Rückenmark der gewöhnliche Sitz der Nervenleiden, oder es rufen diese doch leichter Störungen in diesen Centralherden des Nervensystems hervor, und es sind daher mehr die animalischen Nerven, welche ergriffen werden; bei dem Weibe hingegen sind die Nervengeflechte des Unterleibes und namentlich der Geschlechtsteile der Mittelpunkt der das ganze System befallenden Krankheiten.»[43] Buschs Vorstellungen vom Genital-Nerven-System der Frau gingen auf eine medizinische Theorie zurück, die ab den 1820er Jahren in ganz Europa unter dem Terminus «Spinal-Irritation» Eingang in den medizinischen Codex fand: Mit ihr wurde die (Über)Reizung des Rückgrats bzw. dessen zentraler Nervenleitungen als Ursache für diverse physische und vor allem psychische Krankheiten festgelegt. Die Nervenirritation wiederum würde durch ‹normale› (lebens)zyklische oder aber auch krankhafte Veränderungen in den weiblichen Genitalien hervorgerufen.[44]

In der zweiten Jahrhunderthälfte wurde die «Spinal-Irritation» durch die sogenannte «Reflex-Theorie» oder den «Reflex-Bogen» abgelöst. Wieder waren es vornehmlich Uterus, Ovarien und Klitoris, die ein, nun weitgehend dem Willen entzogenes, Nervensystem bestimmen sollten. Die (Über)Reizung der Genitalien würde über den Reflex-Nerven-Bogen zu Symptomen in verschiedenen Körperteilen, vor allem aber im Gehirn führen. Nicht nur symbolisch wanderte damit, wie Christina von Braun pointiert formulierte, «der Uterus der Frau in den Kopf»,[45] das weibliche Wesen sollte nun wie ein «uterine-driven automaton»[46] funktionieren. Mit der scheinbar direkten Verbindung zwischen den Geschlechtsorganen und der weiblichen Psyche wurden auch die wissenschaftlichen Grundlagen für massive medizinische Eingriffe in die weiblichen Geschlechtsorgane geschaffen. Bei Diagnosen wie Hysterie oder Nymphomanie umfassten die Maßnahmen neben der allgemeinen psychischen und physischen Beruhigung der Patientin vor allem bei therapieresistenten Fällen auch eine operative Entfernung der vermeintlich kranken inneren oder äußeren Geschlechtsteile.[47]

Männer wurden erst in den letzten Jahrzehnten des 19. Jahrhunderts in den «Reflex-Bogen» eingespannt: «Neurasthenie», so ihre Nervenkrankheit, würde etwa durch die übersteigerte Hektik des modernen Lebens und die daraus resultierende Überreizung der Nerven, vor allem aber durch widernatürliche Sexualbetätigung, wie übermäßige Masturbation und den Coitus interruptus hervorgerufen.[48] «Neurasthenie», so definierte Adolf Vomácka 1907, sei «der Zustand größter Reizbarkeit der Nerven, deren Folge Erschlaffungszustände sind, die eine Nervenschwäche zurück zu lassen pflegen. Sie werden bedenklich, wenn sich ein Abnehmen der Willenskraft zuzugesellen beginnt.»[49] Der Verlust von Willenskraft, Rationalität und Selbstbeherrschung prädestiniere besonders Personen, die nicht voll in das bürgerliche Leben integriert waren – wie Studenten oder Künstler – zu potentiellen Opfern der Krankheit. Mit dieser primär auf Männer abzielenden Konstruktion konnte man bis zur Jahrhundertwende, so Ursula Kubes-Hofmann, eine psychophysiologische Sexual-Barriere zwischen «einem bürgerlichen Real-Ich und einem anarchischen Wunsch-Ich, zwischen den sozialen und modernen Forderungen des Realitätsprinzips und den kulturfeindlich-orgiastischen Sexualbestrebungen»[50] errichten.

Sexualität und die Entgleisungen der Evolution

Das Postulat einer direkten (Nerven-)Verbindung zwischen Genitalien und Gehirn ermöglichte in der zweiten Hälfte des 19. Jahrhunderts auch einen Brückenschlag zwischen dem «Sexualitäts»-Diskurs und den Evolutions- und Degenerationstheorien. Schädel- und Gehirnmessungen waren zwar von Anthropologen bereits seit dem späten 18. Jahrhundert zur Bestimmung geschlechterspezifischer Qualitäten eingesetzt worden; sie blieben auch – trotz des Niedergangs der Gallschen Lokalisationslehre – in den ersten Jahrzehnten des 19. Jahrhunderts modern und trugen zur Positivierung der weiblichen und männlichen Psychophysis bei. Bis zur Jahrhundertmitte beschäftigten sich die phrenologischen und craniologischen Forschungen aber vornehmlich mit dem Gehirnvolumen und der Gehirnsubstanz: Je größer, auch je schwerer, fester und ausgeprägter das Gehirn, desto besser würde es sich für Rationalität, Entschlusskraft oder die Beständigkeit des Denkens eignen. Je kleiner desto … – doch da tauchten dann zumeist Fragen wie das «Elefantenproblem» auf und ließen die Meinungen über den Wert dieser Methoden weit auseinandergehen.[51]

Seit der Jahrhundertmitte und der Gründung der anthropologischen Gesellschaften wurden mit Schädel und Gehirn jedoch nicht nur Trennlinien zwischen den Individuen gezogen, sondern auch Klassifikationen der Rassen erstellt. Zwei Scharniere banden in der Folge die Diskussion über die Geschlechterdifferenz an den Rassen- und Evolutionsdiskurs: Zum einen die Vorstellung, wonach die Ontogenese die Phylogenese wiederholen würde; zum anderen die Verortung des abendländischen Mannes auf der obersten Stufe der phylogenetischen Leiter. Der Schädel und das Gehirn des Mannes wurden dabei in einer äquidistanten Relation zu dem des «Wilden» und dem der Frau und des Kindes platziert.[52] Frauen würden sich deshalb auch eher wie die «Primitiven» oder sogar wie die niederen Primaten gerieren. Sie seien tratsch-, putz- und prunksüchtig und insgesamt näher den Zwängen der Natur. In ihnen würden letztlich atavistische Eigenschaften fortleben und dauernd zum Ausbruch kommen. Männer hingegen hätten sich am weitesten von den tierischen Vorfahren entfernt und Natur durch Zivilisation ersetzt. Nach Darwin schien festzustehen: Männer variieren, Frauen konservieren. Neben ‹erfolgsorientierten› Evolutionskonzepten wurde auch die Degenerationslehre[53] (bzw. der Neo-Lamarckismus) zur Absicherung der Geschlechterdifferenz herangezogen. Nicht das Überleben der Tüchtigsten würde demnach die europäischen Gesellschaften prägen, sondern eher die immer größere Verbreitung entarteter Eigenschaften. Alkoholismus, sexuelle Perversionen, Verbrechen und andere bedrohliche ‹Abartigkeiten› würden mit zunehmender Wirkung von vielen Eltern an ihre Kinder weitergegeben und könnten letztendlich zur Zerstörung der Familie und des Staates führen.

Durch ihren scheinbaren Atavismus und ihre vermutete stärkere Naturgebundenheit wurde auch die weibliche Psychophysis in den Bannkreis der «Entartung» gezogen. Das schwächere bzw. kleinere, weniger rationale Gehirn aber insbesondere die Genitalabhängigkeit der Frau wären, so die Wissenschaftler, die nie versiegenden Quellen für die Entgleisungen des Zivilisationsprozesses. Sozialanthropologen, Kriminologen, Psychiater und die ersten ‹modernen› Sexologen schufen sich mit der sexuellen «dégénérescence» und ihrer Verbindung mit der «Geschlechterfrage» in den letzten Jahrzehnten des 19. Jahrhunderts ein Aufgabengebiet, dessen Lösung von zentraler Bedeutung für das Weiterbestehen der bürgerlichen Gesellschaft schien. Viele der in dieser Zeit publizierten Werke zur Geschlechterdifferenz legten die Pathologie des weiblichen Wesens schon im Titel fest: Bücher wie Lombroso und Ferreros «Das Weib als Verbrecherin und Prostituierte», Näckes «Verbrechen und Wahnsinn beim Weibe» und Möbius «Über den physiologischen Schwachsinn des Weibes»[54] avancierten binnen kurzer Zeit zu umstrittenen Bestsellern. Ihr gemeinsamer Referenzpunkt war die der Frau eigentümliche, zu Entartung und Krankhaftigkeit neigende «Sexualität».

Besonders jene Elaborate, die auf eine Umsetzung der wissenschaftlichen Erkenntnisse in die Praxis abzielten, legten die, um die Jahrhundertwende bereits fest verankerten, Argumentationsstrategien offen. So möchte zum Beispiel der Kriminologe Siegfried Weinberg in seiner 1907 veröffentlichten Schrift «Über den Einfluß der Geschlechtsfunktion auf die weibliche Kriminalität» verhindern, dass «dem weiblichen Teile unserer Bevölkerung vor dem Scharfrichter durch Nichtbeachtung der sexuellen Eigenheiten des Weibes gar oft bitteres Unrecht geschieht».[55] Weinbergs Geschlechtskonstruktion ist eindeutig: «Setzen wir die Sexualität beim Manne und beim Weibe absolut gleich, so ergibt sich daraus, daß relativ, d.h. im Vergleich mit den ökonomischen Faktoren, die Sexualität des Weibes eine weit die männliche Sexualität überwiegende ist. Das Weib ist mithin weit mehr Geschlechtswesen als der Mann, und es kann deshalb auch der Einfluß des Geschlechtslebens auf die übrigen Lebensbetätigungen, insbesondere auf die Kriminalität, bei dem Weibe viel besser studiert werden als beim Manne.»[56] Organische Veränderungen im Geschlechtsleben der Frau, nämlich in Pubertät, Menstruation und Schwangerschaft seien, laut Weinberg auch statistisch erwiesen, als Ursache für die erhöhte Straffälligkeit von Frauen anzusehen. Sie würden diese zum Beispiel zu Brandstiftung, zu Meineid, zu falschen Anschuldigungen und zu Diebstahl treiben. Ging es nach den kriminologischen Diskursen, so wurde die weibliche Psyche durch eine pathogene Sexualität beherrscht und von dieser als «biologische Zwangsjacke»[57] umschlossen.

Die Wissenschaft von der Sexualität

Einen nicht zu unterschätzenden Beitrag zur Zementierung der geschlechterspezifischen Sexualität leistete die, in den letzten Jahrzehnten des 19. Jahrhunderts zu einem eigenen Wissenschaftsfeld heranwachsende, «Sexualwissenschaft».[58] Ihre ersten Vertreter, die Sexualpathologen, steckten mit «Sexualität» ein mehr oder weniger klar umrissenes Forschungsgebiet ab und positionierten einen autonomen «Sexualtrieb» in dessen Zentrum.[59] Durch die Definition einer gesunden versus kranken Sexualität schufen sie die Voraussetzung für eine Abgrenzung ihres eigenen Wissenschaftsfeldes gegenüber anderen Disziplinen, insbesondere gegenüber der Psychiatrie. Dank der Einbeziehung der Degenerationslehre – vor allem durch Benedikt-Augustin Morel, Valentin Magnan und Richard von Krafft-Ebing[60] – konnte die neue (Teil-)Disziplin ihr Forschungsfeld stabilisierten und gleichzeitig anormale «Sexualität» zu einer Krankheit mit Geschichte erklären.[61] Mit einem differenzierten Kanon von Perversionen und Perversitäten, von sexuellen Entartungen und Pathologien beschrieb sie in der Folge selbst die geringsten, von der gesellschaftlichen Norm abweichenden Äußerungen des männlichen und weiblichen Geschlechtslebens. Auch gesunde Sexualität bewegte sich nach den Sexualwissenschaftlern gleichsam immer am Rande des pathogenen Abgrundes. Sie sei ein existentielles Problem, gegen das, so der Psychiater und Sexualpathologe Richard von Krafft-Ebing, «alles andere, was das Schicksal verhängen kann, in nichts verschwindet».[62] Der «Sexualtrieb» erhielt als innerster, essentieller Motor endgültig die Macht über die Geschlechteridentität zugesprochen.

Als *der* Ort der Differenz sollte er in recht unterschiedlicher Weise auf die Psyche von Mann und Frau einwirken. Krafft-Ebing, einer der berühmtesten Sexualwissenschaftler seiner Zeit, gab die gängige Position in seinem Werk «Psychopathia sexualis» (1886) wieder: «Ohne Zweifel hat der Mann ein lebhafteres geschlechtliches Bedürfnis als das Weib. Folge leistend einem mächtigen Naturtrieb, begehrt er von einem gewissen Alter an ein Weib. Er liebt sinnlich, wird in seiner Wahl bestimmt durch körperliche Vorzüge. Dem mächtigen Drange der Natur folgend, ist er aggressiv und stürmisch in seiner Liebeswerbung. Gleichwohl füllt das Gebot der Natur nicht sein ganzes psychisches Dasein aus. Ist sein Verlangen erfüllt, so tritt seine Liebe temporär hinter anderen vitalen und sozialen Interessen zurück. Anders das Weib. Ist es geistig normal entwickelt und wohlerzogen, so ist sein sinnliches Verlangen ein geringes. Wäre dem nicht so, so müsste die ganze Welt ein Bordell und Ehe und Familie undenkbar sein. Jedenfalls sind der Mann, welcher das Weib flieht, und das Weib, welches dem Geschlechtsgenuss nachgeht, abnorme Erscheinungen. Das Weib wird um seine Gunst umworben. Es verhält sich passiv. Es liegt dies in seiner sexuellen Organisation und nicht bloss in den auf dieser fussenden Geboten der guten Sitte begründet. Gleichwohl macht sich in dem Bewusstsein des Weibes das sexuelle Gebiet mehr geltend, als in dem des Mannes.»[63] «Durchtränktsein mit Geschlechtlichkeit»[64], so Iwan Bloch in «Das Sexualleben unserer Zeit» (1906), wäre das Wesensmerkmal der weiblichen Psyche; die sexuellen Determinationen des Mannes hingegen würden «auf einen Punkt zusammengedrängt».[65] Gleichzeitig sei die Frau aber weniger «geschlechtsbedürftig», ein allfälliges Vorherrschen weiblicher «sexueller» Begierden müsse als pathologisch gewertet werden. Auch Freuds Hysterie-Konzept konzentrierte sich auf die «Sexualität» als zentralem Merkmal des weiblichen Wesens.[66]

Der «Sexualitäts»-Diskurs des späten 19. Jahrhunderts und der Jahrhundertwende lieferte die wissenschaftlichen Schablonen für die Diskussion der «Frauenfrage» und zur Abgrenzung von männlichen und weiblichen Lebens- und Arbeitssphären: Widersprachen die geistige Anstrengung und die außerhäusliche Erwerbstätigkeit nicht der weiblichen Geschlechtsfixierung? Würden nicht das Universitätsstudium und die Intellektualisierung in diametralem Widerspruch zur natürlichen Sinngebung des weiblichen «Sexual-Körpers» stehen und zu pathogenen Entwicklungen führen? Hatte nicht die Phylogenese der Frau ein gleichsam instinktives Verhalten auferlegt, nämlich, so die zeitgenössische Terminologie, die «geistige Mutterschaft», die sie zur familialen Emotionalität und zur Professionistin des Haushalt bestimmte?[67] Die bürgerlichen Wissensschöpfer und Wissensvermittler der Jahrhundertwende konnten bei der Beantwortung dieser und ähnlicher Fragen auf ein vielfältiges Inventar zur Sexualisierung und Pathologisierung der Geschlechterdifferenz zurückgreifen. Allfällige Krisen der männlich-bürgerlichen Identität konnten nun mittels weiblicher «Sexualität» thematisiert und kanalisiert werden.[68] Die geschlechtliche Identität des Mannes befand sich nun ‹in› der Frau und wurde von ihr verkörperlicht.[69]

5. «Sodomiten» und «Konträrsexuale»:
Die Konstruktion des «homosexuellen» Subjekts[1]

◆

«Homosexuelle/r» – dieser Begriff wird seit den siebziger Jahren in den Gender Studies und der Sexualitätsgeschichte heftig diskutiert. Nach der «kopernikanischen Wende» in der Sexualitätsforschung – ausgelöst von Autor/inn/en wie Mary McIntosh, Michel Foucault, Jeffrey Weeks, Randolph Trumbach und Vertreter/innen der Schwulen- und Lesbenbewegung – schien die Bedeutung des Terminus für die moderne Gesellschaft vorerst geklärt:[2] Der/die «Homosexuelle» wurde im Vergleich zur älteren, bis in das Mittelalter zurückreichenden Vorstellung vom «Sodomiten» als eine völlig neue Erfindung des medizinisch-psychiatrischen Diskurses der zweiten Hälfte des 19. Jahrhunderts interpretiert. Mit dieser durch die Humanwissenschaften kreierten Kategorie sei ein Menschentyp entstanden, der in der bisherigen Geschichte seinesgleichen suche – das «Dritte Geschlecht».

Dass dieser These jahrelang kaum widersprochen wurde, ist vor allem auf die denkgeschichtliche Autorität eines ihrer Schöpfer, auf Michel Foucault, zurückzuführen. In einer berühmten und vielzitierten Passage des ersten Bandes seiner «Geschichte der Sexualität» hat er folgende Differenz zwischen der «Sodomie» und der «Homosexualität» festgeschrieben: «Die Sodomie – so wie die alten zivilen und kanonischen Rechte sie kannten – war ein Typ von verbotener Handlung, deren Urheber nur als ihr Rechtssubjekt in Betracht kam. Der Homosexuelle des 19. Jahrhunderts ist zu einer Persönlichkeit geworden, die über eine Vergangenheit und eine Kindheit verfügt, einen Charakter, eine Lebensform, und schließlich eine Morphologie mit indiskreter Anatomie und möglicherweise rätselhafter Physiologie besitzt. Nichts von alledem, was er ist, entrinnt seiner Sexualität. (...) Als eine der Gestalten der Sexualität ist die Homosexualität aufgetaucht, als sie von der Praktik der Sodomie zu einer Art innerer Androgynie, einem Hermaphroditismus der Seele herabgedrückt worden ist. Der Sodomit war ein Gestrauchelter, der Homosexuelle ist eine Spezies.»[3]

Die internationale Historiographie der achtziger und neunziger Jahre hat sich Foucaults These vielfach angeschlossen, sie aber auch vehement in Frage gestellt und dabei vor allem die unterschiedlichen Formen der Subjektkonstruktion von «Sodomit» und «Homosexueller» diskutiert. Für den deutschsprachigen Raum wurde die Geschichte dieser Konstruktion wie auch der «Homosexualität» im allgemeinen und der schwuler und lesbischer Lebenswelten und Identität/en im besonderen bislang recht selektiv erforscht: Vor allem die Konstruktion des «Homosexuellen» in der zweiten Hälfte des 19.Jahrhunderts avancierte schon früh zu einem Thema der deutschsprachigen wie der internationalen Historiographie.[4] Umfangreichere allgemeine Studien zur Geschichte der Homosexualität/en liegen zudem für das Spätmittelalter und die zweite Hälfte des 19. und die erste Hälfte des 20.Jahrhunderts vor.[5] Das wissenschaftliche Interesse richtete sich dabei auf die spätmittelalterliche Sodomitenverfolgung, die Emanzipationsbestrebungen in den Jahrzehnten um 1900 und auf einige herausragende Forscher und Institutionen, die sich dem wissenschaftlichen Verständnis der «Homosexualität» wie der Abschaffung der gesetzlichen und sozialen Diskriminierung widmeten.[6] Über schwule und lesbische Lebenswelten der Jahrhundertwende und der Zwischenkriegszeit wissen wir inzwischen ebenfalls relativ gut Bescheid.[7] Die NS-Zeit und die an Lesben und Schwulen begangenen Verbrechen wurden in den letzten Jahren intensiv erforscht.[8] Im Vergleich zur internationalen Diskussion hingegen unterbelichtet blieb die «sodomitische» Geschichte der Frühen Neuzeit.[9]

Nachfolgend wird die kontroversielle Debatte über die Konstruktion des «homosexuellen» Subjekts und die gleichgeschlechtliche Liebe und Begierde im 18. und 19.Jahrhundert noch einmal aufgenommen.[10] Dabei geht es zuerst um den angeblich im 18.Jahrhundert vorherrschenden Typus des «Sodomiten» und alternative Formen gleichgeschlechtlicher Begierde wie den «Sokratischen Eros». Im weiteren stehen die zwei für den deutschsprachigen Raum charakteristischen Diskursformationen des 19.Jahrhunderts, der autobiographische und der psychiatrische Diskurs, die jeweils auf ihre Art Wesentliches zur ‹Erfindung› des «Homosexuellen» beigetragen haben, im Mittelpunkt. Aufgrund seiner Charakteristika und Konstruktionsprinzipien kann ab dem späten 19.Jahrhundert tatsächlich von einem neuen, nämlich dem modernen «homosexuellen» Subjekt gesprochen werden. Mit einer Skizzierung des geschlechtergeschichtlichen Kontexts des «Homosexualitäts»-Diskurses wird abschließend eine, wenn auch selektive, historische Verortung versucht.

«Stumme Sünde» und «Sokratischer Eros»

«Sodomit, Lat. Sodomita, heist derjenige, welcher das Laster der Sodomiterey verübet, oder unmenschliche Unzucht begeht»[11], so definiert Johann Heinrich Zedlers «Universal Lexicon», dieses gut informierte Kompendium des Wissens des frühen 18. Jahrhunderts, einen Begriff, dessen etymologische Wurzeln bis weit ins Mittelalter und in die frühchristliche Vorstellungswelt zurückreichen.[12] Wobei die «Sodomie» (auch «Sodomiterey, Sodomia oder Sodomiticum crimen») laut «Universal Lexicon» «überhaupt jeden unnatürlichen Gebrauch der Zeugungs-Glieder, es sey mit Menschen, oder Vieh [bedeutet]. Sie ist dem Gesetz der Natur entgegen. (…) Noch andere mercken an, weil die Sodomiterey nur der Lust halber geschehe; so sey sie dem Gesetze der Natur zuwieder. Man kann beyde Ursachen zusammen nehmen: Den unnatürlichen Gebrauch der Zeugungs-Glieder und die geile Absicht, die man dabey hat. (…) Die Sodomiterey, oder, wie sie sonst genennet wird, die stumme Sünde, [ist] das schwereste und abscheulichste unter allen fleischlichen Lastern (…) und wird auf dreyerley Art und Weise vollbracht, als 1) mit ihme selber, 2) mit Menschen, 3) mit Vieh.» Besonders der zweite Bedeutungsaspekt wird vom Autor des Lexikoneintrages umfassend erläutert, inkludiert er doch den «Fall, da eine Person mit der andern Person unnatürliche Unzucht treibt, als Mann mit Mann, (…) oder Mann mit Weib, auf unnatürliche umgekehrte Manier, (venere praepostera, so theils a parte post nennen) es sey nun mit seinem Ehegemahl, oder sonsten. Wie aber eine oder andere Art derselben vollbracht werde, stehet weder uns zu beschreiben, noch auch schamhafften Augen zu lesen, zu.»[13]

Gleichgeschlechtliche Sexualhandlungen wurden – zusammen mit der Masturbation, den «unnatürlichen» Coitusarten und dem Geschlechtsverkehr mit Tieren oder Leichen – der «Unzucht wider die Natur» zugeordnet. Gesetzestexte sahen bis weit ins 18. Jahrhundert hinein drakonische Maßnahmen für diesen wider die Gottesordnung gerichteten Fall vor (siehe Kapitel 2). Doch nicht nur das Recht bezog sich auf die Tat als solche, auch für Mediziner und andere Menschenwissenschaftler wurde der «Sodomit» primär durch seine Handlungen charakterisiert. Vertreter der Kirche stimmten in diesen Chor ein: Ausgehend von naturrechtlichen Vorstellungen, nach denen alle Menschen ihre «libido carnalis» (die «Fleischeslust») ausschließlich zur ehelichen Prokreation einsetzen sollten, meinten sie, dass jede nicht auf die Fortpflanzung gerichtete Handlung wider die «Natur» und schon aus diesem Grund als Sünde anzusehen sei. Die «Sodomie» widersprach nicht nur der gesellschaftlich begründeten Sexualmoral, sondern auch der christlichen Weltordnung, die eine Übereinstimmung des Willen Gottes, der Ordnung der Natur und des geregelten Ehe- und Familienlebens vorsah. Wie bei allen Sünden, nahm man auch beim «Laster der Sodomiterey» an, dass sich Menschen aufgrund ihres freien Willens für oder gegen die «unnatürlichen» Praktiken entscheiden könnten und keinesfalls hilflos einer besonderen Form der «Wollust» ausgeliefert seien.[14]

Personen, die ihre Geschlechtslüste auf das eigene Geschlecht richteten, glaubte man zumeist unter dem Einfluss misslicher sozialer oder lebensgeschichtlicher Umstände: «Sodomitische» Praktiken wurden als Ersatz für heterosexuelles Agieren (zum Beispiel im Fall von Soldaten oder Gefangenen) oder als schädliche, insbesondere auf die Jugend zurückgehende Gewohnheiten (zum Beispiel mutuelles Masturbieren) interpretiert. Als adäquate Therapie schlug man dementsprechend den heterosexuellen Koitus vor, der die «Sodomiten» durch «natürliche» Wollustempfindungen zu den prokreativen und sozialen Aufgaben des christlichen Lebens zurückführen sollte.[15] Als Präventionsmaßnahme wurde zuallererst «Schweigen» gefordert: Seit dem Mittelalter fürchteten die Menschen «durch das Aussprechen des Namens der Sünde sich selbst zu verunreinigen, (…) aber auch bei ‹unschuldigen› Menschen das Verlangen nach dieser Sünde zu wecken».[16] Anders als in der späteren Definition der «Homosexualität» war in der «stummen Sünde» noch keine spezifische psychische Konstitution des gleichgeschlechtlich Begehrenden grundgelegt. «Sodomiten» hatten noch keine homosexuelle «Seele» oder Veranlagung, die man als Ursache und Antrieb all ihrer Lebensäußerungen annehmen konnte.

Besonders an letzterer Behauptung hat jedoch die jüngere sexualitätsgeschichtliche Forschung erhebliche Zweifel angemeldet. Zentrale Kritikpunkte waren erstens die historiographische Fixierung auf den «Sodomiten», der nicht das einzige und womöglich nicht einmal das wichtigste gleichgeschlechtliche Konzept der Zeit darstellte; zweitens der Hinweis, dass sich schon in mittelalterlichen Quellen und solchen des 16. Jahrhunderts (Vor)Formen gleichgeschlechtlicher ‹Identität› finden ließen, und drittens die problematische Vorstellung, wonach ein Individuum als «Träger» außerhalb seiner selbst angesiedelter gleichgeschlechtlicher Sexualhandlungen überhaupt möglich sei.[17] Die Kritiker/innen der traditionellen «Sodomie»-These haben zur Unterlegung ihrer Position nicht nur normative Quellen wie das Gesetzesschrifttum und Morallehren untersucht, sondern auch Diskurse, die – wie etwa die zeitgenössische Belletristik – die gleichgeschlechtliche Begierde in einem neuen Licht erschienen ließen. Auch die Analyse von Gerichtsakten und autobiographischen Quellen hat eine Selbstsicht der Sodomiten offenbart, die immer mehr Zweifel an Foucaults reiner Tat- bzw. Handlungsorientierung aufkommen ließen. Nachfolgende Überlegungen nehmen diese kritischen Positionen auf und zentrieren sie auf die Frage der Subjektkonstruktion.

Bereits eine genauere Analyse der Gesetzestexte des 18. Jahrhunderts ergibt, dass die Vorstellung vom «Sodomiten» zumindest zwei «homosexuelle» Subjekte umfasste: Da gab es einmal den Typ des älteren, sozial höhergestellten Verführers, der die aktive und penetrierende Rolle beim Geschlechtsverkehr einnahm – der sogenannte «Päderast». Ihm gegenübergestellt wurde der sozial niedriger positionierte «Lustknabe», der der Verführung passiv ausgeliefert sein sollte.[18] Auffällig für diese dem Herr-Knecht-Schema folgende Beziehung war, dass sie häufig unter Zwang oder durch das Gewähren von Begünstigungen zustande kam. Ersterer sollte als der eigentliche «Sodomit» angesehen werden – er beging auch die Sünde der analen Penetration und Samenausschüttung –, während zweiterer als weniger schuldiger Verführter galt. Die Bewertung der sodomitischen Beziehung unterschied sich grundlegend von der der angeblich «natürlichen» Positionierung der Geschlechter im heterosexuellen Geschlechtsverkehr, wo die Beweislast für unzüchtige Handlungen meist der weiblichen Seite zugeschlagen wurde. Die beteiligten Frauen mussten nachweisen, den penetrierenden Mann nicht verführt oder – im Fall einer Vergewaltigung – auch nicht sexuell gereizt zu haben. Zentraler noch als die ‹Schuldfrage› war aber, dass sich beide sodomitischen Partner meist mit der männlichen Geschlechtsrolle identifizierten und bei ihnen neben gleichgeschlechtlichen Interessen auch heterosexuelle Begierden angenommen wurden.[19]

Glaubt man einer erstmals von Radolph Trumbach vertretenen These, so verschob sich die Relation «Päderast»-«Lustknabe» und damit das traditionelle Schema von «alt-jung», «aktiv-passiv» und «penetrieren-penetriert werden» bereits im späten 17. und frühen 18. Jahrhundert in England und womöglich auch in den Niederlanden und in Frankreich.[20] Die dem Verführer-Lustknabe-Modell zugrunde liegende Altersdifferenzierung wurde dabei durch ein Geschlechter-Modell ersetzt. Aufgrund seiner mehr ‹weiblichen› Position mutierte der «Lustknabe», so Trumbach, zum effeminierten «Molly/Mollis» bzw. zur «Queen». Die Gegner der «Molly»-These meinten hingegen, dass der «Sodomit» im Diskurs als auch in der Praxis nach wie vor ein «Penetrierer» blieb und die Effemination erst zu den morphologischen und psychologischen Kennzeichen des «Homosexuellen» des 19. Jahrhunderts zählte: «There is no evidence of effeminate elders sexually servicing masculine youths in any of the Northern European cases discussed (…). Far into the eighteenth century, the sodomite was an insertor.»[21] Im deutschsprachigen Raum scheint die aktivitätsorientierte Sicht des gleichgeschlechtlichen Sexuallebens bis ins 19. Jahrhundert neben dem geschlechterorientierten Modell weiterzubestehen. Dies vor allem auch dort, wo theoretische Schwierigkeiten bei der Anwendung des Penetrationsmodells, wie beispielsweise bei der Definition der «Tribades», auftauchten. Nach Zedler hießen so «Weibsbilder, welche ein so grosses und langes Schaamzünglein haben, dass es fast einer männlichen Ruthe gleichet, und damit bey anderen ihres Geschlechts die Stelle einer Mannsperson vertreten» können.[22]

«Molly» und «Sodomit» deckten aber nicht alle Bereiche der «homosexuellen» Subjektkonstruktion im 18. Jahrhundert ab.[23] Dies gilt allerdings nur, wenn die historische Sicht der gleichgeschlechtlichen Begierde im Sinne Alice A. Kuzniars nicht sexual- bzw. genitalfixiert bleibt: «It cannot be conceptualized apart from homoeroticism, homoplatonism, homoaesthetics, and passionate friendship.»[24] Studien zu einem weiter gefassten gleichgeschlechtlichen Erotik- und Liebesbegriff haben gezeigt, dass philosophische, anthropologische und literarische Diskurse sehr wohl die Konstitution von – wie es derzeit den Anschein hat, primär männlichen – Subjekten mit gleichgeschlechtlichen Vorlieben problematisierten. Allein die Vielfalt der zeitgenössischen Begriffe weist in diese Richtung: «Päderast» (der im Verständnis des 18. Jahrhunderts vor allem Knaben penetrierte und «homosexuell» agieren konnte), «Sokratische» und «Griechische Liebe»[25] sind nur einige der Kategorien, die die unterschiedlichen erotischen Männerbeziehungen terminologisch erschließen.

Wobei es gerade im deutschen Sprachraum in der zweiten Hälfte des 18. Jahrhunderts zu heftigen Diskussionen um die Praxis des «Sokratischen Eros» kam. Angesichts der stigmatisierten «Sodomie» hatte man bei der philosophischen und historischen Wiederbelebung der griechischen Jünglingsliebe die zentrale Frage zu klären, wie denn die Grenze zu ziehen sei zwischen purer Freundschaft und Päderastie. Körperlich-intime Kontakte zwischen Männern schienen auf jeden Fall äußerst problematisch. Gert Hekma hat den zentralen Konflikt auf den Punkt gebracht: «To put it simply, would mutual masturbation have been (…) a vice or a virtue?»[26] Die Palette der Antworten reichte von bloß asketischer Schwärmerei für Jünglingsstatuen, die die ästhetischen Prinzipien der Klassik repräsentierten, bis hin zu Überlegungen, in denen die bewunderten Jünglinge gerade nicht aus Stein sein sollten.[27] Die Ausformung der letzteren Position geschah durch Autoren, die nicht nur durch ihr Werk, sondern auch durch ihre beispielhafte Biographie ins Zentrum des homoerotischen Subjektentwurfs traten. Zu nennen ist hier insbesondere Johann Joachim Winckelmann, dessen kunsthistorische Arbeiten und «sokratische» Lebensgeschichte von den Klassikern der deutschsprachigen Literatur durchwegs als positiver Entwurf einer homoerotischen Praxis gesehen wurden.[28] Weder die asketisch-ästhetische noch die eine erotische Praxis fordernde Richtung des sokratischen Diskurses interpretierten jedoch die «Päderastie» als kapitale Sünde oder Verbrechen. Im Gegensatz zum christlichen Lebensbild offerierten beide Subjektkonstruktionen positive Lebensperspektiven für Menschen mit gleichgeschlechtlichen Gefühlen und Begierden. Homoerotische Emotionen seien – besonders bei ‹Intellektuellen› und jenen ‹sensiblen› Menschen, die nach den ästhetischen Idealen der Antike lebten oder sich in (früh)romantische Gefühlsuntiefen stürzten – durchaus in den Kanon kultureller Ausdrucksformen integrierbar.

Diese relativ positiv gestimmte Debatte um den adäquaten Erotisierungsgrad männlicher «Beziehungen» trat mit der Wende vom 18. zum 19. Jahrhundert zunehmend in den Hintergrund.[29] Verhältnisse zwischen Männern sollten nun nicht nur anti-sexuell, sondern grundsätzlich anti-sensuell sein. Trotz dieser Verschiebung blieb der Diskurs über die Homoerotik auch zu Beginn des 19. Jahrhunderts relativ offen.[30] Nach Hekma existierten weiterhin drei Philosophien des gleichgeschlechtlichen Eros: «The moral theology of sodomy, the cultural history of male eros, and an enlightened vision of Sokratic love.»[31] Wobei erstere durch den anthropologischen «turn» der Aufklärung immer mehr an Bedeutung verlor, zweitere zu einer mehr asketischen, anti-sensuellen Vorstellung von (Männer-)Freundschaft mutierte und letztere in die ersten Apologien der «sexuellen» Männerliebe mündete.

Apologien und Pathographien der sexuellen Männerliebe

Der Begriff «Homosexualität» wurde 1869 vom deutsch-ungarischen Schriftsteller Karl Maria Kertbeny geprägt, sein zur Polarisierung verwendeter Geschwisterbegriff «Heterosexualität» erblickte elf Jahre später die lexikalische Welt.[32] Die eigentlichen Subjekte der «Homosexualität» wurden bei Kertbeny als «Homosexuale» bezeichnet und folgendermaßen definiert: «Neben dem normalsexualen Triebe der gesammten Menschheit und des Thierreiches scheint der Natur in ihrer souveränen Laune bei Mann wie Weib auch den homosexualen Trieb gewissen männlichen wie weiblichen Individuen bei der Geburt mitgegeben, ihnen eine geschlechtliche Gebundenheit verliehen zu haben, welche die damit Behafteten sowohl physisch als geistig unfähig macht, auch bei besten Willen, zur normalen Erection zu gelangen, also einen direkten Horror vor dem Gegengeschlechtlichen voraussetzt, und es dem mit dieser Leidenschaft Behafteten ebenso unmöglich macht, sich dem Eindrucke zu entziehen, welchen einzelne Individuen des gleichen Geschlechts auf sie ausüben.»[33]

Mit dem «Homosexualen» wurde eine Kategorie eingeführt, die – gemeinsam mit den Termini «Konträrsexuelle» und «Drittes Geschlecht» – das Denken und Wahrnehmen des menschlichen Geschlechtslebens auf eine neue Art und Weise strukturieren und formen sollte. Sie tauchte zu einem Zeitpunkt auf, als die Humanwissenschaften gerade begannen, das menschliche Sexualleben in ein zusammenhängendes Wissensgebäude zu fassen – die «Sexualwissenschaft». Die gleichgeschlechtliche Begierde war von Beginn an eines der liebsten Arbeitsfelder der jungen Disziplin. Im Vergleich mit den Diskussionen des 18. Jahrhunderts kam es nun zu einer radikalen Verschiebung in der Subjektkonstruktion: Sexualpathologen, Psychiater, Gerichtsmediziner und Psychologen machten sich auf die Suche nach einer spezifischen Seele von Menschen mit nicht-heterosexuellem Geschlechtsleben. Sie konstruierten einen neuen Typ, den/die «Homosexuelle/n» und passten ihn in einen Raster wissenschaftlicher Definitionen und Theorien ein. Bis zur Jahrhundertwende wurde das Forschungsfeld zunehmend systematisiert, und das neue Sexualwissen konnte das Alltagsdenken zumindest des gebildeten Teils der Bevölkerung infiltrieren.

Bei der Erforschung der einzelnen historischen Stationen der «Homosexualitäts»-Konstruktion im deutschsprachigen Raum wurde deutlich,[34] dass eine weitere Foucaultsche These, nämlich der Primat der wissenschaftlichen Konstituierung der «Homosexualität», zu revidieren ist. Im Gegensatz zu Foucaults Meinung entwickelten sich die Spezifika des «homosexuellen» Subjekts aus zwei unterschiedlichen, wenn auch aufeinander bezogenen Diskursen bzw. Strängen ein und desselben Diskurses, des «Homosexualitäts»-Diskurses: zum einen aus dem mit der Zeit stark autobiographisch ausgerichteten Emanzipationsdiskurs, der aus der Diskussion um die «Natürlichkeit» des «Sokratischen Eros» hervorging und sich gegen die strafrechtlichen Sanktionen wie gegen die gesellschaftliche Stigmatisierung richtete; zum anderen aus dem wissenschaftlichen Diskurs, in dem die Sexualpathologie während der letzten Jahrzehnte des 19. Jahrhunderts immer mehr die ehemalige Definitionsmacht der Gerichtsmedizin, Anthropologie und Philosophie übernahm.

Die Verschmelzung von «Sokratischem Eros» und autobiographischer Empirie fand zum ersten Mal – sieht man von Ansätzen in früheren Apologien ab – im Werk des Juristen und Schriftstellers Karl Heinrich Ulrichs, einem besonders nachhaltig wirkenden Konstrukteur des modernen homosexuellen Subjekts, statt. In seinen «Zwölf Schriften über das Rätsel der mannmännlichen Liebe» (erschienen 1864–1879) schrieb Ulrichs gegen den «Unzuchts»-Paragraphen des deutschen Strafrechtes an und definierte dabei den sogenannten «Urning» als ein Phänomen der Natur, dessen Wurzeln in der individuellen Veranlagung zu suchen seien. Aufgrund angeborener, identitätsbildender Merkmale sei der «Urning» nicht verantwortlich zu machen für seine sexuellen Vorlieben und Handlungen und deshalb auch nicht schuldig im Sinn des Strafgesetzes. Ulrichs berühmtes Motto «Anima muliebris virili corpore inclusa», nach dem eine weibliche Seele in einem männlichen Körper eingeschlossen sei, verdeutlichte auch, warum der Urning in Anlehnung an Plato als «Drittes Geschlecht» gesehen wurde.[35] Als Pendant des «Urnings» sollte dann die sogenannte «Urningin», «Uranierin» oder «Urnin» ein viertes Geschlecht ergeben.

Durch die Typenbildung, mehr noch durch die Ausgestaltung der Kategorien mit spezifischen psychischen, durch Eigenerfahrung gesättigten Beobachtungen unterschied sich Ulrichs von den «sokratischen» Vorgängern – auch von Heinrich Hössli und dessen, in «Eros. Die Männerliebe der Griechen» (von 1836/1838) dargelegten Vorstellungen. Hössli hatte noch eine kulturhistorische Rechtfertigung des gleichgeschlechtlichen Eros aus der Antike versucht und dabei die ‹Natürlichkeit› der Männerliebe aus der kulturellen Autorität der Griechen abgeleitet.[36] Ulrichs hingegen stellte diese Tradition in den Hintergrund und trat als Theoretiker und Systematisierer der «Päderastie» und als Bekenner eigener gleichgeschlechtlicher und vor allem auch erotischer Leidenschaften auf. Damit stiftete er eine positive Tradition autobiographischer Empirie, die den «Urning» als komplexe Persönlichkeit präsentierte und ihn nicht als (Genital-)Objekt des Gerichtsgutachters oder als pathologisches «homosexuales» Subjekt des Psychiaters erscheinen ließ. Ulrichs bezog diese Kriterien auch auf sich selbst und gehörte deshalb, wie Volkmar Sigusch zurecht meinte, «zu den ersten und eindrucksvollsten Sexualsubjekten im modernen Sinn des Wortes».[37]

Das Strafrecht bildete den Rahmen für die Genese des sexualpathologischen «Homosexualitäts»-Diskurses. Psychiater, die neuen Spezialisten der kranken Seele, konnten in der zweiten Hälfte des 19. Jahrhunderts ihr Zuständigkeitsgebiet auf das Gebiet der ‹devianten› Sexualäußerungen ausdehnen. Bei einschlägigen Anklagen wurden nun immer häufiger sie und nicht mehr die Gerichtsmediziner zur Gutachtertätigkeit herangezogen. Bis zur Mitte des 19. Jahrhunderts war die ‹alte› Gerichtsmedizin immer dann auf den Plan getreten, wenn ein Sexualdelikt – Abtreibung genauso wie Vergewaltigung oder «Unzucht wider die Natur» – vor Gericht verhandelt wurde und hatte bei vermuteten gleichgeschlechtlichen Delikten eine physiologische Examination (besonders von Penis und Anus) durchgeführt. In Anbetracht der fortschreitenden Psychologisierung des «Päderasten» übernahmen ab den 1870er Jahren die «Sexualpathologen»[38] die weitere Identifizierung des «Homosexuellen». In ihrem Fach anerkannte Fachleute wie Karl Westphal oder Richard von Krafft-Ebing entwickelten eine verästelte und bis in kleinste Detail gehende Pathologie gleichgeschlechtlicher Beziehungen. Ihre «Homosexualitäts»-Konstruktion funktionierte als psychopathologische Überformung des autobiographischen Emanzipations- und Bekennerdiskurses. Ulrichs und andere ‹Betroffene›, die ihre «Krankheitsgeschichte» an die Experten schickten, lieferten die empirische Basis für die psychiatrische «Zergliederung». Mit der fortschreitenden Genese und Popularisierung der psychiatrischen Diskussion nahmen sich umgekehrt auch immer mehr Urninge in den Kategorien, Begriffen und Theorien der Psychopathologie wahr und sahen ihre Lebensgeschichte im Lichte der psychiatrischen Konstruktion des «Homosexuellen».

Am Ende des 19. Jahrhunderts beeinflusste vor allem ein Werk die weitere Forschung und machte sie einer breiteren Öffentlichkeit zugänglich: Richard von Krafft-Ebings «Psychopathia sexualis» (erstmals 1886 erschienen).[39] Dort konnte man zur Frage, ob es sich bei der «homosexualen Empfindung» um eine Perversion oder eine Perversität handelte, folgendes lesen: «Perversität darf nicht für Perversion gehalten werden. Sehr oft kommen perverse sexuelle Akte zur Beobachtung, ohne dass ihnen Perversion zugrunde läge. Dies gilt ganz besonders für sexuelle Handlungen unter Personen desselben Geschlechtes. (...) So finden wir homosexuellen Verkehr bei impotent gewordenen Masturbanten oder Wollüstlingen oder faute de mieux bei sinnlichen Weibern und

Männern in Gefängnissen, Schiffen, Kasernen, Bagnos, Pensionaten usw. Zum normalen Geschlechtsverkehr wird sofort zurückgekehrt, wenn die Hindernisse für denselben entfallen.»[40] Im Gegensatz dazu sah Krafft-Ebing die ganz anderen, die eigentlich Perversen, die «Homosexuellen». Bei fortgeschrittener Entwicklungsstufe dieser angeblich angeborenen Erscheinung sei «auch das ganze psychische Sein (...) der abnormen Geschlechtsempfindung entsprechend geartet». Bei der Extremform nähere sich sogar die Körperform «derjenigen, welcher die abnorme Geschlechtsempfindung entspricht. Nie aber finden sich wirkliche Übergänge zum Hermaphroditen, im Gegenteil vollkommen differenzierte Zeugungsorgane, so dass also, gleichwie bei allen krankhaften Perversionen des Sexuallebens, die Ursache im Gehirn gesucht werden muss.»[41]

«Homosexualität» sei eine angeborene Entwicklungsstörung bzw. eine Anomalie des Sexualtriebes – durch dieses Postulat unterschied sich der moderne «Homosexuelle» der Sexualpathologie von älteren Konstruktionen wie dem «Sodomiten», die bis ins 18. Jahrhundert primär über das Handeln definiert wurden. «Das Entscheidende ist hier der Nachweis der perversen Empfindung gegenüber dem eigenen Geschlechte, nicht die Konstatierung geschlechtlicher Akte an demselben», so brachte auch Krafft-Ebing die neue Sichtweise auf den Punkt. Die echten «Homosexuellen» würden einen eigenen, anormalen und perversen Menschentyp ergeben, dessen Sexualität und gesamtes Wesen eine Abart darstellte und die man aus der Palette der «normalen» Sexualformen zu streichen hätte. Indem die Psychiatrie – eine (Sub)Disziplin, die am hohen epistemologischen Status ihrer medizinischen Mutterdisziplin partizipierte – das «homosexuelle» Wesen zu einer Naturerscheinung deklarierte, stellte sie die Frage nach der Verantwortlichkeit des Handelnden neu: Wie die meisten ihrer «Patienten» konnten auch manche Sexualpathologen keine «natürliche» Begründung für die strafrechtliche Verfolgung konsensueller gleichgeschlechtlicher Akte unter angeborenen «homosexualen Perversen» finden.

Auch wenn die Sexualpathologen in der «Homosexualität» eine natürliche und vererbte Erscheinung sahen, sollten die durch sie definierten Subjekte trotzdem pathogene Merkmale aufweisen. Der «Homosexuelle» sei nicht irgendeine Spielart der Natur, sondern eine tendenziell krankhafte und degenerierte. Typische Krankheitsherde wurden im Gehirn sowie in den Keimen und Körpersäften vermutet und durch Degenerationstheorien in lebens- und artgeschichtliche Zusammenhänge gebracht. Nach letzteren hätten sich neben dem Darwinschen «Survival of the Fitest» während der Evolution auch Störungen in Form degenerierter und entarteter Entwicklungsäste ergeben. Degenerative Erscheinungen würden im körperlichen Bereich genauso existieren, wie in den psychischen bzw. den psychophysiologischen ‹Orten› im Gehirn und in den Nerven. Auch wenn die Meinung, «Homosexualität» sei eine typische Degenerationserscheinung, um die Jahrhundertwende immer seltener vertreten wurde, sahen nicht wenige Sexualwissenschaftler in der gleichgeschlechtlichen Empfindung zumindest eine «Entartung» oder Entgleisung der Natur. Typische Entartungs- und Degenerationszeichen der «Homosexuellen» würden sich beispielsweise in sehr frühen und besonders starken sexuellen Regungen zeigen. Die ‹konträrsexuelle› Liebe sei exaltiert und schwärmerisch, auch der Gang und die Körperhaltung dieser «Perversen» würden von der heterosexuellen Norm abweichen. Zu den psychischen Anomalien zählte, dass es, im positiven Fall, überdurchschnittlich viele musisch und literarisch Begabte unter ihnen geben würde und, im negativen Fall, viele Geisteskranke oder sogenannte «moralisch Irre». Als das Degenerationszeichen schlechthin galt jedoch, dass die Sexualität bei «Homosexuellen» das gesamte Bewusstsein okkupieren und so sämtliche Lebensäußerungen bestimmen würde.

Womit ein weiterer Konstruktionspfeiler der modernen «Homosexualität» angesprochen ist – die Identitätsstiftung. «Homosexualität» würde (fast) alle äußeren und inneren, alle körperlichen wie psychischen Erscheinungsformen des betroffenen Subjekts determinieren und damit die freie Willensäußerung außer Kraft setzen. Pointiert formuliert, könnte man auch sagen: Während Heterosexuelle als Individuen gedacht wurden, die neben vielen anderen Eigenschaften auch eine willentlich kontrollierbare Sexualität besäßen, wurden «Homosexuelle» einzig und allein als «Homo-Sexuelle» gesehen, nämlich als Menschen, die gänzlich durch ihre spezifischen sexuellen Begierden gelenkt würden. Nach den Vorstellungen der medizinischen und psychologischen Wissenschaften des späten 19.Jahrhunderts könnten gleichgeschlechtlich Begehrende ihre Identität nur im Zeichen des Sexuellen verstehen. Logisch schien es in der Folge auch, bei «Homosexuellen» geschlechtliches Begehren und romantische Liebe als zwei Seiten ein und derselben Medaille anzusehen.

«Homosexuelle» Identitätsfindung wurde als ein äußerst problematischer Prozess vorgestellt. In den Augen der Sexualpathologen würden «Homosexuelle» schon deshalb an sich selbst erkranken, weil sie Getriebene ihrer sexuellen Veranlagungen und uneins mit sich selbst und der Gesellschaft seien. Wie die Vertreter anderer junger Wissenschaftsdisziplinen drängten die Sexualpathologen mit dieser Behauptung nicht nur auf professionelle Anerkennung, sondern präsentierten sich auch als alleine zuständige Interpreten des «homosexuellen» Wissenschaftsfeldes und der dort angesiedelten Untersuchungsobjekte. Nur Spezialisten könnten die «Homosexuellen» über ihre wahren Gefühle und die Hintergründe ihres Handelns, über ihre innersten Wünsche und Phantasien aufklären. Nach Meinung der Psychiater würde nicht die Alltagswahrnehmung, sondern einzig der medizinisch-pathologische Blick zur richtigen Einschätzung dieser Menschen führen. «Homosexuelle» könnten sich nicht selbst reflektieren, sondern nur durch Beiziehung wissenschaftlichen Wissens zum Verständnis ihrer selbst kommen. Viele der autobiographischen Erzählungen der «Urninge» widersprachen dieser Sicht grundlegend: Anders als in der psychiatrischen Konstruktion allseits kranker Effeminierter präsentierten sich dort Männer, die ihr Seelenleben als «normal» und bürgerlich-maskulin einstuften. Sie litten nicht an sich selbst, sondern an den gesetzlichen Repressionen und der gesellschaftlichen Stigmatisierung der homosexuellen Orientierung.

Angesichts des wahrheitsmächtigen psychiatrisch-medizinischen Imperativs der «Homosexualität» stellt sich die Frage, ob und wie der Diskurs auf die ‹Betroffenen› einwirken konnte. Autobiographische Dokumente und publizierte Fallgeschichten deuten darauf hin, dass die sexualpathologischen Vorgaben nicht nur die Fremd-, sondern auch die Selbstwahrnehmung kolonisieren.[42] Viele der ‹Patienten› nahmen sich in den psychiatrischen Kategorien wahr, schrieben ihre lebensgeschichtliche Erzählung als «perverse» Fallgeschichte und konstruierten ihre Identität im Zeichen der «Homosexualität». Manche von ihnen sahen im psychiatrischen Forum aber auch ein Medium für den Kampf gegen das Strafrecht und die gesellschaftliche Ausgrenzung. Umgekehrt wurden die publizierten Autobiographien und Apologien von den Medizinern hauptsächlich als Krankengeschichten gelesen. Die gesellschaftspolitischen Ansprüche der Autoren blendeten viele Ärzte aus oder interpretierten sie als typische Äußerungen des «homosexuellen» Charakters. Falsch wäre es jedoch, die Sexualpathologen und frühen Sexualwissenschaftler bloß als Agenten der Psychiatrisierung und Pathologisierung der gleichgeschlechtlichen Begierde zu sehen und die ‹Betroffenen› als hilflose oder passive Objekte. Harry Oosterhuis Studien zu den an Krafft-Ebing gerichteten ‹Patientenbriefen› haben gezeigt, dass es zu einer Interaktion zwischen Selbst- und Fremdkonstruktion kam: «[The] new ways of understanding sexuality emerged out of a confrontation and intertwining of professional medical thinking and patients' self-definition. The theory of degeneration and emphatic understanding of individual predictaments existed side by side.»[43]

Wenn bis jetzt von *der* Konstruktion «Homosexualität» und von der Vorstellung vom «Homosexuellen» zumeist in männlicher oder geschlechterneutraler Form gesprochen wurde, so geschah dies auch, weil weibliche «Homosexuelle» und lesbische Sexualität bis in die 1890er Jahre von den Sexualpathologen kaum beachtet wurden.[44] Über die «Urningin» glaubte man bis zu diesem Zeitpunkt bloß zu wissen, dass sie im Vergleich zum männlichen Konterpart wesentlich seltener vorkam und man deswegen kaum auf autobiographisches oder klinisches Material verweisen konnte. Erst im letzten Jahrzehnt des 19. Jahrhunderts wendeten sich die Sexualpathologen auch dem gleichgeschlechtlichen Sexualverhalten von Frauen zu und kamen zum Schluss, dass es neben der gegenseitigen Masturbation auch Cunnilingus, Penetration mit Dildos und viele andere Praktiken umfasste. Als Folge mutierte die weibliche «Homosexualität» im psychiatrischen Blick ebenfalls zu einer – im Verständnis der Zeit – «echten» Form der Sexualität. Indem man «homosexuelle» Frauen in das Penetrationsmodell eingliederte, schien es nur logisch, eine Ausdehnung des Paragraphen 175 des deutschen Strafrechts auf gleichgeschlechtliche Akte unter Frauen zu fordern – eine Bestrebung, die allerdings erfolglos blieb. Als erfolgreich erwies sich die Psychiatrisierung der lesbischen Sexualität jedoch insofern, als die weiblichen «Homosexuellen» nun in Analogie zum männlichen «Homosexuellen» gedacht und die sogenannten «Mannweiber» in die für die Männer konstruierten Schemata eingepasst wurden.[45]

Antipoden der wahren Männlichkeit

Im Vergleich zur Diskurs- und Emanzipationsgeschichte der «Homosexualität» sind sozial- und kulturgeschichtliche Interpretationen der gleichgeschlechtlichen Subjektkonstruktion bislang eher vernachlässigt worden. Auch nachfolgende Überlegungen konzentrieren sich auf einen, wie ich meine, aber zentralen Gesichtspunkt, nämlich den der geschlechter- bzw. männergeschichtlichen Dimensionen des Diskurses. Fragen der wissenschaftsinternen Dynamik des «Sexualitäts»-Diskurses, seine Anbindung an den Diskurs über die «Nation» oder zeitgenössische Vorstellungen über die Verringerung der Bevölkerungsqualität durch «Homosexuelle» u. a. m. müssen an dieser Stelle ausgeklammert bleiben. Anzumerken ist auch, dass die «Sexualitäts»- und Geschlechtergeschichte die hier betrachteten Diskurse erst in den letzten Jahren als einen Schauplatz hegemonialer Auseinandersetzungen um die soziale und kulturelle Verortung der Geschlechter erkannt hat. In Zuspitzung dieser Sicht wird postuliert, dass die Konstruktion einer, die heterosexuellen Geschlechtergrenzen negierenden, ‹unnatürlichen› und ‹perversen› Sexualität eine tragende Rolle innerhalb der Genese der bürgerlichen Geschlechterdifferenz spielte (siehe Kapitel 4).

Die Diskursproduzenten des 18. Jahrhunderts – fast ausschließlich Männer aus dem Bildungsbürgertum – waren der Meinung, dass es nach dem Niedergang der ständisch definierten Relationen unter den Menschen(körpern) zu einer Neustrukturierung und -stratifikation des «sozialen Körpers» nur unter Berücksichtigung psychophysiologischer Eigenschaften kommen könnte. Indem sie die geschlechterspezifische «Genitalität» und Psycho-«Sexualität» in der Anatomie von Mann und Frau festschrieben, entwarfen sie eine Gesellschaft gleicher Bürger (und weniger gleicher Bürgerinnen), in der die «Wollust» nicht nur sozial, sondern verstärkt durch die Eigenverantwortung des Individuums kontrolliert werden sollte. Im 18. Jahrhundert blieb der Diskurs über die sozialen

Positionen der Geschlechter und ihre Sexualität relativ offen, die Grenzen durchlässig und physische wie psychische Geschlechtsübergänge imaginierbar. Beispielsweise konnten in der zweiten Jahrhunderthälfte in der «Sodomie» noch immer Penetrations- und Geschlechtermodell nebeneinander stehen und im «Sokratischen Eros» die «widernatürlichen» Gefühle in (nicht-pentrierende) erotische Praktiken übersetzt werden.

Erst um die Wende vom 18. zum 19. Jahrhundert führte die Zementierung der bürgerlichen Geschlechtercharaktere und die physiologische Festschreibung des Zweigeschlechtermodells dazu,[46] dass die Verwischung und Überschreitung der Geschlechtergrenze nicht mehr nur durch kirchliches und weltliches Recht sanktioniert, sondern auch durch die anatomische Geschlechterdifferenz undenkbar wurde. Spätestens ab dieser Zeit avancierte der heterosexuelle, verheirate, respektable bürgerliche Mann zu einer Norm, an der die gesamte Menschheit und damit auch Personen mit gleichgeschlechtlichen Begierden gemessen werden sollten. Im Vergleich zum männlichen Standard stellte man sich den männlichen «Homosexuellen» als zuwenig Mann, die weibliche «Homosexuelle» als zu männliche Frau vor. «Männlichkeit», die fragile und gleichzeitig kaum in Frage gestellte Geschlechts- und Geschlechteridentität des bürgerlichen Mannes,[47] wurde zu einem zentralen kulturellen Problem, an dem sich die Humanwissenschaftler des 19. Jahrhunderts in einem Stellvertreterdiskurs über Homosexualität und andere ‹anormale› und ‹unnatürliche› Sexualitäten abarbeiteten. Als scheinbar «natürlicher», eigentlich aber gesellschaftlich normierter und regulierter Identitätskern bildet sie den kulturellen Schlüssel zum Verständnis der «Homosexualität» als sozialer Konstruktion.[48]

In den letzten Jahrzehnten des 19. Jahrhunderts und der Phase der modernen «Homosexualitäts»-Konstruktion verstärkte sich der Druck auf die krisenanfällige Geschlechts- und Geschlechteridentität des bürgerlichen Mannes.[49] Bürgerliche und proletarische Frauen beanspruchten nun mehr zu sein als nur Ehegattin, Hausfrau und Mutter. Immer heftiger forderten sie die politische und kulturelle Partizipation sowie (annähernd) gleiche Chancen in Beruf, Bildung und Recht. Nicht nur die öffentliche und politische Vormachtstellung der Männer wurde nun bedroht, auch die «Sexualitäts»-Insignien der bürgerlichen Männlichkeit kamen unter Beschuss. Zu nennen ist insbesondere die bürgerliche Doppelmoral, die den außerehelichen Geschlechtsverkehr bei Männern zum Kavaliersdelikt erklärte, bei Frauen aber streng sanktionierte. Der rapide Wandel des Frauenbildes verwies Wissenschaftler nun nicht mehr nur auf die kulturellen und biologischen Geschlechtsmerkmale, sondern auch auf deren potentielle Antipoden. Eine der Fronten, an der das brüchige bürgerliche Männlichkeitsbild verteidigt wurde, war die «Homosexualität». Mit ihr konnten die scheinbar echten Männer von den angeblich unechten und «widernatürlichen» unterschieden werden. Am effizientesten gelang dies, indem man letztere zu Kranken, Degenerierten und Anormalen erklärte. Weibliche «Homosexuelle» wurden darüber hinaus zu Subjekten stilisiert, die aufgrund ihrer sexuellen Veranlagung den angeblich «natürlichen» Aufgaben der Frau nicht nachkommen konnten. Solcherart standen sie für die Überschreitung der Geschlechtergrenze durch vermännlichte Frauen, die noch dazu «schamlos» in die Domänen der Männlichkeit eindrangen.

Indem bürgerliche Männer im 19. Jahrhundert die «Homosexualität» effeminierten und die «Homosexuellen» zu unmännlichen Männern erklärten, ummauerten sie ihr eigenes (hetero)sexuelles Leben und Phantasieren. Ihr zentrales, wenn auch nur indirekt angesprochenes Diskursobjekt war und blieb die sexuelle Begierde des ‹normalen› bürgerlichen Mannes, die nach der Abschaffung der «Wollust» keine ‹natürliche› Heimstatt mehr im Männerbild gefunden hatte. Maskuline Sexualität definierte sich in der Folge nicht primär aus sich selbst, sondern durch Abgrenzung vom «Anderen»[50] – von der Nymphomanin, der frigiden Frau, dem onanierenden Knaben und vor allem von den «Homosexuellen».

6. Auf dem Weg zur Respektabilität:
Sexuelle Begierde in der Arbeiterschaft[1]

Zu ebener Erde und im ersten Stock

Die Historiographie des proletarischen Sexualverhaltens wurde lange Zeit durch die Sicht der zeitgenössischen Beobachter und ihre bürgerliche Sexual- und Familienideologie verstellt.[2] Bürgerliche Autoren des 19. und frühen 20. Jahrhunderts zeichneten ein ziemlich einseitiges Bild von der sexuellen Begierde in der Arbeiterschaft:[3] Aufgrund der industriellen Arbeits-, Wohn- und Lebensverhältnisse hätten Arbeiter und Arbeiterinnen dem «Sexualtrieb» mehr oder weniger freien Lauf gelassen. Sigmund Freud hat mit seiner Gegenüberstellung der Lebensgeschichte eines bürgerlichen und proletarischen Mädchens wohl die bekannteste diesbezügliche Fehleinschätzung der sexuellen Freizügigkeit geliefert. Sie kondensiert die bürgerliche Sicht des proletarische Sexuallebens und lohnt es, ausführlich wiedergegeben zu werden:

«Um Ihnen den Einfluß der Ichentwicklung auf die Konfliktbildung und somit auf die Verursachung der Neurosen zu demonstrieren, möchte ich Ihnen ein Beispiel vorführen, das zwar durchaus erfunden ist, aber sich in keinem Punkte von der Wahrheit entfernt. Ich will es in Anlehnung an den Titel einer Nestroyschen Posse mit der Charakteristik ,Zu ebener Erde und im ersten Stock‹ versehen. Zu ebener Erde wohnt der Hausbesorger, im ersten Stock der Hausherr, ein reicher und vornehmer Mann. Beide haben Kinder, und wir wollen annehmen, daß es dem Töchterchen des Hausherrn gestattet ist, unbeaufsichtigt mit dem Proletarierkind zu spielen. Dann kann es leicht geschehen, daß die Spiele der Kinder einen ungezogenen, das heißt sexuellen Charakter annehmen, daß sie ‹Vater und Mutter› spielen, einander bei den intimen Verrichtungen beschauen und an den Genitalien reizen. Das Hausmeistermädchen, das trotz seiner fünf oder sechs Jahre manches von der Sexualität der Erwachsenen beobachten konnte, mag dabei die Rolle der Verführerin übernehmen. Diese Erlebnisse reichen hin, auch wenn sie sich nicht über lange Zeit fortsetzen, um bei beiden Kindern gewisse sexuelle Regungen zu aktivieren, die sich nach dem Aufhören der gemeinsamen Spiele einige Jahre hindurch als Masturbation äußern. Soweit die Gemeinsamkeit; der endliche Erfolg wird bei beiden Kindern sehr verschieden sein. Die Tochter des Hausbesorgers wird die Masturbation etwa bis zum Auftreten der Periode fortsetzen, sie dann ohne Schwierigkeit aufgeben, wenige Jahre später einen Geliebten nehmen, vielleicht auch ein Kind bekommen, diesen oder jenen Lebensweg einschlagen, der sie vielleicht zur populären Künstlerin führt, die als Aristokratin endet. Wahrscheinlich wird ihr Schicksal weniger glänzend ausfallen, aber jedenfalls wird sie ungeschädigt durch die vorzeitige Betätigung der Sexualität, frei von Neurose, ihr Leben erfüllen. Anders das Töchterchen des Hausherrn. Dies wird frühzeitig und noch als Kind die Ahnung bekommen, daß es etwas Unrechtes getan habe, wird nach kürzerer Zeit, aber vielleicht erst nach hartem Kampf, auf die masturbatorische Befriedigung verzichten und trotzdem etwas Gedrücktes im Wesen behalten. Wenn sie in den Jungmädchenjahren in die Lage kommt, etwas vom menschlichen Sexualverkehr zu erfahren, wird sie sich mit unerklärtem Abscheu davon abwenden und unwissend bleiben wollen. Wahrscheinlich unterliegt sie jetzt auch einem von neuem auftretenden unbezwingbaren Drang zur Masturbation, über den zu beklagen sie nicht wagt. In den Jahren, da sie einem Manne als Weib gefallen soll, wird die Neurose bei ihr losbrechen, die sie um Ehe und Lebenshoffnung betrügt. Gelingt es nun durch Analyse Einsicht in diese Neurose zu gewinnen, so zeigt sich, daß dies wohlerzogene, intelligente und hochstrebende Mädchen seine Sexualregungen vollkommen verdrängt hat, daß diese aber, ihr unbewußt, an den armseligen Erlebnissen mit ihrer Kinderfreundin haften.

Die Verschiedenheit der beiden Schicksale trotz gleichen Erlebens rührt daher, daß das Ich der einen eine Entwicklung erfahren hat, welche bei der anderen nicht eingetreten ist. Der Tochter des Hausbesorgers ist die Sexualbetätigung später ebenso natürlich und unbedenklich erschienen wie in der Kindheit. Die Tochter des Hausherrn hat die Einwirkung der Erziehung erfahren und deren Ansprüche übernommen. Ihr Ich hat aus den ihm angebotenen Anregungen Ideale weiblicher Reinheit und Unbedürftigkeit gebildet, mit denen sich die sexuelle Betätigung nicht verträgt; ihre intellektuelle Ausbildung hat ihr Interesse für die weibliche Rolle, zu der sie bestimmt ist, erniedrigt. Durch diese höhere moralische und intellektuelle Entwicklung ihres Ichs ist sie in den Konflikt mit den Ansprüchen ihrer Sexualität geraten.»[4]

Als Ursache für die von Freud geschilderte proletarische Sexualentwicklung wurden die engen Wohnverhältnisse (die zu verfrühter sexueller Aufklärung geführt hätten), die Zusammenarbeit der Geschlechter (die permanent zu sexuellen Handlungen anreizte), die geringe soziale Überwachung (die bei deviantem Verhalten kaum zu Sanktionen führte) und die religiöse bzw. kulturelle Entwurzelung dieser Klasse (die die Verinnerlichung moralischer Normen verhinderte), genannt. Nach dem Ende des politischen Ehekonsens fügte man noch hinzu, dass die Ehe insgesamt durch die «freie Liebe» erodiert würde.[5] «Freie Liebe», damit meinte man auch, dass es in der Arbeiterschaft massenhaft Konkubinate gab und diese primär aus romantischen Liebes- und triebgeleiteten Sexualbeziehungen hervorgegangen wären.

Für die meisten bürgerlichen Autoren schien es spätestens seit der Jahrhundertwende auch klar zu sein, dass die, durch die Sozialdemokratie verbreitete materialistisch-atheistische Weltanschauung massiv zum Sittenverfall und zur sexuellen Freizügigkeit beitrug. Die Folgen der ungezügelten proletarischen Sexualität glaubte man vor allem in den großen Städten beobachten zu können: Hohe Unehelichkeitsraten, eine große Zahl von Abtreibungen, florierende Prostitution, die Verbreitung von Geschlechtskrankheiten und – in den ersten Jahrzehnten des 20. Jahrhunderts – dramatisch sinkende Geburtenzahlen.[6] Zur Bekämpfung des scheinbar ungezügelten proletarischen Trieblebens wurden im Laufe des 19. und frühen 20. Jahrhunderts recht unterschiedliche Maßnahmen vorgeschlagen: Sie reichten von der Aufforderung zum Triebverzicht à la Malthus samt einer per Ehekonsens-Gesetz verordneten Entfamilialisierung der Arbeiterschaft bis zur am bürgerlichen Vorbild orientierten neomalthusianischen Regulierung des Trieblebens des Proletariats samt forcierter Familialisierung.

Die moderne Historiographie hat jedoch gezeigt, dass die zeitgenössischen Autoren wenn nicht überhaupt ein falsches, so doch zumindest ein stark verzerrtes Bild vom Geschlechtsleben der Arbeiter/innen geliefert haben. Möglich wurde diese Revision, weil nun Quellen untersucht wurden, die die sexuelle Praxis der Arbeiterschaft unmittelbarer erschlossen, wie zeitgenössische Sexualumfragen,[7] eine Vielzahl von Arbeiter/innen/memoiren und -autobiographien[8] sowie lebensgeschichtliche Interviews.[9] Mit detaillierten demographischen Untersuchungen wurden zudem die Rahmenbedingungen für die Entstehung und Ausformung der sexuellen Begierde in der Arbeiterschaft – aber auch für die Folgen dieses Wandels – neu abgesteckt.[10] Diesen Studien ist es zu verdanken, dass das Sexual- und Familienleben der Arbeiter/innen heute viel heterogener erscheint als lange Zeit angenommen:[11] Nicht die Klassenzugehörigkeit als solche scheint demnach das zentrale Kriterium für das proletarische Sexualleben gewesen zu sein, genauso bedeutend waren Faktoren wie Bildung, Konfession, soziale Herkunft, ländliche Prägung, materielle Bedingungen, Formen der Arbeitsorganisation und die jeweilige Chance zur Familien- und Haushaltsbildung.

Die Varianten proletarischen Sexuallebens lassen sich tendenziell zwischen zwei Polen verorten: Auf der einen Seite fanden sich eher ungelernte oder angelernte Arbeiter/innen der ersten Generation, die zumeist katholisch erzogen waren, eher im ländlichen Umfeld lebten bzw. überhaupt noch ein Standbein in der Landwirtschaft hatten und damit stärker im Einflussbereich bäuerlicher Formen der sexuellen Begierdekonstruktion waren. Auf der anderen Seite standen besser qualifizierte städtische Arbeiter/innen der zweiten oder dritten Generation, die eine schulische Bildung erhalten hatten, in der Arbeiterbewegung organisiert waren und sich eher zum protestantischen Glauben bekannten bzw. überhaupt weniger dem Einfluss der Kirche unterlagen. Ihre Sexualvorstellungen waren näher der bürgerlich-respektablen, ihre sexuelle Praxis tendierte ab der Jahrhundertwende ebenfalls immer mehr in diese Richtung. Unterschiedliche Rahmenbedingungen existierten auch durch die jeweilige Möglichkeit zur Verehelichung und Haushaltsgründung: Hausindustrielle Produzent/innen und Manufakturarbeiter/innen des 18. und frühen 19. Jahrhunderts unterlagen einem anderen Heirats- und Sexualregime als hausrechtlich abhängige Arbeitskräfte in kleingewerblich-handwerklichen Betrieben im 19. Jahrhundert und diese wiederum anderen als qualifizierte industrielle Fabrikarbeiter der Jahrhundertwende. Lebensgeschichtlich kam es nicht selten zu einem Wechsel zwischen verschiedenen Arbeitermilieus, zwischen Unselbstständigkeit und Selbstständigkeit sowie zu einer hohen geographischen Mobilität.[12] Ob es trotz all dieser Differenzierungen legitim ist, von einer spezifisch proletarischen Form der sozialen Konstruktion der sexuellen Begierde zu sprechen, wird die weitere Forschung zeigen. Nachfolgend wird vor allem das Sexualleben der industriellen Arbeiterschaft des späten 19. und frühen 20. Jahrhunderts thematisiert, einer Gruppe, über die wir die meisten sexualitätsgeschichtlichen Kenntnisse besitzen.

Sittsamkeit oder «freie Liebe»?

Auch in der Arbeiterschaft war die sexuelle Begierde fundamental auf die Ehe gerichtet. Die Möglichkeiten, eine Familie zu gründen, haben sich dabei mit der Zeit enorm verbessert:[13] Im Vergleich zur Mitte des 19. Jahrhunderts, wo es zum Beispiel in Wien nur zwischen 15 und 30 Prozent verehlichte Arbeiter/innen gab,[14] stieg in den letzten Jahrzehnten des 19. Jahrhunderts der Anteil der Verheirateten besonders in den jüngeren Altersgruppen stark an, das Heiratsalter sank und die Verehelichung wurde allgemeiner und war immer weniger an bestimmte Berufe oder soziale Positionen gebunden.[15] In Relation zu anderen Berufsgruppen lag in Deutschland der Anteil der verheirateten Arbeiter in Industrie und Handwerk schon 1882 mit 38,7 Prozent über dem der Landarbeiter (mit 30 Prozent), aber noch deutlich unter dem der Bauern (mit 80 Prozent); bis 1907 stieg er weiter auf 44,5 Prozent. Innerhalb der Arbeiterschaft reichte die Variationsbreite von nur 35 Prozent Verehlichten bei den Textilarbeitern (in den Jahren 1895/1907) bis zu rund 50 Prozent bei den Bau- und rund 75 Prozent bei den Bergarbeitern. Die altersspezifische Verehelichungsrate der männlichen Arbeiter rangierte 1907 zwischen dem der Angestellten und der Selbständigen.

Tabelle: Verehelichungsrate nach Berufs- und Altersgruppen (in Prozent) (Deutsches Reich 1907)[16]

| Berufsgruppe | *Altersgruppe* | | |
	20–25	*25–30*	*30–40*
Arbeiter	13,6	57,5	83,6
Angestellte	7,6	44,5	81,3
Selbständige	35,3	70,7	88,1

Ähnlich dramatisch wie die Nuptialität entwickelte sich die Natalität. Wenn es einen Topos in den lebensgeschichtlichen Erzählungen von Arbeiterinnen gab, dann war es die panische Angst vor immer neuen Schwangerschaften, hohen Kinderzahlen und ihrer zerstörerischen Wirkung auf das Familienleben und die Haushaltsökonomie. Während die durchschnittliche Kinderzahl bis zum Ende des 19. Jahrhunderts mit drei bis sechs Kindern pro Familie (mit einem Minimum in der Druckindustrie, durchschnittlichen Werten etwa in der Papierindustrie und bei den Chemiearbeitern und einem Maximum in der Baubranche, den Bergarbeitern und in der Steinbearbeitung) relativ stagnierte, lässt sich innerhalb der ersten drei Jahrzehnte des 20. Jahrhunderts ein starker Rückgang auf zwei bis drei Kinder pro Ehe feststellen.[17] Mittels bewusster Geburtenplanung, Schwangerschaftsverhütung und Abtreibung konnten die Arbeiter/innen innerhalb dieses Zeitraumes ihre eheliche Kinderzahl beinahe halbieren. Die «Armutsfalle Schwangerschaft» verlor damit viel von ihrer früheren Brisanz.

Wie eine solch massive demographische Veränderung überhaupt möglich wurde, ist nach wie vor in Diskussion. Entgegen den eingangs angeführten zeitgenössischen bürgerlichen Vorstellungen steht jedenfalls fest, dass das proletarische Sexualleben nicht einfach ‹frei›, ‹ungezügelt› und ‹offen› vor sich ging. Das betraf bereits die Wahrnehmung des Sexuellen innerhalb des Familie: Obwohl man zumeist auf engstem Raum lebte, sahen Kinder ihre Eltern nie oder nur heimlich nackt, der elterliche Geschlechtsverkehr wurde zwar manchmal beobachtet, aber nie oder äußerst selten zum Gesprächsthema zwischen den Generationen. Und wenn mehrere Personen in einem Bett schliefen – was viele Kinder und Jugendliche als sehr positiven körperlichen und emotionalen Kontakt erlebten[18] –, gab es meist strenge Geschlechtertrennung. Die Verheimlichung des Sexuellen führte dazu, dass Kinder erste sexuelle Erfahrungen, insbesondere mit Masturbation oder Menstruation, mit Unsicherheit, Scham und Angst besetzten.[19] Trotz dieser Verheimlichungsstrategien hatten Arbeiter/innen und ihre Kinder jedoch kein grundsätzlich negatives Verhältnis zu ihrem Körper. Zumindest bis in die 1860er und 1870er Jahre scheint Körperlichkeit und Nacktheit – zum Beispiel beim Baden oder auch in der Fabrik – kein größeres Sittlichkeitsproblem dargestellt zu haben. Erst Ende des 19. Jahrhunderts entwickelte sich ein mehr prüder Umgang mit dem Körper und eine höhere Schamschwelle in Sachen Nacktheit.

Seitens der Eltern war die Strategie, Söhne und vor allem Töchter von Kindheit an von allem Sexuellen fernzuhalten, auf ein langfristiges Ziel abgestellt: Um die Mitte des 19. Jahrhunderts nennen Autobiographien «accounts of what is interpreted as sexual victimization stemming directly from the particular vulnerability of poor children and adolescents both in home and in the workplace».[20] Gerade in dieser Zeit gab es vor allem durch die vielen nichtverwandten Haushaltsmitglieder – wie auch noch später im subproletarischen Milieu – vermehrt Familienverhältnisse, in denen das Sexualleben der Erwachsenen weniger verdeckt vor sich ging.[21] Zur sexuellen Aufklärung der Kinder und Jugendlichen scheint diese größere Sichtbarkeit jedoch wenig beigetragen zu haben.[22] Die durch Unwissenheit und Verheimlichung entstandene negative Sicht beförderte vielfach sogar eine lebenslange Ablehnung alles Sexuellen. Umgekehrt wurde nach der Jahrhundertwende die öffentliche Sexualaufklärung, die durch Sexualreform-Gruppen und die Parteiorganisationen betrieben wurde, von vielen Jugendlichen wie auch von Erwachsenen als wesentlicher Beitrag zu einer positiveren Einstellung gegenüber dem Sexuellen gewertet.[23] Die Lektüre populärer Aufklärungsbücher wirkte ebenfalls in diese Richtung.[24]

Sexuelles Wissen und manchmal auch erste sexuelle Erfahrungen gewannen Jugendliche im Freundeskreis und insbesondere am Arbeitsplatz – beides zentrale Orte der Konstruktion der sexuellen Begierde im Arbeitermilieu. Glaubt man den Autobiographien, so scheint sexuelles Begehren in der Fabrik primär auf indirekte Art zum Thema geworden zu sein: Hier dominierten «dreckige Reden», derbe Witze und das zweideutige Besprechen von «intimen Angelegenheiten». Was die Erwachsenen und Verheirateten zum besten gaben, wurde von den Ledigen und Jungen wissbegierig aufgenommen. Neben den Beobachtungen in der Familie waren die sexuellen und sexuell konnotierten Wahrnehmungen am Arbeitsplatz der Grund, warum das Geschlechtliche früh zu einem wichtigen Bestandteil des proletarischen Lebens wurde. In Fabriken, in denen Frauen und Männer enger zusammenarbeiteten, schien die sexuelle «Annäherung» schon in jungen Jahren auch recht ‹handgreiflich› vor sich gegangen zu sein.[25] Wie Sozialberichte der Jahrhundertwende belegen, sahen sich junge Frauen dabei nicht selten mit ungewollten Avancen und erpresserischer Zudringlichkeit von Vorgesetzten, Vorarbeitern und Angestellten konfrontiert.[26] Die respektablen Arbeiter/innen behaupteten wohl auch aus diesem Grund, dass der sexuelle Exzess und die sexuelle Ausbeutung ein Spezifikum der bürgerlichen Klasse darstellten.

Diese Form der «sexuellen Aufklärung» am Arbeitsplatz trug dazu bei, dass bestimmte geschlechterspezifische Sexualnormen internalisiert und Sexualobjekte positiv oder negativ etikettiert wurden. Hier lernte man, welche Eigenschaften eine Person begehrenswert oder abstoßend machten und wie die Gruppe potentieller Sexual- und Heiratskandidat/inn/en von den «liederlichen», «untreuen» und «verderbten» Personen zu unterscheiden war. Im Gerede am Arbeitsplatz wurde auch festgelegt, wer zu den «sittlichen» Arbeiterinnen zählte und wer – zum Beispiel durch Promiskuität oder durch den Verdacht der Käuflichkeit – bereits zu den «gefallenen» Frauen, womöglich sogar zu den potentiellen Prostituierten gehörte.[27] In den sexuellen Verhältnissen der Fabrik manifestierten sich so nicht nur die Klassenunterschiede, sondern auch die Herrschaftsverhältnisse zwischen den Geschlechtern.

Nach den bislang ausgewerteten lebensgeschichtlichen Aufzeichnungen waren erste sexuelle Erlebnisse am Arbeitsplatz oder im Haushalt (besonders mit nichtverwandten Untermietern oder Schlafgängern) meist mit großer Unsicherheit besetzt. Carola Lipp hat herausgestrichen, dass gerade männliche Jugendliche ihre ersten Erfahrungen oft als Übermächtigung durch eine «lüsterne» Frau – oder auch nur als eine diesbezügliche Phantasie – erlebten. Diese Männer bewegten sich «zwischen ohnmächtigen Gefühlen gegenüber den als stark erlebten Frauen und der Identifikation mit der väterlichen Aggressivität. Aus der Spannung zwischen diesen beiden Polen erklären sich zum Teil die Kraftprotzerei und der männliche Leistungsdruck, auch die Gewalttätigkeit, mit der Sexualität im Arbeitermilieu zeitweise agiert wurde.»[28] Für junge Frauen wurden erste sexuelle Kontakte nicht selten zu einem traumatisierenden Ereignis, sexuelle Übergriffe und sexueller Missbrauch waren ein wichtiger Aspekt ihrer Erlebensmöglichkeiten und finden sich in vielen Erzählungen.[29]

Im Allgemeinen kam es jedoch auch in der Arbeiterschaft erst in einem stabileren ‹Verhältnis› oder zwischen Verlobten zu ersten sexuellen Erfahrungen – das aber durchaus schon im Alter von 16 bis 17 Jahren. Bei jenen Arbeiter/inne/n, die in ländliche Verhältnisse eingebunden waren, wurde das voreheliche Geschlechtsleben noch stark von den Institutionen und Regeln der dörflich-bäuerlichen Sexual- und Partnerwahl dominiert.[30] In mittel- und großstädtischen Arbeitermilieus trat das von der Familie, der Nachbarschaft und den Arbeitskolleg/inn/en regulierte System des soziosexuellen Tausches an ihre Stelle. Gewünschte und akzeptierte Beziehungen wurden gefördert, Messaliancen durch Tratsch und andere Sanktionen verfolgt. Diese Form der kollektiven Regulierung verlor allerdings mit der zunehmenden Anonymität großstädtischer Arbeits- und Wohnverhältnisse immer mehr an Bedeutung. Die Zahl der nachträglichen Legitimierungen von unehelichen Kindern – ein Indiz für den sozialen Druck auf die Eltern unehelicher Kinder – nahm in diesem Milieu deutlich ab.[31]

Junge Arbeiterinnen stiegen «in ein heikles sexuelles Handeln (‹sexual bargaining›) ein, indem sie einem Burschen sexuelle und erotische Zuneigung schenkten und sich dafür die freilich sehr begrenzte materielle Sicherheit einer künftigen Ehe versprachen».[32] Ein zu rasches Eingehen auf sexuelle Angebote gefährdete den Ruf einer Frau, umgekehrt reduzierte übergroße Zurückhaltung die Chancen am Liebes- und Heiratsmarkt. Besonders in Regionen, in denen im 19. Jahrhundert die politischen Heiratsverbote rigide exekutiert wurden oder Konkubinate verboten waren und von der Polizei streng verfolgt wurden, entwickelten sich strenge geschlechterspezifische Ehrbarkeitsvorstellungen.[33] Doch selbst hier verstieß es nicht gegen die guten Sitten, wenn es bereits zwischen ‹Liebespaaren› zu sexuellen Kontakten kam. Wie im bäuerlichen Milieu erfolgte der erste Coitus aber meist erst nach dem Heiratsversprechen.

Die Frage, ob in der Arbeiterschaft «Neigungs-» bzw. «Liebesbeziehungen» oder «Vernunftehen» dominierten, ist nicht leicht zu klären. Die divergierenden Standpunkte können hier nur skizziert werden: Für Arbeiter/innen spielten Erbschafts- und Besitzfragen bei der Paarbildung eine wesentlich geringere Rolle als bei Bauern und Bürgern. Doch auch hier dominierten recht pragmatische Vorstellungen von den Qualitäten eines Partners bzw. einer Partnerin. Sexual attraktiv fand man eine Person nicht nur, weil sie körperlich anziehend war, sie sollte auch gesund, fleißig, treu und sittsam sein und so ein stabiles Ehe- und Familienleben ermöglichen.[34] Auch für Arbeiter/innen bedeutete eine Familiengründung, das Elternhaus verlassen und den sozialen und rechtlichen Benachteiligungen von Ledigen – und womöglich auch dem Schicksal einer ledigen Mutter – entgehen zu können. Heirat und Familiengründung kamen aber nur in Betracht, wenn ein sicheres Haushaltseinkommen erwirtschaftet und eine angemessene Zahl von Kinder ernährt werden konnte. Auch im Proletariat setzte eine Haushaltsgründung ein nicht unbeträchtliches, meist im Laufe der Berufstätigkeit angespartes Vermögen voraus, ein Grund, warum nicht nur besser verdienende Männer, sondern auch Frauen mit entsprechender Aussteuer als «gute Partie»[35] galten. Erst nach der Jahrhundertwende verbreiteten sich – zum Leidwesen mancher Vertreterinnen der proletarischen Frauenbewegung[36] – in Teilen der Arbeiterschaft stärker idealisierte bürgerliche Liebesvorstellungen. Peter Borscheid hat die gefährliche Nähe von Idealisierung und Desillusionierung im proletarischen Liebes- und Sexualleben treffend charakterisiert: «By this time, the lower classes had learned to read and to write and tried to carry out what they had read about in cheap novels. However, they first had to discover that love, as had already been warned in the eighteenth century, was a conflict-ridden affair. Many experienced that, in the course of daily arduous struggle to survive, passion could quickly turn into quarreling and hate.»[37]

Der Weg aus der Schwangerschaftsfalle

Nicht wenige Paare mussten jedenfalls noch vor der Eheschließung die Erfahrung machen, dass ihre Sexualkontakte zu einer Schwangerschaft führten. Die Ursachen für die hohen Illegitimitätsraten in der Arbeiterschaft sind bekannt: Politische Heiratsbeschränkungen verhinderten bis in die 1860er und 1870er Jahre, dass besitzlose Personen und solche, die nicht genügend angespart hatten oder verdienten (Fabrikarbeit galt in manchen Regionen als nicht ausreichende Einkommensmöglichkeit), eine Heiratserlaubnis erhielten. Manche Paare verschoben auch von sich aus den Hochzeitstermin, weil sie sich nicht in der Lage sahen, mit den vorhandenen Mitteln einen Hausstand zu gründen. Und letztlich hielt auch eine Reihe von angehenden Vätern ihr Heiratsversprechen nicht ein. Die höchsten Illegitimitätsraten in der Arbeiterschaft fanden sich zu Mitte des 19. Jahrhunderts und gingen in den letzten Jahrzehnten des Jahrhunderts deutlich zurück. Anfang des 20. Jahrhunderts beschleunigte sich diese Entwicklung zuerst bei den Facharbeiterinnen, dann bei den ungelernten Arbeiterinnen. In den 1930er Jahren erreichten die unehelichen Geburten auch in letzterer Gruppe ein niedrigeres Niveau.[38]

Voreheliche Sexualkontakte in der Arbeiterschaft wurden vielfach als letztes Relikt einer spezifisch bäuerlichen Sexualkultur interpretiert. Wie es den Anschein hat, resultierten sie aber aus einer soziosexuellen Logik, die städtischen und ländlichen Unterschichten gemeinsam war. Die Umsetzung sexueller Begierden hinauszuzögern, schien in diesen Schichten nur dann sinnvoll, wenn in absehbarer Zeit geheiratet werden konnte – eine Perspektive, die angesichts niedriger Löhne und instabiler Arbeitsverhältnisse als höchst unsicher galt. Oder wie Lipp meinte: «War der Entschluß zur Heirat oder zum ‹Miteinandergehen› gefallen und damit der ‹Ehre› Genüge getan, bestand kein moralischer Anreiz mehr, sexuelle Bedürfnisse bis zur Ehe aufzusparen. Im Gegenteil schaffte der voreheliche Verkehr als Antizipation der Ehe Bindungen, die es erst erlaubten, gemeinsam auf die Schaffung einer wirtschaftlichen Basis hinzuarbeiten.»[39] So gesehen waren sexuelle Erfahrungen in einem Milieu, in dem man wenig über Zuneigung und Liebe, geschweige denn expressiv über sexuelle Dinge sprach, ein wichtiger Bestandteil der emotionalen Kommunikation und gleichzeitig die Triebkraft für körperliche Nähe und die Entstehung eines Wir-Gefühls. «Geheiratet wird, wenn ein Kind kommt», war zumeist die (nicht notwendigerweise verbalisierte) Übereinkunft des Paares – was nicht hieß, dass der Hochzeitstermin dann doch wieder um ein weiteres Kind aufgeschoben wurde.

Spätestens mit der Heirat kam es im Sexualleben der meisten Arbeiter/innen aber zu einer massiven Veränderung: Nach den vorliegenden Berichten herrschten auch im Proletariat patriarchale Verhältnisse[40] und die sexuelle Begierde von Mann und Frau wurde recht unterschiedlich bewertet. Männer werden als ihr eheliches Recht einfordernd, teilweise gewalttätig und in Sachen Geburtenplanung wenig kooperativ beschrieben. Mit dem Impetus des Familienernährers – eine Einschätzung, die vielfach nicht

mit den beträchtlichen weiblichen Anteilen am Haushaltseinkommen übereinstimmte – stellten die Arbeiter ihre eigenen emotionalen und sexuellen Bedürfnisse über die ihrer Ehefrauen. Aufgrund der langen Arbeitstage reduzierte sich das Geschlechtsleben meist auf einen Abend des Wochenendes und hier auf die
Zeit nach dem Wirtshausbesuch des Mannes. Geht es nach lebensgeschichtlichen Untersuchungen über Berliner Arbeiterfamilien
nach dem Ersten Weltkrieg, dann gehörte sexuelle Gewalt in
den ehelichen Beziehungen zum «beinahe rituellen, habituellen,
banalen, im Alltag gegenwärtigen, den Lebensrhythmus bestim-
menden Bestandteil des Lebens».[41]

Für viele Arbeiterfrauen war der Gewaltaspekt einer der Gründe, warum sie das Sexuelle mit zunehmenden Alter als belastend
und bedrohlich empfanden. Besonders die Aussicht auf weitere
Schwangerschaften, gefährliche Geburten und einen zusätzlichen
Esser am Tisch scheint ihr sexuelles Erleben negativ beeinflusst
zu haben. Wurden im Bauernhaus viele Nachkommen nicht nur
als Belastung, sondern auch als Vergrößerung des Arbeitskräf-
tepotentials und womöglich als Bestandteil der Altersvorsorge
gesehen, waren sie im Arbeiterhaushalt oft der Grund, warum
die vorhandenen Einkommen nicht mehr ausreichten und die
Familie immer weiter verarmte. Es verwundert nicht, dass diese
Sexualproblematik in lebensgeschichtlichen Erzählungen von Arbeiterinnen vermehrt angesprochen werden: Nicht wenige Frauen
berichten von der Hoffnung, «daß schon nichts passieren wird»,
von den unerwünschten sexuellen Annäherungen des Gatten
sowie von erfolgreichen und gescheiterten Verhütungsmaßnahmen.
Männer hingegen sahen durch den sexuellen Rückzug ihrer Frau-
en oftmals ihre ehelichen Rechte verletzt, reagierten mit Gewalt,
mit einem «Seitensprung» oder auch durch Kontakte zu Prostituierten.[42]

Schwangerschaften zu verhindern war ein zentrales Anliegen
insbesondere von verheirateten älteren Arbeiterinnen.[43] 1914 gaben bei einer Befragung zwischen 65 und 75 Prozent der Arbei-
ter/innen an, irgendeine Form von Geburtenkontrolle zu prakti-
zieren.[44] Wobei der Coitus interruptus (das «Aufpassen»), eine
recht unsichere Verhütungsmethode, die ein hohes Maß an Ko-
operation seitens des Partners erforderte, am häufigsten zur Anwendung kam. Ebenfalls nicht sehr effektiv waren die von vielen

Frauen praktizierten nachträglichen Scheidenspülungen. Allein aus Kostengründen fanden sicherere Kondome bis in die zwanziger Jahre wenig Verbreitung. Pessare und Diaphragmen waren kompliziert anzuwenden und machten teure Arztbesuche notwendig. Anzunehmen ist, dass auch im Arbeitermilieu sexuelle Askese – ein bisher historisch kaum untersuchtes Thema – eine wichtige Methode der Familienplanung darstellte. Zumindest für städtische, gebildete Arbeitergruppen traf für die Zeit nach dem Ersten Weltkrieg zu, was James Woycke als generellen Trend der Familienplanung annahm: «During the 1920s the third stage of diffusion saw the mass acceptance of modern [mechanic and chemical] contraception by people in all classes of society. The impact of war, revolution, and inflation intensified socio-economic pressures to control fertiliy; more extensive and overt marketing and advertising increased awareness and availability of contraceptives.»[45]

Die Verfügbarkeit billiger mechanischer und chemischer Verhütungsmittel allein reicht jedoch zur Erklärung des Geburtenrückganges nicht aus.[46] Die größere Nachfrage nach den neuen Präventivmitteln resultierte auch aus einer veränderten Haltung zur ‹Geburtenfrage›. In vielen Teilen der Arbeiterschaft verlor nach der Jahrhundertwende die ‹alte› fatalistische bzw. stark religiös geprägte Lebenssicht immer mehr an Bedeutung und wurde durch eine ‹moderne› Haltung zur «Sexualfrage» ersetzt. Bewusste und immer sicherere Kontrazeption wurde nun als eine Möglichkeit gesehen, das eigene Leben und das der Kinder willentlich zu gestalten. Die von Arbeiterinnen und Arbeitern überlieferten Verhütungsmotive zeigen, dass es dabei eine deutliche geschlechterspezifische Gewichtung gab: Frauen wollten den Kinderreichtum vor allem deswegen beschränken, weil sie die Arbeitsbelastung und negative Folgen für die Gesundheit befürchteten, Männer dachten primär an die finanzielle Belastung für den Haushalt.[47]

Die Ursachen für diesen mentalen Wandel sind breit gestreut. Sie reichen von der Säkularisierung der städtischen Lebenswelt bis zur Ideologisierung in den sozialdemokratischen und kommunistischen Parteien, von der Verbesserung der Grundschulausbildung (und damit der Lese-, Schreib- und Bildungsfähigkeit) bis zur zunehmenden Orientierung an bürgerlichen Familienidealen.[48] Als

Max Marcuse im Jahr 1917 300 Ehepaare nach ihrer Meinung zur Fortpflanzung befragte, konnte er unter den Arbeiter/inne/n neben dem ‹alten› fatalistischen Typ bereits viele finden, für die eine große Kinderschar als «unmodern» galt und die sich die «französische Kleinfamilie» zum Vorbild genommen hatten.[49] Für diese Arbeiter/innen war die Intimisierung und Individualisierung sowohl Voraussetzung als auch Folge der kleineren Kinderzahl.[50] Die bürgerliche Domestizierung der Arbeiterklasse resultierte so nicht nur aus verstärkter Familienbildung, sondern auch vermehrter Familienplanung.[51]

Bevor bewusste und halbwegs sichere Geburtenregulierung zum Standard werden konnte, hatten die Arbeiterinnen weiter unter den Folgen ungewollter Schwangerschaften zu leiden. Gerade die Furcht vor gefährlichen Abtreibungen ließ in wirtschaftlicher Not oder bei großer Kinderzahl die Prävention immer notwendiger erscheinen. Im Vergleich zu anderen sozialen Gruppen existierte unter den Arbeiterinnen jedoch auch in den ersten Jahrzehnten des 20. Jahrhunderts eine relativ hohe Abtreibungsrate.[52] Schwangerschaftsabbruch, der von den betroffenen Frauen, von Nachbarinnen oder von gewerbsmäßigen Abtreiber/inne/n durchgeführt wurde, gehörte zu dieser Zeit noch mehr oder weniger zum weiblichen Alltag. Neben den traditionellen Abortiva wie Mutterkorn oder Sadebaum, wurden nun auch neue Chemikalien und Instrumente eingesetzt. Aufgrund möglicher Spätfolgen wie Infektionen oder Verletzungen blieb die Abtreibung aber nach wie vor ein lebensgefährlicher Eingriff. Im Gegensatz zum bäuerlichen Milieu und zu den städtischen Dienstmädchen, gab es in der Arbeiterschaft auch Anfang des 20. Jahrhunderts die meisten Abtreibungen nicht unter den jüngeren und ledigen, sondern unter den älteren und verheirateten Frauen. Besonders in wirtschaftlichen Krisenzeiten wie in den späten zwanziger und frühen dreißiger Jahren stiegen die Abtreibungszahlen bei ihnen auch wieder rapide an.[53]

Wirtschaftliche Not war zumeist auch der Grund, warum Arbeiterinnen – wie allgemein Unterschichtfrauen in städtischen und ländlichen Regionen – der Prostitution nachgingen. Von den Berliner Prostituierten stammten 1875 immerhin zwischen 10 und 25 Prozent aus Arbeiterfamilien, von den «heimlichen» nicht registrierten Prostituierten Stuttgarts dürfte ein noch größerer Teil aus der Gruppe der Hand- und Fabrikarbeiterinnen gekommen sein.[54] Gerade in den unteren Einkommensgruppen war jedoch meist nicht klar festzustellen, wo die Grenze war zwischen Übergangsprostitution – dem in Zeiten der «Notbehelfsökonomie»[55] für die Frauen moralisch durchaus legitimen Geschäft mit dem Körper – und der professionellen Prostitution. Dass promiskuitives und prostitutives Verhalten von der Arbeiterschaft und hier wiederum von den Arbeiterinnen besonders sensibel wahrgenommen wurde, resultierte wohl auch aus der Gefahr, bei Arbeitslosigkeit womöglich selbst auf die Vermarktung des eigenen Körper zurückgreifen zu müssen. Doch auch in diesem Punkt gab es recht unterschiedliche Meinungen: Respektable Arbeiter/innen warfen vornehmlich den untersten Schichten, dem «Lumpenproletariat», Unsittlichkeit und Prostitution vor und sprachen sich selbst von diesem «schmutzigen» Laster frei. Im Gegensatz dazu meinten viele bürgerliche Zeitgenossen, dass Arbeiterinnen generell zum «Prostitutionsgeschäft» neigten.

Die «Prostitutionsfrage» wurde zusammen mit der Debatte über die Geschlechtskrankheiten, den Geburtenrückgang und die Homosexuellen zu einem der Ausgangspunkte der Politisierung und Medizinierung des sexuellen Begierde in der zweiten Hälfte des 19. und den ersten Jahrzehnten des 20. Jahrhunderts. Wie den Arbeiter/inne/n warf man auch den Prostituierten und Homosexuellen vor, ihre sexuelle Begierden frei, triebgeleitet und schamlos auszuleben und damit die bürgerliche Familie und die in ihr befriedete «Sexualität» zu gefährden. Mehr noch als den Arbeiter/inne/n unterstellte man ihnen jedoch, nicht aufgrund sozialer Umstände zu ihrem unsittlichen Lebenswandel gezwungen zu sein, sondern wegen einer besonderen, ‹perversen› Veranlagung.

7. Politisierung und Medizinierung des Sexuellen im späten 19. und in der ersten Hälfte des 20. Jahrhunderts[1]

Wissenschaft und Politik interessierten sich im 18. und frühen 19. Jahrhundert immer häufiger für den Gesundheitszustand, das Reproduktionsverhalten und die Sexualmoral der Bevölkerung. Anthropologen, Mediziner und Demographen produzierten massenhaft Daten über den Zustand der Bevölkerung, die herrschaftlichen Bürokratien versuchten mittels legislativer und administrativer Maßnahmen das Verhalten und die Einstellung einzelner sozialer Gruppen zu beeinflussen. Dass ihre Ambitionen meist wirkungslos blieben, weil sie fernab der sozialen Praxis und der ihr innewohnenden Logik konzipiert waren, ist nicht nur ein Phänomen des hier betrachteten Raumes. In der zweiten Hälfte des 19. Jahrhunderts und vor allem in den ersten Jahrzehnten des 20. Jahrhunderts wurden die von Natur- und Sozialwissenschaftlern, Politikern, Klerikern und «Pressure Groups» initiierten Diskussionen über das Sexualleben zunehmend in eine breitere Öffentlichkeit getragen und als dringend zu lösende «Sexualfrage» debattiert. Die Regulierung der Prostitution, die Bekämpfung der Geschlechtskrankheiten, die ‹Behandlung› der Homosexuellen und die individuelle Geburtenkontrolle waren die zentralen Themen dieser Auseinandersetzung.

Für und wider die Reglementierung der «gefallenen Frau»

Zeitgenössische Beobachter aus Politik, Kirche und Wissenschaft waren sich einig, dass die seit der Mitte des 19. Jahrhunderts scheinbar sprunghafte Zunahme der (groß-)städtischen Prostitution für die angeblich ebenso rasche Verbreitung von Geschlechtskrankheiten verantwortlich zu machen sei. Die sexualitätsgeschichtliche Forschung hat jedoch gezeigt, dass die während der Prostitutionsdebatte des 19. und frühen 20. Jahrhunderts veröffentlichten Zahlen mit äußerster Vorsicht zu genießen sind,[2] da die polizeiliche Reglementierung zu höchst divergierenden Erhebungsraten geführt hat. Im Unterschied zu früheren Jahrhunderten, in denen die Bordellierung dominierte,[3] sahen die gesetzlichen Regelungen nun zwar keine strafrechtlichen Sanktionen mehr vor, die Prostituierten waren aber der strengen Überwachung durch die (Sitten-)Polizei unterstellt (siehe Kapitel 2).[4] Diese wiederum ging mittels lokaler Polizeivorschriften gegen den «Nährboden der Lustseuche» vor. Die Kunden der Prostituierten – über deren soziales Profil wir bislang noch relativ wenig wissen[5] – blieben dabei weitgehend unbehelligt. Aufgrund der polizeilichen Vorgangsweise ließ sich nur ein geringer Teil der Frauen registrieren, über die Gesamtzahl der Prostituierten liegen deshalb keine verlässlichen Statistiken vor. Die veröffentlichten Prostituiertenzahlen basierten auf Schätzungen, die je nach dem Grad der moralischen Empörung und dem professionellen Vorteil für die Schätzenden variierten – im Wien des Fin de Siècle zum Beispiel zwischen 30000 und 50000 Personen.[6]

Genauso wenig wie über die Anzahl der Prostituierten war man sich über die eigentliche Definition dieser Personengruppe einig.[7] In der Maximalvariante rechnete man, wie etwa die Wiener Polizei im Jahr 1861, zu den ‹hauptberuflichen› Prostituierten (den «Lohnhuren») noch die «Gelegenheitsbuhlerinnen, das sind jene Frauenspersonen, welche der unsittlichen Befriedigung des Geschlechtstriebes dienen ohne die Unzucht als Gewerbe zu betreiben, aber doch aus Gewinnsucht»[8], und gegebenenfalls auch die Mätressen und Konkubinen und markierte mit «Hurerei» viele Bereiche des außerehelichen Geschlechtsverkehrs von Frauen. Auch aufgrund dieser Definitionsschwierigkeiten ist es nicht möglich von einer wie immer gearteten Veränderung der Prostituiertenzahlen im 19. Jahrhundert zu sprechen. Die Erhöhung des (statistisch einigermaßen verlässlichen) Standes der gemeldeten Prostituierten (z. B. in Berlin von 1709 Personen im Jahr 1869 auf 3709 im Jahr 1903)[9] ist ebenfalls wenig aussagekräftig, da die jeweiligen polizeilichen Maßnahmen zu einer recht unterschiedlichen Registrierung geführt haben.

Lange Zeit kontrovers diskutiert wurde auch die soziale Herkunft der Prostituierten: Nach der gängigen zeitgenössischen Vorstellung rekrutierten sich die Frauen vornehmlich aus den städtischen Dienstboten, gefolgt von Kellnerinnen, Arbeiterinnen und Schauspielerinnen. Neuere Untersuchungen haben diese Sicht jedoch revidiert: Die Prostituierten setzten sich primär aus berufstätigen Frauen der Unterschicht und sozial absteigender Kreise der Mittelschicht zusammen, deren berufliche Zusammensetzung über die Jahre hinweg schwankte.[10] Die Annahme, besonders Dienstmädchen hätten zur Prostitution tendiert, hat sich als ebenso falsch erwiesen wie der Mythos, dass eine einmal «gefallene Frau» nicht in die Normalexistenz zurückfinden könnte.[11] Für viele dieser Frauen war, wie Karin Jusek festgestellt hat, «die Prostitution auch schon vor der Jahrhundertwende ein Durchgangsstadium – um Zeiten der Arbeitslosigkeit zu überbrücken – und sie blieben keineswegs im Gewerbe ‹hängen›».[12]

Infolge der strikten polizeilichen Verfolgung der «Kuppelei» und von Bordellbesitzern und Zuhältern dehnte sich in den letzten Jahrzehnten des 19. Jahrhunderts der individuelle Straßenstrich immer weiter aus. Prostituierte wurden in das städtische Waren- und Konsumangebot integriert, ihr Körper als Tauschwert in der Warenökonomie platziert. Selbst wenn die Prostitution meist auf bestimmte Stadtviertel oder Straßenzüge beschränkt blieb, wurde sie in der Öffentlichkeit sichtbarer und stellte für die ehrbare Bürgerschaft bald den Inbegriff des moralischen und zivilisatorischen Niedergangs dar.[13] Ab der Jahrhundertwende sah man in der Prostitution deshalb nicht mehr nur ein moralisches und gesundheitspolitisches Übel, sondern auch ein Zeichen für die Fehlentwicklung der modernen urbanen Gesellschaft – sie sei eine Folge der Vereinzelung im städtischen Leben, der angeblich um sich greifenden «Nervosität» und der Zerrüttung der Familien durch sexuellen Exzess und venerische Krankheiten.[14] Zur Lösung des Prostitutionsproblems wurde eine neuerliche «Kasernierung» der «Strichmädchen» vorgeschlagen, zumeist kam es jedoch nur zur Einrichtung von «Sperrbezirken», die von Prostituierten nicht betreten werden durften, sowie zur verschärften polizeilichen Überwachung. Zu letzterer zählten nicht nur die intensivierte Ausforschung und Beobachtung, sondern auch die zwangsweise medizinische Untersuchung von registrierten Prostituierten und von Frauen, die der «Hurerei» verdächtigt wurden.

Übergriffe der Sittenpolizei auf «unbescholtene» Frauen und erste Umfragen und Berichte über die misslichen Lebensumstände der Prostituierten waren der Anlass, weshalb die gängige Polizeipraxis immer mehr in Frage gestellt wurde. Insbesondere die Vertreterinnen der bürgerlichen und proletarischen Frauenbewegung, die Mitglieder von Sittlichkeitsvereinen und Abolitionistinnen traten gegen die Reglementierungspraxis auf.[15] Sie brachten dabei recht unterschiedliche Argumente ins Spiel: Einige Gruppen wandten sich gegen die gesetzliche und polizeiliche Ungleichbehandlung von Mann und Frau und hier vor allem gegen die Zwangsuntersuchung (die nur bei Frauen durchgeführt wurde); andere votierten für eine generelle moralische Erneuerung oder überhaupt für eine völlige Abschaffung der Reglementierung. Egal welcher Fraktion die Kritikerinnen und Kritiker angehörten, ihr gemeinsames Ziel sahen sie in der Abschaffung der bürgerlichen Doppelmoral, die bei Männern vor- und außereheliche Sexualkontakte tolerierte, bei Frauen aber strikt ablehnte. In der Frage der Ursachen der Prostitution gingen die Meinungen allerdings wieder auseinander: Manche meinten, dass die Frauen durch schlimme soziale und ökonomische Umstände zur Prostitution getrieben wurden, andere glaubten in der «geborenen Dirne» ein weibliches Äquivalent zum «geborenen Verbrecher» gefunden zu haben und unterstellten ihr aufgrund einer «moral insanity», einer moralischen Geisteskrankheit, zu ihrem «Gewerbe» gekommen zu sein.[16]

Nicht wenige nutzten die öffentliche Diskussion auch dazu, die sexuelle Begierde der Männer zu problematisieren. Selbst jene, die glaubten, Männer hätten einen stärkeren Sexualtrieb, forderten dabei, dass sie ihre sexuelle Betätigung auf den ehelichen Geschlechtsverkehr beschränken sollten. Die «Syphilisation»[17] der Prostituierten und die Pathologisierung und Kriminalisierung ihres Sexualverhaltens[18] diente so gesehen auch dazu, die Männer von dieser Form der sexuellen Betätigung fernzuhalten. Eine weitere, allerdings nicht intendierte Folge der Pathologisierung und Politisierung der «Hurerei» war, dass sich die Prostituierte im späten 19. und frühen 20. Jahrhundert, wie Anita Ulrich feststellte, «von einer Amateurin zu einer ‹professional› entwickelte, die ihre Tätigkeit nicht als Überlebensstrategie in wirtschaftlich schwierigen Zeiten verstand, sondern als Beruf auffaßte».[19]

Dass die sittenpolizeiliche Überwachung immer mehr unter Beschuss kam, hatte auch mit der geringen Effektivität der Erfassung und Kontrolle der heimlichen Prostituierten zu tun. Angesichts dieser Tatsache ließ sich ab 1900 bei fast allen Diskurs-Fraktionen – etwa auf den von der «Deutschen Gesellschaft zur Bekämpfung der Geschlechtskrankheiten» organisierten Kongres-

sen der Jahre 1903 und 1905[20] – ein Meinungsumschwung feststellen. Im Deutschen Reich setzte zuerst Preußen (1907) die sittenpolizeiliche Überwachung der Prostituierten aus. Dies allerdings nur unter der Bedingung, dass sich die Frauen regelmäßig
ärztlich untersuchen ließen.[21] Dieser erste Versuch der Entkriminalisierung scheiterte allerdings am Widerstand der Sittenpolizei,
die weiterhin nach den Bestimmungen des Strafgesetzbuches, das
noch immer zahlreiche Bestimmungen zum Umfeld der Prostitution enthielt, vorging.

Während des ersten Weltkrieges ordnete die Militärverwaltung
wieder eine Verschärfung der Reglementierung an und wollte damit den Gesundheitszustand der Soldaten verbessern. Gleichzeitig
wurden in der Etappe Bordelle zugelassen, in denen Prostituierte
und Kunden venerische Schutzmittel verwenden mussten. Nach
dem Krieg beseitigte das «Gesetz zur Bekämpfung der Geschlechtskrankheiten» (1927) für einige Jahre die sittenpolizeiliche
Zwangsuntersuchung und erlaubte es den Prostituierten sich relativ
frei zu bewegen; ausgenommen blieb nach wie vor die Umgebung
von Kirchen und Schulen.[22] Die Gesundheitsbehörden verlangten
weiterhin Gesundheitszeugnisse und ordneten bei venerischen
Erkrankungen eine medizinische Behandlung und regelmäßige
Kontrollen an. Einschreiten konnte die Polizei aber nur mehr,
wenn Prostituierte in einer «Sitte und Anstand verletzenden oder
andere belästigenden Weise zur Unzucht»[23] aufforderten oder öffentliches Ärgernis erregten. Die Überwachung von Bordellen
und Absteigen lag jedoch weiter in den Händen der Polizei und
gab ihr die Möglichkeit jederzeit einzugreifen.

Während der Zeit des Nationalsozialismus wurden sowohl
Reglementierung als auch Bordellwesen forciert, beides primär
aus gesundheitspolitischen Gründen. Mit dem im Mai 1933 vor-
genommenen Verbot der reglementierten Straßenprostitution und
der gleichzeitig forcierten ärztlichen Überwachung der Bordelle
glaubten die Nazis eine «Patentlösung gegen die Geschlechtskrankheiten»[24] gefunden zu haben. Unter diesen Auspizien betrieb auch die Wehrmacht während des Zweiten Weltkrieges in
den besetzten Gebieten über 500 Bordelle für ihre Angehörigen,
der Staat wurde zum «Zuhälter in großem Stil».[25] Um eine Ansteckung zu verhindern, wurden dort nicht bloß die Prostituierten
gesundheitlich überwacht, sondern auch die Soldaten. Sie mussten

beim Geschlechtsverkehr Kondome verwenden und anschließend ihre Genitalien in eigenes dafür vorgesehenen Räumlichkeiten desinfizieren. Ähnlich verwaltete man Bordelle für Zwangsarbeiter, von denen 1943 in Deutschland ca. 60 existierten. Ab 1942 wurden auch in Konzentrationslagern Bordelle angelegt, in denen inhaftierte Frauen zur Prostitution gezwungen wurden.[26] Nach der NS-Ideologie gehörten Prostituierte zur Kategorie der sogenannten «geistig und moralisch Minderwertigen» und waren deshalb seit dem Beginn der Nazi-Herrschaft von eugenischen Zwangssterilisationen betroffen. Sie teilten dieses Schicksal mit einer Gruppe, die seit dem späten 19. Jahrhundert immer mehr ins Zentrum des medizinischen und politischen Diskurses gerieten – den Homosexuellen.

Homosexuelle in den Fängen von Politik und Medizin

Ende des 19. Jahrhunderts avancierte auch die «Homosexualität» immer mehr zu einem öffentlichen Thema. Angetrieben von Diskussionen um die nach wie vor repressiven Bestimmungen des Strafrechts,[27] musste sich nun neben den Medizinern und Psychologen auch vermehrt Politiker mit der gleichgeschlechtlichen Begierde auseinandersetzen. Die emanzipatorischen Schriften der «Konträrsexuellen» und die gegen die «Unzuchts»-Paragraphen gerichteten Stellungnahmen einiger Juristen und Mediziner zeitigten jedoch kaum Auswirkungen auf ihre politischen Entscheidungen. So debattierte zwar der Deutsche Reichstag wiederholt, ob der Staat überhaupt berechtigt sei, sich in Fragen der Sittlichkeit und des Sexuallebens der Bürger/innen einzumischen, Änderungen des § 175 wurden jedoch nicht beschlossen. Die nach 1900 von Magnus Hirschfeld und dem «Wissenschaftlich-humanitären Komitee» (WhK) eingereichten Petitionen blieben genauso wirkungslos wie der Versuch die Diskussion auf eine mehr rationale und wissenschaftliche Ebene zu heben. Die vom WhK 1903/1904 unter mehreren tausend Berliner Studenten und Metallarbeitern durchgeführte Umfrage zur sexuellen Orientierung ergab, dass sich 6,0 Prozent der Studenten als teilweise und 1,5 Prozent als ausschließlich schwul betrachteten; unter den Metallarbeitern lag die Rate bei 4,3 und 1,1 Prozent.[28] Die Umfrage erregte zwar wegen des hohen Anteils der «Homosexuellen» publizistische Aufsehen, eine Strafrechtsreform konnte aber auch sie nicht bewirken. Die Skandale um Krupp, Bülow, Eulenburg und Moltke führten umgekehrt dazu, dass der § 175 noch tiefer in die partei- und alltagspolitischen Auseinandersetzungen geriet.[29] Besonders die linken Parteien prangerten die selektive Anwendung des Paragraphen als Klassenjustiz an[30] und sprachen von homosexueller Männerbündelei und sittlichem Verfall in allerhöchsten Staatskreisen.[31]

Nach dem Ersten Weltkrieg führte die Meinungs-, Presse- und Versammlungsfreiheit zu einem regelrechten Boom von homosexuellen Organisationen, Zeitschriften und Filmen. Obwohl gleichgeschlechtliche Akte weiterhin strafrechtlich belangt wurden, entwickelte sich in den «Goldenen Zwanzigern» besonders in den Großstädten eine blühende schwule und lesbische Subkultur, einschlägige Bars und Varietés florierten.[32] Die Duldung einer gleichgeschlechtlichen ‹Szene› darf allerdings nicht darüber hinwegtäuschen, dass das öffentliche wie private Leben von Schwulen und Lesben weiterhin durch polizeiliche Verfolgung und Ausforschung bedroht wurde.[33] In der berühmtesten sexualreformerischen Institution der Zwischenkriegszeit, dem 1919 in Berlin gegründeten «Institut für Sexualwissenschaft», gehörte deshalb auch der «Befreiungskampf der Homosexuellen»[34] zur wichtigsten Aufgabe. Die sozialdemokratischen und kommunistischen Parteien sprachen sich in den zwanziger Jahren (mehr oder weniger) für eine Abschaffung der strafrechtlichen Verfolgung konsensueller gleichgeschlechtlicher Akte aus – der § 175 überdauerte aber auch die Zwischenkriegszeit ohne Reform. Bezeichnenderweise hielten sich die linken Parteien nicht zurück, den Homosexualitätsvorwurf trotzdem als politisches Kampfmittel einzusetzen. Besonders die Röhm-Affäre zementierte das Stereotyp vom tendenziell homosexuellen Nazi und machte es zu einem fixen Bestandteil der linken Propaganda und des antifaschistischen Exildiskurses.[35]

Die nationalsozialistische Sexual- und Gesundheitspolitik wandte sich strikt gegen jede Form gleichgeschlechtlicher sexueller Begierde unter Männern.[36] Nach der rassenhygienischen Ideologie würden Homosexuelle das Volkswachstum quantitativ, nämlich durch die Vergeudung von «Zeugungskraft», als auch qualitativ, durch ihre angeblich «erbbiologische Minderwertigkeit» bedrohen.[37] Die Homophobie der Nazis resultierte auch aus der problematischen Abgrenzung von homosozialen und homoerotischen Männerbeziehungen in den eigenen Organisationen. Homosexualität wurde hier als eine ansteckende soziale Krankheit gesehen, die sich in den NS-Männerbünden und insbesondere in der Wehrmacht ausbreiten und die «reine» Männerfreundschaft gefährden könnte.[38] Das Strafgesetz von 1935 sah deshalb für jede Form von Unzucht zwischen Männern über 21 Jahren – und nicht nur für beischlafähnliche Handlungen – eine Zuchthausstrafe von sechs Monaten bis fünf Jahren, in «schweren» Fällen sogar bis zu zehn Jahren vor.[39] Gleichgeschlechtliche Handlungen unter Frauen blieben weiterhin straffrei. Die NS-Ideologie definierte Frauen als sexuell völlig vom Mann abhängig und sah lesbische Beziehungen als eine unbedeutende gesellschaftliche Randerscheinung, die die «Volksgemeinschaft» nicht gefährden könnte.[40] Im Gegensatz dazu sanktionierte der § 129 des österreichischen Strafrechts auch lesbische Sexualdelikte und wurde in der Nazizeit dementsprechend exekutiert.[41]

Anders als der Holocaust wurde die Verfolgung der Homosexuellen weder durchgehend geplant noch konzertiert ausgeführt. Schon kurz nach der Machtübernahme wurden aber bekannte Szenelokale von der Polizei und Gestapo geschlossen, einschlägige Zeitschriften beschlagnahmt und mit der verschärften polizeilichen Ausforschung von Homosexuellen – durch Überwachung und den Einsatz von ‹Lockvögeln› und Strichjungen – begonnen.[42] Obwohl die Gerichte bis 1945 ca. 50000 Personen wegen «Unzucht wider die Natur» verurteilten und die im Jahr 1936 auf einen Geheimbefehl Heinrich Himmlers gegründete «Reichszentrale zur Bekämpfung der Homosexualität und Abtreibung» und die Gestapo ca. 90000 Personen registrierten, wurden ‹nur› zwischen 5000 und 15000 Personen in Konzentrationslager deportiert.[43] Ab Kriegsbeginn drohte besonders «schweren Fällen» die Todesstrafe.[44] Für österreichische Großstädte kann die kriminalpolizeiliche und gerichtliche Verfolgung anhand von Prozesszahlen und Verurteilungen annähernd abgeschätzt werden:[45] Demnach kam es nach der Machtübernahme durch die Nationalsozialisten im Jahr 1938 zu einer Verdoppelung, 1939 sogar zu einer

Vervierfachung der Verfahren wegen § 129. Die Zunahme der Anklagen resultierte jedoch weniger aus der intensivierten polizeilichen Überwachung, als aus der steigenden Zahl von Denunziationen durch die Bevölkerung. Nach Kriegsbeginn sank die Zahl der Verhandlungen wieder auf die Werte vor dem «Anschluss». Die Haftdauer nahm in der NS-Zeit ebenfalls zu, nämlich von durchschnittlich vier auf acht Monate. Neben dem Delikt der «Unzucht mit Personen gleichen Geschlechtes» wurde vielen erschwerend zu Last gelegt, auch sexuelle «Gewohnheitsverbrecher» zu sein. Nicht quantifizierbar ist die Gesamtzahl jener Personen, die der Homosexualität verdächtigt, wegen gleichgeschlechtlicher Unzucht verurteilt oder von den Nazis zu einer sogenannten «Behandlung», einer Kastration, gezwungen wurden. Schon ab 1933 konnte diese «Behandlung» von der Justiz bei «schweren» homosexuellen Delikten als Zwangsmaßnahme verhängt werden. In den folgenden Jahren wurde die sogenannte «freiwillige» Kastration forciert und galt als Bedingung für die Entlassung aus der Vorbeugehaft und als ‹Chance› dem KZ-Aufenthalt zu entgehen.[46]

Die Nazi-Diktatur legitimierte die Homosexuellenverfolgung mit eugenischen und rassenhygienischen Argumenten. Auch Geburtenkontrolle und Abtreibungsregulierung gehörten zu ihrer pro- und antinatalistischen Politik und wurden seit dem Beginn der NS-Herrschaft mittels Gesetzen und exekutierender Maßnahmen intensiv betrieben. Die Nationalsozialisten setzten dabei mit ihren Mitteln eine Politik fort, deren Wurzeln bis ins 19. Jahrhundert zurückreichten und die insgesamt auf eine quantitative und qualitative Regulierung der Fortpflanzung abzielte.

Geburtenregelung – ein Kampf um die Moderne

Demographen stellten um die Jahrhundertwende fest, dass die Fertilität auch in Mitteleuropa – und nicht nur in angeblich dekadenten und degenerierten Staaten wie Frankreich – deutlich zurückging.[47] Die regelmäßig publizierten Bevölkerungsstatistiken schienen schlimmste Befürchtungen über das «Aussterben» der Nation zu rechtfertigen und machten das reproduktive Verhalten auch im Deutschen Reich und in der Habsburgermonarchie zu einem politischen Dauerbrenner. Lag die Geburtenzahl (die Anzahl der Lebendgeborenen pro 1000 Einwohner) in der Gesamtbevölkerung bis zur Jahrhundertwende noch im Bereich von 30 bis 40 Geburten, so begann sie danach rapide auf 10 bis 20 zu sinken.[48] Wobei in Österreich der Rückgang später einsetzte als in Deutschland oder der Schweiz (die ersten 10 Prozent Reduktion wurden hier 1907, in den beiden anderen Ländern 1888 und 1887 erreicht).[49] Die protestantischen Regionen starteten insgesamt früher, schneller und von einem niedrigeren Fertilitätsniveau als die katholischen, städtische Gebiete früher als ländliche. Nachfolgende Tabelle zeigt am Beispiel Deutschlands, dass dabei große soziale Unterschiede existierten.

Tabelle: Durchschnittliche Kinderzahl pro Ehe nach Berufsstellung, Wirtschaftssektor und Eheschließungsperiode (Deutsches Reich, spätes 19. und frühes 20. Jahrhundert)[50]

		Eheschließungsperiode				
Berufsgruppe	vor 1905	1905– 1909	1910– 1914	1915– 1919	1920– 1924	1925– 1929
Landwirtschaft						
Selbständige	5,5	4,6	4,1	3,5	3,1	2,7
Arbeiter	6,1	5,2	4,7	4,1	3,5	3,0
Insgesamt	5,5	4,7	4,1	3,6	3,2	2,8
Nicht-Landwirtschaft						
Selbständige	4,0	3,1	2,6	2,2	1,9	1,7
Beamte/ Berufssoldaten	3,5	2,9	2,5	2,1	1,8	1,6
Angestellte	3,4	2,7	2,3	1,9	1,6	1,5
Arbeiter	4,7	3,8	3,3	2,8	2,4	2,1
Insgesamt	4,5	3,4	2,9	2,4	2,1	1,9
Gesamtbevölkerung	4,7	3,6	3,1	2,6	2,3	2,0

Die Differenzierung nach Berufsgruppen offenbart, dass die durchschnittliche Kinderzahl der landwirtschaftlichen Arbeitskräfte in allen Kohorten über der der Selbständigen in diesem Sektor lag. Beide Landwirtschaftsgruppen rangierten deutlich über der nicht-landwirtschaftlichen Bevölkerung. Die Beamten und Angestellten hatten schon zu Beginn des Fertilitätsrückganges wesentlich niedrigere Zahlen aufzuweisen.[51] In beiden Gruppen setzte sich der Rückgang weiter fort, wobei der Abstand zu den anderen Professionen immer geringer wurde. Die höchsten Kinderzahlen innerhalb der nicht-landwirtschaftlichen Bevölkerung gab es unter Arbeiter/inne/n, schon deutlich darunter angesiedelt war die heterogene Gruppe der Selbständigen.[52] Innerhalb der ersten drei Jahrzehnte des 20. Jahrhunderts kam es insgesamt zu einer Halbierung der ehelichen Geburtenzahl. Die Bevölkerung Wiens und Berlins hatte in der Zwischenkriegszeit eine derart geringe Fertilität aufzuweisen, dass man sogar von den «unfruchtbarsten» Städten der Welt sprach.[53]

Angesichts dieser Entwicklung erklärten Politiker und Wissenschaftler die «Fortpflanzungsfrage» zur «bedeutsamste(n) für die modernen Kulturvölker».[54] Zur Aufrechterhaltung des Staates, seiner Wirtschaftskraft und Wehrfähigkeit, schien der Kampf gegen den Geburtenrückgang unumgänglich. Auch wenn diese bevölkerungszentrierte Perspektive meist im Mittelpunkt stand, darf nicht außer Acht gelassen werden, dass es bei der Diskussion über die Geburtenregelung und Abtreibung nicht nur um Ängste vor dem «Aussterben» der Nation ging. Die deutschsprachige Debatte setzte bereits zu einem Zeitpunkt ein, als der Fertilitätsrückgang noch nicht als besonders bedrohlich für die demographische Entwicklung eingeschätzt wurde. Im Gegensatz zu Frankreich, wo die Geburtenzahl schon viel früher sank und man den demographischen Übergang seit der Volkszählung des Jahres 1856 intensiv diskutierte, sahen die meisten deutschen und österreichischen Wissenschaftler in den rückläufigen Geburten noch um 1900 eine unproblematische Folge der demographischen Normalisierung – im Vergleich mit den vorhergehenden Jahrzehnten hatte es in den 1870er und 1880er Jahren in Österreich und Deutschland mit ca. 37–39 Geburten pro tausend Frauen eine sehr hohe Fruchtbarkeit gegeben.[55]

Die Sorge um die zukünftige Bevölkerungsentwicklung resultierte, so Christiane Dienel, auch aus der generellen Furcht vor den radikalen Umwälzungen der Moderne, vor sozialem, ökonomischem und kulturellem Chaos: «Nur so ist erklärbar, warum die Diskussion in Deutschland ebenso umfangreich oder umfangreicher ist als in Frankreich, obwohl in Deutschland die Empfängnisverhütung weniger verbreitet und eine demographische Gefahr nicht vorhanden ist. (...) Vor allem aber wird es in den volkswirtschaftlichen Auseinandersetzungen deutlich, dass sich hinter der Bevölkerungsdiskussion die Frage nach Agrar- oder Industriestaat auftut, die Frage nach Bejahung oder Ablehnung der demokratischen Staatsform und ihrer scheinbar zwangsläufigen sozialen Mobilität.»[56] Die Modernisierungskritiker glaubten nicht zu unrecht im Wandel des Sexualverhaltens eine Auswirkung des kulturellen und sozialen Umbruchs zu erkennen. Nach französischem Vorbild bloß zwei oder maximal drei Kinder in die Welt zu setzen, wurde zum Ausdruck einer «modernen» und vor allem auch selbstbestimmten Lebenseinstellung. Die nationale Brisanz der «Fortpflanzungsfrage» ermöglichte es auch, eine weitere, sehr heikle Seite des Modernisierungsprozesses zu problematisieren, an deren Lösung ein Gutteil der Bevölkerung bereits erfolgreich arbeitete: die Trennung der sexuellen Begierde von der Reproduktion.[57]

Die Kritiker der individuellen Geburtenkontrolle, die sich aus Vertretern der Kirchen, der meisten Parteien und der Sittlichkeitsorganisationen zusammensetzten, versuchten das alte soziokulturelle Regime auch durch naturwissenschaftliche Erkenntnisse zu stützen. In den Natur- und Humanwissenschaften beschäftigte man sich schon länger mit eugenischen und rassenhygienischen Fragen und glaubte das soziale Elend und die Kriminalität durch eine «Verbesserung» der «Fortpflanzungsqualität» bekämpfen zu können.[58] Naturwissenschaftliche Erkenntnisse über die angeblichen Folgen der individuellen Geburtenkontrolle wurden auch bei der Auseinandersetzung um die «Geschlechterfrage» ins Treffen geführt. Nicht wenige glaubten, dass das lustorientierte, aktive und nicht auf Fortpflanzung gerichtete sexuelle Begehren der Frau eine Entartung des Geschlechtstriebes darstellen und zur Zerstörung der Ehe, der Familie und der Nachkommenschaft führen würde. Von Frauen, die die Geburtenregelung in die eigene Hand nahmen, sollte demnach eine besondere degenerative Gefahr für die Fortpflanzungsqualität, für den Nationalstaat, ja sogar für die abendländische Kultur, ausgehen. Diese Begründung fand sich typischerweise auch in den um die Jahrhundertwende forcierten Kampagnen gegen die Herstellung und den Vertrieb erotisch-pornographischer Fotos, Filme und Schriften.[59]

Im Vergleich zur großen Zahl der Gegner der Geburtenkontrolle, sprachen sich vor dem Ersten Weltkrieg noch relativ wenige Personen und Gruppen explizit für eine Freigabe bzw. für eine bewusste Verbreitung der individuellen Kontrazeption aus:[60] Deutsche Eugeniker und Rassenhygieniker befürworteten allerdings bereits neomalthusianische Konzepte wie Enthaltsamkeit und den Einsatz von Verhütungsmitteln oder schlugen eugenische Maßnahmen vor, darunter auch die Kastration und Sterilisierung von Kindern, die nichts zur Hebung der «Bevölkerungsqualität» beitragen könnten. Diese Selektionstheorien standen durchaus in Einklang mit manchen sozialistischen Gesellschaftsutopien und mit dem ‹modernen› Wissensstand in anderen westeuropäischen Ländern und in den USA.[61] In sozialistischen Gesellschaftsentwürfen spielte die Reglementierung der Fortpflanzung insgesamt eine wichtige Rolle. Der zukünftige «neue» Mensch sollte nicht nur durch sozialen Fortschritt, sondern auch durch biologische Weiterentwicklung auf Basis neuester wissenschaftlicher Erkenntnisse entstehen.[62] Für den konkreten Einsatz von Verhütungsmitteln, den «Präventivverkehr», konnten sich jedoch anfangs nur wenige sozialdemokratische Politiker/innen erwärmen. Die sogenannte «Gebärstreikdebatte» in der «Sozialdemokratischen Partei Deutschlands» (1913) zeigte, dass sich der überwiegende Teil der männlichen Parteimitglieder nach wie vor gegen die immer lauter werdenden Interessen der Frauen aussprach. Nach Meinung vieler Genossen würde der Gebärstopp den Klassenkampf unterminieren, die Anwendung der Kontrazeptiva sei unsittlich, unästhetisch und käme einer sexuell-reproduktiven Verweigerung gleich.[63]

Während des Ersten Weltkriegs machte sich jeder zum Staatsfeind, der öffentlich für die Empfängnisverhütung eintrat, lautete doch das offizielle Credo, dass mit der Beschränkung der Kinderzahl auch die demographische und militärische Stärke der Nation unterminiert würde. In den politischen Parteien festigte sich die Meinung, dass der Staat generell stärker pronatalistisch intervenieren sollte. Antrieb bekam diese Bewegung durch die «Abtreibungspanik» der Kriegszeit: Mehrere von Ärzten durchgeführte Umfragen ergaben, dass die Abtreibung für die betroffenen Frauen meist «nichts moralisch Verwerfliches und Kriminelles»[64] darstellte, sondern angesichts der großen ökonomischen und sozialen Not als durchaus legitim angesehen wurde. Unübersehbar war auch die Diskrepanz zwischen dem strengen Abtreibungsgesetzen – im österreichischen § 144 und im deutschen § 218 waren bis zu fünf Jahre Zuchthaus vorgesehen – und der weit verbreiteten Abtreibungspraxis.

Sexualreform und -intervention

Die Auseinandersetzung um die Abtreibung hielt auch nach dem Ersten Weltkrieg an.[65] Von konservativer Seite wurde der Schwangerschaftsabbruch nun als Ausdruck des katastrophalen moralischen Zustandes der Gesellschaft interpretiert. Insbesondere die Arbeiterschaft galt als Herd sexueller Anarchie. Die Linke wiederum empfand die Abtreibungsregelung als eine sozial ungerechte Gesetzgebung, die primär Ärmere vor den Richter brachte, bei Wohlhabenderen aber diskret über den Tatbestand hinwegsah.[66] Während die konservative Seite eine Verschärfung der gesetzlichen Bestimmungen forderte, traten ihre Gegenspieler für eine Indikationslösung und die Förderung schwangerschaftsverhütender Methoden ein. Das Beispiel des österreichischen Sozialdemokraten Julius Tandler zeigt, dass sich aber auch linke Politiker vehement gegen die individuelle Entscheidungsfreiheit aussprachen und den Schwangerschaftsabbruch von sozialen und eugenischen Faktoren und der Zustimmung der Gesundheitsbehörden abhängig machen wollten.[67] Obwohl die linken Parteien insgesamt wenig sexualreformerisch agierten, wurden sie beim Kampf gegen den Abtreibungsparagraphen zum Sprachrohr einer breiten Bewegung. In Deutschland führten ihre Kampagnen und Eingaben 1926/1927 zur Verabschiedung des liberalsten Abtreibungsrechts Westeuropas, in dem einfache Abtreibung nur mehr als ein Vergehen mit geringerem Strafmaß behandelt wurde. Dieser Massenbewegung ist es auch zu verdanken, dass das Reichsgericht die medizinische Indikation im Jahr 1927 überhaupt für straffrei erklärte.[68]

Der politische Kampf gegen die Abtreibungsgesetze, die Berichte über die sozialen und gesundheitlichen Folgen der Abtreibungspraktiken und insbesondere die hohen Abtreibungszahlen hatten zur Folge, dass Kontrazeptiva in den zwanziger Jahren immer häufiger als Mittel einer rationalen Familienplanung akzeptiert wurden.[69] Nach dem Gesetz gegen die Verbreitung «unzüchtiger» Schriften, Abbildungen und Darstellungen, der sogenannten «Lex Heinze» (1900),[70] durfte die Bewerbung und der Vertrieb von Verhütungsmitteln aber keinesfalls einer Sitte und Anstand verletzenden Weise geschehen.[71] Selbst medizinische Sexualaufklärung konnte immer in den Geruch kommen, durch detaillierte Schilderungen oder eindeutige Abbildungen öffentliches Ärgernis zu erregen. Paragraph 184a des RStGB von 1900 richtete sich zudem gegen die «Gefährdung der Jugend durch schamlose Schriften» und bedrohte jeden, der das Scham- und Sittengefühl von Personen unter 16 Jahren durch den Verkauf von Schriften gröblich verletzte. Nach der Verschärfung der Zensurbestimmungen durch das «Gesetz zur Bewahrung der Jugend vor Schund- und Schmutzschriften» (1926) bestand auch für seriöse Aufklärungsliteratur die Gefahr auf eine landesweit geltende «Schundliste» zu kommen und dann nicht mehr angeboten, angekündigt, bestellt und an unter achtzehnjährige Personen verkauft werden zu dürfen.[72]

Trotz dieser Unwägbarkeiten waren Aufklärungsschriften und Verhütungsmittel aller Art, letztere vornehmlich als «Hygieneartikel» deklariert, vor allem über den Postversand und in Drogerien erhältlich. In vielen Großstädten informierten Sexualberatungsstellen – in Deutschland wurden zwischen 1919 und 1932 rund 400 gegründet – und Laienorganisationen über Verhütungsfragen und vertrieben oder verteilten Kontrazeptiva. Manchmal stellten sie auch Kontakte zu Ärzten her, die einen Schwangerschaftsabbruch durchführten.[73] Ab Mitte der 1920er Jahre votierten auch immer mehr Mediziner für den «Präventivverkehr» und machten sich damit für eine Ausdehnung des eigenen Kompetenzbereiches stark. Vertreter ihrer Profession waren es auch, die am eindringlichsten vor der noch immer verbreitetsten Verhütungsmethode, dem Coitus interruptus, warnten und den Einsatz chemischer und mechanischer Mittel propagierten.[74] Umgekehrt betonte die katholische Amtskirche mit aller Vehemenz, dass der eigentliche Zweck des Geschlechtlichen in der ehelichen Fortpflanzung liege. Nach der von Papst Pius XI. verkündeten Enzyklika «Casti connubii» (1930) sollte der Coitus einzig der Weckung neuen Lebens dienen, und damit jede Form von Geburtenverhütung gegen die menschliche Natur und den Willen Gottes verstoßen.[75]

Auch wenn die Zwischenkriegszeit insgesamt als Periode der «Sexualreform» gelten kann, wurde die Veröffentlichung und Diskussion des Fortpflanzungsgeschäfts von vielen als sittengefährdende Angelegenheit gesehen. Die zahlreichen «Sexualskandale» in Kunst und Literatur sprechen ebenfalls gegen eine bloß sexualliberale Interpretation dieser Zeit.[76] Umgekehrt sind die verbesserten Möglichkeiten der Geburtenkontrolle nach dem Ersten Weltkrieg ein Indiz dafür, dass viele Frauen – und wohl auch Männer – nun ein mehr selbstbestimmtes und weniger angstbesetztes Sexualleben führen konnten.[77] Im Zuge der Politisierung und Medizinierung der Geburtenregelung wie der einsetzenden Sexualberatung und -therapie erfolgte aber auch eine verstärkte Reglementierung und Normierung des Sexuellen.[78] Seit dieser Zeit sah man staatliche Interventionen gerade in sexuellen Dingen als legitim, ja sogar als notwendig an. Mediziner und Psychologen avancierten zu Sexual-Spezialisten, die nicht bloß bei individuellen Problemen, sondern auch bei politischen Fragen konsultiert werden sollten. In der Bevölkerungs- und Gesundheitspolitik wurde die qualitative und nicht mehr bloß quantitative Verbesserung des ‹Volkskörpers› zur vordringlichen Aufgabe. Von der NS-Ideologie unterschieden sich die Debatten der Zwischenkriegszeit durch ihren Pluralismus: Das Spektrum reichte von Sozialdarwinisten, die auf das soziale Vorrecht des Stärkeren pochten und rassenhygienische Maßnahmen verlangten, bis zu Eugenikern, die primär durch Sozialfürsorge und Vorbeugemedizin eine positive «Fortpflanzungshygiene» erreichen wollten.[79]

Für die Vertreter der meisten Richtungen schien es allerdings schon in den zwanziger Jahren zumindest überlegenswert, ob nicht besonders «minderwertige» Gesellschaftsmitglieder von der Fortpflanzung abgehalten werden sollten. Nach der Weltwirtschaftskrise glaubte man zudem durch eugenische Sterilisationen die knappen Sozial- und Gesundheitsbudgets entlasten zu können und entschied die Frage, ob dies freiwillig oder unter Zwang geschehen sollte, meist zugunsten letzterem. Zu einer Änderung der Gesetze, die eine Sterilisation einzig aus medizinischen Gründen erlaubten, kam es jedoch nicht. Wie in einigen anderen Staaten fanden aber auch in Deutschland und Österreich schon vor den Nazis tausende eugenisch begründete Sterilisationen statt.[80] Hier, wie in allen anderen Fragen der «Fortpflanzung», kam der Geschlechterbias deutlich zum Vorschein: Bei den sterilisierten Personen handelte es sich größtenteils um angeblich «minderwertige» Frauen, von denen man annahm, dass sie eine besondere Gefahr für die Erbgesundheit darstellten und als ledige Mütter bzw. durch ihre unehelichen Kinder der staatlichen Wohlfahrt zur Last fallen würden.

Während der Nazi-Herrschaft wurden nach dem «Gesetz zur Verhütung erbkranken Nachwuchses» (1933) rund 400 000 eugenisch motivierte Sterilisationen an «minderwertigen» Personen durchgeführt, der Hälfte davon Frauen.[81] Sterilisationen waren nun gesetzlich gefordert, Teil eines systematischen Ausforschungsapparates und wurden zwangsvollstreckt.[82] Staatliche antinatalistische Interventionen umfassten das Verbot von «Rassenmischehen» und «außerehelicher Rassenmischung» nach dem «Gesetz zum Schutze des deutschen Blutes und der deutschen Ehre» (1935) sowie Eheverbote für sogenannte «Erbkranke» nach dem «Gesetz zum Schutze der Erbgesundheit des deutschen Volkes» (1935).[83] Neben den rassischen Ausschlussgründen tauchen all jene Krankheiten, Abweichungen und Anomalien wieder auf, die von der Psychiatrie und Eugenik seit mehreren Jahrzehnten diskutiert wurden. Pro- und Antinatalistische Maßnahmen verfolgten, so Maria Sophia Quine, vor allem zwei Ziele: «Together with this ‹anti-natalist› measure, ‹pronatalist› enactments, like the wartime imposition of the death penalty for abortion, were part of a dual strategy for the state control of fertility. ‹Compulsory motherhood› for ‹valueable› Germans and ‹compulsory sterilization› for the ‹unfit› were two faces of the Nazi ‹body politics› which systematically deprived individuals of reproductive rights and freedoms.»[84]

Die Palette der pronatalistischen Interventionen war ebenfalls breit gefächert und reichte vom «Ehestandsdarlehen» über das «Mutterkreuz» bis zur strengen Verfolgung der individuellen Abtreibung; Zwangsabtreibungen aus antinatalistischen Gründen waren hingegen erlaubt. Die 1943 erlassene gesetzesvertretende «Verordnung zum Schutz von Ehe, Familie und Mutterschaft» sah für den Fall, dass durch eine Abtreibung «die Lebenskraft des deutschen Volkes fortgesetzt beeinträchtigt» wurde, sogar die Todesstrafe vor. Sexuelle Begierden galten prinzipiell dann als positiv, wenn sie qualitativen, heißt «erbgesunden» und «rassisch reinen» Nachwuchs versprachen. Christlich-moralische Bedenken spielten in der Nazi-Diskussion keine Rolle, was u. a. dazu führte, dass ab 1940 selbst unehelich gezeugte Kinder nicht mehr stigmatisiert wurden.[85] Die unter den Nazis massiv ausgebauten Gesundheitsämter und die in ihren Kompetenzen aufgewerteten Amtärzte interessierten sich nun ohne Umschweife für alles Sexuelle: Anamnese- und Beratungsgespräche umfassten Fragen zu Schwangerschaften, Geschlechtskrankheiten, Zeugungsunfähigkeit, zum Sexualleben im allgemeinen u. s. f. und machten das Geschlechtsleben jedes einzelnen zum öffentlichen Verhandlungsthema. Gerade in ländlichen Gebieten dürften diese Untersuchungen und die Informationen über (Zwangs)Sterilisationen zu einer stärker reflexiven Haltung gegenüber dem Sexualleben beigetragen haben. Wer bis dahin noch nicht Bescheid wusste, konnte zum Beispiel in den Merkblättern der Erbgesundheitsgerichte nachlesen, dass es durch die Sterilisation zwar zur Zeugungsunfähigkeit kam, das sexuelle Lustgefühl aber nicht beeinträchtigt wurde.[86] Nahmen die Nazis bei der Trennung von sexueller Lust und Fortpflanzung damit eine durchaus ‹moderne› Haltung ein, blieben sie in Sachen individueller Fortpflanzungskontrolle extrem ‹konservativ›. Der Verkauf von Verhütungsmitteln wurde strikt verboten, nichtprokreative Sexualakte als schädlich für den Volkskörper angesehen. Auch dem promiskuitiven Verhalten von Jugendlichen und jungen Erwachsenen und hier wiederum besonders von Mädchen, sollte Einhalt geboten werden. Durch die Störung traditioneller Formen der Eheanbahnung kam es nach Kriegsbeginn aber gerade in dieser Altersgruppe zu einer größeren sexuellen Freizügigkeit, der man auch mit Strafverfolgung nicht Herr werden konnte.[87]

Die Frage, ob die pro- bzw. antinatalistische Politik als hauptsächliche Ursache der steigenden Geburtenrate der 1930er Jahre gelten kann oder ob dies eine Folge der allgemeinen Stabilisierung nach der wirtschaftlichen Depression war, ist nach wie vor in Diskussion.[88] Einigkeit besteht hingegen bezüglich der Haltung der Nationalsozialisten zum sexuellen Geschlechterunterschied – vor allem Frauen wurden im Zeichen des Sexuellen definiert. Zwei konträre Frauenbilder übten dabei eine besondere Faszination aus: zum einen die sexuell aktive, dämonische und verschlingende Vampfrau, zum anderen die reine, entsexualisierte und gebärende Mutter.[89] Im NS-Männerbild ging es hingegen darum, den eugenisch und rassenhygienisch potenten heterosexuellen Kraftmenschen zu kreieren und Beziehungen zwischen Männern möglichst anti-sexuell zu gestalten. Schönheits- und Körperideale wurden ebenfalls geschlechterspezifisch zugeteilt. Die NS-Bilderwelt zeigte durch Gymnastik und Sport «gestählte», aber desexualisierte – man könnte auch sagen, sexual-‹hygienisch› gesäuberte – Körper.[90] Mit «nordischer Nacktheit» sollten sie Reinheit und Leibeszucht verkörperlichen und geronnen dabei meist zu Allegorien der Gebärpropaganda und Rassenideologie. Besonders die aus heutiger Sicht wenig stimulierenden Akte, die in populären Schriften wie «Der schöne Mensch und die Natur» abgedruckt wurden, waren Inbegriff dieser unerotischen Erotik.[91] Die massenhafte Reproduktion von Nacktbildern trug jedoch dazu bei, dass – in Bildsprache und Kontext entschärfte – Aktfotos, schon vor der «Sexuellen Revolution» zu einem alltäglichen Konsumprodukt wurden.

Im Nationalsozialismus erlebte die Politisierung und Medizinierung des Sexuellen ihren bisherigen Höhepunkt. Der staatliche Zugriff auf das Fortpflanzungsverhalten und die sexuelle Begierde von Männer und Frauen traf nun auch Personengruppen, die bislang von der «Sexualität» – als Diskurs und gesellschaftlicher Intervention – weitgehend verschont geblieben waren. Überblickt man das späte 19. und frühe 20. Jahrhundert, wird deutlich, dass die «Sexualität» als wissenschaftlich und politisch geprägtes Begriffs-, Kategorie- und Vorstellungssystem immer weitere soziale und kulturelle Felder okkupierte und damit zu einem fixen Bestandteil der öffentlichen Debatten wie der individuellen Lebensgestaltung wurde.

Sexuelle Erfahrungen von Mädchen und Frauen in der ersten Hälfte des 20. Jahrhunderts

Die sozial- und kulturgeschichtliche Forschung hat detaillierte Studien zur gesellschaftlichen und wissenschaftlichen Diskursivierung und politischen Instrumentalisierung der sexuellen Begierde im späten 19. und in der ersten Hälfte des 20. Jahrhunderts hervorgebracht. Bei der Erforschung der sexuellen Praktiken und

Erfahrungen stehen wir hingegen erst am Anfang. Am weitesten gediehen ist noch die Untersuchung von autobiographischen Texten aus dem Arbeitermilieu (siehe Kapitel 6). Für andere soziale Klassen gehören diesbezügliche Studien noch zu den Forschungsdefiziten. Doch selbst eine großflächige und komparative Analyse autobiographischer Texte wird nur beschränkt Ergebnisse zu Tage fördern können. Sexuelle Erfahrungen und Empfindungen machen – egal ob in Memoiren, Tagebüchern oder Briefen – entweder *die* große Leerstelle der Texte aus oder kommen eher am Rande und in wenig expliziter und reflexiver Form vor. Lebensgeschichtliche (Tiefen)Interviews, insbesondere solche die auf einen Vergleich von Alterskohorten abzielen, offerieren hier einen Ausweg. Für die erste Jahrhunderthälfte existieren allerdings nur zwei diesbezügliche Untersuchungen. Kirsten von Sydow und Waltraud Freese haben im Zuge ihrer Forschungen zum Sexualleben älterer Menschen auch die sexuellen Biographien von Frauen unterschiedlicher Alterskohorten erhoben. Ihre Ergebnisse zeigen eine enge Verflechtung der eben dargestellten sozialen und kulturellen Veränderungen und der sexuellen Erfahrungen und Praktiken der Individuen.[92]

Deutsche Frauen der Geburtskohorten 1895–1906, 1907–1916, 1917–1926 und 1927–1936 berichteten von einem deutlichen Wandel im sexuellen Handeln und Erleben in der ersten Hälfte des 20. Jahrhunderts. Besonders ältere Frauen meinten übereinstimmend, dass sie in ihrer Kindheit und Jugend weder in der Familie noch im Freundeskreis mit sexuellen Dingen konfrontiert wurden. Selbst die Eltern und Geschwister konnten sie kaum nackt sehen. Die «Tatsachen des Lebens» blieben ihnen deshalb bis zur Pubertät mehr oder weniger verborgen. Selbst die kindliche Selbstaufklärung durch Erkundung des eigenen und fremden Körpers schien zu Beginn unseres Jahrhunderts wenig verbreitet gewesen zu sein. Wenn man den interviewten Frauen glauben darf, kamen auch «Doktor-Spiele» oder Selbstbefriedigung selten vor. Die erste Menstruationsblutung traf die jungen Frauen meist völlig unvorbereitet und löste vielfach Panik aus. Aus Unkenntnis und Missinformation entstanden – aus heutiger Sicht – teils recht skurrile Vorstellungen über die Fortpflanzung und den Geschlechtsverkehr. So glaubten einige Mädchen, dass Schwangerschaften durch Küssen, durch auf dem Schoß-Sitzen oder auch durch Beatmung zustande kämen. Die «Sexualreform» der zwanziger Jahre brachte einen deutlichen Schritt in Richtung sexueller Aufklärung. Nun eigneten sich immer mehr Jugendliche aus Schriften wie Theodor van de Veldes «Die vollkommene Ehe»[93] selbsttätig Wissen über das Sexuelle an und tradierten es unter ihresgleichen. Auch für Ehepaare schienen die Aufklärungsschriften eine wichtige Informationsquelle für die Familienplanung und die Erotisierung ihrer Sexualbeziehung gewesen zu sein.[94] Bei später geborenen Frauen nahm das Wissen um elementare sexuelle Fragen weiter zu, ohne jedoch mit heutigen Aufklärungsstandards vergleichbar zu sein. Zum eigentlichen Umschwung in der Sexualaufklärung und im Wissenstransfer kam es erst während der «Sexuellen Revolution» der späten sechziger und siebziger Jahre als der Markt mit populärwissenschaftlichen und erotisch-pornographischen «Ratgebern» regelrecht überschwemmt wurde.

Auch die Pubertät wurde von den Generationen unterschiedlich erlebt. Die älteren Kohorten setzten sich mit körperlichen Veränderungen wie dem Hervortreten der äußeren Geschlechtsmerkmale und der eigenen Weiblichkeit eher indifferent auseinander. Bei später geborenen Frauen überwog hingegen eine mehr positive Sicht dieser Vorgänge. In Sachen Sexualmoral verlor die restriktive Haltung zunehmend an Bedeutung, und die Distanz zu den rigiden elterlichen Sexualbildern wurde größer. Mit den Jahrzehnten gestiegen ist auch die Zahl der vorehelichen Geschlechtskontakte und der Coituspartner. Zur Selbstbefriedigung aber auch zum ersten Geschlechtsverkehr kam es in immer jüngeren Jahren. Geht es nach den interviewten Frauen, hat die Masturbationshäufigkeit vor und in der Ehe seit dem frühen 20. Jahrhundert erheblich zugenommen. Keine signifikanten Unterschiede zwischen den Kohorten existieren dafür beim Erleben des ersten Geschlechtsverkehrs und beim vorehelichen Interesse für das Sexuelle. Groß sind dafür die Differenzen bei der Orgasmusfähigkeit und -häufigkeit: Während nur 19 Prozent der jüngeren, zwischen 1917–1926 und 1927–1936 geborenen Frauen angaben, anorgasmisch zu sein, waren dies bei den älteren, 1907–1916 geborenen 24 Prozent und bei den 1895–1906 geborenen sogar 62 Prozent. Gestiegen ist allerdings auch der soziale und psychische Druck, einen sexuellen Höhepunkt zu erleben oder ihn gegebenenfalls nur vorzuspielen:

Während rund die Hälfte der drei jüngeren Altersgruppen angab, schon mindestens einmal einen Orgasmus vorgetäuscht zu haben, fand sich unter den älteren Frauen keine einzige Person, die dies gemacht hatte.

Das eheliche Sexualleben hat insgesamt eine Aufwertung erfahren. Bei den jüngeren Frauen ist auch die Zahl der ehelichen Orgasmen gestiegen. Deutliche Kohortenunterschiede ergaben sich bei der Geburtenkontrolle: Später geborene Frauen verwendeten häufiger Verhütungsmittel als früher geborene und experimentierten mit unterschiedlichen Methoden. In der Gruppe der älteren Frauen wollte keiner der Sexualpartner für die Verhütung explizit verantwortlich sein. In der Folge verschob sich die tatsächliche Verantwortung für die Kontrazeption von den Männern immer mehr zu den Frauen. Neben Coitus interruptus und Kondom kamen nun häufiger Verhütungsmittel in Gebrauch, die Frauen auch unabhängig von ihren Sexualpartnern anwenden konnten. Gegenüber dem Schwangerschaftsabbruch zeichnete sich ebenfalls eine tolerantere Haltung ab. Aufschlussreich ist auch die Entwicklung der Alterssexualität – vergleichbare Interviewpassagen der jüngeren Alterskohorten stammen hier allerdings aus der zweiten Jahrhunderthälfte: Die früher geborenen Frauen stellten ihre coitale wie jegliche sexuelle Aktivität meist schon vor dem Ende des fünfzigsten Lebensjahres ein. Immerhin 46 Prozent der 1895–1906 geborenen Frauen hatten in diesem Alter keinen Geschlechtsverkehr mehr; bei den 1927–1936 geborenen waren dies nur 20 Prozent. Und letztlich erhöhte sich auch die Bereitschaft, mit anderen über das Sexuelle zu sprechen: Die jüngeren Frauen konnten ihr Sexualleben offener thematisieren als ihre älteren Geschlechtsgenossinnen. Niedrigere verbale Schamschwellen sind ein Indiz, dass die öffentliche Diskursivierung des Sexuellen dazu geführt hat, die sprachlose Begierde zu strukturieren und mit populären und wissenschaftlichen Kategorien und Begriffen aufzubereiten. Indem sich Menschen im 20. Jahrhundert eine instrumentell-rationale Sprache für das Sexuelle aneigneten, konnten sie über das sexuelle Begehren ‹befreit› und wie über jeden anderen Lebensbereich sprechen.[95]

8. «Liberalisierung» und Kommerzialisierung des Sex nach 1945

«Elvis the Pelvis» gegen «Conny und Peter»

Die sexuellen Interventionen des Nationalsozialismus waren mit ein Grund, warum man die «Sexualität» nach dem Zweiten Weltkrieg zum Inbegriff des Privaten und Apolitischen erklärte.[1] Schweigen lautete der Imperativ des Sexualdiskurses – auch wenn viele Personen über traumatische Erlebnisse hätten berichten können, über Vergewaltigungen und Abtreibungen nach Kriegsende, über den Verlust der sexueller Anziehungskraft zwischen lange getrennten Ehepartnern und über die Impotenz, die manchen Heimkehrer quälte.[2] Statt die neue Freiheit für einen sexuellen «(Wieder)Aufbau» zu nützen, dominierte eine Haltung des allgemeinen Verzichts und eine rückwärtsgewandte, auf die Ehe und Familie gerichtete Sexualmoral.[3] Ihre Vertreter/innen stammten aus den Kirchen, politischen Parteien, Medien und der Wissenschaft und propagierten Jungfräulichkeit bis zur Ehe, wandten sich vehement gegen die Onanie, gegen «Schmutz- und Schundliteratur» und sprachen den Eltern die alleinige Verantwortung für die «Sexualerziehung» zu. So verwundert es nicht, dass nach einem strafrechtlichen Interregnum im Jahre 1949 auch die von den Nazis verschärften, nie offiziell außer Kraft gesetzten Homosexuellen-Paragraphen (§ 175 und § 175a) in das Strafgesetz der Bundesrepublik übernommen wurden. Umfangreiche Prozesse wie in Frankfurt am Main 1950/1951 waren die Folge.[4]

So weit die bekannte Sicht der «prüden» Nachkriegszeit. Eine andere, angesichts des dominierenden Moraldiskurses oft übersehene Entwicklung kommt zum Vorschein, wenn man die sexuelle Einstellung der breiten Bevölkerung betrachtet. Erste repräsentative Umfragen zum Geschlechtsleben der Deutschen im Jahre 1949 zeigten, dass im Gegensatz zur vorherrschenden öffentlichen Meinung bei manchen Personen bereits ein mehr oder minder starker Bedeutungsverlust früherer sexueller Leitbilder festzustellen war.[5] So erachteten etwa 85 Prozent der 20–29 jährigen den vorehelichen Geschlechtsverkehr für notwendig oder zulässig und lagen damit deutlich über der Zustimmungsrate früherer Generationen.[6] Bedeutende Unterschiede ergaben sich auch bei Fragen der Kontrazeption und der Bewertung des Sexuellen für ein erfülltes Leben. Auch wenn hier erste Schritte eines Wertewandel kenntlich werden, tendierten die meisten Jugendlichen und jungen Erwachsenen, und hier insbesondere Frauen, bis Mitte der sechziger Jahre dazu, ihre vorehelichen Sexualkontakte auf den späteren Ehepartner zu beschränken. Ihre «‹Freizügigkeit bei Liebe› war in Wirklichkeit eine ‹Freizügigkeit bei Liebe und Bestehen einer Heiratschance›».[7] Die empirische Sexualforschung hat nach dem Zweiten Weltkrieg besonders die Veränderungen im Sexualleben jüngerer Menschen untersucht – ihre sexuellen Begierden stehen auch im Mittelpunkt dieses Kapitels.[8]

Gerade bei jüngeren Personen führten die «Trümmerjahre» zu einer nachhaltigen Erschütterung traditioneller, bislang durch ein stabiles soziales Umfeld vermittelter Werte. Dies betraf einmal die durch die nationalsozialistische Sexual- und Familienpolitik geprägte Sicht der sexuellen Geschlechterunterschiede: Auch wenn die meisten die Mutterschaft als eigentliches weibliches Lebensziel ansahen und Männer qua Biologie für polygam erklärten, wurde die Doppelmoral nicht mehr fraglos hingenommen. Verleugnen konnte man auch nicht, dass es zwischen Besatzungssoldaten und jungen deutschen bzw. österreichischen Frauen zu sexuellen Beziehungen kam – ob es sich hier um (Not)Prostitution handelte oder um hedonistisch-sexuelle Vergnügungssucht, wollte man gar nicht so genau wissen. Keineswegs ignorieren konnte man den Riss im Männlichkeitsbild: Viele Soldaten waren aus Krieg und Gefangenschaft mit einem zerstörtem Selbstwertgefühl zurückgekehrt und fanden sich nun zwischen selbstständigen Frauen und siegreichen Besatzern nicht mehr zurecht.[9] Das Thema Schwangerschaftsabbruch stand angesichts der gestiegenen Zahl von Abtreibungen ebenfalls auf der Tagesordnung, wobei neben der medizinischen Indikation insbesondere für Vergewaltigungsopfer ein straffreier Ausweg gefordert wurde. Ledige Mütter und die Rechte ihrer nichtehelichen Kinder stellten ein ähnlich großes Problem dar. Was nicht hieß, dass im deutschen Grundgesetz von 1948/1949 trotzdem eine rechtliche Diskriminierung unehelicher Kinder festgeschrieben wurde, ein Rechtsstatus, der bis 1969 bestand. Insgesamt herrschten damit Lebensverhältnisse, die die offizielle Prüderie und Anständigkeit unterminierten und neue Formen des sexuellen Begehrens vorstellbar und teilweise auch praktizierbar machten.

Zu einer weiteren Erschütterung der wertkonservativen Sexualmoral kam es ab Mitte der fünfziger Jahre durch die neue «Jugendkultur». Rock and Roll à la «Elvis the Pelvis» und amerikanisch orientierte Jugendzeitschriften wie «Bravo» vermarkteten das Sexualleben junger Menschen und machten es zum ‹heißen› Thema. Dass die öffentliche Meinung massiv gegen die hier anklingende sexuelle Expressivität von Frauen und die unterschwellige Feminisierung der Männer auftrat, war Teil des Erfolgsrezeptes dieser Marktinszenierung. Uta Poiger hat gezeigt, dass dabei stereotype Feindbilder der NS-Kulturpolitik wiederaufgewärmt wurden: «Both charges were reminiscent of Nazi hostility toward jazz and swing specifically and of Nazi attacks on Jews, blacks, homosexuals, and Sinti and Roma more generally. (…) Taken together, these voices shaped (…) discourse in which a rejection of (female) sexual expressiveness was linked to definitions of black culture and working-class culture as sexual and therefore unaccecptable.»[10] Besonders besorgten Eltern mutete Elvis zuckendes Becken sogar als zivilisatorischer Niedergang an, als ein Rückfall in sexuellen Barbarismus, der die abendländische Kultur bedrohte. Die «hysterischen» Reaktionen der weiblichen Rock and Roll-Fans schienen die Angst vor einer atavistischen Sexualisierung der Jugend zu rechtfertigen. Dass junge Frauen Mitglieder von Halbstarken-Gruppen und dem Konsumhedonismus nicht abgeneigt waren, passte ebenfalls nicht zum gängigen Bild der sich für Gatte und Kinder verausgabenden Ehefrau. In der DDR wurde der sexuelle Schwung der amerikanischen Musik als Beginn einer systemdestabilisierenden Jugendrebellion interpretiert, als Antrieb für Rowdytum, Cliquenbildung und Vergewaltigung. Seit 1957 ging man deshalb sogar per ministerieller Entscheidung gegen die weitere Verbreitung dieser Szene vor.[11] Im Osten wie Westen eröffnete die Rock and Roll-Kultur besonders jungen Frauen – schon mehr als zehn Jahre vor der sogenannten «Sexuellen Revolution» – die Möglichkeit, durch freizügige Kleidung und expressiven Tanzstil den ‹reinen› und unerotischen Frauentyp der Nazis zu konterkarieren. Dem zurückhaltenden und kontrollierten Männerideal wurde mit dem «Halbstarken» ebenfalls ein neues Männerbild entgegengestellt. So mancher junge Mann fühlte sich als «Rebel without a case», der Titel eines 1955 entstandenen Films, in dem James Dean den Archetypus des zornigen jungen Helden verkörperte.

Wie provozierend die sexualisierten Jugendlichen auf den Rest der Bevölkerung wirkten, lässt sich leicht an Beispielen des öffentlichen Umgangs mit Geschlechtsfragen demonstrieren. So wurden etwa in Eheratgebern und Aufklärungsbüchern nach wie vor Anstand, Zurückhaltung und Keuschheit als oberstes Gebot und unabdingbare Voraussetzung für ein glückliches Liebes- und Eheleben angesehen. Die Verzückungen des Fleisches sollten erst am Ende eines «langen schwarzen Tunnels voll von Gefahren, Versuchungen, Verlockungen, mit wenigen Siegen und vielen Niederlagen» winken.[12] Das «Wunder der Vereinigung» würde allerdings bei Männern und Frauen recht unterschiedlich nachklingen: «Immer erlebte die Frau die Vereinigung als das große, das unbegreifliche Wunder, dem sie im Wachen und Träumen noch nachsann und das sie vollkommen erfüllte, zumal wenn daraus das Kind entsprang. Auch in dem Manne klang und jubelte es nach. Aber ihn beanspruchte bald wieder der Beruf, von ihm erwartete die Gesellschaft, eine Leistung.»[13] Der blumigen Sprache der populären Aufklärungsschriften konnten viele Jugendliche nur verbales Agieren entgegensetzen. So pflegten beispielsweise österreichische Dreizehnjährige in einem «katholischen Internat den Liebesakt als ‹zusammenhauen› eines Mädchens zu bezeichnen. ‹Hast sie z'samg'haut?› lautete die Frage und die Antwort zumeist: ‹Nein, nur aus'griffen›.»[14]

Obwohl Forderungen nach einer selbstbestimmten Familienplanung und freiem Zugang zu Verhütungsmitteln immer lauter wurden, war der Vertrieb von Kontrazeptiva weiterhin streng reglementiert. Öffentliche Sittsamkeit war das Argument, mit dem der deutsche Bundesgerichtshof 1959 die Aufstellung von Kondomautomaten verbot: «Bei allen anständigen und gesitteten Menschen» würden diese Automaten Ärgernis erregen und zudem «eindeutig geschlechtsbezogene Dinge (...) dadurch das Schamhafte und Peinliche, das ihnen besonders anhaftet, wenn sie (wie hier häufig) zu nicht naturgemäßem Geschlechtsverkehr bestimmt sind»[15], verlieren. Mit dieser Entscheidung vertrat der Gerichtshof aber nur einen Teil der Bevölkerung, denn schon 1963 votierte rund die Hälfte der Deutschen (56 % der Männer und 43 % der Frauen) für eine Bewerbung von Verhütungsmitteln in Zeitschriften und Geschäften.[16] Die Verhütungsdebatte lief aber auch nach der Einführung des ersten oralen Verhütungsmittels «Anovlar» durch die Schering AG am 1. Juni 1961 nur langsam an. Es dauerte noch bis Mitte der sechziger Jahre und zum Beginn der «Sex-Welle» bis Werbung und Presseberichterstattung der «Pille» genügend Publizität verschafft hatten und sie auch in größerem Umfang nachgefragt wurde.[17] Anfänglich bereitete der Umgang mit der «Pille» auch deshalb Schwierigkeiten, weil man noch kein passendes Wort für das Kontrazeptivum gefunden hatte: 1964 bewertete etwa die deutsche Bundesregierung «die Bezeichnung ‹Antibaby-Pille› als grob anstößig, und zwar (…) vor allem wegen der Verbindung von ‹Anti-› und ‹Baby›, weil sich diese Dinge gegen den Menschenbegriff als solchen wenden».[18]

Den Sex zum Sprechen bringen konnte man am besten, indem man ihn harmlos verpackte: Mit den «soften» Teenagern trat in den sechziger Jahren ein mehrheitlich akzeptierter, weil desexualisierter Jugendlichentyp in den Vordergrund. Die Teenager standen für das private, weitgehend apolitische kleinbürgerliche (Ehe)Leben. Auch die Geschlechterrollen, die Parade-Jugendliche wie «Conny und Peter» verkörperlichten, ließen keinen Zweifel daran, wer für Haushalt und Familie und wer für das berufliche und öffentliche Leben zuständig war. Connys vordringlichste Aufgabe war es, Peter in sexuellen Dingen zu zivilisieren und in den Ehehafen zu geleiten. Doch selbst Teenager träumten von einem Leben, in dem das Sexuelle – neben wirtschaftlicher Absicherung und gar nicht so geringen Konsumerwartungen – eine gewichtige Rolle spielte.[19] Wenn auch gezähmt, gebrauchten selbst sie Worte wie «sexy» und «petting», bewegten sich beim Tanzen ziemlich frech und fanden Frauen in Hosen und Männer in lässigen Jacken einfach chic. Spätestens mit der Vermarktung des von «Conny und Peter» repräsentierten Jugendideals wurde die rebellische Auflehnung des Rock and Roll und seine sexuelle Sprengkraft in Konsumphantasien überführt. Bewegte sich die westdeutsche und österreichische Jugendkultur damit in Richtung einer disziplinierten Privatisierung des Sexuellen, wandte man sich in Ostdeutschland bald gegen jede Form von sexueller Amerikanisierung. Nach dem Bau der Berliner Mauer im August 1961 wurde der Teenager-Typ mit der amerikanisch-kapitalistischen Ausrichtung Westdeutschlands assoziiert und schon aus diesem Grund äußerst skeptisch beäugt. Im Westen hingegen galt die tolerante Haltung gegenüber den Teenagern als ein Markenzeichen der liberalen Gesellschaft – dies allerdings nur so lange die Jugendszene ein kulturelles Phänomen und kein politisches darstellte.

In den Jahren 1955 bis 1965 erlebten Jugendliche einen recht ambivalenten Umgang mit der sexuellen Begierde. Nach Meinung der Eltern sollte das Sexualleben frühestens nach der Verlobung beginnen und in Erfüllung des romantischen Liebesideals in den ehelichen Pflichten enden. Hinter den gesellschaftlichen Verheimlichungsstrategien lockten jedoch überall sexuelle Versprechungen: Musik, Mode, Tanzstil ... die Verheißungen der «Coca-Colonization» trieben die untergründige Sexualisierung der Jugendsphäre voran. Der Kampf der Eltern gegen diese Einflüsse tat ein Restliches, um jeder sexuellen Andeutung den aufregenden Nimbus des Verbotenen zu geben.

Die «Sexuelle Revolution»

Die «Sex-Welle» traf die deutschsprachigen Länder nicht nur von außen – etwa aus den USA oder Schweden –, sie wurde auch von der sexuellen Aufregung der fünfziger und sechziger Jahre vorbereitet und angetrieben. Letztlich war es das ‹schmutzige› Geheimnis, das die Elterngeneration weiter um die «Sexualität» (und um ihre politische Vergangenheit) machte, das viele Jugendliche und junge Erwachsene seit Mitte der sechziger Jahre zu einer radikalen Ablösung von der Wiederaufbaukultur bewegte.[20] Begleitet wurde ihre Suche durch eine rasante Sexualisierung des öffentlichen Raumes, durch einen noch nie da gewesenen medialen Sex-Boom und eine sexuelle Aufladung des gesellschaftskritischen Diskurses.

Besonderes Aufsehen erregte seit Mitte der sechziger Jahre die «Anti-Baby-Pille». Das Wissen über die «Pille» war nun so weit verbreitet, dass die Vor- und Nachteile der oralen Verhütung öffentlich diskutiert werden konnten. 1968 berichtete die Firma Schering, dass sie mit dem Ovulationshemmer in Deutschland bereits ähnliche Verkaufserfolge erzielte wie in den USA.[21] Vor allem für jüngere Frauen stand nun ein nicht nur sicheres und relativ günstiges, sondern auch ohne das Zutun des Partners anwendbares Verhütungsmittel zu Verfügung. Meist nicht ausgesprochen, war dies auch der Grund, warum sich manche Männer gegen die neue sexuelle Selbstständigkeit der Frauen aussprachen. Die Vertreterinnen der Frauenbewegung sahen in dem chemischen Mittel ebenfalls nicht nur Vorteile, ganz im Gegenteil: Für sie galt die Pille schon aufgrund der Nebenwirkungen und der ungeklärten gesundheitlichen Langzeitfolgen als ein patriarchales Produkt, mit dem die Verhütungslasten endgültig auf die Frauen abgewälzt wurden. Die DDR-«Pille» «Ovosiston» kam 1965 auf den Markt und wurde binnen weniger Jahre zum beliebtesten Kontrazeptivum; ab 1972 war sie sogar auf Rezept kostenlos erhältlich. Hier wie dort wurde durch die Pillen-Debatte der Boden für das öffentliche und private Sprechen über das Sexuelle bereitet. Dazu gehörte auch, dass sich nun Gynäkologen, die anfangs wenig Interesse für das Produkt zeigten, schnell zu Spezialisten für Verhütungsfragen und die damit verbundenen Lebensprobleme entwickelten.

Eine sprichwörtliche «Sexwelle» überrollte in den sechziger Jahren die Medien und den Kommerz.[22] Ihren Ausgang nahm sie einmal von der Popularisierung des Kinsey-Reports, in dem erstmals die gesamte Breite des menschlichen Sexualverhaltens auf einer (halbwegs) verlässlichen statistischen Basis erfasst wurde.[23] Auch wenn die deutschsprachigen Sexual- und Eheratgeber noch anderes verlautbarten, konnte man bei Kinsey und seinen Gefolgsleuten lesen, dass fast alle Amerikaner/innen masturbierten, rund ein Drittel von ihnen Ehebruch beging, viele Heterosexuelle im Laufe ihres Lebens homosexuelle Erfahrungen machten – kurz, dass moralische Ideale und sexuelle Praxis weit auseinander klafften. Die Kinsey-Skala relativierte auch optisch die scheinbar biologisch festgesetzte Polarität von Hetero- und Homosexualität, von gesund und krank, von normal und abnormal. Nach Kinsey stand fest, dass die von Freud postulierte Bandbreite des Sexuellen – samt neurotischer, perverser und anderer «anormaler» Spielarten – zur «normalen» Praxis des modernen Lebens gehörte. In der BRD wurden die neuen sexualwissenschaftlichen Forschungen besonders durch Oswalt Kolles Aufklärungsfilme und -bücher verbreitet, in der DDR fiel diese Aufgabe Siegfried Schnabl zu.[24] «Dein Mann, das unbekannte Wesen» (1967), so einer von Kolles Erfolgstiteln, sollte auch in der Ehe sein gesamtes sexuelles Repertoire ausleben können – derselbe Anspruch müsste Frauen erfüllt werden. Sexualaufklärung bedeutete hier meist auch die richtigen Worte zu vermitteln und so das unbekannte Terrain des «Sex» benennbar und begreifbar zu machen. Wer durch Kolles Sexualschule gegangen war, kannte die Termini technici genauso wie die Techniken, die man zur sexuellen Befriedigung anwenden musste. Erotisierung und Sexualisierung des Ehelebens waren das eine Ziel der Popularisierer, eine besser aufgeklärte Jugend das andere.

Dies sollte – zumindest den Werbebotschaften nach – auch ein Effekt der medialen Aufbereitung des weiblichen Körpers sein. Als «Schulmädchen-» und «Hausfrauen-Reports» getarnte Softporno-Filme füllten die Kinos und trugen zur kollektiven Regulierung der sexuellen Begierde bei – im österreichischen Jugendslang hieß die entsprechende Tätigkeit der Zuschauer typischerweise «begeilen». Das Fernsehen konnte sich dem sexuellen Zug der Zeit ebenfalls nicht lange verwehren, und so war am 11. April 1969 der erste «nackerte Busen» im österreichischen «Patschenkino» zu sehen.[25] Als Reaktion auf die mediale Sexualisierung musste Mitte der Siebziger Jahre die Pornographie für Erwachsene freigegeben werden. Dass es hier nicht nur um eine Befreiung des erregten (männlichen) Blickes ging, sondern auch um eine neue Form sexueller Machtverhältnisse und um die Sexualisierung des öffentlichen Raumes, registrierten die schauwütigen Jugendlichen kaum. Für die Vertreterinnen der Frauenbewegung war die Legalisierung der primär für Männer produzierten Pornographie schon in den frühen Siebzigern Anlass für erste Kampagnen, in denen auch Gewalt gegen Frauen und sexuelle Belästigung problematisiert wurden. Beate Uhse, die 1947 mit dem Versand von Kontrazeptiva und Mitteln zur Erotisierung der Ehe begonnen hatte, sorgte mit der Eröffnung ihrer Sexshops schon alleine deswegen für gehörige Aufregung, weil man sich hier des Anblicks von Sexutensilien nicht mehr entziehen konnte.[26] Genauso wenig war übersehbar, dass sich die Springer-Presse an den (angeblichen) sexuellen Eskapaden der «Kommune I» delektierte und die Kommunard/inn/en zu Vorkämpfern der sexuellen Rebellion erklärte – eine Sicht, die wenig mit deren sexueller Praxis zu tun hatte.

Die Presse war auch am Wiederaufleben der Abtreibungsdiskussion beteiligt. Im Rahmen einer «Selbstbezichtigungsaktion» veröffentlichten der «Stern» und andere Zeitschriften im Frühjahr 1971 die Abtreibungsgeständnisse hunderter Frauen und brachten das Thema mit einem Schlag wieder ins Gespräch.[27] In der Diskussion über die Neuregelung des § 218 argumentierten die einen für eine Modifikation der medizinischen Indikation, die anderen für eine «Fristenlösung» – wobei die Kluft zwischen den politischen Parteien CDU/CSU und SPD/FDP verlief. Die publizierten Zahlen über illegale Abtreibungen im In- und Ausland (angeblich jährlich 500000 bis 2 Millionen) hatten allerdings mit den realen Verhältnissen genauso wenig zu tun wie die Mortalitätsrate durch «Pfuscheraborte» (angenommene 10000 bis 40000 Todesfälle).[28] Nach statistischen Erhebungen war die Zahl der verbotenen Abtreibungen schon in den fünfziger und sechziger Jahren deutlich gesunken und lag in der ersten Hälfte der siebziger Jahre bei ca. 100000 – bis zu 100 Frauen kamen dabei ums Leben. Die von der Frauenbewegung geforderte Fristenlösung bzw. soziale Indikation stieß nicht nur bei der Kirche, sondern auch bei der Ärzteschaft auf erheblichen Widerstand. Dies weil es sich beim Schwangerschaftsabbruch um keinen «Krankheitsfall» handelte und die Ärzte die Entscheidung über eine soziale Indikation nicht alleine tragen wollten. Nachdem 1975 ein Fristenregelungsgesetz am Einspruch des Bundesverfassungsgerichts gescheitert war, wurde 1976 eine neue Indikationsregelung beschlossen. Vor allem die «Notlagenindikation» band nun die betroffenen Frauen an das Ermessen der Ärzte. Auch in Österreich spaltete die «Abtreibungsfrage» die politischen Lager. Als die SPÖ-Alleinregierung 1973 die Fristenlösung (3 Monate) beschloss und sie 1975 in Kraft setzte, war noch lange keine liberalere Abtreibungspraxis erreicht. Spitäler, ein Großteil der Ärzte und katholische Einrichtungen verhinderten über Jahre hinweg ihre erfolgreiche Umsetzung.[29] In der DDR wurde das Abtreibungsgesetz bereits 1965 gelockert und 1972 ebenfalls eine Fristenregelung eingeführt.

Schwule und Lesben konnten von der Liberalisierung des Sexualstrafrechts vorerst nur wenig profitieren.[30] Der Paragraph 175 blieb, in seiner von den Nazis kreierten Form, bis 1969 Teil des deutschen Strafrechts und wurde erst 1994 endgültig abgeschafft. In der DDR verschwand er schon 1968 aus dem Strafgesetz. Anders als in vielen europäischen Ländern wurden Homosexuelle auch noch in den siebziger Jahren an den Rand des gesellschaftlichen Feldes gedrängt. Franz Josef Strauss sprach wohl manchen Deutschen aus der Seele, als er 1971 meinte: «Ich will lieber ein kalter Krieger sein als ein warmer Bruder». Und Helmut Schmidt betätigte sich 1980 ebenfalls als Sensor der öffentlichen Meinung, als er behauptete: «Ich bin doch kein Kanzler der Schwulen».[31] Im katholischen Österreich tickten die Uhren noch langsamer und homosexuelle Männer werden bis heute strafrechtlich – durch den § 209 («gleichgeschlechtliche Unzucht») und seine Bestimmungen über ein niedrigeres Schutzalter – benachteiligt. Unbeeindruckt von der gesetzlichen Diskriminierung verschob sich in den siebziger und achtziger Jahren das Selbstbild von Schwulen und Lesben. Nicht mehr weibische Männer oder vermännlichte Frauen galten nun als Idealtypen, sondern «gewöhnliche Homosexuelle», also Männer und Frauen mit der Geschlechteridentität des eigenen Geschlechts.[32] Die gleichgeschlechtlichen Paarkonstellationen waren nun meist sozial egalitär und wiesen keine allzu großen Altersunterschiede mehr auf.

Kritik an den «gesellschaftlichen Zuständen», an den autoritären Verhältnissen in Familie und Schule und an der Funktionalisierung der «Sex-Welle» für die Herrschaftssicherung trieb viele Studenten und – in geringerem Ausmaß – Studentinnen in die Hände des «Sex». Wilhelm Reich und Herbert Marcuse, die im Gegensatz zu Freud den Triebverzicht nicht als unabdingbare Voraussetzung einer befriedeten Gesellschaft annahmen, waren ihre ideologischen Ziehväter. In ihren Werken fanden sie nicht nur eine sexuelle Erklärung für die «Verdrängung» der nationalsozialistischen Vergangenheit, sondern obendrein Verheißungen für eine gerechtere Gesellschaft auf Basis der «nichtrepressiven Entsublimierung» des «Sex». Mit der boomenden tiefenpsychologischen Interpretation und Therapeutik etablierte sich eine Technik, die das Sexuelle in den Mittelpunkt der Selbsterkenntnis rückte.[33] Egal wie die «sexuelle Befreiung» in der Praxis gelang, für die rebellischen Jungen bedeutete sie auf jeden Fall einen Akt selbsttherapeutischer Identitätsfindung, einen Weg zur Bespiegelung der individuellen und familiären Geschichte sowie ein politisches Votum gegen die Vätergeneration und die von ihnen aufgebaute Konsumgesellschaft.

Der Befreiungsdiskurs machte das Sexualleben zum «Problem», zur Ursache persönlicher und gesellschaftlicher Leiden, die durch «besseren» oder «befreiten Sex» beseitigt werden könnten. Wobei die «Schuld» für die sexuelle Misere klar zugeteilt wurde: Eine konflikt- und aggressionsfreie Sexualität wäre nur möglich, wenn Männer aus ihrem «Körperpanzer» treten und die nicht phalluszentrierte Sexualität der Frau anerkennen würden.[34] Nicht zufällig wurde Mitte der siebziger Jahre auch der «Mythos vom vaginalen Orgasmus» zerstört:[35] Die sexuellen Bedürfnisse der Frau könnten nicht primär durch Penetration befriedigt werden, sondern durch klitorale Stimulation. Nach Alice Schwarzer wären die Folgen des «kleinen Unterschieds» enorm:[36] Durch Festhalten am vaginalen Orgasmusmodell und der phallischen Penetration würden Männer ihre private und öffentliche Herrschaft über das andere Geschlecht aufrecht erhalten. Oder umgekehrt formuliert: Erst wenn Frauen ihre eigene, nicht phalluszentrierte Form des Sexuellen lebten, könnten patriarchale Verhältnisse überwunden werden.

Studenten und Studentinnen waren jene Bevölkerungsgruppe deren Sexualleben sich durch die «Sex-Welle» am schnellsten änderte. Bis in die sechziger Jahre machten diese jungen Erwachsenen ihre ersten Koituserfahrungen durchschnittlich vier Jahre später als Arbeiter/innen und blieben zudem länger in die elterlichen Familien integriert – so gesehen gehörten sie eher zu den Nachzüglern als den Auslösern der «Sexuellen Revolution».[37] Seit den späten Sechzigern kam es bei ihnen zu einer deutlichen Vorverlegung der sexuellen Aktivitäten: Während 1966 nur ca. 30 Prozent der zwanzigjährigen Studenten und 20 Prozent der gleichaltrigen Studentinnen Koituserfahrungen aufzuweisen hatten, waren es 1981 bereits ca. 80 Prozent der Männer und 60 Prozent der Frauen. Gleichzeitig nahm auch die Koitushäufigkeit und die Zahl der Sexualpartner zu, wobei die Entwicklung bei Frauen wesentlich dramatischer verlief als bei Männern.[38] Die Bewertung des Sexuellen veränderte sich ebenfalls rasant. Voreheliche Virginität stellte für diese Gruppe keinen positiven Wert mehr dar, die sexuelle Doppelmoral wurde von den meisten als ein Relikt der Elterngeneration eingestuft. Dominierten bis dahin voreheliche Sexualkontakte mit dem potentiellen Ehepartner, kam es nun zu sexuellen «Verhältnissen», in denen man sich zwar zu Liebe und Partnerschaft bekannte, aber auch ‹Seitensprünge› akzeptierten wollte.[39]

Die Veränderungen im Sexualleben hatten in anderen Bevölkerungsgruppen schon früher eingesetzt und nahmen mit der Zeit
den Charakter einer allgemeinen «Sexuellen Revolution» an, die
sich auch in den demographischen Kennzahlen niederschlug. Ehe-
schließungen und Geburtenraten gingen erheblich zurück, die
Illegitimitäts- und Scheidungszahlen stiegen an und die Kern-
familie verlor immer mehr ihre Stellung als dominierende Lebensform.[40]

Im Sexualleben der DDR-Jugend kam es seit Mitte der sechziger Jahre ebenfalls zu einem deutlichen Wandel. Sozialpolitische
Maßnahmen wie die Förderung kinderreicher Familien, der Aus-
bau von Kinderbetreuungseinrichtungen und die Unterstützung
lediger Mütter hatten aber zur Folge, dass die Ehe auch für Jugendliche und junge Erwachsene weiterhin einen großen Stellenwert hatte.[41] Leichterer Zugang zu Wohnraum für Verheiratete,
zinslose Kredite für Eheleute oder die häufige Berufstätigkeit
von Frauen waren Kriterien, die zu einem niedrigen Heiratsalter
beitrugen. Bereits 1966 zeichneten sich Unterschiede im Sexualverhalten zwischen Ost und West ab: So hatten etwa 59% der
20jährigen DDR-Studenten Koituserfahrung, in der BRD betrug
die Rate nur 38%; bei den Frauen lag sie ungefähr gleich hoch,
nämlich bei 29% bzw. 31%.[42] Anders als im Westen vollzog sich
die sexuelle Revolution in der DDR eher im Stillen. Einige der
heißen Themen des Westens gab es hier zumindest offiziell
überhaupt nicht: etwa die pornographische Verwertung des weiblichen Körper, (Kinder-)Prostitution und (zumindest nach 1972)
ein restriktives Abtreibungsgesetz. Indem die staatlichen Behörden so einer «Sex-Welle» entgegenarbeiteten, verhinderten sie
zumindest teilweise, dass der «Sex» ins Zentrum der öffentlichen
Diskussion geriet. Dies war mit ein Grund, warum hier die prob-
lemorientierte Reflexion des Sexuellen und der politische Befreiungsdiskurs vielen Menschen gar nicht so notwendig erschienen.

Keine oder eine neue Sexualmoral?

In den achtziger und neunziger Jahren veränderte sich das Sexualleben von Jugendlichen und jungen Erwachsenen bei weitem
nicht mehr so dramatisch wie in der Generation davor. Jugendse-

xualität blieb weiterhin «freizügig, sexualfreundlich, partner- und liebesorientiert sowie gleichheitlich im Hinblick auf die moralischen Vorstellungen für Jungen und Mädchen».[43] In den letzten Jahren stellte die Sexualforschung allerdings ein Ansteigen von vor- und nichtehelichen sequentiellen Monogamien (auch bei Erwachsenen) fest. Die Anzahl der Koituspartner verringerte sich, Jungen wie Mädchen erleben heute ihr sexuelles Verlangen offensichtlich weniger dranghaft als ihre ‹revolutionären› Vorgänger/innen.[44] Dass sie auf ein «Aus» der heterosexuellen Libido zusteuern, wie dies Ernest Borneman befürchtete, scheint aber nicht der Fall zu sein.[45] Ging die sexuelle Erfahrungssuche in den siebziger und achtziger Jahren mit einer Ablösung von den Eltern einher, ist sie heute weitgehend in das Familienleben integriert. Auch männliche Jugendliche verbinden nun «Sexualität» stärker mit Liebe und längerer Bindung. Im Vergleich zur letzten Generation haben beide Geschlechter das Sexuelle weitgehend entmythifiziert. «Sex zu haben», steht heute gleichrangig neben anderen Erlebnissen. Mädchen und junge Frauen sind dabei sexuell initiativer, artikulieren häufiger ihre Wünsche und setzen diese auch in die Praxis um. Für beide Geschlechter ist die Verwendung von Verhütungsmitteln und hier besonders von Kondom und Pille zur Selbstverständlichkeit geworden.

Weniger verbindlich ist dagegen die Abgrenzung der Geschlechter- und Sexualidentitäten: Statt polarisierter Hetero- und Homosexualität sind Jugendliche wie Erwachsene heute mit einem breiten ‹Angebot› von Hetero-, Homo-, Multisexualitäten, Queer, Transgender, Androgynität usw. konfrontiert. Homosexualität hat den Charakter des ganz Anderen der «normalen Sexualität» verloren und ist ebenfalls zum Normalfall, manche meinen sogar zum Modellfall, geworden.[46] Mit dem Verschwinden der ausgrenzenden Differenz hat auch die Kategorie der homosexuellen Identität ihre Zugkraft verloren. Nicht nur bei Schwulen und Lesben haben sich anstelle einer repressiven Zwangsmoral neue Gebote breitgemacht: zu den mächtigsten gehören die Glücksversprechen, mit denen Medien und Werbung das Sexuelle überladen sowie die Pflicht zum technisch und emotional gelingenden Sex. Leistung und Erfolg sind bei der Befriedigung des Partners, aber auch im persönlichen sexuellen Erleben zu zentralen Kriterien geworden. Viele Jugendliche sehen sich dabei einer medialen Entzauberung des Sexuellen ausgeliefert. Zu ihr gehört auch die Konfrontation mit all jenen schillernden und zugleich normalisierten Sexualvarianten, die täglich durch die Geständnissendungen des Fernsehens geistern. Der Warencharakter des Sexuellen kommt selten deutlicher zum Ausdruck als in den technisch-exhibitionistischen Vorführungen sexueller «Perversionen», die uns in «Erotik»-Shows vorgeführt werden. Das «Problem» der Sexualität ist hier zur Gebrauchsanweisung für das Perverse geworden.

Dass Treue und Romantik in den letzten Jahren in den Sexualbeziehungen junger Menschen eine immer größere Rolle spielen, wurde oft als Reaktion auf Aids interpretiert.[47] Diese Hypothese greift jedoch zu kurz: Die gegenwärtige soziale Konstruktion der sexuellen Begierde ist primär als eine Abkehr vom konsumorientierten Sexgebot und der erzwungenen Liberalisierung zu verstehen.[48]

Auch heute wird die sexuelle Begierde neu konstruiert: als Wunsch nach Nähe und Geborgenheit in einer Gesellschaft, in der die Sexualmoral abgeschafft und durch eine Verhandlungs- bzw. Konsensmoral ersetzt wurde; als Verlangen nach Echtheit in einer Erlebniswelt, in der es mehr Befriedigungsangebote als Wunschpotentiale gibt und in der die Übersexualisierung dazu führt, dass erotische oder sexuelle Stimulationen an Wirksamkeit verlieren; als Versuch bei zunehmend egalitären Geschlechterverhältnissen das Sexuelle nicht nur zu pazifizieren, sondern die sexuelle Spannung als wichtigen Faktor des sexuellen Begehrens aufrecht zu erhalten; und letztlich als das Bemühen, homo-, heterosexuelle oder wie immer geartete sexuelle Begierden nicht als allumfassenden, aber doch elementaren Bestandteil des modernen Subjekts aufzufassen.[49]

Epilog

Die Historisierung des sexuellen Subjekts: Sexualitätsgeschichte zwischen Essentialismus und sozialem Konstruktionismus[1]

Intellektuelle Diskurse gerieren sich zwar als den anerkannten rational-logischen Regeln verpflichtete «Sprachspiele», doch spätestens seit Pierre Bourdieu wird man nicht in Abrede stellen können, dass die Veröffentlichungen des «homo academicus» auch recht profanen Strategien unterworfen sind: Sie dienen der Distinktion innerhalb des intellektuellen Feldes und der Akkumulation symbolischen Kapitals durch die Diskursteilnehmer.[2] Die Seite der Kritiker und Neuerer neigt dabei – insbesondere wenn grundlegende Prämissen einer oder mehrerer Disziplinen auf das Schlachtfeld des gelehrten Disputs gezerrt werden – zu einer umfassenden Desavouierung des Alten und Überkommenen. Auch die Vertreter jenes Konzepts, das seit den siebziger Jahren unter dem Namen «sozialer Konstruktivismus» bzw. «sozialer Konstruktionismus»[3] Eingang in internationale Diskursforen gefunden hat, konnten sich dieser Strategie nicht entziehen – im Gegenteil: Soziale Konstruktionist/inn/en waren in diesem Zeitraum vornehmlich damit beschäftigt, ihre neuen Ansätze durch gegenlaufende Attribute von einem scheinbar überkommenen Denksystem, das sie mit dem Begriff «Essentialismus» etikettierten, abzuheben.

Nichtsdestotrotz oder wohl besser auch wegen des Anspruchs, Mitglieder der Avantgarde zu sein, haben sich wesentliche Proponenten der Gegenbewegung in der angloamerikanischen – weniger in der kontinental-europäischen – scientific community etablieren können. Mit der erfolgreichen Verortung im intellektuellen Feld geht die Anti-Phase des sozialen Konstruktionismus jedoch zu Ende; das revolutionäre Potential der ersten Stunde verliert immer mehr an Zugkraft. Ein positives, für empirische Umsetzung und Evaluierung geeignetes Theoriegerüst sollte nunmehr dafür stehen, dass die ‹Bewegung› mehr vorzuweisen hat, als symbolische Identifikationsangebote für Querdenker. Oder aber – um einem häufig geäußerten Einwurf der Gegner der Postmoderne zu gebrauchen – der soziale Konstruktionismus sollte sich in der Zwischenzeit zur pseudointellektuellen Modeerscheinung degradiert haben, unfähig, in der praktischen Feldarbeit zu bestehen. Denkbar ist auch eine dritte Variante: Der Diskurs hat in den letzten Jahren in Anbetracht der Einbunkerung in angestammte, unvereinbare Positionen und der Stagnation der theoretischen Auseinandersetzung zunehmend an Fruchtbarkeit verloren.[4]

Einem vorläufigen Resümee fällt zweifelsohne die Aufgabe zu, aus den als Mainstreams ausdifferenzierten Ansätzen konträre Konzepte oder Theorien zu destillieren. So die Claims der empirischen Untersuchungsobjekte abgesteckt sind, sollten sich auch grundlegende – in die Zukunft weisende – Weichenstellungen abzeichnen. Der Diskurs zwischen Essentialismus und sozialem Konstruktionismus offeriert hier beste Voraussetzungen: Seine Genese ging mit der Problematisierung und Konstruktion eines der wichtigsten Untersuchungsobjekte einher, der menschlichen «Sexualität» bzw. des «sexuellen Subjekts» und seiner historischen Dimensionen.[5]

Die Positionen

In Anlehnung an Edward Stein[6] lassen sich die beiden Diskurspositionen idealtypisch definieren: Essentialist/inn/en vertreten die Meinung, menschliche Sexualität – als sexuelle Orientierung, sexuelle Begierde und sexuelle Identität – sei eine kulturübergreifende und ahistorische, objektive, wenn nicht intrinsische Entität; soziale Konstruktionist/inn/en behaupten, Sexualität würde durch soziokulturelle Einflüsse bestimmt und sei damit ein relatives und historisches Konstrukt. Erstere berufen sich auf die ‹natürliche› Macht von Genen und Hormonen oder lassen sich durch einen generalisierenden Mechanismus, wie ihn die Freudsche Psychoanalyse mit dem Ödipus-Komplex zur Erklärung der sexuellen Orientierung offeriert, anleiten. Vielfach finden sich in diesem Lager auch Kombinationen unterschiedlicher biosozialer und universalistischer tiefenpsychologischer Konzepte. Soziale Konstruktionist/inn/en sprechen sozialen Faktoren die Oberhoheit über jenen Bereich des menschlichen Lebens zu, der nur scheinbar eines der letzten Refugien des modernen Subjekts war: Auch wenn wir uns als begehrende, selbstbestimmte und willensfreie Subjekte, die eine Sexualität ‹haben›, verstehen und wahrnehmen, sei diese Sexualität bloß eine soziale Konstruktion.

Zur Begründung ihrer Standpunkte bedienen sich beide Richtungen zuallererst des synchronen und diachronen Kulturvergleichs: Konsens besteht grundsätzlich darüber, dass sich etwa in antiken oder mittelalterlichen wie in nicht-abendländischen Kulturen idente sexuelle Verhaltensweisen auffinden ließen; diese würden weitgehend unseren modernen hetero-, homo-, bi- oder sonstigen sexuellen Praktiken entsprechen. «Berdache» und «Drag Queen» sind zwei typische Beispiele ‹exotischer› Sexual-Typen, die als Beleg für universelle, ‹essentielle› Verhaltensäußerungen – jenseits der allseits abgelehnten simplifizierenden Binarität Hetero-Homosexualität – genannt werden. Anthropologische, ethnologische und psychologische bzw. psychoanalytische Untersuchungen hätten gezeigt, dass «Berdachen» unterschiedlichster Kulturen «insist in the strongest possible terms that they really are women in a physiological sense»; «Drag Queens» wiederum würden im regionalen und zeitlichen Vergleich «show up (their signs of inversion) in childhood or, at the very latest, in the teen years».[7]

Schon Carole S. Vance hat sich einer solchen Argumentation verweigert, wenn sie stellvertretend für die Seite des sozialen Konstruktionismus, meint: «(It) attempts to describe sexual behavior without assuming that its social and affective meaning is equivalent to that of contemporary society: New Guinea is not Amsterdam or Greenwich Village.»[8] Gegenwärtige Vorstellungen, Symbole und Bilder von Sexualität genauso wie die erst während der letzten zwei Jahrhunderte entstandenen Kategorien und Beriffe unserer sexuellen Sprache würden nicht greifen, wenn es darum ginge, ‹fremde› Kulturen und deren Geschlechtsleben zu beschreiben und zu verstehen. Umgekehrt sei die ‹fremde› Sexualität nicht für eine Spiegelung des rezenten europäisch-amerikanischen Denkens über Sexualität geeignet. Diese Differenz könne nicht aufgelöst werden: Kulturübergreifende Verhaltensweisen würden nichts über den individuellen und sozialen Sinn des Handelns, Fühlens und Denkens aussagen, sie schwiegen sich über mögliche Grundlegungen der sexuellen Begierde und der sexuellen Orientierung aus.

Diachrone Vergleiche genauso wie ethnologische und anthropologische Beispiele werden jedoch von sozialen Konstruktionist/inn/en immer dann als Indiz beigezogen, wenn man heutigen Annahmen widersprechende Sexualitäten aufgespürt zu haben glaubt. Gängiges Exempel ist die Bewertung homo- und heterosexueller Akte in der Antike:[9] Diese seien nicht primär durch die Geschlechtergrenze oder altersspezifische Zuordnungen (wie Jüngling-Pädophiler) bestimmt, sondern durch die jeweils aktive oder passive Stellung einer Person im Geschlechtsakt (Penetrierer versus Pentrierter) überschrieben worden. Identifikationsmuster moderner Prägung würden diesen Gegebenheiten nicht gerecht; insbesondere ein durch seine «Homosexualität» angetriebenes Subjekt hätte im antiken Geschlechtsleben noch keinen Platz gefunden.[10] Das sexuelle Subjekt, die Formen seiner Selbstinterpretation und -auslegung im Zeichen einer modernen Sexualitätskonzeption – hier folgt der soziale Konstruktionismus weitgehend Michel Foucault[11] – sei frühestens mit dem 18./19. Jahrhundert zu datieren. Insbesondere seit der Aufklärung würden jene «scripts» geschrieben, die uns suggerieren, die überzeitliche Wahrheit des Sex zu kennen bzw. sie wissenschaftlich aus dem Leib und den psychischen Strukturen ausforschen zu können.

Durch die historische Relativierung essentialistischer Begriffe, wie «Trieb» und «Körper/Leib» hat sich der Diskurs einer altbekannten Dichotomie genähert: der von «Realismus» und «Nominalismus». Essentialist/inn/en haben sich dabei einen Imperativ zu eigen gemacht, der besagt, dass sexuelle Kategorien der ‹realen› Welt und ihrer Wahrnehmung entsprechen und in der Folge den Stellenwert von Universalien beanspruchen können. Die Gegenpartei sieht in den Kategoriebildungen das Werk sozialer Repräsentationen, deren Bedeutung nicht deckungsgleich mit der ‹Realität› sei. Der Diskurs geht aber zumindest in einem Punkt über die Realismus-Nominalismus-Kontroverse hinaus:[12] Die meisten Vertreter des sozialen Konstruktionismus betonen gerade die historische Dimension der Sexualität und stellen sie in Form von linearen – wenngleich auch durch Brüche gekennzeichneten – Prozessen dar.

Zwei weitere Debatten schneiden sich ebenfalls mit dem Diskurs und führen leicht zu Analogiebildungen:[13] Zum einen die, vielfach in die Abwägung von Prozentzahlen ausartende, Debatte über den Einfluss von «Natur» und «Umwelt»[14] auf das menschliche Verhalten. Angeboren oder erlernt, vierzig Prozent durch Gene verursacht und sechzig Prozent durch Sozialisation – solche zumeist mit dem epistemologischen Gewicht biologischer Forschungsergebnisse vorgetragene Erkenntnisse verleiten zur Simplifizierung des Diskurses: Essentialist/inn/en können nicht schlechtweg dem Natur-Lager zugezählt werden; soziale Konstruktionist/inn/en hingegen würden sich hüten, Hilfsargumente von dieser Seite in Anspruch zu nehmen.

Ähnlich verhält es sich mit den Konzepten «Determinismus» und «Voluntarismus» und dem Versuch, sie als Polarisierungskennzeichen des Diskurses zu verwenden. Die Frage, ob sich eine Person selbstbestimmt – etwa innerhalb eines Sets vorgegebener Möglichkeiten – für oder gegen eine spezifische sexuelle Orientierung oder eine Form der sexuellen Begierde entscheiden kann, darf nicht als maßgeblich für die Abgrenzung der beiden Diskursstränge angesehen werden. Auch hier sind es vor allem essentialistische Ansätze, die sich gegen eine solche Zuordnung sperren. So lässt etwa die Universalität beanspruchende «first encounter»-Theorie – nach der das erste sexuelle Erlebnis das sexuelle Subjekt und seine weiteren Vorlieben bestimmt – durchaus Raum für individuelle Wahlfreiheit.

Idealtypische Diskurspositionen wie die eben aufgezeigten besitzen zwar in der wissenschaftlichen wie populären Auseinandersetzung enormes strategisches Potential, der Bandbreite des Diskurses werden sie jedoch zumeist nicht gerecht. Beim vorliegenden Streit zwischen Essentialismus und sozialem Konstruktionismus trifft diese Einschätzung recht unterschiedlich zu: Der theoretische Spielraum des Essentialismus wird – von sozialen Konstruktionist/inn/en – als ziemlich beengt dargestellt; die Zahl der tatsächlichen Diskursteilnehmer bleibt weit hinter der ihrer Gegenspieler/innen zurück. Im Gegensatz dazu wird der Diskurs vornehmlich von sozialen Konstruktionist/inn/en geprägt, die sich wiederum in eine Reihe von mehr oder weniger ‹harten› Gruppen aufsplittern.

Der «Essentialismus» der Sexualität?

Wiederholt wurde die Meinung geäußert, der «Essentialist» sei nur ein «straw man»[15], der bloß eine für die strategische Abgrenzung der eigenen Position notwendige Konstruktion der sozialen Konstruktionist/inn/en abgebe.[16] Zwar herrscht die Tendenz, einzelne leicht zu kritisierende Schattierungen des Essentialismus für das gesamte System einzusetzen, doch existiert, wenngleich eher am Rande des Diskurses, eine nicht unbeträchtliche Gefolgschaft der ‹reinen› essentialistischen Lehre.[17] Drei Beispiele sollen ihren Argumentationsgang verdeutlichen: die Psychobiologie, die Soziobiologie und die an der Freudschen Psychoanalyse orientierte Sexualitätsgeschichte.

Psychobiologische und soziobiologische Erklärungsmodelle der menschlichen Sexualität erleben seit den siebziger Jahren einen wahren Boom. Ihr Motor sind einmal Untersuchungen, die den Einfluss von Sexualhormonen auf die Richtung und Stärke der sexuellen Begierde aufzuzeigen versuchen und darin die Grundlage für – durch das Soziale bis zu einem gewissen Grad modifizierbare – sexuelle Identität sehen.[18] ‹Normale› Mann-Frau-Sexualität entspringt demnach den geschlechtertypischen Hormondosierungen seit bzw. vor der Geburt. ‹Anormale› Hormonwirkungen werden in der Folge als Ursache für die vom heterosexuellen Standard abweichenden Sexualäußerungen verstanden. Wenn Sexualhormone als Auslöser sexueller Varianten definiert werden, bedarf es jedoch eines Modells, das die biologischen Vorgänge dieser variierenden individuellen Hormonausschüttungen auf genetische Programme und ihre allfälligen Fehler zurückführt. Seit der Mitte der siebziger Jahre greift die Psychobiologie deshalb auf eine folgenschwere Erweiterung der evolutionstheoretischen Annahmen der Soziobiologie zurück.

Die durch Edward Wilson auf die Sexualitätsproblematik angewandte Verwandtenselektionstheorie[19] ermöglicht es, auch nicht-reproduktionsförderndes Verhalten, etwa Homosexualität, durch genetische Evolutionsmechanismen zu erklären. Der Argumentationsgang ist einfach, aber bestechend: Ausgehend von der Frage, welchen bislang unbekannten Vorteil nicht-reproduktive Sexualität in der Evolution bringen könnte – etwa homosexuelle Nachkommen «fitter» machen würde als heterosexuelle –, hat man die Bedeutung von Verwandten für die «Fitness» der Nachkommen entdeckt. «Eventuell produzieren mischerbige Träger je eines heterosexuellen und eines homosexuellen Gens – aus welchen Gründen auch immer – mehr Nachkommen, als reinerbige Artgenossen, die zwei heterosexuelle Gene tragen»,[20] lautet nun eine der Hypothesen.

Nur vordergründig mutet es paradox an, dass die Verwandtenselektionstheorie auch die Evolution altruistischen Verhaltens in den genetischen Egoismus einschreibt, denn genetische Informationen würden auch in den nahen Blutsverwandten stecken – so die neue Prämisse. Neben der traditionellen «persönlichen Darwin-Fitness» würde eine genetische «Gesamt-Fitness» den Gang der Evolution bestimmen. Nicht-fortpflanzungswilligen Nachkommen fiele die evolutionsbiologische Aufgabe des «Helfer-am-Nest» zu; ihr «selbstloses» Verhalten würde die Überlebensaussichten von Blutsverwandten steigern und sei so vereinbar mit dem Gesamtziel des «survival of the fittest».[21] Die Soziobiologie offeriert damit ein essentielles Erklärungsmuster für die Entstehung potentiell aller sexueller Varietäten;[22] auf eine genetische Analyse des historischen Wandels der Sexualität – etwa seit der Antike – hat sie sich aufgrund der für die Evolutionstheorie kurzen Zeitspanne von zwei- bis dreitausend Jahren bislang allerdings nicht eingelassen.

Psychobiologie und Soziobiologie haben sich als durchaus offen gezeigt für psychosoziale Erweiterungen der Sexualitäts-Lehre. Ihre eigenen Theorien würden die Wirkursachen (Wie wirken Hormone? Welchen Mechanismen gehorcht die Evolution?) klären helfen, während psychologische und soziologische Theorien auf Zweckursachen (Warum bringt ein bestimmtes Verhalten Evolutionsvorteile?) abzielten. So verwundert es nicht, dass sich die psychosozialen Elemente der Freudschen Sexualitätstheorie – repräsentiert im ödipalen Dreieck – als anschlussfähig für die Biologie erwiesen haben. Die Vater-Mutter-Kind-Trias sei der Ort schlechthin, an dem sich die individuelle hormonelle/genetische Ausstattung sozial und psychisch rückkoppeln könne.

Die auf Freud basierende Sexualitätsgeschichte hat sich in den sechziger und siebziger Jahren[23] – und einige Vertreter/innen auch darüber hinaus[24] – auf eben diesen, für historische Prozesse zugänglichen, ödipalen Ort gestützt. Die Freudsche Theorie ist im doppelten Sinne essentiell: Sie nimmt einen ahistorischen intrinsischen Sexualtrieb als Motor für die sexuelle Begierde an und unterstellt zudem seine Modifikation – die Entstehung sexueller Orientierung und Identität – einer universellen Eltern-Kind-Struktur.[25] Freudsche Termini wie «Repression» und «Verdrängung» und das ihnen unterlegte «Dampfkessel»-Modell der Sexualität dominierten auch die ‹alte› Sexualitätsgeschichte. Sexuelle

Triebe würden von sich aus auf Befriedigung drängen und dadurch den Menschen in Konflikt mit gesellschaftlichen Norm- und Machtverhältnissen bringen.

Die historiographischen Vorgaben sind damit klar bestimmt: Aufgabe der historischen Disziplinen sei es, die Zeitachse in jene Abschnitte zu sequenzieren, die ein Mehr oder Weniger an Sexualunterdrückung erkennen ließen. Dabei gelte es, die jeweiligen sozialen, kulturellen oder politischen Ursachen der Sexualunterdrückung zu eruieren. Beispielsweise sollte so erforschbar sein, wie die mit der Entstehung und Durchsetzung des modernen Kapitalismus verbundenen individuellen und sozialen Disziplinierungsmaßnahmen zur Sexualrepression in der bürgerlichen Gesellschaft führten. Eine Historisierung der Sexualität à la Freud impliziert aber auch, dass im Gegensatz zur Repressionsgeschichte eine zukünftige Geschichte der sexuellen Befreiung denkbar ist. Wenn die sozialen Zwänge – insbesondere diejenigen, die mittels Familie auf Kinder und Jugendliche wirken – beseitigt würden, könnte sich der Sexualtrieb ‹natürlicher› entfalten und zu einem befriedigten, heißt selbst-identen Subjekt führen.

Wie bereits angemerkt, haben sich soziale Konstruktionist/inn/en bislang kaum mit umfassenden, auf kulturübergreifende Gesetzmäßigkeiten abzielenden Formen des Essentialismus auseinandergesetzt. Vielmehr wurden zumeist nur Teilaspekte der Theorie(n) herausgegriffen: Dass etwa essentialistische Ansätze zur Erklärung der Homosexualität in die Irre führen würden – solche zur Heterosexualität aber zu akzeptieren seien und deshalb auch unreflektiert blieben. Der Vorwurf, der Essentialismus sei binären Kategorien wie «männlich-weiblich», «hetero-homosexuell» oder etwa vorgeformten sexualwissenschaftlichen Gruppenbildungen wie zum Beispiel der Kinsey-Skala ausgeliefert, entspricht ebenfalls nicht den dargestellten essentialistischen Konzepten. Und letztlich greift auch eine Kritik, die sich nur auf eine der hormonellen, genetischen oder tiefenpsychologischen Theorien versteift, zu kurz.[26]

Essentialistische Standpunkte spielten seit der «sexuellen Revolution» auch eine wichtige Rolle in der politischen Auseinandersetzung um sexuelle Minderheiten.[27] Universale ‹natürliche› Theorien der sexuellen Ordnung würden zur Persistenz von Diskriminierungsstrategien führen und seien schon allein aus diesem

Grund abzulehnen – so das gängige Argument der intellektuellen Linken. Dem gegenüber sei der soziale Konstruktionismus prädestiniert, die Relativität von ‹normal› und ‹deviant› aufzuzeigen; er könne in der Folge für die Kritik sozialer Ungleichheit operationalisiert werden und sei schon deshalb seinem Widerpart vorzuziehen.

Recht kontroversiell hat die Homosexuellenbewegung in dieser Frage reagiert. Während sich die sozialwissenschaftliche Forschung und die Historiographie der Homosexualität vornehmlich dem sozialen Konstruktionismus zugewendet hat, haben die politischen Aktivist/inn/en – nach einer ersten konstruktionistischen Phase – wieder stärker auf universale Argumentationen zurückgegriffen: Wenn nicht-heterosexuelles Verhalten eine generelle Konstante darstelle, spräche nichts ‹natürliches› für eine gesetzliche oder soziale Diskriminierung der Homosexuellen.

Die Genese des sozialen Konstruktionismus

Wie Steven Epstein aufgezeigt hat, markiert die Infragestellung traditioneller hetero-homosexueller Kategorien auch den Beginn der Entwicklung sozial-konstruktionistischer Konzepte ab den frühen siebziger Jahren. Zwei soziologische Richtungen sind hier als wegweisend anzusehen: der «symbolische Interaktionismus» und die «Labeling»-Theorie.[28] Der symbolische Interaktionismus definierte das sexuelle Verhalten als per se allen anderen menschlichen Verhaltensformen gleichgestellt.[29] «Sexuell» würde eine Verhaltensäußerung nicht aufgrund einer inneren sinngebenden sexuellen Triebregung, sondern durch die symbolische Besetzung des Handelns. Menschen würden auf die gleiche Art und Weise lernen sexuell zu sein, wie sie jedes andere Agieren mit einer spezifischen durch das Soziale determinierten Bedeutung versehen. «Sexuelle Scripts» seien deshalb der historisch wandelbare kulturelle Raster an dem sich die sexuelle Begierde und Orientierung ausrichten würden.

Die Labeling-Theorie ging von der Annahme aus, dass sich Individuen in Rollen einpassen und von ihrer Umwelt gemäß eines spezifischen Rollenschemas wahrgenommen würden. Homosexuelles Verhalten hätte es zwar zu allen Zeiten und in allen Kulturen gegeben, der/die «Homosexuelle» sei aber erst durch den seit der Mitte des 19. Jahrhunderts tonangebenden medizinisch-psychiatrischen Diskurs zum «Typ» avanciert. Mary McIntosh hat in ihrem wichtigen Beitrag zur «homosexuellen Rolle» die Richtung vorgegeben: «Many scientists and ordinary people assume that there are two kinds of people in the world: homosexuals and heterosexuals. Some of them recognize that homosexual feelings and behaviour are not confined to the persons they would like to call ‹homosexuals› and that some of these persons do not actually engage in homosexual behaviour. This should pose a crucial problem, but they evade the crux by retaining their assumption and puzzling over the question of how to tell wether someone is ‹really› homosexual or not. Lay people too will discuss wether a certain person is ‹queer› in much the same way as they might question wether a certain pain indicated cancer. And in much the same way they will often turn to scientists or to medical men for a surer diagnosis.»[30] Homosexuelle Identität würde also nicht primär durch homosexuelle Handlungen entstehen, sondern durch den Rollenzwang und die Selbst- und Fremdwahrnehmung im Zeichen sozialer «Labels».

Die kritische Haltung der beiden genannten soziologischen Richtungen gegenüber traditionellen Zuordnungskategorien der «Hetero»- und «Homosexualität» eröffnete das Terrain für eine große Anzahl sozial- und kulturhistorischer Studien. Fokussiert wurden jene gesellschaftlichen und wissenschaftlichen Veränderungen, die zur Genese unserer rezenten westlichen Sexualvorstellungen führten bzw. als deren Vorläufer angesehen wurden. Größte Aufmerksamkeit widmete die Forschung den als soziale Konstruktionen eingestuften medizinischen Sexualvorstellungen des 19. Jahrhunderts – im speziellen der Ausformulierung der «Homosexualität»;[31] gleiches gilt für die Kategorie- und Theoriebildungen durch Freud und die Sexologie nach dem Zweiten Weltkrieg.[32] Moderne Vorstellungen von Sexualität seien unlösbar mit konnotatstarken bürgerlichen Wert- und Normbildungen[33] verknüpft, ihre Dekonstruktion sei die primäre Aufgabe einer Geschichte der Sexualität.

Die weitere Ausrichtung der Sexualitätsgeschichte und der Formulierung sozial konstruktionistischer Positionen wurde ab den späten siebziger Jahren vor allem von einem Werk beherrscht:

Michel Foucaults «Der Wille zum Wissen. Sexualität und Wahrheit».[34] Foucault unterzog darin die Repressionsthese und die auf die Freudsche Psychoanalyse aufbauende Historisierung der Sexualität einer fundamentalen Kritik.[35] Er kontrastierte sie mit einer Genealogie der Erfahrung der modernen Sexualität und unterlegte dieser – in Band zwei und drei seiner Sexualitätsgeschichte – eine Geschichte der menschlichen Selbsterfahrung als «begehrendes Subjekt» in der griechisch-römischen und christlichen Tradition.[36]

«König Sex»[37] hätte sich erst in den letzten zwei- bis dreihundert Jahren durch die Hysterisierung des weiblichen Körpers, die Pädagogisierung des kindlichen Sexes, die Sozialisierung des Fortpflanzungsverhaltens und die Psychiatrisierung der perversen Lust[38] – insgesamt durch die Entwicklung einer «scientia sexualis» – in unseren Köpfen festsetzen können. Die dabei generierten Kategorien und Begriffe des Sexual-Wissens seien, analog zur christlichen Beichte, auf die Erpressung sexueller Geständnisse angelegt: «Durch eine klinische Kodifizierung des ‹Sprechen-Machens›», «durch das Postulat einer allgemeinen und diffusen Kausalität», «durch das Prinzip einer der Sexualität innewohnenden Latenz», «durch die Methode der Interpretation» und «durch die Medizinierung der Wirkungen des Geständnisses»[39] würden wir uns als Subjekte verstehen, die eine innerste Sexualität – die es auszuforschen gilt – ‹haben›. Diese Sexualität sei im Zentrum unserer Suche nach der Wahrheit verortet; die Selbsthermeneutik des modernen Menschen sei damit letztlich in den Netzen des sexuellen Subjekts gefangen.

Foucaults Sexualitätskonstruktion ist wegen der radikalen Historisierung des Sexuellen genauso zum Angelpunkt des Diskurses geworden,[40] wie durch die nicht weniger radikale Subjekt-Konzeption und ihre Einpassung in eine Vorstellung von der «Mikrophysik» gesellschaftlicher Machtverhältnisse jenseits der Polarität «Herrscher-Beherrschte».[41] In seiner letztlich nie zu einer vollständigen Theorie ausgereiften «Machtphysik» sah Foucault das moderne sexuelle Subjekt einem Apparat diffuser Machtverhältnisse, wie normalisierend wirkender Diskurse und diffiziler Disziplinartechniken von Institutionen und ihren Vertretern ausgeliefert.

Auf die Frage, auf welche Art und Weise sexuelle Identität, sexuelle Orientierung und sexuelle Begierde tatsächlich entstehen würden – heißt auch, wie sich moderne Individuen in Differenz etwa zu jenen der Antike als sexuelle Subjekte konstituieren und anerkennen –, hatte Foucault allerdings nur eine abweisende Antwort parat: Nichts, auch nicht der Habitus der «sexuellen Revolution», könnte den Normierungstechniken des «Sexualitätsapparats» entgehen.[42] Das sexuelle Subjekt sei sogar in seinen Widerstandsformen zur passiven Übernahme und – im eigentlichen Sinn des Wortes – Ver-Körperlichung des gegenwärtigen Sexual-Wissens verdammt. Foucault hat damit zwar eine schillernde und leicht anschlussfähige, aber gleichzeitig unausgegorene Subjekt-Konzeption vorgelegt, von der sich der soziale Konstruktionismus bislang nicht befreien konnte.

Jürgen Habermas hat das Foucaultsche Dilemma auf den Punkt gebracht: «‹Sexualität› ist für Foucault gleichbedeutend mit einer Diskurs- und Machtformation, welche die unschuldige Forderung nach Wahrhaftigkeit gegenüber den eigenen, privilegiert zugänglichen Regungen, Triebwünschen und Erlebnissen zur Geltung bringt, und die auf eine unauffällige Stimulierung der Körper, auf eine Intensivierung der Lüste und eine Formierung seelischer Energien hinwirkt.»[43] Foucaults Bewusstseinsphilosophie würde das selbstreflexive und expressive Subjekt zum Objekt, zum standardisierten Erzeugnis von Diskursformationen degradieren. Er umgehe damit die Problematik performativen Handelns und habe keine Lösung für die gegenseitige Vernetzung von System und Lebenswelt anzubieten.

In der «Machtlogik ohne Beherrscher» hat auch die feministische Theorie in den achtziger Jahren den Hebel ihrer Foucault-Kritik gefunden.[44] In Zusammenfassung der feministischen Positionen hält Lynn Hunt Foucaults Machtkonzept folgende Einwände entgegen: «Two salient characteristics of his view should be emphasized in this context, however: 1) for Foucault, power and sexuality are closely entwined with each other, since power produces sexuality and gives it meaning, and yet 2) his view of power itself is surprisingly genderless. Replacing the law of the father, localized and clearly identified, is an amorphous and polymorphous, essentially neutered vision.»[45] Gerade die Konstruktion einer spezifischen weiblichen Sexualität während der letzten beiden Jahrhunderte könne nicht geschlechterneutral gedacht werden. Die (historische) Definition des «Weiblichen» als durch und durch sexuellem Wesen kann alleine durch die scheinbar ungerichtete «Macht» á la Foucault nicht begründet werden.

Die Genese des sexuellen Subjekts unter unterschiedlichen sozialen und kulturellen Bedingungen ist jenes theoretische Problem, dem sich nicht nur die Anhänger Foucaults, sondern auch die Vertreter/innen des symbolischen Interaktionismus und der Labeling-Theorie nicht entziehen können. De facto weichen aber fast alle sozialen Konstruktionist/inn/en, die sich in den achtziger und neunziger Jahren mit der Sexualität beschäftigt haben, dieser Grundsatzfrage aus. Unter Berufung auf die genannten Klassiker bzw. durch Negierung des Essentialismus – oder auch einzelner Aspekte davon – sind sie einer unreflektierten ‹Einschreibung› des Sexuellen und der ‹simplen› Konstruktion (historischer) sexueller Subjekte verfallen. Dabei lassen sich mehr oder weniger konsequente Abgrenzungen von essentialistischen Annahmen festhalten: «Social construction spans a theoretical field of what might be constructed, ranging from sexual acts, sexual identities, sexual communities, the direction of sexual desire (object choice) to sexual impulse or sexuality itself.»[46]

Keine Berührungsängste gegenüber generalisierenden Theorien haben jene, die die Konstruktion der kulturellen Bedeutung des Sexuellen auf biologische oder ahistorische Konstanten aufbauen. Wenn die menschliche Sexualität biologischen Determinanten oder überzeitlichen psychosozialen Strukturen ausgeliefert ist – beides sei allerdings noch zu wenig erforscht um in der empirischen Analyse umgesetzt zu werden –, dann bedeute dies nicht, dass das Soziale zu keiner nachhaltigen Umcodierung oder Veränderung der sexuellen Begierde oder der sexuellen Identität in der Lage sei. Verkürzt dargestellt, solle es der Forschung darum gehen, die sozialen Repräsentations- und Labeling-Mechanismen der Sexualität zu eruieren – der verbleibende unerklärte Rest würde der «Natur» oder der «Struktur» und damit dem Arbeitsfeld von Biologen, Anthropologen und Tiefenpsychologen zufallen.

Einen großen Schritt weiter gehen jene, die die sexuelle Begierde selbst zum Konstrukt erheben. Gleichwohl für sie die sexuelle Triebstruktur des Menschen außer Zweifel steht, sehen sie die sexuelle Identität und Orientierung ursächlich von kulturellen Gegebenheiten beeinflußt. Ob sich eine Person als hetero-, homo- oder anders-sexuell interpretiert und äußert, sei von den jeweiligen soziokulturellen Rahmenbedingungen abhängig. Radikal ausgedehnt wird diese Position letztlich durch jene, die – in Ablehnung aller essentialistischen Elemente – auch den Sexualtrieb bzw. die «Lust» dem Leib und der psychischen Struktur entfremden wollen und sie als soziale Konstruktion definieren. Anders als primäre Bedürfnisse wie Schlafen oder Essen, sei die sexuelle Begierde nicht im Menschen angelegt; sexuell angetrieben fühle er sich erst durch kulturell implantierte Energien und Symbole. Hier überlappen sich die theoretischen Probleme des radikalen sozialen Konstruktionismus der Sexualität mit jenen der neuen Körpergeschichte bzw. postmodernen Körper-Theorie:[47] Auch ihre Schwierigkeiten liegen darin, die unmittelbare Leibes-Wahrnehmung von essentiellen Kategorien zu reinigen und in einen sozialen Kontext einzubinden.[48]

Die Grenzen des Diskurses

Wenn sich theoretische Debatten totlaufen, treten häufig Glaubensbekenntnisse an ihre Stelle. Der Sexual-Diskurs zwischen Essentialismus und sozialem Konstruktionismus hat in den letzten Jahren eben dieses Stadium erreicht. Neben dem Lippenbekenntnis, Anhänger/in der einen oder anderen ‹richtigen› Spielart zu sein, haben sich die Vertreter/innen auch der sexualitätsgeschichtlichen Forschung auf eine Warteposition zurückgezogen. Die essentialistische Richtung legt dabei eine altbekannte Haltung zutage: Biologische und tiefenpsychologische Vorgänge seien derart komplex, ihre Einwirkungen auf das Geschlechtsleben des Menschen so vielschichtig, dass bisherige Forschungsergebnisse nicht ausreichen würden, um endgültige Erklärungen anzubieten. Nicht zu übersehen ist allerdings auch, dass in den letzten Jahren eine Unzahl wissenschaftlicher und populärwissenschaftlicher Werke erschienen ist, die Sexualhormone und Gene als ‹essentiell› verhaltens- und wesensdeterminierend vorstellen[49] und so immer häufiger der Eindruck vermittelt wird, die essentialistische Seite würde à la longue den Sieg davontragen. Manche dieser Autor/inn/en meinen auch, dass eine Abschätzung der sozialen Faktoren solange aufzuschieben sei, bis die generellen biologischen Grundlegungen der menschlichen Sexualität geklärt werden.

Für den sozialen Konstruktionismus ist die Lage vergleichsweise prekär. Je nach Zugehörigkeit zum mehr oder weniger ‹harten› Lager – und damit abhängig von der Entscheidung wie weit man die ebenfalls in Frage gestellten bzw. ungeklärten essentiellen Prämissen übernehmen kann –, wird die jeweilige Position durch die nicht verstummende Kritik an den sozial-konstruktionistischen Klassikern zusehends geschwächt und die empirische Arbeit in Frage gestellt. Seit dem «sexuellen Subjekt» Foucaults zeichnen sich in der Tat keine Subjekt- und Identitätskonzeptionen ab, die den Anspruch erheben könnten, eine operationalisierbare Sexualitätskonstruktion vorzugeben. Eine nicht-essentialistische Soziopsychologie des sexuellen Subjekts, die die individuelle und kollektive Einschreibung des Sexuellen theoretisch bestimmen könnte, ohne dabei von sexuellen Objekten, sondern von der historischen Konstruktion des «Selbst» zu sprechen, ist nicht in Sicht. Wer Hoffnungen in die «Queer Theory» gesetzt hat, musste bald feststellen, dass die Auflösung der Heteronormativität und die Negierung der Dichotomie von Hetero- und Homosexualität nicht automatisch zu einer Klärung sozial-konstruktionistischer Grundprobleme führte.[50]

Edward Steins Einschätzung des Status der Debatte über die sexuelle Orientierung läßt sich deshalb auch heute noch auf den gesamten Diskurs übertragen: «The disagreement is over the nature of categories of [sexuality]. Is it possible to develop a theory of [sexuality] which involves transcultural, objective categories (like being blind or being six feet tall) or are the categories merely culture-dependent ones (like being a witch and yuppie)? (…) An (…) answer will, if found, begin to settle the controversy between social constructionists and essentialists.»[51] Die ‹neue› Sexualitätsgeschichte sollte dann nicht nur von den im Diskurs eröffneten Forschungsfeldern profitieren, sondern auch ihres eigenen Forschungsobjektes, des sexuellen Subjekts, besser habhaft werden können.

Für sexualitätsgeschichtliche Studien bleibt in der Zwischenzeit aber zumindest eine Schamgrenze aufrecht, die nur unter Ignorierung des Diskurses zwischen Essentialismus und sozialem Konstruktionismus überschritten werden kann: Herkömmliche sexuelle Kategorien und Begriffe sind angesichts der «schweren Treffer», die der soziale Konstruktionismus erzielt hat, nicht mehr unreflektiert in der historiographischen Arbeit einsetzbar.

Ein spezifisches historisches Forschungsfeld wird durch den misslichen Status des Diskurses zweifelsohne aufgewertet – das der Sozial- und Kulturgeschichte des Sexualwissens und der sexuellen Erfahrung. In der umfassenden Historisierung jener Wörter, Kategorien und Symbole, die unser rezentes Denk-, Vorstellungs- und Gefühlsinstrumentarium ausmachen, liegt einer der Schlüssel nicht nur für die De-Konstruktion des sexuellen Subjekts, sondern auch für eine (Neu-)Konstruktion eines nicht-generalisierten historischen Subjekts jenseits oder unter Einbeziehung des Sexuellen.

Anmerkungen

Einleitung:
Sexualität historisch er/finden

1 Vgl. Franz X. Eder, Lesley Hall u. Gert Hekma, Introduction, in: dies., Hg., Sexual Cultures in Europe. National Histories, Manchester u. New York 1999, 1 ff. Aus dem ersten Abschnitt stammen einige Passagen dieses Kapitels.

2 Etwa die historischen Beiträge zur Prostitutionsdiskussion um die Mitte des 19. Jahrhunderts von Julius Rosenbaum, Geschichte der Lustseuche im Alterthume, Halle 1839; Bernhard Hesslein, Berlin's berühmte und berüchtigte Häuser. In historischer, criminalistischer und socialer Beziehung, Berlin 1849; Philipp Loewe, Die Prostitution aller Zeiten und Völker mit besonderer Berücksichtigung von Berlin. Ein Beitrag zu der obschwebenden Bordellfrage, Berlin 1852; international am bekanntesten wurden Paul Lacroix, Mémoires curieux sur l'histoire des moeurs et la prostitution en France aux XVIIᵉ et XVIIIᵉ siècles, Paris 1854 u. William Sanger, History of Prostitution. Its Extent, Causes and Effects Throughout the World, New York 1858.

3 Am bekanntesten sind Eugen Dühren (=Iwan Bloch), Der Marquis de Sade und seine Zeit. Ein Beitrag zur Kultur- und Sittengeschichte des 18. Jahrhunderts, Berlin 1899; Eduard Fuchs, Illustrierte Sittengeschichte vom Mittelalter bis zur Gegenwart, 3 Bde. und 3 Ergänzungsbde., München 1909–1916; klassisch zu Fuchs ist Walter Benjamin, Eduard Fuchs, der Sammler und Historiker (1937), in: Zeitschrift für Sexualforschung 8 (1995), No. 1, 56 ff.; Max Bauer, Weib und Sittlichkeit. Die Sittengeschichte der deutschen Frau, Berlin 1927; Magnus Hirschfeld, Sittengeschichte des Weltkrieges, 2 Bde. und 1 Ergänzungsbd., Leipzig u. Wien 1930–1931; Iwan Bloch, A History of English Sexual Morals, London 1936; zu den gemeinsamen Traditionen von Sexologie und früher Sexualgeschichte vgl. Robert A. Nye, The History of Sexuality in Context. National Sexological Traditions, in: Science in Context 4 (1991), No. 2, 387 ff.

4 Vgl. Tilmann Walter, Unkeuschheit und Werk der Liebe. Diskurse über Sexualität am Beginn der Neuzeit in Deutschland, Berlin u. New York 1998, 12 f.

5 Zum Beispiel Georg Buschan, Die Sitten der Völker. Liebe, Ehe, Heirat, Geburt, Religion, Aberglaube, Lebensgewohnheiten, Kultureigentümlichkeiten, Tod und Bestattung bei allen Völkern der Erde, 3 Bde., Stuttgart 1910; Curt Moreck, Die käufliche Liebe bei den Kulturvölkern, Dresden 1928; Alexander v. Gleichen-Russwurm, Cultur- und Sittengeschichte aller Zeiten und Völker. Aus den Meisterwerken der Kulturgeschichtsschreibung, Wien 1929 u. Paul Englisch, Sittengeschichte des Orients, Berlin u. Wien 1932.

6 Magnus Hirschfeld u. Bernd Götz, Sexualgeschichte der Menschheit, Berlin 1929, 2.

7 Zum Beispiel Wayland Young, Eros Denied. Sex in Western Society, New York 1964; Stephen Marcus, The Other Victorians. A Study of Sexuality and Pornography in Mid-Nineteenth Century England, New York u. London 1966; Jos van Ussel, Geschiedenis van het seksuele probleem,

Meppel 1968; Ronald Pearsall, The Worm in the Bud. The World of Victorian Sexuality, Harmondsworth 1969.

8 Franz X. Eder, Sexualunterdrückung oder Sexualisierung? Zu den theoretischen Ansätzen der Sexualitätsgeschichte, in: Daniela Erlach, Markus Reisenleitner u. Karl Vocelka, Hg., Privatisierung der Triebe. Sexualität in der frühen Neuzeit, Frankfurt a. M. 1994, 7 ff.

9 Zur Sexualitäts-Historiographie der siebziger und achtziger Jahre vgl. Domna C. Stanton, The Subject of Sexuality, in: dies., Hg., Discourses of Sexuality. From Aristotle to AIDS, Ann Arbor 1992, 28 ff.

10 Den besten Überblick vermitteln Charles Tilly, Hg., Historical Studies of Changing Fertility, Princeton 1978; Robert I. Rotberg u. Theodore K. Rabb, Hg., Marriage and Fertility. Studies in Interdisciplinary History, Princeton 1980; Peter Laslett, Roger S. Schofield u. Edward A. Wrigley, Hg., Bastardy and its Comparative History, London 1980.

11 Zusammenfassend zur Illegitimitätsdiskussion in Mitteleuropa im 19. Jahrhundert vgl. Michael Mitterauer, Ledige Mütter. Zur Geschichte illegitimer Geburten in Europa, München 1983; siehe auch Kapitel 1; einen Überblick über die internationale Literatur zur bürgerlichen Sexualität bringt Peter Gay, The Bourgeois Experience. Victoria to Freud, Bd. I.: Education of the Sences, Oxford 1984.

12 Wegbereitend war Mary McIntosh, The Homosexual Role, in: Social Problems 16 (1968), 182 ff.; wichtig auch Jeffrey Weeks, Coming Out. Homosexual Politics in Britain, from the Nineteenth Century to the Present, London 1977 u. Randolph Trumbach, London's Sodomites. Homosexual Behavior and Western Culture in the 19th Century, in: Journal of Social History 11 (1977/78), No. 1, 1 ff.; zur Forschungsgeschichte vgl. Jeffrey Weeks, Making Sexual History, Cambridge, Oxford u. Molden 2000, 53 ff.

13 Michel Foucault, Histoire de la sexualité, Bd. 1: La volonté de savoir, Paris 1976 (dt.: Sexualität und Wahrheit. Der Wille zum Wissen, Frankfurt a. M. 1977).

14 In Nachbildung des englischen Begriffs «sexualities», der seit den späten 1970er Jahren in der angloamerikanischen Forschung verwendet wurde; vgl. Bernd-Ulrich Hergemöller, Einführung in die Historiographie der Homosexualitäten, Tübingen 1999, 11 f.

15 John C. Fout, A Note from the Editor, in: Journal of the History of Sexuality 1 (1990), Nr. 1, 1 f.

16 Auch wenn es noch immer Versuche gibt, die Geschichte der Sexualität unbeeindruckt von theoretischen Diskussionen darzustellen; zum Beispiel Wolfgang Beutin, Sexualität/Liebe. Neuzeit, in: Peter Dinzelbacher, Hg., Europäische Mentalitätsgeschichte. Hauptthemen in Einzeldarstellungen, Stuttgart 1993, 89 ff.

17 Uwe Pörksen, Plastikwörter. Die Sprache einer internationalen Diktatur, Stuttgart 1988, 25 ff.

18 Vgl. Deutsches Fremdwörterbuch, hg. vom Institut für deutsche Sprache, Bd. 4, Berlin u. New York 1978, 159 f.

19 Siehe die Literatur zur Körpertheorie in Wolfgang Schmale, Einleitung: Gender Studies, Männergeschichte, Körpergeschichte, in: ders., Hg., Mann-

Bilder. Ein Lese- und Quellenbuch zur historischen Männerforschung, Berlin 1998, 7 ff. u. Ute Planert, Der dreifache Körper des Volkes. Sexualität, Biopolitik und die Wissenschaften vom Leben, in: Ute Frevert, Hg., Körpergeschichte (= Geschichte und Gesellschaft (2000), H. 4), 539 ff.

20 Sigmund Freud, Triebe und Triebschicksale (1915), in: ders., Studienausgabe, Bd. III: Psychologie des Unbewußten, Frankfurt a. M. 1982, 85; vgl. Eder, Sexualunterdrückung, 7 ff.

21 Sigmund Freud, Angst und Triebleben (= 32. Vorlesung der Neuen Folge der Vorlesungen zur Einführung in die Psychoanalyse) (1932), in: ders., Studienausgabe, Bd. I: Vorlesungen zur Einführung in die Psychoanalyse. Neue Folge der Vorlesungen zur Einführung in die Psychoanalyse, Frankfurt a. M. 1982, 529.

22 Simon LeVay, Queer Science. The Use and Abuse of Research into Homosexuality, Cambridge (Mass.) 1996, 273 ff.

23 Ian Hacking, Was heißt «soziale Konstruktion»? Zur Konjunktur einer Kampfvokabel in den Wissenschaften, Frankfurt a. M 1999, 164 f.

24 Ebd., 84 f.

25 Vgl. Sabine Maasen, Genealogie der Unmoral. Zur Therapeutisierung sexueller Selbste, Frankfurt a. M. 1998, 107 ff.

26 Niklas Luhmann, Soziale Systeme – Grundzüge einer allgemeinen Theorie, Frankfurt a. M. 1984, 649; vgl. auch Peter V. Zima, Theorie des Subjekts. Subjektivität und Identität zwischen Moderne und Postmoderne, Tübingen u. Basel 2000 u. die Beiträge in Manfred Frank, Gérard Raulet u. Willem van Reijen, Hg., Die Frage nach dem Subjekt, Frankfurt a. M. 1988; zur neuropsychologischen Bewusstseinsforschung Antonio R. Damasio, The Feeling of What Happens. Body and Emotion in the Making of Consciousness, New York 1999.

27 Vgl. Zima, Subjekt, 3 f.

28 Zu den Textsorten und -strategien vgl. Walter, Unkeuschheit, 519 ff.; allgemein Rüdiger Schnell, Frauendiskurs, Männerdiskurs, Ehediskurs. Textsorten und Geschlechterkonzepte in Mittelalter und Früher Neuzeit, Frankfurt a. M. u. New York 1998.

29 Norman Fairclough, Discourse and Social Change, Cambridge 1992; ein ähnlicher, allerdings weniger operationalisierbarer Ansatz auch bei Pierre Bourdieu, Was heißt sprechen? Die Ökonomie des sprachlichen Tausches, Wien 1990; zu den für die Sexualitätsgeschichte der achtziger und neunziger Jahre ebenfalls wichtigen Diskursbegriff(en) Foucaults vgl. Hubert L. Dreyfus u. Paul Rabinow, Michel Foucault. Jenseits von Strukturalismus und Hermeneutik, Frankfurt a. M. 1987, 69 ff. u. 133 ff.; vgl. auch Fairclough, Discourse, 37 ff.; allgemein zur Bedeutung der Diskursanalyse für die Sozialgeschichte Bryan D. Palmer, Descent into Discourse. The Reification of Language and the Writing of Social History, Philadelphia 1990; einen Überblick über die unterschiedlichen Richtungen gibt Teun A. van Dijk, Hg., Handbook of Discourse Analysis, 4 Bde., London u. a. 1995.

30 Fairclough, Discourse, 67.

31 Typisch etwa Ussel, Geschiedenis; Wayland Young, Eros Denied. Sex in Western Society, New York 1964; Steven Marcus, The Other Victorians. A Study of Sexuality and Pornography in Mid-Nineteenth Century Eng-

land, New York u. London 1966; Ronald Pearsall, The Worm in the Bud. The World of Victorian Sexuality, London u. New York 1969 u. Vern L. Bullough, The Subordinate Sex. A History of Attitudes towards Women, Urbana 1973.

32 James D. Steakley, The Homosexual Emancipation Movement in Germany, 1862–1945, New York 1975; Jonathan Katz, Gay American History. Lesbian and Gay Men in the USA, New York 1976; Weeks, Coming Out; Vern L. Bullough, Homosexuality. A History. From Ancient Greece to Gay Liberation, New York 1979; John Boswell, Christianity, Social Tolerance and Homosexuality. Gay People in Western Europe from the Beginning of the Christian Era to the Fourteenth Century, Chicago u. London 1980; eine wichtige deutsche Studie ist Gisela Bleibtreu-Ehrenberg, Tabu Homosexualität. Die Geschichte eines Vorurteils, Frankfurt a. M. 1978; vgl. auch Hans Mayer, Außenseiter, Frankfurt a. M. 1975.

33 Linda Gordon, Woman's Body. Woman's Right. A Social History of Birth Control in America, New York 1976; Graham John Barker-Benfield, The Horrors of the Half-Known Life. Male Attitudes toward Women and Sexuality in Nineteenth-Century America, New York 1976; Vern L. Bullough u. Bonnie Bullough, Prostitution. An Illustrated Social History, New York 1978; Angus McLaren, Birth Control in Nineteenth-Century England, London 1978; Alain Corbin, Les filles de noce. Misère sexuelle et prostitution. 19ᵉ et 20ᵉ siècles, Paris 1979; Hilary Evans, Harlots, Whores and Hookers. A History of Prostitution, New York 1979; Judith R. Walkowitz, Prostitution and Victorian Society. Women, Class and the State, New York u. Cambridge 1980; ein deutschsprachiger Klassiker ist Regina Schulte, Sperrbezirke. Tugendhaftigkeit und Prostitution in der bürgerlichen Welt, Frankfurt a. M. 1979.

34 Etwa Jean-Louis Flandrin, Les amours paysannes. Amour et sexualité dans les campagnes de l'ancienne France, XVIᵉ–XIXᵉ siècle, Paris 1975; Peter Laslett, Hg., Family, Life and Illicit Love in Earlier Generations. Essays in Historical Sociology, Cambridge 1977; ders., Karla Oosterveen u. Richard M. Smith, Hg., Bastardy and its Comparative History. Studies in the History of Illegitimacy and Marital Nonconformism in Britain, France, Germany, Sweden, North Amerika and Japan, London 1980; aber auch John E. Knodel, The Decline of Fertility in Germany, 1871–1939, Princeton 1974; Charles Tilly et al., Hg., Historical Studies in Changing Fertility, Princeton 1978; siehe weitere Literatur in Kapitel 1 u. Ansley J. Coale u. Susan Cotts Watkins, Hg., The Decline of Fertility in Europe. The Revised Proceedings of a Conference on the Princeton European Fertility Project, Princeton 1986.

35 Phyllis Grosskurth, Havelock Ellis. A Biography, London 1980; kritisch zu Freud Frank J. Sulloway, Freud. Biologist of the Mind. Beyond the Psychoanalytic Legend, New York 1979 u. David E. Stannard, Shrinking History. On Freud and the Failure of Psychohistory, New York u. Oxford 1980; Roland Barthes, Sade, Fourier, Loyola, Frankfurt a. M. 1974; Francois R. Dumas, Le Marquis de Sade et la libération des sexes, Paris 1974; Pascal Bruckner, Fourier, Paris 1975 u. Emile Lehouck, Vie de Charles Fourier, Paris 1978.

36 Siehe die Zusammenfassung in Hergemöller, Einführung, 30 ff.
37 Beispiele sind Jean Stengers u. Anne van Neck, Histoire d'une grande
   peur. La mastubation, Brüssel 1984; Jeffrey Moussaieff Masson, A Dark
   Science. Women, Sexuality and Psychiatry in the Nineteenth Century,
   New York 1986; Frank Mort, Dangerous Sexualities. Medico-Moral Politics in England since 1830, London u. New York 1987; Catherine Gallagher u. Thomas Laqueur, Hg., The Making of the Modern Body. Sexuality
   and Society in the Nineteenth-Century, Berkeley 1987; Linda Nead,
   Myths of Sexuality. Representations of Women in Victorian Britain, Oxford u. New York 1988; Gert Hekma u. Herman Roodenburg, Hg., Soete
   minne en helsche boosheit. Seksuele voorstellingen in Nederland, 1300–
   1850, Nijmegen 1988; Charles Bernheimer, Figures of Ill Repute. Representing Prostitution in Nineteenth-Century France, Cambridge (Mass.) 1989;
   Ludmilla Jordanova, Sexual Visions. Images of Gender in Science and Medicine between the Eighteenth and Twentieth Centuries, New York u.
   London 1989 u. Cynthia Eagle Russett, Sexual Science. The Victorian
   Construction of Womanhood, Cambridge (Mass.) u. London 1989.
38 Lillian Faderman, Surpassing the Love of Men. Romantic Friendship and
   Love between Women from Renaissance to the Present, New York 1981;
   Christian Bonello, Discours médical sur l'homosexualité en France au
   XIXe siècle, Paris 1984; David F. Greenberg, The Construction of Homo-
   sexuality, Chicago 1988 u. Kent Gerard u. Gert Hekma, Hg., The Pursuit
   of Sodomy. Male Homosexuality in Renaissance and Enlightenment Eu-
   rope, New York 1988; für Deutschland W. U. Eissler, Arbeiterparteien
   und Homosexuellenfrage. Zur Sexualpolitik von SPD und KPD in der
   Weimarer Republik, Berlin 1980; Hans-Georg Stümke u. Rudi Finkler,
   Rosa Winkel, rosa Listen. Homosexuelle und «Gesundes Volksempfin-
   den» von Auschwitz bis heute, Reinbek 1981; Eldorado. Homosexuelle
   Frauen und Männer in Berlin, 1850–1950. Geschichte, Alltag und Kultur.
   Ausstellungskatalog, Berlin 1984; Claudia Schoppmann, Der Skorpion.
   Frauenliebe in der Weimarer Republik, Hamburg 1985; George L. Mosse,
   Nationalism and Sexuality. Respectability and Abnormal Sexuality in Modern Europe, New York 1985; Richard Plant, The Pink Triangle. The Nazi
   War against Homosexuals, New York 1986; für Österreich Neda Bei,
   Wolfgang Förster, Hanna Hacker u. Manfred Lang, Hg., Das lila Wien um
   1900. Zur Ästhetik der Homosexualitäten, Wien 1986 u. insb. Hanna Hacker, Frauen und Freundinnen. Studien zur «weiblichen Homosexualität»
   am Beispiel Österreich, 1870–1938, Weinheim u. Basel 1987.
39 Für den deutschen Sprachraum vgl. Marcus Wawerzonnek, Implizite Sexualpädagogik in der Sexualwissenschaft, 1886–1933, Köln 1984; Joachim
   S. Hohmann, Sexualforschung und -aufklärung in der Weimarer Republik. Eine Übersicht in Materialien und Dokumenten. Mit einem Beitrag
   über den frühen Aufklärungsfilm, Berlin 1985; Hubert C. Kennedy,
   Ulrichs. The Life and Works of Karl Heinrich Ulrichs. Pioneer of the
   Modern Gay Movement, Boston 1988 u. Kristine v. Soden, Die Sexualberatungsstellen der Weimarer Republik, 1919–1933, Berlin 1988.
40 Petra Finck u. Marliese Eckhof, Euer Körper gehört uns! Ärzte, Bevölkerungspolitik und Sexualmoral bis 1933, Hamburg 1987; Gisela Bock,

Zwangssterilisation im Nationalsozialismus. Studien zur Rassen- und Frauenpolitik, Opladen 1986; James Woycke, Birth Control in Germany, 1871–1933, London u. New York 1988 u. Karin Lehner, Verpönte Eingriffe. Sozialdemokratische Reformbestrebungen zu den Abtreibungsbestimmungen in der Zwischenkriegszeit, Wien 1989.

41 Nachhaltig wirkten Danielle Jacquart u. Claude Thomasset, Sexualité et savoir médicale au moyen age, Paris 1985; Pierre J. Payer, Sex and the Penitentials. The Development of a Sexual Code, 550–1150, Toronto 1984; James A. Brundage, Law, Sex and Christian Society in Medieval Europe, Chicago 1987; Martin Ingram, Church Courts. Sex and Marriage in England 1570–1640, Cambridge 1987; Alan Bray, Homosexuality in Renaissance England, London 1982; Judith C. Brown, Immodest Acts. The Life of a Lesbian Nun in Renaissance Italy, New York 1986 u. Lyndal Roper, The Holy Household. Women and Morals in Reformation Augsburg, Oxford 1989.

42 Wie Niklas Luhmann, Liebe als Passion. Zur Codierung von Intimität, Frankfurt a. M. 1982; Peter Gay, Education of the Senses. The Bourgeois Experience. Victoria to Freud, London 1983 u. Edmund Leites, The Puritan Conscience and Modern Sexuality, New Haven u. London 1986.

43 Die Literatur zu den jeweiligen Themen findet sich in den einzelnen Kapiteln dieses Bandes sowie in der parallel veröffentlichten Internet-Datenbank «Bibliography of the History of Western Sexuality, 1700–1945» (http://www.univie.ac.at/Wirtschaftsgeschichte/Sexbibl/).

44 Vern L. Bullough, Science in the Bedroom. A History of Sex Research, New York 1994 u. für England Roy Porter u. Lesley Hall, The Facts of Life. The Creation of Sexual Knowledge in Britain, 1650–1950, New Haven u. London 1995; für den deutschsprachigen Raum beinhalten die seit 1983 erscheinenden Mitteilungen der Magnus Hirschfeldgesellschaft ebenfalls ein großen Quellen- und Literaturbestand zur Sexualreformbewegung und Sexualwissenschaft.

45 Merry E. Wiesner-Hanks, Christianity and Sexuality in the Early Modern World. Regulating Desire, Reforming Practice, London u. New York 2000; dort auch die aktuelle Literatur für diesen Zeitraum.

46 Isabel V. Hull, Sexuality, State, and Civil Society in Germany, 1700–1815, Ithaca u. London 1996.

47 Rüdiger Lautmann, Hg., Homosexualität. Handbuch der Theorie- und Forschungsgeschichte, Frankfurt a. M. 1993 u. Hergemöller, Einführung.

48 Franz X. Eder, Lesley A. Hall u. Gert Hekma, Hg., Sexual Cultures in Europe. National Histories, Manchester u. New York 1999 u. dies., Hg., Sexual Cultures in Europe. Themes in Sexuality, Manchester u. New York 1999; ein erster, großangelegter Versuch zur amerikanischen Sexualitätsgeschichte ist John D'Emilio u. Estelle B. Freedman, Intimate Matters. A History of Sexuality in America, New York 1988.

49 Studien über die Schweiz werden an einigen Stellen ebenfalls berücksichtigt.

50 Besonders die englische und französische Sexualitätsgeschichte haben einen großen Einfluss ausgeübt. Vgl. die Zusammenfassung und die Literatur in Lesley A. Hall, Sexual Cultures in Britain. Some Persisting The-

mes, in: Franz X. Eder, Lesley A. Hall u. Gert Hekma, Hg., Sexual Cultu-res in Europe. National Histories, Manchester u. New York 1999, 29 ff. u. Robert A. Nye, Sex and Sexuality in France since 1800, in: ebd., 91 ff.; der revisionistische Klassiker der bürgerlichen Sexualitätsgeschichte ist Gay, Experience.

51 Ein typisches Beispiel ist Rita Bake u. Birgit Kiupel, Unordentliche Be-gierden. Liebe, Sexualität und Ehe im 18. Jahrhundert, Hamburg 1996.

52 Michael Maurer, Die Biographie des Bürgers. Lebensformen und Denk-weisen in der formativen Phase des deutschen Bürgertums (1680–1815), Göttingen 1996, 239; vgl. auch Gunilla-Friedericke Budde, Auf dem Weg ins Bürgerleben. Kindheit und Erziehung in deutschen und englische Bür-gerfamilien, 1840–1914, Göttingen 1994, 39 ff. u. Anne-Charlotte Trepp, Sanfte Männlichkeit und selbständige Weiblichkeit. Frauen und Männer im Hamburger Bürgertum zwischen 1770 und 1840, Göttingen 1996, 39 ff.

53 Hull, State.

54 Insbesondere die Beiträge in Ute Gerhard, Hg., Frauen in der Geschichte des Rechts. Von der Frühen Neuzeit bis in die Gegenwart, München 1997.

55 Die wichtigste Literatur findet sich in Lautmann, Handbuch; Herge-möller, Einführung; zahlreichen Heften der Mitteilungen der Magnus Hirschfeld-Gesellschaft und Ursula Ferdinand, Andreas Pretzel u. An-dreas Seeck, Hg., Verqueere Wissenschaft? Zum Verhältnis von Sexual-wissenschaft und Sexualreformbewegung in Geschichte und Gegenwart, Münster 1998.

56 Weitgehend überholt sind Georg Denzler, Die verbotene Lust. 2000 Jahre christliche Sexualmoral, München 1988; Karlheinz Deschner, Das Kreuz mit der Kirche. Eine Sexualgeschichte des Christentums, Düsseldorf 1989; Uta Ranke-Heinemann, Eunuchen für das Himmelreich. Katholische Kir-che und Sexualität, überarb. Ausg. München 1999; aktuell sind Peter Brown, Die Keuschheit der Engel. Sexuelle Entsagung, Askese und Kör-perlichkeit am Anfang des Christentums, München 1994; James A. Brund-age, Sex and Canon Law, in: Vern L. Bullough u. James A. Brundage, Hg., Handbook of Medival Sexuality, New York u. London 1996, 33 ff.; Merry E. Wiesner-Hanks, Christianity and Sexuality in the Early Modern World. Regulating Desire, Reforming Practice, London u. New York 2000.

57 Eine Zusammenfassung des Diskussionsstandes bringt Walter, Unkeusch-heit, 488 ff.

58 Andere Beispiele in Peter Bohaumilitzky u. Isolde Nägl, Sexualität und Volksfrömmigkeit in Europa, in: Hubert Ch. Ehalt, Hg., Volksfrömmig-keit. Von der Antike bis zum 18. Jahrhundert, Wien u. Köln 1989, 143 ff.

59 Heinz Schilling, Die Kirchenzucht im frühneuzeitlichen Europa in inter-konfessionell vergleichender und interdisziplinärer Perspektive – eine Zwischenbilanz, in: ders., Hg., Kirchenzucht und Sozialdisziplinierung im frühneuzeitlichen Europa (Zeitschrift für historische Forschung Beiheft 16), Berlin 1994, 29 ff. Ein autobiographisches Beispiel für die Wirkungen der Kirchenzucht bringt Dominik Sieber, Calvinistische Passionen, kon-fessionalisierte Körper. Zur Autobiographie des Zinngießers Augustin Güntzer (1596–1657?), in: Sowi. Sozialwissenschaftliche Informationen 24 (1995), H. 1, 5 ff.

60 Zur Praxisnähe der reformierten Kirchenzucht Helga Zöttlein, Unzüchtige Frauen – Unzüchtige Männer. Nichteheliche Paarbeziehungen in der kurhessischen Landstadt Zierenberg im Vormärz, in: Archiv für Sozialgeschichte 38 (1998), 23 ff.; Heinz Schilling, Frühneuzeitliche Formierung und Disziplinierung von Ehe, Familie und Erziehung im Spiegel calvinistischer Kirchenratsprotokolle, in: Paolo Prodi, Hg., Glaube und Eid. Treueformeln, Glaubensbekenntnisse und Sozialdisziplinierung zwischen Mittelalter und Neuzeit, München 1993, 226 ff. u. Frank Konersmann, Presbyteriale und konsistoriale Kirchenzucht in der reformierten Kirche Pfalz-Zweibrückens von 1681 bis 1798, in: Blätter zur Pfälzer Kirchengeschichte und religiösen Volkskunde 61 (1994), 33 ff.
61 Gernot Heiss, Konfessionsbildung. Kirchenzucht und frühmoderner Staat, in: Hubert Ch. Ehalt, Hg., Volksfrömmigkeit. Glaubensvorstellungen und Wirklichkeitsbewältigung im Wandel, Wien u. Köln 1989, 207.
62 Beispiele sind Edith Saurer, Bewahrerinnen der Zucht und der Sittlichkeit. Gebetbücher für Frauen. Frauen in Gebetbüchern, in: L'Homme. Zeitschrift für Feministische Geschichtswissenschaft 1 (1990), H. 1, 37 ff. u. Tony Fahey, Religion and Sexual Culture in Ireland, in: Franz X. Eder, Lesley A. Hall u. Gert Hekma, Hg., Sexual Cultures in Europe. National Histories, Manchester u. New York 1999, 55 ff.
63 Einen Überblick gibt Franz X. Eder, Männer zwischen Habitus, Rolle und Körper, in: Hanna Hacker, Herta Nagl-Docekal u. Gudrun Wolfgruber, Hg., Glück (= Schwerpunktheft L'Homme 1999/2), Wien 1999, 313 ff.
64 Ein erstes Beispiel ist Lesley A. Hall, Hidden Anxieties. Male Sexuality, 1900–1950, Cambridge 1991.
65 So auch der Titel von Christina v. Braun, Nicht ich, Frankfurt a.M. 1985.

1. «Gemieth und Lieb»:
Die sexuelle Begierde in der bäuerlichen Kultur

1 Dieses Kapitel ist eine überarbeitete Version von Franz X. Eder, «Sex-Appeal» versus «Gemieth und Lieb». Zur Entstehung der sexuellen Begierde in der bäuerlichen Kultur des 17.–19. Jahrhunderts, in: Wiener Wege der Sozialgeschichte. Themen – Perspektiven – Vermittlungen, hg. vom Institut für Wirtschafts- und Sozialgeschichte der Universität Wien, Wien, Köln u. Weimar 1997, 277 ff.
2 Edward Shorter, Bäuerliches Heiratsverhalten und Ehebeziehungen in der vorindustriellen Gesellschaft, in: Heidi Rosenbaum, Hg., Seminar Familie und Gesellschaftsstruktur, Frankfurt a.M. 1978, 255 f.; das ist ein Auszug aus ders., The Making of the Modern Family, New York 1975.
3 Heidi Rosenbaum, Formen der Familie. Untersuchungen zum Zusammenhang von Familienverhältnissen, Sozialstruktur und sozialem Wandel in der deutschen Gesellschaft des 19. Jahrhunderts, Frankfurt a.M. 1982, 87.
4 Vor allem Norbert Elias, Der Prozeß der Zivilisation, 2 Bde., Frankfurt a.M. 1976. Die vehementeste Kritik an Elias Thesen in Hans Peter Duerr, Der Mythos vom Zivilisationsprozeß, 4 Bde., Frankfurt a.M. 1988–1993;

vgl. auch Tilmann Walter, Unkeuschheit und Werk der Liebe. Diskurse über Sexualität am Beginn der Neuzeit in Deutschland, Berlin u. New York 1998, 488 ff.

5 Vgl. Jos van Ussel, Sexualunterdrückung. Geschichte der Sexualfeindschaft, Gießen 1977.

6 Günther Pallaver, Das Ende der schamlosen Zeit. Die Verdrängung der Sexualität in der frühen Neuzeit am Beispiel Tirols, Wien 1987, 4.

7 Vgl. Michel Foucault, Sexualität und Wahrheit. Der Wille zum Wissen, Frankfurt a. M. 1977; zur Kritik und Diskussion des Foucaultschen Konzepts der Sexualitätsgeschichte Franz X. Eder, «Sexualunterdrückung» oder «Sexualisierung»? Zu den theoretischen Ansätzen der «Sexualitätsgeschichte», in: Daniela Erlach, Markus Reisenleitner u. Karl Vocelka, Hg., Privatisierung der Triebe. Sexualität in der frühen Neuzeit, Frankfurt a. M. u. a. 1994, 7–29.

8 Dazu grundlegend Anthony Giddens, Wandel der Intimität in der Moderne. Sexualität, Liebe und Erotik in modernen Gesellschaften, Frankfurt a. M. 1993.

9 Annemarie Ryter, Es geht Niemand etwas an, von wem ich die Kinder bekomme. Überlegungen zu Öffentlichkeit und Privatheit auf dem Dorf, in: Mireille Othenin-Girard, Anna Grossenreiter u. Sabine Trautweiler, Hg., Frauen und Öffentlichkeit. Beiträge der 6. Schweizerischen Historikerinnentagung, Zürich 1991, 129.

10 Isabel V. Hull, «Sexualität» und bürgerliche Gesellschaft, in: Ute Frevert, Hg., Bürgerinnen und Bürger. Geschlechterverhältnisse im 19. Jahrhundert, Göttingen 1988, 47.

11 Josef Ehmer, Heiratsverhalten, Sozialsstruktur, ökonomischer Wandel. England und Mitteleuropa in der Formationsperiode des Kapitalismus, Göttingen 1991, 111 ff. u. 127 ff.

12 Ebd. 113.

13 Vgl. Peter Becker, Leben und Lieben in einem kalten Land. Sexualität im Spannungsfeld von Ökonomie und Demographie. Das Beispiel St. Lamprecht 1600–1850, Frankfurt a. M. 1990, 187 ff.

14 Maßgeblich dazu Niklas Luhmann, Liebe als Passion. Zur Codierung von Intimität, Frankfurt a. M. 1982.

15 Reinhard Sieder, Sozialgeschichte der Familie, Frankfurt a. M. 1987, 59 f.

16 Anti-ökonomistisch argumentiert bereits Heidi Rosenbaum, Formen der Familie, 72 ff.; klassisch inzwischen Pierre Bourdieu, Les strategies matrimonial dans le systeme de reproduction, in: Annales E. S. C. 27 (1972), 1105; ökonomistisch orientiert z. B. Klaus Jürgen Matz, Pauperismus und Bevölkerung. Die gesetzlichen Ehebeschränkungen in den süddeutschen Staaten während des 19. Jahrhunderts, Stuttgart 1980, 11 ff.

17 Im untersuchten Gebiet und Zeitraum waren sie aber im bäuerlichen Bereich nicht dominant, wie Jean-Louis Flandrin meint, in: Jean-Louis Flandrin, Les amours paysannes. Amour et sexualité dans les campagnes de l'ancienne France (XVIe–XIXe siècle), Paris 1975, 243.

18 So die Begründung der Partnerwahl in einem österreichischen Konsistorialprotokoll aus dem 18. Jahrhundert; zit. nach Becker, Leben, 195 ff.

19 Der Mangel an emotionalen Qualitäten wird von Frauen als auch Män-

nern in gerichtsmedizinischen Gutachten des 18. Jahrhunderts angeführt. Vgl. Maren Lorenz, Kriminelle Körper – Gestörte Gemüter. Die Normierung des Individuums in Gerichtsmedizin und Psychiatrie der Aufklärung, Hamburg 1999, 96.

20 Vgl. Gabriele Mentges, Blicke auf den ländlichen Leib. Zur Geschichte einer Enteignung. Eine Darstellung anhand Kleiderbeschreibungen aus Württemberg von 1820 bis 1910, in: Richard van Dülmen, Hg., Körper-Geschichten. Studien zur historischen Kulturforschung, Frankfurt a. M. 1996, 196.

21 Rainer Beck, Frauen in Krise. Eheleben und Ehescheidung in ländlichen Gesellschaften Bayerns während des Ancien règime, in: Richard van Dülmen, Hg., Dynamik der Tradition, Frankfurt a. M. 1992, 201.

22 Zur Relativität verbaler Codes in der bäuerlichen Kultur vgl. Hans Medick u. David Sabean, Emotionen und materielle Interessen in Familie und Verwandtschaft. Überlegungen zu neuen Wegen und Bereichen einer historischen und sozialanthropologischen Familienforschung, in: dies., Hg., Emotionen und materielle Interessen. Sozialanthropologische und historische Beiträge zur Familienforschung, Göttingen 1984, 27 ff.

23 Etwa in Protokollen von Unzuchts- oder Ehebruchfällen in Becker, Leben, 160 ff.

24 Oswald Sint, Buibm und Gitschn beinando is ka Zoig! Jugend in Osttirol 1900–1930, Wien, Graz u. Köln 1986, 302 f.

25 Einen Literaturüberblick zu Bourdieus Kapitalbegriff bringt Dieter Groh, Pierre Bourdieus «allgemeine Wissenschaft der Ökonomie praktischer Handlungen», in: ders, Anthropologische Dimensionen der Geschichte, Frankfurt a. M. 1992, 15 ff.

26 Lyndal Roper, Wille und Ehre. Sexualität, Sprache und Macht in Augsburger Kriminalprozessen, in: Heide Wunder u. Christina Vanja, Hg., Wandel der Geschlechterbeziehungen zu Beginn der Neuzeit, Frankfurt a. M. 1991, 193.

27 Ulrike Gleixner, Das Mensch und der Kerl. Die Konstruktion von Geschlecht in Unzuchtsverfahren der Frühen Neuzeit (1700–1760), Frankfurt a. M. u. New York 1994, 114.

28 Rainer Beck, Illegitimität und voreheliche Sexualität auf dem Land. Unterfinning 1661–1770, in: Richard van Dülmen, Hg., Kultur der einfachen Leute. Bayerisches Volksleben vom 16. bis zum 19. Jahrhundert, München 1983, 137.

29 Allgemein zur Eheanbahnung vgl. Heide Wunder, Er ist die Sonn, sie ist der Mond. Frauen in der Frühen Neuzeit, München 1992, 80 ff. u. Eva Sutter, Ein Act des Leichtsinns und der Sünde. Illegitmität im Kanton Zürich. Recht, Moral und Lebensrealität, 1800–1860, Zürich 1995, 232 ff.

30 Aber etwa auch in Frankreich, England und im skandinavischen Raum; vgl. Michael Mitterauer, Ledige Mütter. Zur Geschichte illegitimer Geburten in Europa, München 1983, 56 ff.

31 In der zeitgenössischen Terminologie sind damit nicht-penetrierende Sexualpraktiken genauso gemeint, wie der Coitus interruptus.

32 Carola Lipp, Dörfliche Formen generativer und sozialer Reproduktion, in: Wolfgang Kaschuba u. Carola Lipp, Dörfliches Überleben. Zur Ge-

schichte materieller und sozialer Reproduktion ländlicher Gesellschaften im 19. und frühen 20. Jahrhundert, Tübingen 1982, 365.

33 Pallaver, Ende, 198.

34 Vgl. Heinz Schilling, Frühneuzeitliche Formierung und Disziplinierung von Ehe, Familie und Erziehung im Spiegel calvinistischer Kirchenratsprotokolle, in: Paolo Prodi, Hg., Glaube und Eid. Treueformeln, Glaubensbekenntnisse und Sozialdisziplinierung zwischen Mittelalter und Neuzeit, München 1993, 231.

35 Hans Medick, Spinnstuben auf dem Dorf. Jugendliche Sexualkultur und Feierabendbräuche in der ländlichen Gesellschaft der frühen Neuzeit, in: Gerhard Huck, Hg., Sozialgeschichte der Freizeit. Untersuchungen zum Wandel der Alltagskultur in Deutschland, Wuppertal 1980, 19 ff.

36 Gitta Benker, Ehre und Schande. Voreheliche Sexualität auf dem Lande im ausgehenden 18. Jahrhundert, in: Johanna Geyer-Kordesch u. Annette Kuhn, Hg., Frauenkörper, Medizin, Sexualität. Auf dem Weg zu einer neuen Sexualmoral, Düsseldorf 1986, 23.

37 Vgl. Hannelore Westphal, Die Liebe auf dem Dorf. Vom Wandel der Sexualmoral und der Prostitution auf dem Lande, Braunschweig 1988, 20 ff.

38 Zum Beispiel mit «Razzien» gegen das Gasslgehen in den 1770er Jahren in Salzburg. Gerhard Ammerer, «... als eine liederliche Vettel mit einem ströhenen Kranz zweymahl ofentlich herum geführet ...». Zur pönalisierten Sexualität in der zweiten Hälfte des 18. Jahrhunderts anhand Salzburger Kriminalrechtsquellen, in: Daniela Erlach, Markus Reisenleitner u. Karl Vocelka, Hg., Privatisierung der Triebe. Sexualität in der frühen Neuzeit, Frankfurt a. M. 1994, 115.

39 Ausführlich Ulinka Rublack, Magd, Metz' oder Mörderin. Frauen vor frühneuzeitlichen Gerichten, Frankfurt a. M. 1998, 199 ff.

40 Elmar A. M. Schieder, Das Haberfeldtreiben. Ursprung, Wesen, Deutung, München 1983; Helga Ettenhuber, Charivari in Bayern. Das Miesbacher Haberfeldtreiben von 1893, in: Richard van Dülmen, Hg., Kultur der einfachen Leute, München 1983, 180 ff.

41 Vgl. Helga Zöttlein, Unzüchtige Frauen – Unzüchtige Männer. Nichteheliche Paarbeziehungen in der kurhessischen Landstadt Zierenberg im Vormärz, in: Archiv für Sozialgeschichte 38 (1998), 26 ff.

42 Zur Entwicklung der Familienideologie Josef Ehmer, Die Geschichte der Familie. Wandel der Ideale – Vielfalt der Wirklichkeit, in: Elisabeth Vavra, Hg., Familie. Ideal und Realität. Katalog zur Niederösterreichischen Landesausstellung 1993, Horn 1993, 5 ff.

43 Zahlen aus Mitterauer, Mütter, 23 ff.; ders., Familienformen und Illegitimität in ländlichen Gebieten Österreichs, in: Archiv für Sozialgeschichte 19 (1979), 123 ff.; siehe auch John E. Knodel, Demographic Behavior in the Past. A Study of Fourteen German Village Populations in the Eighteenth and Nineteenth Century, Cambridge 1988, 193; für das Jahr 1900 ders., The Decline of Fertility in Germany 1871–1939, Princeton 1974, 77; William H. Hubbard, Familiengeschichte. Materialien zur deutschen Familie seit dem Ende des 18. Jahrhunderts, München 1983, 109 u. Birgit Bolognese-Leuchtenmüller, Bevölkerungsentwicklung und Berufsstruktur, Gesundheits- und Fürsorgewesen in Österreich 1750–1918, Wien 1978, Teil II, 79.

44 Edward Shorter, Illegitimacy, Sexual Revolution and Social Change in Modern Europe, in: Journal of Interdisciplinary History 2 (1971), 237ff.; ders.; Female Emancipation, Birth Control and Fertility in European History, in: The American Historical Review 78 (1973), No. 3, 605ff. u. ders., Bastardy in South Germany. A Reply, in: Journal of Interdisciplinary History 8 (1978), 459ff.

45 Die «Klassiker» sind Louise A. Tilly, Joan W. Scott u. Miriam Cohan, Women's Work and European Fertility Patterns, in: Journal of Interdisciplinary History 6 (1976), 447ff.; W. R. Lee, Bastardy and the Socioecomnomic Structure of Southern Germany, in: Journal of Interdisciplinary History 7 (1977), 403ff.; siehe auch Robert I. Rotberg u. Theodore K. Rabb, Hg., Marriage and Fertility. Studies in Interdisciplinary History, Princeton 1980; Stefan Breit, Leichtfertigkeit und ländliche Gesellschaft. Voreheliche Sexualität in der frühen Neuzeit, München 1991, 289ff.; Beate Harms-Ziegler, Illegitimität und Ehe. Illegitimität als Reflex des Ehediskurses in Preußen im 18. und 19. Jahrhundert, Berlin 1991, 321ff. u. Christian Pfister, Bevölkerungsgeschichte und historische Demographie 1500–1800, München 1994, 86ff.

46 Kontroversiell diskutiert wird die Frage, ob eheliche und uneheliche Fruchtbarkeit im selben Ausmaß mit dem Heiratsalter korrelierten. Vgl. Becker, Leben, 243.

47 Zum Beispiel Beck, Illegitimität; Becker, Leben; Breit, Leichtfertigkeit; Gleixner, Mensch; Regina Schulte, Das Dorf im Verhör, Reinbek 1989.

48 Gleixner, Mensch, 171.

49 Karin Stukenbrock, Das Zeitalter der Aufklärung. Kindsmord, Fruchtabtreibung und medizinische Policey, in: Robert Jütte, Hg., Geschichte der Abtreibung. Von der Antike bis zur Gegenwart, München 1993, 112ff. u. Maren Lorenz, Kriminelle Körper – Gestörte Gemüter. Die Normierung des Individuums in Gerichtsmedizin und Psychiatrie der Aufklärung, Hamburg 1999, 159ff.

50 Robert Jütte, Die Persistenz des Verhütungswissens in der Volkskultur. Sozial- und medizinhistorische Anmerkungen zur These von der «Vernichtung der weisen Frauen», in: Medizinhistorisches Journal 24 (1989), 228.

51 Vgl. Ilja Mieck, Wirtschaft und Gesellschaft Europas 1650 bis 1850, in: ders., Hg., Europäische Wirtschafts- und Sozialgeschichte von der Mitte des 19. Jahrhunderts bis zum Ersten Weltkrieg, Stuttgart 1993, 123ff.

52 Regina Schulte, Bauernmägde in Bayern am Ende des 19. Jahrhunderts, in: Karin Hausen, Hg., Frauen suchen ihre Geschichte. Historische Studien zum 19. und 20. Jahrhundert, München 1983, 113f.

53 Ehmer, Heiratsverhalten, 45ff.; ders., Geschichte der Familie, 12f. und Ryter, Niemand, 125; zu den spezifischen Bedingungen der niedrigen Illegitimität in Tirol Elisabeth Mantl, Heirat als Privileg. Obrigkeitliche Heiratsbeschränkungen in Tirol und Vorarlberg 1820 bis 1920, Wien 1997.

54 So meint Matz, dass rund jede fünfzehnte bis zwanzigste Ehe im süddeutschen Raum beeinsprucht wurde. Matz, Pauperismus, 204ff.; Carola Lipp konstatiert eine ähnliche Rate für die Arbeiterschaft. Carola Lipp, Ledige Mütter, «Huren» und «Lumpenhunde». Rechtsnormen und ihre innere

Repräsentanz am Beispiel von Ehrenhändeln im Fabrikarbeitermilieu des 19. Jahrhunderts, in: Utz Jeggle u. a., Hg., Tübinger Beiträge zur Volkskultur, Tübingen 1986, 81.

55 Ehmer, Heiratsverhalten, 74.

56 Siehe etwa Edith Saurer, Reglementierte Liebe. Staatliche Ehehindernisse in der vormärzlichen Habsburgermonarchie, in: SOWI. Sozialwissenschaftliche Informationen. Geschichte, Politik, Wirtschaft, 24 (1995), H. 4, 252.

57 Vgl. Lipp, Formen, 408.

58 Etwa in Salzburger Höfen des späten 18. Jahrhunderts; vgl. Ammerer, Vettel, 123.

59 Das Beispiel in Reinhard Sieder, Die Ordnung des Hauses und die Liebe der Jungen. Zur Sexualkultur Lediger in bäuerlichen Gesellschaften um 1800, in: Oto Luthar u. a., Hg., Pot na grmado. Der Weg auf den Scheiterhaufen. The Road to the Pile, Ljubljana 1994, 314 ff. Gesindeehen allein sind hingegen kein eindeutiges Indiz für das tatsächliche Zusammenleben von Gesindepaaren auf dem Hof des Dienstgebers. Michael Mitterauer hat für Kärntner Pfarren Mitte des 18. Jahrhunderts gezeigt, dass trotz der hohen Zahl dieser Ehen, nur weniger als 10 Prozent der Ehepartner auch gemeinsam auf einem Hof lebten. Ihr Heiraten diente primär dazu, uneheliche Konzeptionen zu legitimieren. Vgl. Michael Mitterauer, Gesindeehen in ländlichen Gebieten Kärntens. Ein Sonderfall historischer Familienbildung, in: Paul W. Roth, Hg., Beiträge zur Handels- und Verkehrsgeschichte, Graz 1978, 232 u. 237.

60 David Warren Sabean, Unehelichkeit. Ein Aspekt sozialer Reproduktion kleinbäuerlicher Produzenten. Zur Analyse dörflicher Quellen um 1800, in: Robert Berdahl u. a., Hg., Klassen und Kultur. Sozialanthropologische Perspektiven in der Geschichtsschreibung, Frankfurt a. M. 1982, 68 ff.

61 Vgl. Mitterauer, Mütter, 70 f.

62 Vgl. Regina Schulte, Kindsmörderinnen auf dem Lande, in: Hans Medick u. David Sabean, Hg., Emotion und materielle Interessen. Sozialanthropologische und historische Beiträge zur Familienforschung, Göttingen 1984, 128 ff.; Otto Ulbricht, Kindsmord und Aufklärung in Deutschland, München 1990.

63 Ein extremes Beispiel für diese Praxis findet sich in Schulte, Bauernmägde, 122 ff.

64 Sutter, Act, 237.

65 Zur Rechtsentwicklung und gerichtlichen Praxis siehe Kapitel 2. Vgl. auch Tanja Hommen, Sittlichkeitsverbrechen. Sexuelle Gewalt im Kaiserreich, Frankfurt a. M. u. New York 1999, 170 ff.; Andrea Griesebner, Konkurrierende Wahrheiten. Malefizprozesse vor dem Landgericht Perchtholdsdorf im 18. Jahrhundert, Wien, Köln u. Weimar 2000, 253; Beck, Frauen, 197 ff.; Anke Meyer-Knees, Verführung und sexuelle Gewalt. Untersuchung zum medizinischen Diskurs im 18. Jahrhundert, Tübingen 1992; Andrea Griesebner, Er hat mir halt gute Wörter gegeben, daß ich es thun solle. Sexuelle Gewalt im 18. Jahrhundert am Beispiel des Prozesses gegen Katharina Riedlerin und Franz Riedler, in: Michael Weinzierl, Hg., Individualisierung, Rationalisierung, Säkularisierung. Neue Wege der Religionsge-

schichte, Wien u. München 1997, 130 ff.; Maren Lorenz, Da der anfängliche Schmerz in Liebeshitze übergehen kann. Das Delikt der «Nothzucht» im gerichtsmedizinischen Diskurs des 18. Jahrhunderts, in: Österreichische Zeitschrift für Geschichtswissenschaften 5 (1994), H. 3, 328 ff.; dies., Kriminelle, 225 ff.

66 Andere sexuelle Gewaltformen, insbesondere gegen Kinder bleiben hier unthematisiert. Vgl. ebd. 241 ff. und vor allem Hommen, Sittlichkeitsverbrechen, 170 ff.

67 Vgl. Maren Lorenz, Weil eine Weibsperson immer so viel Gewalt als erforderlich: Sexualität und sexuelle Gewalt im medizinisch-juristischen Diskurs und seiner Praxis (17. bis Anfang des 20. Jahrhunderts), in: Franz X. Eder u. Sabine Frühstück, Hg., Neue Geschichten der Sexualität. Beispiele aus Ostasien und Zentraleuropa, Wien 2000, 145 ff.

68 Vgl. Ulinka Rublack, Viehisch, frech vnd onverschämpt. Inzest in Südwestdeutschland, ca. 1530–1700, in: Otto Ulbricht, Hg., Von Huren und Rabenmüttern. Weibliche Kriminalität in der frühen Neuzeit, Köln, Weimar u. Wien 1995, 187.

69 Lorenz, Körper, 234 ff.

70 Vgl. Sabine Kienitz, Geschäfte mit dem Körper. Sexualmoral und Überlebensstrategie von Frauen aus der Unterschicht Anfang des 19. Jahrhunderts in Württemberg, in: Historische Anthropologie 3 (1995), H. 3, 433 ff.

71 Peter Becker, Ich bin halt immer liederlich gewest und habe zu wenig gebetet. Illegitimität und Herrschaft im Ancien Régime. St. Lambrecht 1600–1850, in: Rudolf Vierhaus, Frühe Neuzeit – frühe Moderne? Forschungen zur Vielschichtigkeit von Übergangsprozessen, Göttingen 1992, 165.

72 Gleixner, Mensch, 79; auf 69 ff. auch die standardisierten, geschlechtertypischen Fragen an die Angeklagten und deren ebenso gleichförmige Antworten.

73 Siehe den Überblick in Michaela Hohkamp, Macht, Herrschaft und Geschlecht. Ein Plädoyer zur Erforschung von Gewaltverhältnissen in der Frühen Neuzeit, in: L'homme. Zeitschrift für feministische Geschichtswissenschaft 7 (1996), Nr. 2, 8 ff.

74 Vgl. den Fall der Anna Kogler in Becker, Ich bin halt immer, 161 ff. und den der Ester Frei in Ryter, Niemand, 127; siehe auch Sabean, Unehelichkeit, 68 ff.

75 Wie zwischen bäuerlichem Dienstgeber und Magd oder in den häufigsten «Inzest»-Konstellationen zwischen einer jüngeren Frau und ihrem Stiefvater, Onkel oder Schwager. Vgl. Rublack, Viehisch, 182.

76 Hommen, Sittlichkeitsverbrechen, 139.

77 Ausführlichere Beispiele finden sich für den österreichischen Raum in Norbert Ortmayr, Hg., Knechte. Autobiographische Dokumente und sozialhistorische Skizzen, Wien, Köln u. Weimar, etwa 98 f. u. 110 f. Längere Auszüge aus Gesprächsrunden mit Waldviertler Frauen über Liebe und Sexualität im frühen 20 Jahrhundert in Verein für erzählte Lebensgeschichte, Hg., Ich weiss über die Liebe gar nicht viel. Waldviertler Frauen erzählen über Heirat, Liebe, Sexualität und Aufklärung, Vitis 1990.

78 Sint, Buibm, 312.

2. «Verbrechen» oder «öffentliches Ärgernis»?
Die Kriminalisierung des Sexuellen
(16.–19. Jahrhundert)

1 Isabel V. Hull, Sexuality, State, and Civil Society in Germany, 1700–1815, Ithaca u. London 1996, 25 ff.

2 Zur Rezeptionsgeschichte siehe Marcel Senn, Rechtsgeschichte – ein kulturhistorischer Grundriss, Zürich 1997, 146 ff.

3 Vgl. Lyndal Roper, Ödipus und der Teufel. Körper und Psyche in der Frühen Neuzeit, Frankfurt a. M. 1995, 21 ff.

4 Susanna Burghartz, Zeiten der Einheit. Orte des Unzucht. Ehe und Sexualität in Basel während der Frühen Neuzeit, Paderborn 1999, 24.

5 Nikolaus Benke u. Elisabeth Holzleithner, Zucht durch Recht. Juristische Konstruktionen der Sittlichkeit im österreichischen Strafrecht, in: L'Homme. Zeitschrift für Feministische Geschichtswissenschaft 9 (1998), H. 1, 45.

6 Annemarie Leibbrand u. Werner Leibbrand, Formen des Eros. Kultur- und Geistesgeschichte der Liebe, Bd. 2, Freiburg 1972, 85; vgl. die römischen Strafrechtsbestimmungen in Theodor Mommsen, Römisches Strafrecht (Leipzig 1899), unveränderter Nachdruck Graz 1955, 682 ff.

7 Die Peinliche Gerichtsordnung Kaiser Karls V. von 1532 [Carolina], hg. und erläutert von Gustav Radbruch, 5. verb. und erg. Aufl. Stuttgart 1980, Vorrede, 30. Zur Entstehung, den Spezifika und der Wirkung der Carolina siehe Robert von Hippel, Deutsches Strafrecht, Bd. 1: Allgemeine Grundlagen, Berlin 1925, 171 ff.; Eberhard Schmidt, Einführung in die Geschichte der deutschen Strafrechtspflege, 3. völlig durchgearbeitete und veränderte Aufl., Göttingen 1965, 107 ff. u. Rudolf Hoke, Österreichische und deutsche Rechtsgeschichte, Wien, Köln u. Weimar 1992, 424 ff.

8 Karl Härter, Entwicklung und Funktion der Policeygesetzgebung des Heiligen Römischen Reiches Deutscher Nation im 16. Jahrhundert, in: Ius Commune. Zeitschrift für Europäische Rechtsgeschichte 20 (1993), 100 f.

9 Ich folge hier Hulls Interpretation in Hull, Sexuality, 63 ff.

10 Carolina, 82 f.; dort 81 ff. auch die weiteren Strafbemessungen; vgl. auch Joel F. Harrington, Reordering Marriage and Society in Reformation Germany, Cambridge u. New York 1995, 228 u. 256.

11 Josef Segall, Geschichte und Strafrecht der Reichspolizeiordnungen von 1530, 1548 und 1577, Kirchhain 1914, 161.

12 Vgl. Mommsen, Strafrecht, 688 u. Ernst C. Hellbling, Grundlegende Strafrechtsquellen der österreichischen Erbländer vom Beginn der Neuzeit bis zur Theresiana. Ein Beitrag zur Geschichte des Strafrechts in Österreich (bea. u. hrsg. v. Ilse Reiter), Wien, Köln u. Weimar 1996, 126.

13 Anders als im römischen Recht fiel die Tötung der Ehefrau nicht unter diese Regel. Vgl. Mommsen, Strafrecht, 624 f.

14 Siehe auch den Hinweis in Carolina, 145 und Rudolf Quanter, Die Sittlichkeitsverbrechen im Laufe der Jahrhunderte und ihre strafrechtliche Beurteilung, Berlin 1904, 63 ff.

15 Einen Überblick über die Entwicklung der strafrechtlichen Bestimmungen zur Homosexualität bringen Helmut Graupner, Von «Widernatürlicher

Unzucht» zu «Sexueller Orientierung». Homosexualität und Recht, in: Barbara Hey, Ronald Pallier u. Roswith Roth, Hg., Que(e)rdenken – Weibliche/männliche Homosexualität und Wissenschaft, Innsbruck u. Wien 1998, 198 ff.; Klaus Müller, Aber in meinem Herzen sprach eine Stimme so laut. Homosexuelle Autobiographien und medizinische Pathographien im 19. Jahrhundert, Berlin 1991, 135 f.; mehrere Beiträge in Die Geschichte des § 175. Strafrecht gegen Homosexuelle. Katalog zur Ausstellung in Berlin und Frankfurt, Frankfurt a. M. 1990 u. Gisela Bleibtreu-Ehrenberg, Tabu Homosexualität. Die Geschichte eines Vorurteils, Frankfurt a. M. 1978, 297 ff.

16 Vgl. Merry E. Wiesner-Hanks, Christianity and Sexuality in the Early Modern World. Regulating Desire, Reforming Practice, London u. New York 2000, 83 f.

17 Larissa Leibrock-Plehn, Frühe Neuzeit. Hebammen, Kräutermedizin und weltliche Justiz, in: Robert Jütte, Hg., Geschichte der Abtreibung. Von der Antike bis zur Gegenwart, München 1993, 70; zur Entwicklung der Fristen seit der Antike vgl. Günter Jerouschek, Die juristische Konstruktion des Abtreibungsverbots, in: Ute Gerhard, Hg., Frauen in der Geschichte des Rechts. Von der Frühen Neuzeit bis in die Gegenwart, München 1997, 249 ff.

18 Zur Relevanz der Strafgesetzbücher bzw. Ordnungen für die Rechtssprechung vgl. Andrea Griesebner, Konkurrierende Wahrheiten. Malefizprozesse vor dem Landgericht Perchtoldsdorf im 18. Jahrhundert, Wien, Köln u. Weimar 2000, 47 ff.

19 Zur praktischen Umsetzung dieser Ambitionen siehe Hull, Sexuality, 70 ff.

20 Die Ordnung der Bett = Stunden wider den Türcken 1683, in: Codicis Austriaci, Bd. 2, Wien 1704, 361; dort 353 ff. auch die Ordnung Tugendsambe Lebens = Führung 1633.

21 Thomas Winkelbauer, Grundherrschaft, Sozialdisziplinierung und Konfessionalisierung in Böhmen, Mähren und Österreich unter der Enns im 16. und 17. Jahrhundert, in: Joachim Bahlcke u. Arno Strohmeyer, Hg., Konfessionalisierung in Ostmitteleuropa. Wirkungen des religiösen Wandels im 16. und 17. Jahrhundert in Staat, Gesellschaft und Kultur, Stuttgart 1999, 336 f.

22 Allgemein zur «Guten Polizey» Karl Härter u. Michael Stolleis, Einleitung, in: Karl Härter, Hg., Deutsches Reich und geistliche Kurfürstentümer (Kurmainz, Kurköln, Kurtrier) (=Repertorium der Policeyordnungen der Frühen Neuzeit Bd. 1), Frankfurt a. M. 1996, 1 ff.; vgl. auch Egon Conrad Ellrichshausen, Die uneheliche Mutterschaft im altösterreichischen Polizeirecht des 16. bis 18. Jahrhunderts. Dargestellt am Tatbestand der Fornication, Berlin 1988, 28 ff.

23 Jürgen Schlumbohm, Gesetze, die nicht durchgesetzt werden – ein Strukturmerkmal des frühneuzeitlichen Staates?, in: Geschichte und Gesellschaft 23 (1997), 660 f.

24 Typische Beispiele bringt Peter Becker, Leben und Lieben in einem kalten Land. Sexualität im Spannungsfeld von Ökonomie und Demographie. Das Beispiel St. Lamprecht 1600–1850, Frankfurt a. M. 1990, 250 ff.

25 Vgl. etwa für Salzburg Gerhard Ammerer, «... als eine liederliche Vettel

mit einem ströhenen Kranz zweymahl ofentlich herum geführet ...» Zur pönalisierten Sexualität in der zweiten Hälfte des 18. Jahrhunderts anhand Salzburger Kriminalrechtsquellen, in: Daniela Erlach, Markus Reisenleitner u. Karl Vocelka, Hg., Privatisierung der Triebe. Sexualität in der frühen Neuzeit, Frankfurt a. M. 1994, 114 ff.

26 Hippel, Strafrecht., Bd. 1, 200.

27 Kontroversiell dazu Stefan Breit, Leichtfertigkeit und ländliche Gesellschaft. Voreheliche Sexualität in der frühen Neuzeit, München 1991, 128 ff.; Heide Wunder, Er ist die Sonn, sie ist der Mond. Frauen in der Frühen Neuzeit, München 1992, 249 f.; Ulrike Gleixner, Das Mensch und der Kerl. Die Konstruktion von Geschlecht in Unzuchtsverfahren der Frühen Neuzeit, 1700–1760, Frankfurt a. M. u. New York 1994, 73 ff. u. Hull, Sexuality, 82 ff.

28 Ursula Flossmann, Geschlechtsspezifische Diskriminierung und Gleichbehandlungsgebote als Strukturelemente frühneuzeitlicher Rechtsordnungen, in: Louis C. Morsak u. Markus Escher, Hg., Festschrift für Louis Carlen zum 60. Geburtstag, Zürich 1989, 618 ff.

29 Roper, Ödipus, 60 ff.; zum Konzept männlicher Ehre siehe auch mehrere Beiträge in Martin Dinges, Hg., Hausväter, Priester, Kastraten. Die Konstruktion von Männlichkeit in Spätmittelalter und Früher Neuzeit, Göttingen 1998; Wolfgang Schmale, Hg., MannBilder. Ein Lese- und Quellenbuch zur historischen Männerforschung, Berlin 1998 u. Franz X. Eder, Hg., Im Inneren der Männlichkeit (= Schwerpunktheft der ÖZG, 2000/4).

30 Gerd Schwerhoff, Verordnete Schande? Spätmittelalterliche und frühneuzeitliche Ehrenstrafen zwischen Rechtsakt und sozialer Sanktion, in: Andreas Blauert u. Gerd Schwerhoff, Hg., Mit den Waffen der Justiz. Zur Kriminalitätsgeschichte des Spätmittelalters und der Frühen Neuzeit, Frankfurt a. M. 1993, 182 ff.

31 Vgl. Frank Konersmann, Presbyteriale und konsistoriale Kirchenzucht in der reformierten Kirche Pfalz-Zweibrückens von 1681 bis 1798, in: Blätter zur Pfälzer Kirchengeschichte und religiösen Volkskunde 61 (1994), 41.

32 Wilhelm Brauneder, Das Strafrecht in den österreichischen Polizeiordnungen des 16. Jahrhunderts, in: Karl Köbler, Hg., Wege europäischer Rechtsgeschichte. Karl Kroeschell zum 60. Geburtstag dargelegt von Freunden, Schülern und Kollegen, Frankfurt a. M. u. a. 1987, 8.

33 Ellrichshausen, Mutterschaft, 63 f.

34 Vgl. Isabel V. Hull, Sexualstrafrecht und geschlechtsspezifische Normen in den deutschen Staaten des 17. und 18. Jahrhunderts, in: Ute Gerhard, Hg., Frauen in der Geschichte des Rechts. Von der Frühen Neuzeit bis in die Gegenwart, München 1997, 226.

35 Einen Überblick über einzelne Sexualdelikte für die österreichischen Länder bringen Kristl Leitich, Obrigkeitliche Maßnahmen zur Hebung der Sitten in den Ländern Unter und Ob der Enns während der frühen Neuzeit. Landesfürstliche und herrschaftliche Ordnungen von 1520 bis 1780, Diss. Univ. Wien 1968; Hellbling, Strafrechtsquellen, 87 ff. u. 112 ff.; Ellrichshausen, Mutterschaft, 51 ff. u. Karl Vocelka, Überlegungen zum Phänomen der «Sozialdisziplinierung» in der Habsburgermonarchie, in: Daniela Erlach, Markus Reisenleitner u. Karl Vocelka, Hg., Privatisierung

der Triebe. Sexualität in der frühen Neuzeit, Frankfurt a. M. u. a. 1994, 31 ff.; für die deutschen Länder vgl. Hull, Sexuality, 66 ff. u. Quanter, Sittlichkeitsverbrechen, 54 ff. Sofern nicht anders angemerkt, dort auch die einzelnen, hier berücksichtigten Bestimmungen der Ordnungen.

36 Beispiele in Joseph F. Patrouch, Sexualität und Herrschaft. Sexuelles Fehlverhalten in Strafprozessen vor drei grundherrlichen Gerichten Oberösterreichs, in: Daniela Erlach, Markus Reisenleitner, Karl Vocelka, Hg., Privatisierung der Triebe. Sexualität in der frühen Neuzeit, Frankfurt a. M. u. a. 1994, 155 ff. u. Hull, Sexualstrafrecht, 228.

37 Letzteres in der Landgerichtsordnung des Erzherzogtums Österreich unter der Enns 1656 [Ferdinandea], in: Codicis Austriaci, Bd. 1, Wien 1704, 709; zur überregionalen Bedeutung der Ferdinandea vgl. Griesebner, Wahrheiten, 53 ff.

38 Vgl. Hellbling, Strafrechtsquellen, 128.

39 Codex Juris Bavarici Criminalis, München 1751, tw. Neuausg. in: Arno Buschmann, Hg., Textbuch zur Strafrechtsgeschichte der Neuzeit. Die klassischen Gesetze, München 1998, 179 ff.

40 Allgemein zu den protestantischen und katholischen Gesetzesrevisionen des 16. Jahrhunderts vgl. Joel F. Harrington, Marriage, 84 ff. u. Wiesner-Hanks, Christianity, 60 ff.

41 Gustaf Klemens Schmelzeisen, Hg., Quellen zur Neueren Privatrechtsgeschichte Deutschlands, 2. Bd. Polizei- und Landesordnungen. 2 Halbbände, Köln u. Graz 1968/1969, 2. Halbbd. 39.

42 Ebd., 18.

43 Constitutio Criminalis Theresiana oder (...) k. k. peinliche Gerichtsordnung [Theresiana], Wien 1769, Vollständiger Nachdruck, Graz 1993, 215.

44 Ulinka Rublack, Magd, Metz' oder Mörderin. Frauen vor frühneuzeitlichen Gerichten, Frankfurt a. M. 1998, 203 ff.; einen komprimierten Überblick bringt Beate Harms-Ziegler, Außereheliche Mutterschaft in Preußen im 18. und 19. Jahrhundert, in: Ute Gerhard, Hg., Frauen in der Geschichte des Rechts, München 1997, 325 ff.

45 Niederösterreichische Polizeiordnung 1542 (= Sammlung Chorinsky I, UB Wien), 27.

46 Baierische Landesordnung 1553, in: Schmelzeisen, Quellen, 1. Bd., 238.

47 Vgl. Ellrichshausen, Mutterschaft, 52 ff.

48 Preußische Landordnung 1577, in: Schmelzeisen, Quellen, Bd. I, 377 f.

49 Polizeiordnung für Scharnstein und Kremsmünster von 1587, in: Österreichische Weistümer, hrsg. von der Österreichischen Akademie der Wissenschaften, Bd. 13, 129 u. 393, zit. nach Leitich, Maßnahmen, 127.

50 Rublack, Magd, 216 f.

51 Sachsen-Gotha'sche Landesordnung 1666, in: Schmelzeisen, Quellen, Bd. I, 652.

52 RSt. Frankfurt. Edikt gegen Scheinvergleiche in Schwängerungssachen 1739, in: Schmelzeisen, Quellen, Bd. II, 293.

53 Etwa in der Ferdinandea, 714; vgl. auch Leitich, Obrigkeitliche Maßnahmen, 144.

54 Theresiana, 222.

55 Zur Bandbreite der Sodomiedefinitionen im Strafrecht der österreichi-

schen Länder vgl. Hans-Peter Weingand, Vom Feuertod zu einem Monat Gefängnis. Gleichgeschlechtliche sexuelle Handlungen und Strafrecht in Österreich 1499–1803, in: Invertito – Jahrbuch für Geschichte der Homosexualitäten 1 (1999), 103 ff.

56 Jakob Michelsen, Von Kaufleuten, Waisenknaben und Frauen in Männerkleidern. Sodomie im Hamburg des 18. Jahrhunderts, in: Zeitschrift für Sexualforschung 9 (1996), H. 3, 216.

57 Helga Schnabel-Schüle, Überwachen und Strafen im Territorialstaat. Bedingungen und Auswirkungen des Systems strafrechtlicher Sanktionen im frühneuzeitlichen Württemberg, Köln, Weimar u. Wien 1997, 316 f.

58 Vgl. Gert Hekma, Die Verfolgung der Männer. Gleichgeschlechtliche Begierden und Praktiken in der europäischen Geschichte, in: Österreichische Zeitschrift für Geschichtswissenschaften 9 (1998), H. 3, 319 ff.; Bernd-Ulrich Hergemöller, Iubemus insurgere leges. Vom «Senatus consultum de Baccanalibus» zum «Allgemeinen Landrecht für die Preußischen Staaten», in: Freunde eines Schwulen Museums in Berlin e. V., Hg., Die Geschichte des § 175. Strafrecht gegen Homosexuelle. Katalog zur Ausstellung in Berlin und Frankfurt, Frankfurt a. M. 1990, 21 ff. u. ders., Einführung in die Historiographie der Homosexualitäten, Tübingen 1999, 78 ff.

59 Vgl. Bleibtreu-Ehrenberg, Tabu, 297 ff.

60 Württembergische Eheordnung 1553, in: Schmelzeisen, Quellen, Bd. II, 17.

61 Im kanonischen Recht waren Bestimmungen über die Blutsverwandtschaft schon im Mittelalter von großer Bedeutung. Vgl. James A. Brundage, Sex and Canon Law, in: Vern L. Bullough u. James A. Brundage, Hg., Handbook of Medival Sexuality, New York u. London 1996, 37 ff.

62 David Warren Sabean, Kinship in Neckarhausen, 1700–1870, Cambridge 1998, 70 ff. u. Ulinka Rublack, Viehisch, frech vnd onverschämpt. Inzest in Südwestdeutschland, ca. 1530–1700, in: Otto Ulbricht, Hg., Von Huren und Rabenmüttern. Weibliche Kriminalität in der frühen Neuzeit, Köln, Weimar u. Wien 1995, 171 ff.

63 Codex Juris Bavarici Criminalis, 204.

64 Ursula Floßmann u. Elisabeth Kriz, Die geschichtliche Entwicklung des Sexualstrafrechts. Dargestellt an zwei Beispielen: Abtreibung und Vergewaltigung, in: Ursula Floßmann, Hg., Frau im Recht. Geschichte – Praxis – Politik, Linz 1988, 46.

65 Maren Lorenz, Kriminelle Körper – Gestörte Gemüter. Die Normierung des Individuums in Gerichtsmedizin und Psychiatrie der Aufklärung, Hamburg 1999, 225 ff. u. dies., Da der anfängliche Schmerz in Liebeshitze übergehen kann. Das Delikt der «Nothzucht» im gerichtsmedizinischen Diskurs des 18. Jahrhunderts, in: Österreichische Zeitschrift für Geschichtswissenschaften 5 (1994), H. 3, 328 ff.; eine ausführliche Beschreibung eines Gerichtsprozesses bringt Andrea Griesebner, Er hat mir halt gute Wörter gegeben, daß ich es thun solle. Sexuelle Gewalt im 18. Jahrhundert am Beispiel des Prozesses gegen Katharina Riedlerin und Franz Riedler, in: Michael Weinzierl, Hg., Individualisierung, Rationalisierung, Säkularisierung. Neue Wege der Religionsgeschichte, Wien u. München 1997, 130 ff.

66 Vgl. Anke Meyer-Knees, Verführung und sexuelle Gewalt. Untersuchung zum medizinischen und juristischen Diskurs im 18. Jahrhundert, Tübingen 1992, 79 f. u. Maren Lorenz, Weil eine Weibsperson immer so viel Gewalt hat als erforderlich. Sexualität und sexuelle Gewalt im medizinisch-juristischen Diskurs und seiner Praxis (17. bis Anfang des 20. Jahrhunderts), in: Franz X. Eder u. Sabine Frühstück, Hg., Neue Geschichten der Sexualität. Beispiele aus Ostasien und Zentraleuropa 1700–2000, Wien 2000, 145 ff.

67 Schnabel-Schüle, Überwachen, 290 f.

68 Theresiana, 212.

69 Ferdinandea, 712.

70 Hellbling, Strafrechtsquellen, 117 ff.

71 Ferdinandea, 698.

72 Leibrock-Plehn, Neuzeit, 85 ff.; Otto Ulbricht, Kindsmord und Aufklärung in Deutschland, München 1990, 17; allgemein zum Kindsmord vgl. Richard van Dülmen, Frauen vor Gericht. Kindsmord in der Frühen Neuzeit, Frankfurt a. M. 1990.

73 Rublack, Magd, 237 ff.

74 Vgl. Wolfgang Hütt, Hg., Hintergrund. Mit den Unzüchtigkeits- und Gotteslästerungsparagraphen des Strafgesetzbuches gegen Kunst und Künstler, 1900–1933, Berlin 1990, 10 f.; allgemein dazu Dorelies Kraakman, Pornography in Western European Culture, in: Franz X. Eder, Lesley A. Hall u. Gert Hekma, Hg., Sexual Cultures in Europe. Themes in Sexuality, Manchester u. New York 1999, 104 ff.

75 Hull, Sexuality, 100.

76 Einen rechtshistorischen Überblick bringen Friedrich Hartl, Das Wiener Kriminalgericht. Strafrechtspflege vom Zeitalter der Aufklärung bis zur österreichischen Revolution, Wien, Köln u. Graz 1973, 21 ff. u. Senn, Rechtsgeschichte, 208 ff.; zur Reform des Sexualstrafrechts in den deutschen Ländern vgl. auch Hull, Sexuality, 107 ff.

77 Allgemeines Gesetz über Verbrechen und deren Bestrafung, Wien 1787, tw. Neuausg. in: Buschmann, Textbuch, 224 ff.; Gesetzbuch über Verbrechen, Wien 1803 u. Das Strafgesetz über Verbrechen, Vergehen und Übertretungen, Wien 1852.

78 Allgemeines Landrecht für die Preußischen Staaten, Berlin 1794 u. Strafgesetzbuch für die Preußischen Staaten vom 1. Juli 1851; beide tw. Neuausg. in: Buschmann, Textbuch, 272 ff. u. 538 ff.

79 Strafgesetzbuch für das Deutsche Reich, Berlin 1871.

80 Strafgesetzbuch für das Königreich Bayern, München 1813, tw. Neuausg. in: Buschmann, Textbuch, 448 ff.; zur Wirkungsgeschichte vgl. Fritz Eduard Rosenberger, Das Sexualstrafrecht in Bayern von 1813 bis 1871, Diss. Univ. Marburg 1973 u. Hull, Sexuality, 333 ff.; Die neuen Criminalgesetzbücher des Königreichs Sachsen etc., hg. von F. B. Busch, Leipzig 1848; Allgemeines Criminal-Gesetzbuch für das Königreich Hannover vom 8. August 1840, Hannover 1864; Das Criminal-Gesetz-Buch für das Herzogthum Braunschweig, Braunschweig 1840.

81 Einen Überblick gibt Senn, Rechtsgeschichte, 164 ff.; vgl. auch die kompakte Darstellung in Michael Titzmann, Literarische Strukturen und kul-

turelles Wissen. Das Beispiel inzestuöser Situationen in der Erzählliteratur der Goethezeit und ihrer Funktionen im Denksystem der Epoche, in: Jörg Schönert, Hg., Erzählte Kriminalität. Zur Typologie und Funktion von narrativen Darstellungen in Strafrechtspflege, Publizistik und Literatur zwischen 1770 und 1920, Tübingen 1991, 232 ff.

82 Hoke, Rechtsgeschichte, 431 f.

83 Michel Foucault, Überwachen und Strafen. Die Geburt des Gefängnisses, Frankfurt a. M. 1977, 140.

84 Richard J. Evans, Rituals of Retribution. Capital Punishment in Germany 1600–1987, Oxford 1996, 121 ff.

85 Meyer-Knees, Verführung, 71.

86 Bleibtreu-Ehrenberg, Tabu, 313 f.

87 Jörg Hutter, Die Entstehung des Paragraphen 175 im Strafgesetzbuch und die Geburt der deutschen Sexualwissenschaft, in: Rüdiger Lautmann u. Angela Taeger, Hg., Männerliebe im alten Deutschland. Sozialgeschichtliche Abhandlungen, Berlin 1992, 189 ff.;

88 Hoke, Rechtsgeschichte, 433; Bleibtreu-Ehrenberg, Tabu, 308 u. Weingand, Feuertod, 107 f.

89 Rüdiger Lautmann, Das Verbrechen der widernatürlichen Unzucht. Seine Grundlegung in der preußischen Gesetzesrevision des 19. Jahrhunderts, in: Rüdiger Lautmann u. Angela Taeger, Hg., Männerliebe im alten Deutschland. Sozialgeschichtliche Abhandlungen, Berlin 1992, 141 ff.; Manfred Herzer, Deutsches Schwulenstrafrecht vor der Gründung des zweiten Kaiserreichs, 1795–1870, in: Die Geschichte des § 175. Strafrecht gegen Homosexuelle. Katalog zur Ausstellung in Berlin und Frankfurt, Frankfurt a. M. 1990, 30 ff. u. James D. Steakley, Sodomy and Enlightenment Prussia. From Execution to Suicide, in: Kent Gerard u. Gert Hekma, Hg., The Pursuit of Sodomy. Male Homosexuality in Renaissance and Enlightenment Europe, New York u. London 1989, 163 ff.

90 Zu Feuerbachs Bedeutung vgl. Hull, Sexuality, 342 ff.

91 Für Paris vgl. Angela Taeger, Intime Machtverhältnisse. Moralstrafrecht und administrative Kontrolle der Sexualität im ausgehenden Ancien Régime, München 1999.

92 Vgl. auch Kai Sommer, Die Strafbarkeit der Homosexualität von der Kaiserzeit bis zum Nationalsozialismus. Eine Analyse der Straftatbestände im Strafgesetzbuch und in den Reformentwürfen (1871–1945), Frankfurt a. M. u. a. 1998, 32 f.

93 Das Strafgesetzbuch für das Königreich Bayern sammt dem Gesetze vom 10. November 1861 etc. Erläutert von Ludwig Weis, 2. Bd., Nördlingen 1863, Art. 214.

94 Manfred Herzer, Deutsches Schwulenstrafrecht vor der Gründung des zweiten Kaiserreichs, 1795–1870, in: Die Geschichte des § 175. Strafrecht gegen Homosexuelle. Ausstellungskatalog, Frankfurt a. M. 1990, 31 f.; vgl. bereits Richard von Krafft-Ebing, Der Conträrsexuale vor dem Strafrichter. De Sodomia ratione sexus punienda. De lege lata et de lege ferenda. Eine Denkschrift, Leipzig u. Wien 1895, 26 f.

95 Mit der Abgrenzung der ‹eigentlichen› sodomitischen Akte beschäftigte sich auch die gerichtsärztliche Literatur. Vgl. Lorenz, Körper, 200 ff.

96 Ausführlich dazu Claudia Honegger, Die Ordnung der Geschlechter. Die Wissenschaften vom Menschen und das Weib, Frankfurt a. M.. u. New York 1991.

97 Vgl. Edith Saurer, Zur Säkularisierung des Sündenkonzepts. Die Genese des strafrechtlichen Konzepts der «Erregung öffentlichen Ärgernisses», in: Michael Weinzierl, Hg., Individualisierung, Rationalisierung, Säkularisierung. Neue Wege der Religionsgeschichte, München u. Wien 1997, 216 u. dies., Über die Beziehung von Schamhaftigkeit, Öffentlichkeit und Geschlecht, in: Wolfgang Müller-Funk, Hg., Macht. Geschlechter. Differenz. Beiträge zur Archäologie der Macht im Verhältnis der Geschlechter, Wien 1994, 78 ff.

98 Vgl. Elisabeth Mantl, Heirat als Privileg. Obrigkeitliche Heiratsbeschränkungen in Tirol und Vorarlberg 1820–1920, Wien 1997.

99 Siehe Erwin J. Haeberle, Zur Geschichte der Pornografie. Fotografierte Unzucht. Ein historischer Überblick, in: Josef Christian Aigner u. Rolf Gindorf, Hg., Von der Last zur Lust. Sexualität zwischen Liberalisierung und Entfremdung, Wien 1986, 40 f.; einen Überblick bringen Lynn Hunt, Hg., Die Erfindung der Pornographie. Obszönität und die Ursprünge der Moderne, Frankfurt a. M. 1994 u. Jean Marie Goulemot, Gefährliche Bücher. Erotische Literatur, Pornographie, Leser und Zensur im 18. Jahrhundert, Reinbek 1993.

100 Saurer, Säkularisierung, 212 ff.

101 Ernest Borneman, Sexuelle Marktwirtschaft. Vom Waren- und Geschlechtsverkehr in der bürgerlichen Gesellschaft, Wien 1994, 81 ff.

102 Einen umfangreichen Gerichtsprozess um gewerbliche Prostitution, Erpressung und sexuelle Gewalt im württembergischen Hall zu Beginn des 19. Jahrhunderts beschreibt Sabine Kienitz, Sexualität, Macht und Moral. Prostitution und Geschlechterbeziehungen Anfang des 19. Jahrhunderts in Württemberg. Ein Beitrag zur Mentalitätsgeschichte, Berlin 1995.

103 Vgl. Sabine Gleß, Die Reglementierung von Prostitution in Deutschland, Berlin 1999; Karin J. Jusek, Auf der Suche nach der Verlorenen. Die Prostitutionsdebatten im Wien der Jahrhundertwende. Proefschrift/Habilitationsschrift, Groningen 1993, 89 ff. u. Regina Schulte, Sperrbezirke. Tugendhaftigkeit und Prostitution in der bürgerlichen Welt, Frankfurt a. M. 1979, 167 ff.

104 Dietlind Hüchtker, Elende Mütter und liederliche Weibspersonen. Geschlechterverhältnisse und Armenpolitik in Berlin, 1770–1850, Münster 1999, 165 ff. u. Sybille Krafft, Zucht und Unzucht. Prostitution und Sittenpolizei im München der Jahrhundertwende, München 1996, 20 ff.

105 Zum Notzuchtdelikt im deutschen Strafrecht vgl. Tanja Hommen, Sittlichkeitsverbrechen. Sexuelle Gewalt im Kaiserreich, Frankfurt a. M. u. New York 1999, 26 ff.

106 Einen Überblick über die unterschiedlichen Eheverbote und das jeweilige Strafmaß bringt Titzmann, Strukturen, 244 ff.

107 Vgl. Hull, Sexuality, 353.

108 Vgl. Eduard Seidler, 19. Jahrhundert. Zur Vorgeschichte des Paragraphen 218, in: Robert Jütte, Hg., Geschichte der Abtreibung. Von der Antike bis zur Gegenwart, München 1993, 125 ff. u. Rita Bake u. Birgit Kiupel, Un-

ordentliche Begierden. Liebe, Sexualität und Ehe im 18. Jahrhundert, Hamburg 1996, 133 ff.

109 Criminalgesetzbücher des Königreichs Sachsen, 162 f.

110 Vgl. Schwerhoff, Schande, 181 f.

111 Beispiele finden sich in Hull, Sexuality, 116 ff.; vgl. auch Karin Stukenbrock, Das Zeitalter der Aufklärung. Kindsmord, Fruchtabtreibung und medizinische Policey, in: Robert Jütte, Hg., Geschichte der Abtreibung. Von der Antike bis zur Gegenwart, München 1993, 93 ff. u. dies., Abtreibung im ländlichen Raum Schleswig-Hosteins im 18. Jahrhundert. Eine sozialgeschichtliche Untersuchung auf der Basis von Gerichtsakten, Neumünster 1993; zur Verheimlichung von Geburten siehe Gerhard Ammerer, «... dem Kinde den Himmel abgestohlen ...» Zum Problem von Abtreibung, Kindsmord und Kindsweglegung in der Spätaufklärung. Das Beispiel Salzburg, in: Das achtzehnte Jahrhundert und Österreich. Jahrbuch der österreichischen Gesellschaft zur Erforschung des achtzehnten Jahrhunderts (1992), 89 ff.

112 Otto Ulbricht, Kindsmord in der Frühen Neuzeit, in: Ute Gerhard, Hg., Frauen in der Geschichte des Rechts. Von der Frühen Neuzeit bis in die Gegenwart, München 1997, 235.

113 Eine zweite effektive Maßnahme war nach wie vor die familienrechtliche Diskriminierung unehelicher Kinder. Für Österreich vgl. Oskar Lehner, Familie – Recht – Politik. Die Entwicklung des österreichischen Familienrechts im 19. und 20. Jahrhundert, Wien u. New York 1987, 43 ff.

114 Zur diesbezüglichen Gerichtspraxis siehe Lynn Abrams, Whores, Whore-Chasers and Swine. The Regulation of Sexuality and the Restoration of Order in the Nineteenth Century Germany Divorce Court, in: Journal of Family History 21 (1996), No. 3, 269 ff.

115 Lorenz, Körper, 71 ff.; dort auch die Literatur zu sexuellen Scheidungsgründen; vgl. zur Geschichte des Eherechts im 18. und 19. Jahrhundert Stephan Buchholz, Beiträge zum Ehe- und Familienrecht des 19. Jahrhunderts, in: Ius Commune. Zeitschrift für Europäische Rechtsgeschichte 9 (1980), 229 ff.; allgemein Dirk Blasius, Ehescheidung in Deutschland im 19. und 20. Jahrhundert, Frankfurt a. M. 1992, 24 ff.

116 Benke u. Holzleithner, Zucht, 56 ff.

3. Onanie und die Wurzeln des modernen sexuellen Subjekts im 17. und 18. Jahrhundert

1 Christian Gotthilf Salzmann, Ueber die heimlichen Sünden der Jugend, Frankfurt a. M. u. Leipzig 1785, 10 f.

2 Zur Geschichte der Selbstbefleckung bey Kindern weiblichen Geschlechts. Aus dem Briefe einer Dame, in: Neues Magazin für Aerzte 1 (1779), Stück 1, 65.

3 Von der Onanie oder Abhandlung über die Krankheiten, die von der Selbstbefleckung herrühren, Eisenach 1770. Übersetzung der dritten und vermehrten Ausgabe von De l'onanisme, ou dissertation pyhsique sur les

maladies, produites par la masturbation, disseration physique, Univ. Paris 1760. Diese basierte wiederum auf seiner Schrift De morbis ex manustupratione ortis, Lausanne 1758. Zu Tissot siehe Antoinette S. Emch-Dériaz, Tissot. Physician of the Enlightenment, New York 1992, 43 ff. u. Jean Stengers u. Anne van Neck, Histoire d'une grande peur. La mastubation, Brüssel 1984, 65 ff.

4 Für Frankreich Stengers u. Neck, Histoire, 73 ff; Théodore Tarczylo, Sexe et liberté au siècle des Lumières, Paris 1983; Vernon A. Rosario, Phantastical Pollutions. The Public Threat of Privat Vice in France, in: Paula Bennett u. Vernon A. Rosario, Hg., Solitary Pleasures. The Historical, Literary, and Artistic Discourses of Autoeroticism, New York u. London 1995, 101 ff.; für England Roy Porter u. Lesley Hall, The Facts of Life. The Creation of Sexual Knowledge in Britain 1650–1950, New Haven u. London 1995, 91 ff.

5 Vgl. Isabel V. Hull, Sexuality, State, and Civil Society in Germany, 1700–1815, Ithaca u. London 1996, 260 f.

6 Etwa in ebd. oder Karl Braun, Die Krankheit Onania. Körperangst und die Anfänge moderner Sexualität im 18. Jahrhundert, Frankfurt a. M. u. New York 1995.

7 So auch der Tenor von Uwe Rohlje, Autoerotik und Gesundheit. Untersuchungen zur gesellschaftlichen Entstehung und Funktion der Masturbationsbekämpfung im 18. Jahrhundert, Münster u. New York 1991.

8 Franz X. Eder, Prüderie oder holdes Gefühl. Zur Geschichte der Sexualität im 18. und 19. Jahrhundert, in: Beiträge zur historischen Sozialkunde 18 (1988), H. 1, 21 ff.; der klassische Vertreter ist Jos van Ussel, Sexualunterdrückung. Geschichte der Sexualfeindschaft, Gießen 1977.

9 Johann Heinrich Zedler, Grosses vollständiges Universal Lexicon, Bd. 36, Halle u. Leipzig 1743, 1586 ff.

10 Onania, oder die schreckliche Sünde der Selbst-Befleckung. Mit allen ihren entsetzlichen Folgen, so dieselben bey beyderley Geschlecht nach sich ziehen pfleget, Leipzig 1736.

11 Onania, or the Heinous Sin of Self-Pollution, and All Its Frightful Consequences, in Both Sexes, Considered, London [1716]; zur Datierung vgl. Michael Stolberg, Self-pollution, Moral Reform, and the Veneral Trade. Notes on the Sources and Historical Context of Onania (1716), in: Journal of the History of Sexuality 9 (2000), No. 1/2, 38 ff.; dort 51 ff. auch Überlegungen zur Autorenschaft.

12 Vgl. Porter u. Hall, Facts, 96 ff. u. Karl Heinz Bloch, Masturbation und Sexualerziehung in Vergangenheit und Gegenwart. Ein kritischer Literaturbericht, Frankfurt a. M. 1989, 111 ff.

13 Zu Vorgängern siehe Michael Stolberg, An Unmanly Vice. Self-Pollution, Anxiety, and the Body in the Eighteenth Century, in: Social History of Medicine 13 (2000), No. 1, 3.

14 Zur Begriffsgeschichte Braun, Onania, 160. Für das 15. und 16. Jahrhundert ist bislang keine ausführlichere Diskussion über die Masturbation nachgewiesen. Vgl. Tilmann Walter, Unkeuschheit und Werk der Liebe. Diskurse über Sexualität am Beginn der Neuzeit in Deutschland, Berlin u. New York 1998, 269.

15 Zu Anfängen im England des 17. Jahrhunderts vgl. Colin Spencer, Homosexuality. A History, London 1995, 175 ff.

16 Zum zeitgenössischen katholischen Diskurs siehe Pierre Hurteau, Catholic Moral Discourse on Male Sodomy and Masturbation in the Seventeenth and Eighteenth Centuries, in: Journal of the History of Sexuality 4 (1993), No. 1, 16 ff.

17 Detailliert in Braun, Onania, 154 ff.

18 Zur Aufwertung der Ehe und ehelichen Sexualordnung in der Reformation vgl. Joel F. Harrington, Reordering Marriage and Society in Reformation Germany, Cambridge u. New York 1995, 59 ff. u. Merry E. Wiesner-Hanks, Christianity and Sexuality in the Early Modern World. Regulating Desire, Reforming Practice, London u. New York 2000, 73 ff.

19 Zur Leviratsehe Leonard Mars, What was Onan's Crime, in: Comparative Studies in Society and History. An International Quarterley 26 (1984), No. 3, 433 ff.

20 Vgl. zur Bedeutung einer reinen und beständigen Lebensführung für das puritanische Ehekonzept Edmund Leites, Puritanisches Gewissen und moderne Sexualität, Frankfurt a. M. 1988 u. Max Weber, Die Protestantische Ethik und der Geist des Kapitalismus, in: ders., Gesammelte Aufsätze zur Religionssoziolgie 1, Tübingen 1988, 17 ff.

21 Stolberg, Self-pollution, 48 ff.

22 Johann Friedrich Osterwald, Treu gemeinte Warnung vor der Unreinigkeit, darinne nicht nur aller dahion gehörigen Laster mit sich führende Schande und daraus entstehender Schande, aus der Natur so wohl als der Hiligen Schrift vorgestellet, sondern auch wie solche zu vermeiden und die edle Tugend der Keuschheit zu erlangen, kräfftige Mittel angewisen werden, Hamburg 1714; Georg Sarganeck, Überzeugende und bewegliche Warnung vor allen Sünden der Unreinigkeit und heimlichen Unzucht, darinnen aus medizinischen und theologischen Gründen vernünftig vorgestellt wird, I. was für Gefahr und Schaden, II. Schulden und Gerichte, und III. für Rettungsmittel vorhanden, Züllichau 1740.

23 Zum Beispiel in der 15. Auflage mit dem Titel Onania: or, the Heinous Sin of Self-Pollution, and all its Frightful Consequences (in both Sexes,) Considered; With Spiritual and Physical Advice to those who have already injur'd themselves by this abominable practice, London, 15. Aufl. 1730, 169; zum Umfeld Roy Porter, Forbidden Pleasures. Enlightenment Literature of Sexual Advice, in: Paula Bennett u. Vernon A. Rosario, Hg., Solitary Pleasures. The Historical, Literary, and Artistic Discourses of Autoeroticism, New York u. London 1995, 75 ff.

24 Ab der vierten Auflage stieg die Zahl brieflicher Bekenntnisse ständig an. Vgl. Bloch, Masturbation, 131 ff.; auch bereits Karl-Felix Jacobs, Die Entstehung der Onanie-Literatur im 17. und 18. Jahrhundert, Diss. Univ. München 1963, 38 ff. Wenn Klaus Müller die große Bedeutung von autobiographischen Zeugnissen für die Konstitution von Sexual-Wissen hervorhebt, ist ihm nur zuzustimmen. «Selbstbekenntnisse» existieren allerdings schon vor dem 19. Jahrhundert. Klaus Müller, Aber in meinem Herzen sprach eine Stimme so laut. Homosexuelle Autobiographien und medizinische Pathographien im 19. Jahrhundert, Berlin 1991, 155 ff.

25 Das medizinische Vorbild der «Onania» dürfte John Martens, Treatise on Veneral Diseases, London 6. Aufl. 1708/1709 gewesen sein. Vgl. Stolberg, Self-pollution, 48 ff.

26 Eine der vielen Ausgaben des Master Piece ist Aristotle's Master Piece Completed, in Two Parts. The First Containing the Secrets of Generation, in All the Parts Thereof. The Second Part, Being a Private Looking-Glas for the Female-Sex. The whole Being More Correct, than any Thing of this Kind Hitherto Published, London 1684 u. Nicolas Venette, De la génération de l'homme. Ou tableau de l'amour conjugal. Divisé en quatre parties, Köln 1696.

27 Zur pornographischen Lesart medizinischer oder populärmedizinischer Schriften im frühen 18. Jahrhundert siehe Roy Porter, Spreading Carnal Knowledge or Selling Dirt Cheap? Nicolas Venettes «Tableau de l'amour conjugal» in Eighteenth-Century England, in: Journal of European Studies 14 (1984), 234 ff.; zur Verbreitung solcher Schriften Angus McLaren, Reproductive Rituals. The Perception of Fertility in England from the Sixteenth to the Nineteenth Century, London u. New York 1984, 18 ff.; Paul-Gabriel Boucé, Some Sexual Beliefs and Myths in Eighteenth-Century Britain, in: ders., Hg., Sexuality in Eighteenth-Century Britain, Manchester 1982, 28 ff.; Peter Wagner, The Discourse on Sex. Or Sex as a Discourse. Eighteenth-Century Medical and Paramedical Erotica, in: G. S. Rousseau u. Roy Porter, Hg., Sexual Underworlds of the Enlightenment, Manchester 1987, 46 ff. u. Vern L. Bullough, An Early American Sex Manual, or, Aristotle Who?, in: ders., Sex, Society and History, New York 1976, 93 ff.

28 Siehe dazu «Lust an der Wahrheit der Lust» in Michel Foucault, Sexualität und Wahrheit, Bd. 1: Der Wille zum Wissen, Frankfurt a. M. 1983, 91; vgl. Peter Wagner, The Veil of Science and Morality. Some Pornographic Aspects of the Onania, in: British Journal for Eighteenth Cntury Studies 4 (1983), 179 ff.

29 Wie dies Stengers u. Neck, Histoire, 59 machen; zur Frage der Texttypen Michael Titzmann, Kulturelles Wissen – Diskurs – Denksystem. Zu einigen Grundbegriffen der Literaturgeschichtsschreibung, in: Zeitschrift für französische Sprache und Literatur 99 (1989), 55.

30 Onania, 15. Aufl., 1; zu den rhetorischen Praktiken ausführlich Roy Porter, Constructing Sexual Knowledge. The Literature of Sexual Advice Before 1800. Paper für die «Amsterdam Conference on Sexual Cultures in Europe», Juni 1992, Amsterdam 1992, 11.

31 Walter, Unkeuschheit, 430 ff.

32 Zu den einzelnen Theorien ausführlich Gianna Pomata, Vollkommen oder verdorben? Der männliche Samen im frühneuzeitlichen Europa, in: L'Homme 6 (1995), H. 2, 59 ff. u. Dietlinde Goltz, Samenflüssigkeit und Nervensaft. Zur Rolle der antiken Medizin in den Zeugungstheorien des 18. Jahrhunderts, in: Medizinhistorisches Journal 22 (1987), 135 ff.

33 Zur geschlechterspezifischen Vorstellung vom Sexualleben in der hippokratischen Lehre Lesley Dean-Jones, The Politics of Pleasure. Female Sexual Apetite in the Hippocratic Corpus, in: Domna C. Stanton, Hg., Discourses of Sexuality. From Aristotle to AIDS, Ann Arbor 1992, 51 ff.; vgl. auch Thomas Laqueur, Auf den Leib geschrieben. Die Inszenierung

der Geschlechter von der Antike bis Freud, Frankfurt a. M. u. New York 1992, 58 ff.

34 Zu den antiken Samenlehren vgl. Erna Lesky, Die Zeugungs- und Vererbungslehren der Antike und ihr Nachwirken, Mainz u. Wiesbaden 1951, 1233 ff. u. Daniel Jacquart u. Claude Thomasset, Sexuality and Medicine in the Middle Ages, Cambridge 1988, 7 ff.

35 Vgl. Pomata, Vollkommen, 78 ff.

36 Zur Frage des weiblichen Orgasmus in der medizinischen Literatur des 17. und frühen 18. Jahrhunderts McLaren, Rituals, 19.

37 Zu Leeuwenhoek vgl. Edward G. Ruestow, Images and Ideas. Leeuwenhoek's Perception of Spermatozoa, in: Journal of the History of Biology 16 (1983), No. 2, 185 ff. u. Carlo Castellani, Spermatozoan Biology from Leeuwenhoek to Spallanzani, in: Journal of the History of Biology 6 (1973), No. 1, 39 ff.

38 Vgl. Walter, Unkeuschheit, 149.

39 Vgl. Anke Meyer-Knees, Verführung und sexuelle Gewalt. Untersuchung zum medizinischen Diskurs im 18. Jahrhundert, Tübingen 1992, 34 f.

40 Joan Cadden, Western Medicine and Natural Philosophy, in: Vern L. Bullough u. James A. Brundage, Hg., Handbook of Medival Sexuality, New York u. London 1996, 57 f.; dort auch ein Literaturüberblick zur medizinischen Sicht des Sexuellen seit der Antike.

41 Zedler, Universal Lexicon, Bd. 3, 1733, 1645.

42 Wenn Mediziner im Mittelalter und in der Frühen Neuzeit über therapeutische Masturbation nachdachten, unterschieden auch sie streng zwischen der rein körperliche Abfuhr überschüssigen Samens und den begleitenden Sexualphantasien. Beispiele in Braun, Onania, 292; einen Überblick bringen Jacquart u. Thomasset, Sexuality, 146 ff.

43 Encyclopédie, Bd. X, Neufchatel 1765; Neudruck Stuttgart-Bad Cannstatt 1966, 51 ff., zitiert nach Lütkehaus, Wollust, 174; zur Autorenschaft dieses Artikel und zur Frage, wie weit er von Tissots «Onanie» beeinflusst wurde Théodore Tarczylo, Moral Values in ‹La Suite de l'Entretien›, in: Robert Purks Maccubbin, Hg., 'Tis Nature's Fault. Unauthorized Sexuality During the Enlightenment, Cambridge 1987, 43 ff.

44 Tissot, Onanie, 105.

45 Ebd., 100.

46 Zur Entwicklung einer anatomisch-geschlechterspezifischen Psychophysiologie Claudia Honegger, Die Ordnung der Geschlechter. Die Wissenschaften vom Menschen und das Weib, Frankfurt a. M. u. New York 1991.

47 Tissot, Onanie, 28; zu interdiskursiven Praktiken der Zeit siehe Reinhard Wittmann, Geschichte des deutschen Buchhandels, München 1991, 120.

48 Ausführlich dazu Rohlje, Autoerotik, 107 ff.; Corinna Wernz, Sexualität als Krankheit. Der medizinische Diskurs zur Sexualität um 1800, Stuttgart 1993, 94 ff.; Franz X. Eder, Die Erfindung der «Onanie» im späten 18. Jahrhundert, in: Beiträge zur historischen Sozialkunde 24 (1994), H. 2, 59 ff. u. Braun, Onania, 27 ff.

49 Vgl. Emch-Dériaz, Tissot, 49 ff.

50 Christian Friedrich Börner, Praktisches Werk von der Onanie, 3. Aufl. Leipzig 1780 (Erstaufl. 1776), 10 f.; zu Börner siehe Bloch, Masturbation, 174 f.

51 Johann Georg Zimmermann, Warnung an Aeltern, Erzieher und Kinderfreunde wegen der Selbstbefleckung, zumal bey ganz jungen Mädchen, in:
   Neues Magazin für Aerzte 1 (1779), Stück 1, 51.
52 Rettung unschuldiger Kinder weiblichen Geschlechts von fälschlich beschuldigter Selbstbefleckung gegen Herrn Leibarzt Zimmermann, in:
   Neues Magazin für Aerzte 1 (1779), Stück 1, 52 ff.
53 Ebd., 59.
54 Salzmann, Sünden, 88.
55 Tissot, Onanie, 57; eine ganze Liste spezifisch weiblicher Verfallserscheinungen auch bei Gottfried Heinrich Fieliz, Einige Bemerkungen
   über die Selbstbefleckung, in: Neues Magazin für Ärzte 9 (1787), Stück 2,
   163 f.
56 Börner, Werk, 104.
57 Friedrich Rehm, Vorschläge wie man auch mit Beibehaltung der bisher
   üblichen Beinkleider Mädchen und Knaben durch Verbesserung ihrer
   physischen und moralischen Erziehung vor früher Unzucht bewahren
   könne, Marburg 1793, 78.
58 Karl Gottfried Bauer, Über die Mittel dem Geschlechtstriebe eine unschädliche Richtung zu geben. Mit einer Vorrede und Anmerkungen von
   C. G. Salzmann, Leipzig 1791, 144.
59 Ebd., 171 f.
60 Salzmann, Sünden, 126 f.
61 Vgl. Hull, State, 259 f.
62 Tissot, Onanie, 225.
63 Vgl. Ulrike Döcker, Die Ordnung der bürgerlichen Welt. Verhaltensideale
   und soziale Praktiken im 19. Jahrhundert, Frankfurt a. M. 1994, 9 ff.
64 Dazu bereits Eder, Erfindung, 59 ff. und Hull, State, 266 f.
65 Börner, Werk, 70.
66 Johann Peter Frank, System einer vollständigen medicinischen Policey,
   Bd. 1, Wien 1779, 331.
67 Samuel Gottlieb Vogel, Unterricht für Eltern, Erzieher und Kinderaufseher, wie das unglaublich gemeine Laster der zerstörenden Selbstbefleckung am sichersten zu entdecken, zu verhüten und zu heilen sei, Stendal
   1786, 147 f.
68 Salzmann, Sünden, 66 f.
69 Foucault, Wille, 126.
70 Lütkehaus, Wollust, 12 ff.
71 Zu Basedows Beitrag zur Sexualpädagogik Bloch, Masturbation, 187 ff.
72 Zum Sexualdiskurs der Philantropen vgl. F. X. Thalhofer, Die sexuelle Pädagogik bei den Philanthropen, Kempten u. München 1907; Hilke Hentze, Sexualität in der Pädagogik des späten 18. Jahrhunderts, Frankfurt
   a. M. 1979; Dieter Hoof, Pestalozzi und die Sexualität seines Zeitalters.
   Quellen, Texte und Untersuchungen zur historischen Sexualwissenschaft,
   St. Augustin 1987, 456 ff.; Robert Sumser, Erziehung, the Family and the
   Regulation of Sexuality in the Late German Enlightenment, in: German
   Studies Review 15 (1992), No. 3, 455 ff.; auch E. Geldbach, Die Philantro-
   pen als Wegbereiter moderner Leibeskultur, in: Horst Ueberhorst, Hg.,
   Geschichte der Leibesübungen, Bd. 3, Berlin 1980, 165 ff.

73 Joachim Heinrich Campe, Hg., Allgemeine Revision des gesamten Schul-
und Erziehungswesens, 16 Bde., Hamburg u. a. 1785–1792.

74 Zitiert nach ebd., Bd. 6, V.

75 Heini W. Bucher, Tissot und sein Traité des nerfs. Ein Beitrag zur Medizingeschichte der schweizerischen Aufklärung, Zürich 1958, 14 u. Angus
McLaren, Some Secular Attitudes Towards Sexual Behaviour in France
1760–1860, in: French Historical Studies 8 (1973/74), No. 8, 605 ff.

76 Jean-Jacques Rousseau, Emil oder Über die Erziehung, Paderborn u. a.
(11. Aufl.) 1993, 359 f.

77 Johann Friedrich Oest, Versuch einer Beantwortung der pädagogischen
Frage. Wie man Kinder und junge Leute vor dem Leib und Seele verwüstenden Laster der Unzucht überhaupt, und der Selbstschwächung insonderheit verwahren. Oder, wofern sie schon davon angesteckt waren,
wie man sie davon heilen könne?, in: Joachim Heinrich Campe, Hg.,
Allgemeine Revision des gesammten Schul- und Erziehungswesens,
Bd. 6, Wolfenbüttel 1787, 1 ff.; Moritz Adolph von Winterfeld, Über die
heimlichen Sünden der Jugend. Eine Preisschrift, in: ebd., Bd. 6, 507 ff.
u. Peter Villaume, Über die Unzuchtsünden in der Jugend, in: ebd., Bd. 7,
1 ff.

78 Oest, Versuch, 79.

79 Frank, System, Bd. 2, Wien 1780, 559.

80 Vogel, Unterricht, 124 f.

81 Börner, Praktisches Werk, 27.

82 Villaume, Unzuchtsünden, 114 f.

83 Ludmilla Jordanova, The Popularisation of Medicine. Tissot on Onanism,
in: Textual Practice 1 (1987), No. 1, 75.

84 Bauer, Mittel.

85 Eder, Erfindung, 60 f.

86 Zu den Attributen des adeligen Geschlechtskörpers siehe Roy Porter,
Mixed Feelings. The Enlightenment and Sexuality in Eighteenth-Century
Britain, in: Paul-Gabriel Boucé, Hg., Sexuality in Eighteenth-Century
Britain, Manchester 1982, 3 ff.

87 Vgl. Roger-Henri Guerrand, Nieder mit der Masturbation!, in: Philippe
Ariès, Hg., Liebe und Sexualität, München 1995, 281.

88 Für den englischen Diskurs des späten 17. und frühen 18. Jahrhunderts
vgl. Stolberg, Unmanly, 10 ff.

89 Vgl. Christian Barthel, Medizinische Polizey und medizinische Aufklärung. Aspekte des öffentlichen Gesundheitsdiskurses im 18. Jahrhundert,
Frankfurt a. M. u. New York 1989, 40 ff.

90 Eine ähnliche Sicht bei Randolph Trumbach, Sex and the Gender Revolution, Bd. 1: Heterosexuality and the Third Gender in Enlightenment London, Chicago u. London 1998, 63 ff.

91 Pierre Bourdieu, Was heißt sprechen? Die Ökonomie des sprachlichen
Tausches, Wien 1990, 79.

92 Tissot, Onanie, Vorrede.

93 Salzmann, Sünden, 11 ff.; vgl. auch ders., Ists recht über die heimlichen
Sünden der Jugend öfentlich zu schreiben?, Schnepfenthal 1785.

94 Adrian Wegelin, Beobachtung einer Nervenkrankheit nebst Heilung von

Entstehung der Selbstbefleckung, bey einem Mädchen von 23 Jahren, in: Archiv für die Geburthülfe, Frauenzimmer- und Kinderkrankheiten 4 (1792), Stück 1, 101.

95 Börner, Werk, Zweiter Vorbericht.

96 Vogel, Unterricht, 98.

97 Rehm meint hier offensichtlich Coitus interruptus. Vgl. Mars, Crime, 433 ff.

98 Rehm, Vorschläge, 29 ff. Neben Tissot empfiehlt Rehm auch die Lektüre von Johann Friedrich Oest, Höchstnöthige Belehrung und Warnung für Jünglinge und Knaben, die schon zu einigem Nachdenken gewöhnt sind, Wolfenbüttel 1787.

99 Zur Bekanntmachung dieses Phänotypus richtete der Pädagoge J. F. Bertrand 1775 sogar ein privates Wachsfigurenkabinett ein, in dem Onanie-Opfer plastisch vorgeführt wurden. Vgl. George L. Mosse, Nationalismus und Sexualität. Bürgerliche Moral und sexuelle Normen, München u. Wien 1987, 21 f.

100 Allgemein zur Funktion von Metaphern im Sexualdiskurs des späten 18. Jahrhunderts vgl. Wernz, Krankheit, 165 ff.

101 Tissot, Onanie, 60.

102 Vgl. Jordanova, Popularisation, 74.

103 Zur erotischen Funktionalisierung des optischen Kodes Michael Titzmann, Bemerkungen zu Wissen und Sprache in der Goethezeit (1770–1830), in: Jürgen Link u. Wulf Wülfing, Hg., Bewegung und Stillstand in Metaphern und Mythen. Fallstudien zum Verhältnis von elementarem Wissen und Literatur im 19. Jahrhundert, Stuttgart 1984, 118 ff.

104 Salzmann, Sünden, 1.

105 Ebd., 50.

106 Zur Bedeutung christlicher Beichttechniken und autobiographischer Geständnisse in der scientia sexualis vgl. Foucault, Wille, 75 ff.

107 Wegelin, Beobachtung, 105 f.

108 Vogel, Unterricht, 103.

109 Ausführlich zu den Konsultationsbriefen Stolberg, Vice, 12 ff.

110 Ernst Gottfried Baldinger, Vorbericht zum Artikel: Traurige Krankheitsgeschichte eines Onanisten, in: Neues Magazin für Ärzte 12 (1790), Stück 1, 85.

111 Die briefliche Arzt-Patientenkommunikation war im 18. Jahrhundert gängige Praxis. Vgl. Michael Stolberg, Mein äskulapisches Orakel! Patientenbriefe als Quelle einer Kulturgeschichte der Krankheitserfahrung im 18. Jahrhundert, in: Österreichische Zeitschrift für Geschichtswissenschaften 7 (1996), H. 3, 401 ff.

112 Zur Veränderung der Körperwahrnehmung im 18. Jahrhundert vgl. George S. Rousseau, Cultural History in a New Key. Towards a Semiotics of the Nerve, in: Joan H. Pittcock u. Andrew Wear, Hg., Interpretation and Cultural History, Hampshire u. London 1991, 25 ff.; Beispiele in Barbara Duden, Geschichte unter der Haut. Ein Eisenacher Arzt und seine Patientinnen um 1730, Stuttgart 1987.

113 Die geschlechterspezifische Körperwahrnehmung im Zeichen der Onanie diskutiert Simon Richter, Wet-Nursing, Onanism and the Breast in Eigh-

teenth-Century Germany, in: Journal of the History of Sexuality 7 (1996), 1, 17 ff.

114 Stolberg, Orakel, 402.

115 Salzmann, Sünden, 10 u. 32.; siehe auch das erste Zitat dieses Kapitels.

116 Zu den Ausläufern des Onanie-Denkens im 20. Jahrhundert vgl. Lütke-haus, Wollust, 49 ff. u. Bloch, Masturbation, 235 ff.

117 Vgl. bereits Robert Paul Neuman, The Priests of the Body and Masturbatory Insanity in the Late Nineteenth Century, in: Psychohistory Review 6 (1978), 21 ff. u. E. H. Hare, Masturbatory Insanity. The History of an Idea, in: Journal of Mental Science 108 (1962), 1 ff.

4. «Durchtränktsein mit Geschlechtlichkeit»: Bürgerliche Geschlechterdifferenz und wissenschaftlicher Diskurs über die Sexualität

1 Dieses Kapitel ist eine überarbeitete Fassung von Franz X. Eder, Durchtränktsein mit Geschlechtlichkeit. Zur Konstruktion der bürgerlichen Geschlechterdifferenz im wissenschaftlichen Diskurs über die Sexualität (18.–19. Jahrhundert), in: Margret Friedrich u. Peter Urbanitsch, Hg., Von Bürgern und ihren Frauen, Wien, Köln u. Weimar 1996, 25 ff.

2 Karin Hausen, Die Polarisierung der Geschlechtercharaktere. Eine Spiegelung der Dissoziation von Erwerbsarbeit und Familienleben, in: Werner Conze, Hg., Sozialgeschichte der Neuzeit Europas, Stuttgart 1976, 363 ff.

3 Barbara Duden, Das schöne Eigentum. Zur Herausbildung des bürgerlichen Frauenbildes an der Wende vom 18. zum 19. Jahrhundert, in: Kursbuch 47 (1977), 125 ff.

4 Ute Gerhard, Andere Ergebnisse, in: Ute Frevert, Hg., Bürgerinnen und Bürger. Geschlechterverhältnisse im 19. Jahrhundert, Göttingen 1988, 212. Siehe dort auch eine Positionsbestimmung aus feministischer Sicht.

5 Zu den Vorläufern einer Naturalisierung der Geschlechterdifferenz vgl. bereits Britta Rang, Zur Geschichte des dualistischen Denkens über Mann und Frau. Kritische Anmerkungen zu den Thesen von Karin Hausen zur Herausbildung der Geschlechtercharaktere im 18. und 19. Jahrhundert, in: Jutta Dalhoff, Hg., Frauenmacht in der Geschichte. Beiträge des Historikerinnentreffens 1985 zur Frauengeschichtsforschung, Düsseldorf 1986, 194 ff.; zur neueren Forschung insbesondere Tilmann Walter, Unkeuschheit und Werk der Liebe. Diskurse über Sexualität am Beginn der Neuzeit in Deutschland, Berlin u. New York 1998 u. Rüdiger Schnell, Text und Geschlecht. Mann und Frau in Eheschriften der frühen Neuzeit, Frankfurt a. M. 1997 u. ders., Mediävistik und Frühneuzeitforschung: Können sie zusammen nicht kommen? Überlegungen anläßlich einer Neuerscheinung, in: Archiv für Kulturgeschichte 82 (2000), H. 1, 227 ff.

6 So auch der bezeichnende Titel von Anne-Charlotte Trepp, Sanfte Männlichkeit und selbständige Weiblichkeit. Frauen und Männer im Hamburger Bürgertum zwischen 1770 und 1840, Göttingen 1996, 15 ff.; dies., Anders als sein «Geschlechtscharakter». Der bürgerliche Mann um 1800. Ferdinand Beneke (1774–1848), in: Historische Anthropologie. Kultur, Gesell-

schaft, Alltag 4 (1994), H. 1, 57 ff. u. den Review-Article von Till van Rahden zur Geschichte der Vaterschaft, in; Franz X. Eder, Hg., Im Inneren der Männlichkeit (= Themenheft der Österreichischen Zeitschrift für Geschichtswissenschaften 2000/3).

7 Zur Konstruktion geschlechtertypischer Verhaltensideale und ihrer Praxistauglichkeit siehe Ulrike Döcker, Zur Konstruktion des «bürgerlichen Menschen». Verhaltensideale und Lebenspraxis im Prozeß der «Verbürgerlichung», in: Österreichische Zeitschrift für Geschichtswissenschaften 1 (1990), H. 3, 7 ff.

8 Claudia Honegger, Die Ordnung der Geschlechter. Die Wissenschaften vom Menschen und das Weib, Frankfurt a. M. u. New York 1991, 3; auch Ute Frevert, Bürgerliche Meisterdenker und das Geschlechterverhältnis. Konzepte, Erfahrungen, Visionen an der Wende vom 18. zum 19. Jahrhundert, in: dies., Hg., Bürgerinnen und Bürger. Geschlechterverhältnisse im 19. Jahrhundert, Göttingen 1988, 17 ff. u. Anke Meyer-Knees, Verführung und sexuelle Gewalt. Untersuchung zum medizinischen Diskurs im 18. Jahrhundert, Tübingen 1992, 47 ff.

9 Vgl. Charles E. Rosenberg, Body and Mind in Nineteenth-Century Medicine. Some Clinical Origins of the Neurosis Construct, in: Bulletin of the History of Medicine 63 (1990), 185 ff.

10 Michel Foucault, Die Geburt der Klinik. Eine Archäologie des ärztlichen Blicks, Frankfurt a. M. 1976, 9.

11 Ausführlich dazu Honegger, Ordnung, 126 ff.

12 Das Thesenbuch ist Michel Foucault, Der Wille zum Wissen. Sexualität und Wahrheit, Frankfurt a. M. 1977; kritisch zu Foucaults geschlechterneutraler Sicht Irene Diamond u. Lee Quinby, Hg., Feminism and Foucault. Reflections on Resistance, Boston 1988; allgemein zur Theoriebildung nach Foucault vgl. Franz X. Eder, «Sexualunterdrückung» oder «Sexualisierung»? Zu den theoretischen Ansätzen der «Sexualitätsgeschichte», in: Daniela Erlach, Markus Reisenleitner u. Karl Vocelka, Hg., Privatisierung der Triebe. Sexualität in der frühen Neuzeit, Frankfurt a. M. u.a. 1994, 7 ff.

13 Vgl. auch Kapitel 5 dieses Bandes; David F. Greenberg, The Construction of Homosexuality, Chicago u. London 1988 u. mehrere Beiträge im Schwerpunktheft «Geschichte der Homosexualität» der Österreichischen Zeitschrift für Geschichtswissenschaften 9 (1998), H. 3.

14 Eine Überblick bringen Vern L. Bullough, Science in the Bedroom. A History of Sex Research, New York 1994 u. Harry Oosterhuis, Medical Science and the Modernisation of Sexuality, in: Franz X. Eder, Lesley Hall and Gert Hekma, Hg., Sexual Cultures in Europe. National Histories, Manchester u. New York 1999, 221 ff.

15 Vgl. Sander L. Gilman, The Jew's Body, New York u. London 1991 u. Klaus Hödl, Der ‹jüdische› Körper als Stigma, in: Österreichische Zeitschrift für Geschichtswissenschaften 8 (1999), H. 2, 212 ff.

16 Einen Überblick über den medizinisch-psychiatrischen Diskurses im 19. und frühen 20. Jahrhundert bringt Katrin Schmersahl, Medizin und Geschlecht. Zur Konstruktion der Kategorie Geschlecht im medizinischen Diskurs des 19. Jahrhunderts, Opladen 1998, 3 ff.

17 Nach Walter sind viele dieser anatomischen Spuren allerdings bis ins 16. Jahrhundert und womöglich schon in frühere Jahrhunderte zu verfolgen. Walter, Unkeuschheit, 432 ff.

18 Das Ineinanderfließen von Körper und Sozialem kommt kaum besser zum Ausdruck als bei den Sängerkastraten, die bis weit in das 18. Jahrhundert hinein als ‹normale› Erscheinung angesehen wurden. Vgl. Patrick Barbier, Über die Männlichkeit der Kastraten, in: Martin Dinges, Hg., Hausväter, Priester, Kastraten. Zur Konstruktion von Männlichkeit in Spätmittelalter und früher Neuzeit, Göttingen 1998, 123 ff.

19 Auch im französischen und angloamerikanischen Raum erlebte das Buch zahlreiche, zunehmend popularisierte Auflagen. Vgl. Roy Porter, Spreading Carnal Knowledge or Selling Dirt Cheap? Nicholas Venettes ‹Tableau de l'amour conjugal› in Eighteenth-Century England, in: Journal of European Studies 14 (1984), 237 ff.; vgl. auch Sabine Maasen, Genealogie der Unmoral. Zur Therapeutisierung sexueller Selbste, Frankfurt a. M. 1998, 360 ff.

20 Nicoulai Venette, Abhandlung von Erzeugung des Menschen, Königsberg u. Leipzig 1738, 144 ff. Dort auch die folgenden Kurzzitate.

21 Vgl. Ludmilla Lordanova, Sexual Visions. Images of Gender in Science and Medicine between the Eighteenth and Twentieth Centuries, New York u. London 1989, 51.

22 Vgl. Thomas Laqueur, Auf den Leib geschrieben. Die Inszenierung der Geschlechter von der Antike bis Freud, Frankfurt a. M. u. New York 1992, 58 ff.; eine Kritik an Laqueurs «Sexualitätsgeschichte» findet sich in Franz X. Eder, Zur szientistischen Konstruktion der Geschlechterdifferenz im 19. Jahrhundert, in: Österreichische Zeitschrift für Geschichtswissenschaften 4 (1993), H. 1, 176 f.

23 Venette, Abhandlung, 204 ff.

24 Ausführlich dargestellt in Honegger, Ordnung, 107 ff.

25 Michael Hagner, The Soul and the Brain Between Anatomy and Naturphilosophie in the Early Nineteenth Century, in: Medical History 36 (1992), 10.

26 Zur Bedeutung des Sexualverhaltens für den zentralistischen Staat des 18. Jahrhunderts vgl. Isabel V. Hull, ‹Sexualität› und bürgerliche Gesellschaft, in: Ute Frevert, Hg., Bürgerinnen und Bürger. Geschlechterverhältnisse im 19. Jahrhundert, Göttingen 1988, 51 ff. u. vor allem dies., Sexuality, State, and Civil Society in Germany, 1700–1815, Ithaca u. London 1996.

27 Siehe auch Barbara Duden, Geschichte unter der Haut. Ein Eisenacher Arzt und seine Patientinnen um 1730, Stuttgart 1987, 26 ff.

28 Foucault, Wille, 36; zur theoretischen Konzeption des «Sexualitäts-Dispositivs» bei Foucault vgl. Étienne Balibar, Foucault und Marx. Der Einsatz des Nominalismus, in: François Ewald u. Berhard Waldenfels, Hg., Spiele der Wahrheit. Michel Foucaults Denken, Frankfurt 1991, 39 ff. u. Hubert L. Dreyfus u. Paul Rabinow, Michel Foucault. Jenseits von Strukturalismus und Hermeneutik, Frankfurt a. M. 1987, 199 ff.

29 Zur Begriffsgeschichte vgl. die Einleitung dieses Bandes u. Uwe Pörksen, Plastikwörter. Die Sprache einer internationalen Diktatur, Stuttgart 1985, 25 ff.

30 Wilhelm Josephi, Ueber die Ehe und physische Erziehung. Ein Handbuch für solche, welche sich verehelichen wollen, sowie auch für Eheleute, Eltern und Lehrer, Göttingen 1788, 19; dort auch die nachfolgenden Kurzzitate.

31 Die Verregelung adeliger Verhaltensweisen untersuchte Rudolf zur Lippe, Naturbeherrschung am Menschen, Bd. 2, Geometrisierung des Menschen und Repräsentation des Privaten im französischen Absolutismus, 2. Aufl., Frankfurt a. M. 1981.

32 Beispielsweise wird im literarischen Motiv des «Kindsmords» die «Ehre» der bürgerlichen Frau durch exzessive sexuelle Begierden eines Adeligen bedroht. Vgl. Hull, State, 280 ff.

33 Die Verschiebung der Begriffsfelder und ihrer Konnotationen analysieren bereits Pia Schmid, u. Christina Weber, Von der ‹wohlgeordneten Liebe› und der ‹so eigenen Wollust des Geschlechtes›. Zur Diskussion der weiblichen Begierde zwischen 1730 und 1830, in: Jutta Dalhoff, Hg., Frauenmacht in der Geschichte. Beiträge des Historikerinnentreffens 1985 zur Frauengeschichtsforschung, Düsseldorf 1986, 158 f.; vgl. auch Rita Bake u. Birgit Kiupel, Unordentliche Begierden. Liebe, Sexualität und Ehe im 18. Jahrhundert, Hamburg 1996, 96 ff.

34 J. Phil. Bauer, Der Mensch in Bezug auf sein Geschlecht. Oder Aufsätze über Zeugung, Befruchtung, Fruchtbarkeit, Enthaltsamkeit, Beischlaf u. ä. Gegenstände. Nach den neusten Werken der französischen Ärzte deutsch bearbeitet, Leipzig 1819, 368 f.

35 Vgl. Hull, Sexualität, 60 ff.

36 Auch in der Diskussion über die staatsbürgerlichen Rechte wurden Frauen wegen ihrer angeblichen Naturgebundenheit von der politischen Mitwirkung ausgeschlossen. Vgl. Reinhart Koselleck, Semantik und Sprachpragmatik der bürgerlichen Welt. Eine vergleichende Studie zum Bürgertum in Deutschland, England, Frankreich, in: Sozialgeschichte des neuzeitlichen Bürgertums. Deutschland im internationalen Vergleich. Arbeits- und Ergebnisbericht für die zweite Forschungsphase 1989–1992, Bielefeld 1991, A2, 73 ff.

37 Georg Friedrich Wilhelm Hegel, Enzyklopädie der philosophischen Wissenschaften, in: ders., Werke, Bd. 9, Frankfurt a. M. 1970–1971, 517 ff.; vgl. David Farell Krell, Contagion. Sexuality, Disease and Death in German Idealism and Romanticism, Bloomington u. Indianapolis 1998, 127 ff.

38 Christian Gotthilf Salzmann, Über die heimlichen Sünden der Jugend, Frankfurt a. M. u. Leipzig 1785, 97.

39 Vgl. Honegger, Ordnung, 202 ff.

40 Vgl. Esther Fischer-Homberger, Krankheit Frau. Und andere Arbeiten zur Medizingeschichte der Frau, Bern 1979.

41 Sieht man einmal von der sexualpathologischen Definition der «Homosexualität», der «jüdischen» und der «perversen Sexualität» ab.

42 Dietrich Wilhelm Heinrich Busch, Das Geschlechtsleben des Weibes in physiologischer, pathologischer und therapeutischer Hinsicht dargestellt, 5 Bde., Leipzig 1839–1844, hier Bd. 1, 70; zu Busch vgl. auch Maasen, Genalogie, 392 ff.

43 Busch, Geschlechtsleben, 491.

44 Dazu ausführlich Edward Shorter, From Paralysis to Fatique. The History of Psychosomatic Illness in the Modern Era, New York 1992, 25 ff.

45 In Abwandlung von Christina von Braun, Nicht ich, Frankfurt a. M. 1985, 370.

46 Shorter, Paralysis, 68.

47 Carol Groneman, Nymphomanie. Zur Geschichte der Konstruktion weiblicher Sexualität, in: Zeitschrift für Sexualforschung 9 (1996), H. 4, 292.

48 Ausführlich dazu Joachim Radkau, Das Zeitalter der Nervosität. Deutschland zwischen Bismark und Hitler, München u. Wien 1998, 144 ff.

49 Adolf Vomacka, Was der Nervöse, der Neurastheniker von seiner Krankheit wissen und wie er leben muß um gesund zu werden, Leipzig 1907, 16.

50 Ursula Kubes-Hofmann, Geschlecht und Charakter. Anmerkungen zum Topos des «neurasthenischen Mannes», in: Neda Bei u. a., Hg., Das lila Wien um 1900. Zur Ästhetik der Homosexualitäten, Wien 1986, 109.

51 Siehe dazu die Zusammenfassung in Hagner, Soul, 31 ff.

52 Vgl. Cynthia Eagle Russett, Sexual Science. The Victorian Construction of Womanhood, Cambridge (Mass.) u. London 1989, 54 ff.

53 Zur Entwicklung der Degenerationstheorien und den politischen Hintergründen ihrer Verbreitung siehe Daniel Pick, Faces of Degeneration. A European Disorder 1848–1918, Cambridge 1989, 44 ff.; zur Ausbreitung der Theorien im deutschen Sprachraum Peter Weingart, Jürgen Kroll u. Kurt Bayertz, Rasse, Blut und Gene. Geschichte der Eugenik und Rassenhygiene in Deutschland, Frankfurt a. M. 1988, 27 ff.; zur ihrer Bedeutung für die «Geschlechterfrage» siehe Schmersahl, Medizin, 74 ff.

54 Cesare Lombroso u. Guglielmo Ferrero, Das Weib als Verbrecherin und Prostitutierte. Anthropologische Studien, gegründet auf eine Darstellung der Biologie und Psychologie des normalen Weibes, Hamburg 1894; Paul Näcke, Verbrechen und Wahnsinn beim Weibe, Wien u. Leipzig 1894 u. Paul Julius Möbius, Über den physiologischen Schwachsinn des Weibes, Halle a. S. 1900.

55 Siegfried Weinberg, Über den Einfluß der Geschlechtsfunktionen auf die weibliche Kriminalität (= Juristisch-psychiatrische Grenzfragen 6, H. 1), Halle a. S. 1907, 34.

56 Ebd., 4.

57 Vgl. Anne Digby, Women's Biological Straitjacket, in: Susan Mendus u. Jane Rendall, Hg., Sexuality and Subordination. Interdisciplinary Studies of Gender in the Nineteenth Century, London u. New York 1989, 192.; siehe auch Elaine Showalter, The Female Malady. Women, Madness and English Culture 1830–1980, New York 1985.

58 Zur Entwicklung der Sexualwissenschaft im deutschsprachigen Raum vgl. Annemarie Wettley u. Werner Leibbrand, Von der «Psychopathia sexualis» zur Sexualwissenschaft, Stuttgart 1959; Marcus Wawerzonnek, Implizite Sexualpädagogik in der Sexualwissenschaft 1886–1933, Köln 1984; Franz X. Eder, Ein Geheimnis über das jeder spricht. ‹Sexualität› im medizinischen Diskurs des 19. und frühen 20. Jahrhunderts, in: Zeitgeschichte 14 (1987), Nr. 11/12, 426 ff.; Harry Oosterhuis, Stepchildren of Nature. Krafft-Ebing, Psychiatry and the Making of Sexual Identity, Chicago u.

London 2000 u. zahlreiche Beiträge in den Mitteilungen der Magnus Hirschfeld Gesellschaft (1983 ff.).

59 Vgl. Gert Hekma, A History of Sexology. Social and Historical Aspects of Sexuality, in: Jan Bremmer, Hg., From Sappho to de Sade. Moments in the History of Sexuality, London u. New York 1989, 179 ff.

60 B. A. Morel, Traité des dégénéréscences physiques, intellectuelles et morales de l'espèce humaine, Paris 1857; Valentin Magnan, Des anomalies, des aberrations et des perversions sexuelles, Paris 1885; Richard von Krafft-Ebing, Psychopathia sexualis. Mit besonderer Berücksichtigung der konträren Sexualempfindung. Eine medizinisch-gerichtliche Studie für Ärzte und Juristen, Stuttgart 1886.

61 Vgl. Müller, Autobiographien, 116 f.

62 Richard von Krafft-Ebing, Psychopathia sexualis, München 1984, Vorwort zur 12. Auflage; zur Bedeutung Krafft-Ebings vgl. Oosterhuis, Stepchildren.

63 Ebd., 12 f.

64 Iwan Bloch, Das Sexualleben unserer Zeit in seinen Beziehungen zur modernen Kultur, Berlin 1906, hier 6.–18. Tsd., 92.

65 Ebd., 91.

66 Zur Konstruktion der weiblichen «Sexualität» bei Freud vgl. Toril Moi, Representations of Patriarchy. Sexuality and Epistemology in Freud's Dora, in: Feminist Review 9 (1991), 60 ff. u. Maria Ramas, Freud's Dora, Dora's Hysteria, in: Judith Newton, Mary Ryan u. Judith R. Walkowitz, Hg., Sex and Class in Women's History. Essays from Feminist Studies, London u. Boston 1985, 72 ff.

67 Vgl. Herrad U. Bussemer, Bürgerliche Frauenbewegung und männliches Bildungsbürgertum 1860–1880, in: Ute Frevert, Hg., Bürgerinnen und Bürger. Geschlechterverhältnisse im 19. Jahrhundert, Göttingen 1988, 200.

68 Vgl. Jacques LeRider; Das Ende der Illusion. Die Wiener Moderne und die Krisen der Identität, Wien 1990, bes. Kapitel II: «Krisen der männlichen Identität», 105 ff. u. Franz X. Eder, Diese Theorie ist sehr delikat. Zur Sexualisierung der Wiener Moderne, in: Jürgen Nautz u. Richard Vahrenkamp, Hg., Die Wiener Jahrhundertwende. Einflüsse, Umwelt, Wirkungen, Wien, Köln u. Graz 1993, 159 ff.

69 Vgl. Braun, Nicht ich, 189 ff.

5. «Sodomiten» und «Konträrsexuale»: Die Konstruktion des «homosexuellen» Subjekts

1 Dieses Kapitel ist ein überarbeitete Version von Franz X. Eder, Von «Sodomiten» und «Konträrsexuellen». Die Konstruktion des «homosexuellen» Subjekts im deutschsprachigen Wissenschaftsdiskurs des 18. und 19. Jahrhunderts, in: Barbara Hey, Ronald Pallier u. Roswith Roth, Hg., Que(e)rdenken – Weibliche/männliche Homosexualität und Wissenschaft, Innsbruck u. Wien 1998, 15 ff.

2 Mary McIntosh, The Homosexual Role, in: Social Problems 16 (1968), 182 ff.; Michel Foucault, Der Wille zum Wissen. Sexualität und Wahrheit,

Frankfurt a. M. 1977; Jeffrey Weeks, Coming Out. Homosexual Politics in Britain, from the Nineteenth Century to the Present, London 1977 u. Randolph Trumbach, London's Sodomites. Homosexual Behavior and Western Culture in the 19th Century, in: Journal of Social History 11 (1977/78), No. 1, 1 ff.; zur Forschungsgeschichte vgl. Bernd-Ulrich Hergemöller, Einführung in die Historiographie der Homosexualitäten, Tübingen 1999, 32 ff.; Jeffrey Weeks, Making Sexual History, Cambridge, Oxford u. Molden 2000, 53 ff.; weiters den Epilog dieses Bandes u. Franz X. Eder, Sexualunterdrückung oder Sexualisierung? Zu den theoretischen Ansätzen der Sexualitätsgeschichte, in: Daniela Erlach, Markus Reisenleitner u. Karl Vocelka, Hg., Privatisierung der Triebe. Sexualität in der frühen Neuzeit, Frankfurt a. M. u. a. 1994, 7 ff.

3 Foucault, Wille, 58.

4 Klaus Müller, Aber in meinem Herzen sprach eine Stimme so laut. Homosexuelle Autobiographien und medizinische Pathographien im 19. Jahrhundert, Berlin 1991 u. Jörg Hutter, Die gesellschaftliche Kontrolle des homosexuellen Begehrens. Medizinische Definitionen und juristische Sanktionen im 19. Jahrhundert, Frankfurt a. M. u. New York. 1992.

5 Hergemöller, Einführung, 73 ff.; dort 149 ff. auch die Literatur.

6 Vgl. bes. James D. Steakley, The Homosexual Emancipation Movement in Germany, 1862–1945, New York 1975; Eldorado. Homosexuelle Frauen und Männer in Berlin 1850–1950. Geschichte, Alltag und Kultur. Ausstellungskatalog, Berlin 1984; Die Geschichte des Paragraph 175. Strafrecht gegen Homosexuelle. Ausstellungskatalog 1990; Rüdiger Lautmann u. Angela Taeger, Hg., Männerliebe im alten Deutschland. Sozialgeschichtliche Abhandlungen, Berlin 1992 u. Rüdiger Lautmann, Hg., Homosexualität. Handbuch der Theorie- und Forschungsgeschichte, Frankfurt a. M. u. New York 1993.

7 Ulfried Geuter, Homosexualität in der deutschen Jugendbewegung. Jungenfreundschaft und Sexualität im Diskurs von Jugendbewegung, Psychoanalyse und Jugendpsychologie am Beginn des 20. Jahrhunderts, Frankfurt a. M. 1994; Hanna Hacker, Frauen und Freundinnen. Studien zur «weiblichen Homosexualität» am Beispiel Österreich, 1870–1938, Weinheim u. Basel 1987 u. Neda Bei u. a., Hg., Das lila Wien um 1900. Zur Ästhetik der Homosexualitäten, Wien 1986.

8 Etwa W. Wuttke, Homosexuelle im Nationalsozialismus, Ulm 1987; Burkhard Jellonek, Homosexuelle unter dem Hakenkreuz. Die Verfolgung von Homosexuellen im Dritten Reich, Paderborn 1990; Richard Plant, Rosa Winkel. Der Krieg der Nazis gegen die Homosexuellen, Frankfurt a. M. u. New York 1991; Claudia Schoppmann, Nationalsozialistische Sexualpolitik und weibliche Homosexualität, Pfaffenweiler 1991; Günter Grau, Hg., Homosexualität in der NS-Zeit. Dokumente einer Diskriminierung und Verfolgung, Frankfurt a. M. 1992; Claudia Schoppmann, Zeit der Maskierung. Lebensgeschichten lesbischer Frauen im «Dritten Reich», Berlin 1993 u. Harry Oosterhuis, Hg., Homosexuality and Male Bonding in Pre-Nazi-Germany. The Youth Movement, the Gay Movement, and Male Bonding before Hitler's Rise, Binghampton (N. Y.) 1992.

9 Ausnahmen sind Gert Hekma, Sodomites, Platonic Lovers, Contrary Lovers. The Background of the Modern Homosexual, in: Gerard Kent u. Gert Hekma, Hg., The Pursuit of Sodomy. Male Homosexuality in Renaissance and Enlightenment Europe, New York u. London 1989, 433 ff.; Paul Derks, Die Schande der heiligen Päderastie. Homosexualität und Öffentlichkeit in der deutschen Literatur 1750–1850, Berlin 1990; Helmut Blazek, Rosa Zeiten für rosa Liebe. Zur Geschichte der Homosexualität, Frankfurt a. M. 1996, 58 ff.; Alice A. Kuzniar, Hg., Outing Goethe and his Age, Stanford 1996 u. Jakob Michelsen, Von Kaufleuten, Waisenknaben und Frauen in Männerkleidern. Sodomie im Hamburg des 18. Jahrhunderts, in: Zeitschrift für Sexualforschung 9 (1996), H. 3, 205 ff.

10 Einen Literaturüberblick zur Geschichte der Homosexualitäten im deutschsprachigen Raum bringt Hergemöller, Einführung, 78 ff.

11 Johann Heinrich Zedler, Grosses vollständiges Universal-Lexicon aller Wissenschaften und Künste, Bd. 38, Halle u. Leipzig 1743, 335.

12 Mark D. Jordan, The Invention of Sodomy in Christian Theology, Chicago 1997, 10 ff.; einen Überblick bringen Gert Hekma, Die Verfolgung der Männer. Gleichgeschlechtliche Begierden und Praktiken in der europäischen Geschichte, in: Österreichische Zeitschrift für Geschichtswissenschaften 9 (1998), H. 3, 314 ff. u. Bernd-Ulrich Hergemöller, Grundfragen zum Verständnis gleichgeschlechtlichen Verhaltens im späten Mittelalter, in: Rüdiger Lautmann u. Angela Taeger, Hg., Männerliebe im alten Deutschland. Sozialgeschichtliche Abhandlungen, Berlin 1992, 20 ff.

13 Zedler, Universal-Lexicon 1743, 318 f.

14 Vgl. Pierre Hurteau, Catholic Moral Discourse on Male Sodomy and Masturbation in the Seventeenth and Eighteenth Centuries, in: Journal of the History of Sexuality 4 (1993), No. 1, 1 ff.

15 Vgl. Bleibtreu-Ehrenberg, Tabu Homosexualität. Die Geschichte eines Vorurteils, Frankfurt a. M. 1978, 325.

16 Hergemöller, Grundfragen, 19.

17 Grundsätzliche Kritik an der Foucaultschen Gegenüberstellung von Handlung und Subjekt bei Martin Dannecker, Zur Konstitution des Homosexuellen, in: Zeitschrift für Sexualforschung 2 (1989), H. 4, 339 ff.; zur Frage der sodomitischen Subjektkonstruktion im Spätmittelalter Bernd-Ulrich Hergemöller, Von der «stummen Sünde» zum «Verschwinden der Homosexualität». Zuschreibungen und Identitäten, in: Wolfram Setz, Hg., Die Geschichte der Homosexualitäten und die schwule Identität an der Jahrtausendwende. Eine Vortragsreihe aus Anlaß des 175. Geburtstags von K. H. Ulrichs, Berlin 2000, 17 ff. u. ders., Einführung, 73 ff.

18 Dieses Muster findet sich auch bei wegen «Sodomie» verurteilten Personen. Für Hamburg vgl. Michelsen, Kaufleuten, 208 f.

19 Jörg Hutter, Von der Sodomie zu Queer-Identitäten. Ein Beitrag zur Geschichte der homosexuellen Identitätsentwicklung, in: Wolfram Setz, Hg., Die Geschichte der Homosexualitäten und die schwule Identität an der Jahrtausendwende. Eine Vortragsreihe aus Anlaß des 175. Geburtstags von K. H. Ulrichs, Berlin 2000, 147 ff.; für England im 16. und 17. Jahrhundert vgl. Alan Bray, Homosexuality in Renaissance England, London 1988.

20 Zusammengefaßt in Randolph Trumbach, Sodomitical Subcultures, Sodo-
mitical Roles, and the Gender Revolution of the Eighteenth Century. The
Recent Historiography, in: Robert Purks Maccubbin, Hg., «This Natures»
Fault. Unauthorized Sexuality During the Enlightenment, Cambridge
1987, 109 ff.; ders., Sodomitical Assaults, Gender Role and Sexual Deve-
lopment in Eighteenth-Century London, in: Kent Gerard u. Gert Hekma,
Hg., The Pursuit of Sodomy. Male Homosexuality in Renaissance and
Enlightenment Europe, New York u. London 1989, 407 ff.; ders., Sex,
Gender and Sexual Identity in Modern Culture. Male Sodomy and Female
Prostitution in Enlightenment London, in: Journal of the History of Sexuality 2 (1991), No. 2, 186 ff. Trumbach verteidigt seine Thesen zuletzt in
Randolph Trumbach, Gert Hekma u. Harry Oosterhuis, Die Entstehung
der Homo- und der Heterosexuellen. Ein Gespräch, in: Österreichische
Zeitschrift für Geschichtswissenschaften 9 (1998), H. 3, 425 ff.; zur Kritik
an seiner These Gert Hekma, Die Verfolgung der Männer. Gleichgeschlechtliche Begierden und Praktiken in der europäischen Geschichte, in:
ebd., 324 ff.; siehe auch Helmut Puff, Männergeschichten/Frauengeschich-
ten. Über den Nutzen einer Geschichte der Homosexualitäten, in: Hans
Medick u. Anne-Charlott Trepp, Hg., Geschlechtergeschichte und Allgemeine Geschichte. Herausforderungen und Perspektiven, Göttingen
1998, 133 ff.
21 Stephen O. Murray, Homosexual Acts and Selves in Early Modern Europe, in: Gerard Kent u. Gert Hekma, Hg., The Pursuit of Sodomy. Male
Homosexuality in Renaissance and Enlightenment Europe, New York u.
London 1989, 462; vgl. auch Wolfgang Schmale, Polizei-Überwachung
und «mann-männliche Subkultur» in der Neuzeit. Eine Hinführung zum
Thema, in: Stefan Heiss u. Wolfgang Schmale, Hg., Polizei und schwule
Subkulturen (= Komparativ 9, No. 1), Leipzig 1999, 14 ff. Michelsen
konnte im Hamburg des 18. Jahrhunderts keine «Vorformen homosexueller Identität» finden. Vgl. Michelsen, Kaufleuten, 212.
22 Zedler, Universal-Lexicon, 1745, 177.
23 Vgl. bereits George S. Rousseau, The Pursuit of Homosexuality in the
Eighteenth Century. ‹Utterly Confused Category› and/or Rich Repository?, in: Robert Purks Maccubbin, Hg., 'Tis Nature's Fault. Unauthorized Sexuality During the Enlightenment, Cambridge 1987, 132 ff.
24 Alice A. Kuzniar, Introduction, in: dies., Hg., Outing Goethe and his Age,
Stanford 1996, 17.
25 Vgl. ebd., 7 f.
26 Hekma, Sodomites, 428.
27 Zu den Typen von Männerfreundschaften und sexuellen Männerbeziehungen in der fiktionalen Literatur des 18. Jahrhunderts George E. Haggerty, Men in Love. Masculinity and Sexuality in the Eighteenth Century,
New York 1999, 5 ff.
28 Vgl. Denis M. Sweet, The Personal, the Political, and the Aesthetic. Johann Joachim Winckelmann's German Enlightenment Life, in: Gerard
Kent u. Gert Hekma, Hg., The Pursuit of Sodomy. Male Homosexuality
in Renaissance and Enlightenment Europe, New York u. London 1989,
147 ff. u. Catriona MacLeod, The «Third Sex» in an Age of Difference.

Androgyny and Homosexuality in Winckelmann, Friedrich Schlegel and Kleist, in: Alice A. Kuzniar, Hg., Outing Goethe and his Age, Stanford 1996, 194 ff.

29 Einen Überblick bringt Colin Spencer, Homosexuality. A History, London 1995, 243 ff.

30 Zu allgemeinen Problematik der männlichen Identität um 1800 Abigail Solomon-Godeau, Male Trouble. A Crisis in Representation, London 1997.

31 Hekma, Sodomites, 439.

32 Der Terminus «Heterosexualität» dürfte schon um 1869 von Kertbeny geprägt worden sein, wurde aber erst 1880 in seinem Beitrag zu Gustav Jägers, Die Entdeckung der Seele, 2. Aufl., Leipzig 1880, 251 publiziert. Vgl. Manfred Herzer, Kertbenys Leben und Sexualitätsstudien, in: Karl Maria Kertbeny, Schriften zur Homosexualitätsforschung (hrsg. v. Manfred Herzer), Berlin 2000, 7 ff.; ders., Kertbeny and the Nameless Love, in: Journal of Homosexuality 12 (1985), No. 1, 1 ff. u. ders. u. Jean-Claude Féray, Karl Maria Kertbeny, in: Rüdiger Lautmann, Hg., Homosexualität – Handbuch der Theorie- und Forschungsgeschichte, Frankfurt a. M. u. New York 1993, 46.

33 Karl Maria Kertbeny, Paragraph 143 des Preussischen Strafgesetzbuches vom 14. April 1851 und seine Aufrechterhaltung als Paragraph 152 im Entwurfe eines Strafgesetzbuches für den Norddeutschen Bund, Leipzig 1869, 48.

34 Details dazu in Bleibtreu-Ehrenberg, Tabu; Müller, Herzen; Hutter, Kontrolle u. Lautmann, Handbuch.

35 Vgl. Hubert Kennedy, Karl Heinrich Ulrichs. First Theorist of Homosexuality, in: Vernon A. Rosario, Hg., Science and Homosexualities, New York u. London 1997, 26 ff. u. ders., Karl Heinrich Ulrichs. Sein Leben und sein Werk, Stuttgart 1990.

36 Klaus Müller, Die unmittelbare Vorgeschichte: Heinrich Hössli, in: Rüdiger Lautmann, Hg., Homosexualität. Handbuch der Theorie- und Forschungsgeschichte, Frankfurt a. M. u. New York, 15.

37 Volkmar Sigusch, Karl Heinrich Ulrichs. Der erste Schwule der Weltgeschichte, Berlin 2000, 17.

38 Müller, Autobiographien, 111 ff. u. Katrin Schmersahl, Medizin und Geschlecht. Zur Konstruktion der Kategorie Geschlecht im medizinischen Diskurs des 19. Jahrhunderts, Opladen 1998, 118 ff.

39 Ausführlich zur Bedeutung Krafft-Ebings für die moderne Sexualitätskonstruktion Harry Oosterhuis, Stepchildren of Nature. Krafft-Ebing, Psychiatry and the Making of Sexual Identity, Chicago u. London 2000, 12 ff.

40 Richard von Krafft-Ebing, Psychopathia sexualis, München 1984 (Erstausgabe 1886; hier Nachdruck der 14. Ausg. von 1912), 226 f.

41 Ebd., 257.

42 Vgl. Harry Oosterhuis, Homoseksuele identiteit tussen ziektegeschiedenis en autobiografie. Richard von Krafft-Ebing en zijn stiefkinderen der natuur, in: Gezondheid, Tijdschrift over theorie en praktijk va de gezondheidszorg 2 (1994), Nr. 2, 130 ff. u. ders., «Plato war doch gewiss kein Schweinehund». Richard von Krafft-Ebing und die homosexuelle Iden-

tität, in: Österreichische Zeitschrift für Geschichtswissenschaften 9 (1998), H. 3., 358 ff.

43 Oosterhuis, Stepchildren, 212.
44 Vgl. Jörg Hutter, Die Entstehung des § 175 im Strafbuch und die Geburt der deutschen Sexualwissenschaft, in: Rüdiger Lautmann u. Angela Taeger, Hg., Männerliebe im alten Deutschland. Sozialgeschichtliche Abhandlungen, Berlin 1992, 209 ff. u. Schmersahl, Medizin, 179 ff.
45 Vgl. Hacker, Frauen; dies., Männliche Autoren der Sexualwissenschaft über weibliche Homosexualität (1870–1930), in: Rüdiger Lautmann, Hg., Homosexualität – Handbuch der Theorie- und Forschungsgeschichte, Frankfurt a. M. u. New York 1993, 134 ff.; George Chauncey Jr., From Sexual Inversion to Homosexuality. The Changing Medical Conceptualization of Female Deviance, in: Kathy Peiss u. Christina Simmons, Hg., Passion and Power. Sexuality in History, Philadelphia 1989, 87 ff. Ein typisches Beispiel für die ‹Einäugigkeit› der frühen Sexualwissenschaft lieferte auch Magnus Hirschfeld, als er bei der Konstruktion des «Transvestiten» mehr oder weniger auf Frauen ‹vergaß›. Vgl. Geertje Mak, Passing Women im Sprechzimmer von Magnus Hirschfeld. Warum der Begriff «Transvestit» nicht für Frauen in Männerkleidern eingeführt wurde, in: Österreichische Zeitschrift für Geschichtswissenschaften 9 (1998), H. 3, 384 ff.
46 Vgl. Thomas Laqueur, Auf den Leib geschrieben. Die Inszenierung der Geschlechter von der Antike bis Freud, Frankfurt a. M. u. New York 1992, 172 ff. u. Claudia Honegger, Die Ordnung der Geschlechter. Die Wissenschaften vom Menschen und das Weib, Frankfurt a. M. u. New York 1991.
47 Zur Entwicklung der «Männlichkeit» im 19. Jahrhundert vgl. die Beiträge in Franz X. Eder, Hg., Im Inneren der Männlichkeit (= Schwerpunktheft der ÖZG 2000/3); ders. Männer zwischen Habitus, Rolle und Körper (Review Article), in: Hanna Hacker, Herta Nagl-Docekal u. Gudrun Wolfgruber, Hg., Glück (= Schwerpunktheft L'Homme 1999/2), Wien 1999, 313 ff. u. George L. Mosse, Das Bild des Mannes. Zur Konstruktion der modernen Männlichkeit, Frankfurt a. M. 1997.
48 Auch für Trumbach gilt die instabile Geschlechtsidentität bürgerlicher Männer – beweisen zu müssen, dass sie keine Sodomiten sind – als eine der wesentlichen Ursachen für die Entstehung schwuler Identität im England des 18. Jahrhunderts. Vgl. Trumbach, Hekma u. Oosterhuis, Entstehung, 426 ff.
49 Vgl. Franz X. Eder, Diese Theorie ist sehr delikat. Zur Sexualisierung der Wiener Moderne, in: Jürgen Nautz u. Richard Vahrenkamp, Hg., Die Wiener Jahrhundertwende. Einflüsse, Umwelt, Wirkungen, Wien, Köln u. Graz 1993, 159 ff.
50 Vgl. bereits Christina von Braun, Nichtich, Frankfurt a. M. 1985.

6. Auf dem Weg zur Respektabilität:
Sexuelle Begierde in der Arbeiterschaft

1 Teile dieses Kapitels wurden bereits veröffentlicht in Franz X. Eder, Sexual Cultures in Germany and Austria, 1700–2000, in: ders., Lesley Hall u. Gert Hekma, Hg., Sexual Cultures in Europe, Bd. 1 National Histories, Manchester u. New York 1999, 138 ff.

2 Reste dieser Betrachtungsweise finden sich z. B. in Dieter Langewiesche, Arbeiterkultur in Österreich. Aspekte, Tendenzen und Thesen, in: Gerhard A. Ritter, Hg., Arbeiterkultur, Königstein/Ts. 1979, 40 ff.; vgl. dort Fußnote 7 für weitere Beispiele. Klassische sittengeschichtliche Darstellungen der Arbeitersexualität sind Leo Schidrowitz, Hg., Sittengeschichte des Proletariats. Der Weg vom Leibes- zum Maschinensklaven, die sittliche Stellung und Haltung des Proletariats, Wien u. Leipzig 1928 u. Otto Rühle, Illustrierte Kultur- und Sittengeschichte des Proletariats, 2 Bde., Berlin 1930.

3 Vgl. Carola Lipp, Die Innenseite der Arbeiterkultur. Sexualität im Arbeitermilieu des 19. und frühen 20. Jahrhunderts, in: Richard van Dülmen, Hg., Arbeit, Frömmigkeit, Eigensinn, Frankfurt a. M. 1990, 215 ff. u. Ulrich Linse, Über den Prozeß der Syphilisation. Körper und Sexualität um 1900 aus ärztlicher Sicht, in: Alexander Schuller u. Nikolaus Heim, Hg., Vermessene Sexualität, Heidelberg 1987, 180 ff.

4 Sigmund Freud, Vorlesungen zur Einführung in die Psychoanalyse, III. Teil: Die allgemeine Neurosenlehre (1916/1917), in: ders., Studienausgabe, Bd. 1, Frankfurt a. M. 1982, 345 ff.

5 Zur Entstehung dieser Vorstellung Elke Kleinau, Lust und Last der «freien Liebe». Sexualität in den Theorien des frühen Sozialismus, in: Interdisziplinäre Forschungsgruppe Frauenforschung, Hg., Liebes- und Lebensverhältnisse. Sexualität in der feministischen Diskussion, Frankfurt u. New York 1990, 9 ff.; Christiane Krause, «Hetärismus» und «Freie Liebe» gegen «Bürgerliche Verbesserung». Franziska zu Reventlow in den «Zürcher Diskussionen», in: Irmgard Roebling, Hg., Lulu, Lilith, Mona Lisa... Frauenbilder der Jahrhundertwende, Pfaffenweiler 1989, 77–98; ein zeitgenössischer Überblick ist Iwan Bloch, Das Sexualleben unserer Zeit in seinen Beziehungen zur modernen Kultur, 4.–6. Aufl. Berlin 1907, 260 ff.

6 Ulrich Linse, Arbeiterschaft und Geburtenentwicklung im Deutschen Kaiserreich von 1871, in: Archiv für Sozialgeschichte 12 (1972), 208 ff.

7 Schon früh in Robert Paul Neuman, Working-Class Birth Control in Wilhelmine Germay, in: Comperative Studies in Society and History 20 (1978), 409 ff.

8 Axel Kuhn, Die proletarische Familie. Wie Arbeiter in ihren Lebenserinnerungen über den Ehealltag berichten, in: Heiko Haumann, Hg., Arbeiteralltag in Stadt und Land. Neue Wege der Geschichtsschreibung, Berlin 1982, 89 ff.; Michael Seyfarth-Stubenrauch, Erziehung und Sozialisation in Arbeiterfamilien im Zeitraum 1870 bis 1914 in Deutschland. Ein Beitrag historisch-pädagogischer Sozialisationsforschung zur Sozialgeschichte der Erziehung, Frankfurt a. M., Bern u. New York 1985, Bd. 2, 549 ff.; Carola

Lipp, Sexualität und Heirat, in: Wolfgang Ruppert, Hg., Die Arbeiter. Lebensformen, Alltag und Kultur von der Frühindustrialisierung bis zum «Wirtschaftswunder», München 1986, 186 ff.; umfangreicher ist Lipp, Innenseite; zur Analyse von Arbeiterautobiographien siehe das Kapitel «Autobiography and Sexual Identity» in Mary Jo Maynes, Adolescent Sexuality and Social Identity in French and German Lower-Class Autobiography, in: Journal of Family History 17 (1992), H. 4, 412 ff.

9 Etwa in Heidi Rosenbaum, Proletarische Familien. Arbeiterfamilien und Arbeiterväter im frühen 20. Jahrhundert zwischen traditioneller, sozialdemokratischer und kleinbürgerlicher Orientierung, Frankfurt a. M. 1992, 187 ff. u. Karen Hagemann, Frauenalltag und Männerpolitik. Alltagsleben und gesellschaftliches Handeln von Arbeiterfrauen in der Weimarer Republik, Bonn 1990, 220 ff.

10 Vgl. Klaus Tenfelde, Arbeiterfamilie und Geschlechterbeziehungen im Deutschen Kaiserreich, in: Geschichte und Gesellschaft 18 (1992), H. 2, 179 ff.; für Wien Andreas Weigl, Demographischer Wandel und Modernisierung in Wien, Wien 2000, 277 ff.

11 Zusammenfassend Tenfelde, Arbeiterfamilie, 203.

12 Am Beispiel der Illegitimität hat Michael Mitterauer die große lebensweltliche Spannbreite unterschiedlicher Arbeiter/innen/milieus aufgezeigt, in ders., Ledige Mütter. Zur Geschichte illegitimer Geburten in Europa, München 1983; gleiches gilt im Bereich des Heiratsverhaltens für Josef Ehmer, Heiratsverhalten, Sozialstruktur, Ökonomischer Wandel. England und Mitteleuropa in der Formationsperiode des Kapitalismus, Göttingen 1991.

13 Vgl. William H. Hubbard, Familiengeschichte. Materialien zur deutschen Familie seit dem Ende des 18. Jahrhunderts, München 1983, 80 ff.; Josef Ehmer, Familienstruktur und Arbeitsorganisation im frühindustriellen Wien, Wien 1980, 179 f; ders., Heiratsverhalten, 211 ff. u. Gerhard A. Ritter u. Klaus Tenfelde, Arbeiter im Deutschen Kaiserreich 1871 bis 1914, Bonn 1992, 543 ff.

14 Ehmer, Familienstruktur, 101 ff.

15 Ders., Heiratsverhalten, 211.

16 Zahlen aus Ritter u. Tenfelde, Arbeiter, 550 u. Tenfelde, Arbeiterfamilie, 188.

17 Reinhard Spree, Geburtenrückgang in Deutschland vor 1939. Verlauf und schichtspezifische Ausprägung, in: Demographische Informationen (1984), 62 ff.; vgl. auch die Literaturhinweise in Tenfelde, Arbeiterfamilie, 192 ff.

18 Vgl. Gottfried Pirhofer u. Reinhard Sieder, Zur Konstitution der Arbeiterfamilie im Roten Wien. Familienpolitik, Kulturreform, Alltag und Ästhetik, in: Michael Mitterauer u. Reinhard Sieder, Hg., Historische Familienforschung, Frankfurt a. M. 1982, 342.

19 Vgl. Seyfarth-Stubenrauch, Erziehung, 553 ff.

20 Maynes, Sexuality, 406.

21 Vgl. Rosenbaum, Familien, 195.

22 Abweichende Befunde bringt Helmut Gruber, Sexuality in ‹Red Vienna›. Socialist Party Conceptions and Programs and Working-Class Life, 1920–1934, in: International Labor and Working-Class History 31 (1987), 53 f.

23 Vgl. Hagemann, Frauenalltag, 225 ff.

24 Der Bestseller für des Selbststudium war Max Hodann, Bub und Mädel, Leipzig 1924; zu Hodann siehe Winifried Wolff, Max Hodann (1894–1946). Sozialist und Sexualreformer, Hamburg 1993.

25 Jürgen Kocka, Arbeitsverhältnisse und Arbeiterexistenzen. Grundlagen der Klassenbildung im 19. Jahrhundert, Bonn 1990, 467 ff.

26 Fälle sexuellen Missbrauchs wurden etwa von der Wiener Frauen-Enquete aufgezeigt. Vgl. Die Arbeits- und Lebensverhältnisse der Wiener Lohnarbeiterinnen. Ergebnisse und stenographisches Protokoll der Enquete über Frauenarbeit, abgehalten in Wien vom 1. März bis 21. April 1896, Wien 1896.

27 Vera Konieczka, Arten zu sprechen, Arten zu schweigen. Sozialdemokratie und Prostitution im deutschen Kaiserreich, in: Johanna Geyer-Kordesch u. Annette Kuhn, Hg., Frauenkörper, Medizin, Sexualität. Auf dem Weg zu einer neuen Sexualmoral, Düsseldorf 1986, 106 ff.

28 Lipp, Innenseite, 229.

29 Ebd. 231; zum Gewaltaspekt bei ersten sexuellen Erlebnissen siehe Eva Brücker, Und ich bin heil da 'rausgekommen. Gewalt und Sexualität in einer Berliner Arbeiternachbarschaft zwischen 1916/17 und 1958, in: Thomas Lindenberger u. Alf Lüdtke, Hg., Physische Gewalt. Studien zur Geschichte der Neuzeit, Frankfurt a. M. 1995, 348 ff.

30 Siehe beispielsweise Eva Sutter, Ein Act des Leichtsinns und der Sünde. Illegitmität im Kanton Zürich. Recht, Moral und Lebensrealtität, 1800–1860, Zürich 1995, 287 ff.

31 Othmar Spann, Die geschlechtlich-sittlichen Verhältnisse im Dienstboten- und Arbeiterinnenstande, gemessen an der Erscheinung der unehelichen Geburten, in: Zeitschrift für Socialwissenschaft 7 (1904), 299 f.

32 Sieder, Sozialgeschichte, 202.

33 Lipp, Innenseite, 244.

34 Hagemann, Frauenalltag, 172 f.

35 Wie in der Zigarrenfabrik von Hallein; vgl. Ingrid Bauer, Die «Tschikweiber» von Hallein. Zigarrenfabrikarbeiterinnen in den dreißiger Jahren, in: Helene Maimann, Hg., Die ersten 100 Jahre. Österreichische Sozialdemokratie, 1888–1988, Wien 1988, 147.

36 Edith Saurer, Leiden und Lieben. Zum deutschsprachigen Frauenroman im 19. Jahrhundert, in: Die ungeschriebene Geschichte. Historische Frauenforschung. Dokumentation des 5. Historikerinnentreffens in Wien, Wien 1985, 140.

37 Peter Borscheid, Romantic Love or Material Interest. Choosing Partners in Nineteenth-Century Germany, in: Journal of Family History 11 (1986), No. 2, 167.

38 Vgl. Stephan Bajohr, Uneheliche Mütter im Arbeitermilieu. Die Stadt Braunschweig 1900–1930, in: Frauen in der Geschichte des 19. und 20. Jahrhunderts (= Geschichte und Gesellschaft 7 (1981), H. 3/4), 475 ff.; Lipp, Innenseite, 245 u. Sieder, Sozialgeschichte, 205 f.

39 Lipp, Innenseite, 246.

40 Siehe z. B. Reinhard Sieder, «Vata, derf i aufstehn?» Kindheitserfahrungen in Wiener Arbeiterfamilien um 1900, in: Hubert Ch. Ehalt, Hg., Glücklich

ist, wer vergißt ...? Das andere Wien um 1900, Wien, Köln u. Graz 1986, 39 ff. u. Kuhn, Familie, 89 ff.

41 Brücker, Gewalt, 349; kritisch gegenüber einer Stilisierung von Arbeiter-männern zu gewalttätigen Patriarchen ist Tenfelde, Arbeiterfamilie, 200 ff.

42 Arbeiter als Kunden von Prostituierten thematisiert Sybille Krafft, Zucht und Unzucht. Prostitution und Sittenpolizei im München der Jahrhun-dertwende, München 1996, 146 ff.

43 Ausführlich Hagemann, Frauenalltag, 197 ff.

44 Neuman, Birth Control, 418.

45 Woycke, Birth Control, 169.

46 Allgemein zu den Faktoren des Fertilitätsrückganges vgl. George Alter, Theories of Fertility Decline. A Nonspecialist's Guide to the Current Debate, in: John R. Gillis, Louise A. Tilly u. David Levine, Hg., The European Experience of Declining Fertility, 1850–1970. The Quiet Revo-lution, Cambridge 1992, 13 ff.

47 Vgl. Hagemann, Frauenalltag, 199; dort auch die berechtigte Kritik an Neumans These, nach der es auch einen kurzfristig denkenden, hedonisti-schen Verhütungstyp in der Arbeiterschaft gegeben hätte.

48 Anhand des Generationenkonflikts zeigt dies Cornelie Usborne, The New Woman and Generational Conflict. Perceptions of Young Women's Sexual Mores in the Weimar Republic, in: Mark Roseman, Hg., Generations in Conflict. Youth Revolt and Generation Formation in Gemany, 1770–1968, Cambridge 1995, 139.

49 Max Marcuse, Der eheliche Präventivverkehr, seine Verbreitung, Verursa-chung und Methodik, dargestellt und beleuchtet an 300 Ehen, Stuttgart 1917, 20 ff.

50 Rosenbaum, Familien, 194.

51 Tenfelde, Arbeiterfamilie, 200.

52 Siehe Hagemann, Frauenalltag, 254; dort auch die neuen Methoden.

53 Christiane Dienel, Das 20. Jahrhundert (I). Frauenbewegung, Klassenjus-tiz und das Recht auf Selbstbestimmung der Frau, in: Robert Jütte, Hg., Geschichte der Abtreibung. Von der Antike bis zur Gegenwart, München 1993, 166.

54 Karin Walser, Prostitutionsverdacht und Geschlechterforschung. Das Bei-spiel der Dienstmädchen um 1900, in: Geschichte und Gesellschaft 11 (1985), H. 1, 100 u. Lipp, Sexualität, 194. Zur Problematik der quantitati-ven Angaben siehe Kapitel 7.

55 Zu dieser Sicht der Prostitution in den Unterschichten Sabine Kienitz, Ge-schäfte mit dem Körper. Sexualmoral und Überlebensstrategie von Frauen aus der Unterschicht Anfang des 19. Jahrhunderts in Württemberg, in: Historische Anthropologie. Kultur, Geschichte, Alltag 3 (1995), Nr. 3, 433 ff. u. dies., Sexualität, Macht und Moral. Prostitution und Geschlech-terbeziehungen Anfang des 19. Jahrhundert in Württemberg. Ein Beitrag zur Mentalitätsgeschichte, Berlin 1995.

7. Politisierung und Medizinierung des Sexuellen im späten 19. und in der ersten Hälfte des 20. Jahrhunderts

1 Teile dieses Kapitels wurden in einer Erstversion bereits veröffentlicht in Franz X. Eder, Sexual Cultures in Germany and Austria, 1700–2000, in: ders., Lesley Hall u. Gert Hekma, Hg., Sexual Cultures in Europe, Bd. 1: National Histories, Manchester u. New York 1999, 138 ff.

2 Karin J. Jusek, Auf der Suche nach der Verlorenen. Die Prostitutionsdebatten im Wien der Jahrhundertwende, Groningen 1993, 81 ff.

3 Zum Berliner Bordellsystem im späten 18. und in der ersten Hälfte des 19. Jahrhunderts siehe Dietlind Hüchtker, Elende Mütter und liederliche Weibspersonen. Geschlechtsverhältnisse und Armenpolitik in Berlin, 1770–1850, Münster 1999, 131 ff.

4 Sabine Gleß, Die Reglementierung von Prostitution in Deutschland, Berlin 1999, 54 ff.

5 Dazu vor allem Sabine Kienitz, Sexualität, Macht und Moral. Prostitution und Geschlechterbeziehungen Anfang des 19. Jahrhunderts in Württemberg. Ein Beitrag zur Mentalitätsgeschichte, Berlin 1995; Sybille Krafft, Zucht und Unzucht. Prostitution und Sittenpolizei im München der Jahrhundertwende, München 1996, 134 ff. u. dies., Bordelle und Sperrbezirke. Die sittenpolizeiliche Kontrolle der Prostitution am Beispiel Münchens um 1900, in: Franz X. Eder u. Sabine Frühstück, Hg., Neue Geschichten der Sexualität. Beispiele aus Ostasien und Zentraleuropa 1700–2000, Wien 2000, 167 ff.

6 Karin J. Jusek, Sexual Morality and the Meaning of Prostitution in Fin de Siècle Vienna, in: Jan Bremmer, Hg., From Sappho to de Sade. Moments in the History of Sexuality, London u. New York 1989, 134.

7 Den Startschuss für die europaweite Debatte gab Alexandre Parent-Duchatelet, La prostitution à Paris au XIXe siècle, Paris 1826.

8 Josef Schrank, Die Prostitution in Wien in historischer, administrativer und hygienischer Beziehung, Wien 1886, Bd. 2, 20.

9 Regina Schulte, Sperrbezirke. Tugendhaftigkeit und Prostitution in der bürgerlichen Welt, Frankfurt a. M. 1984 (Erstausg. 1979), 20.

10 Ebd. 69; auf Seite 217 f. eine Zusammenstellung von Statistiken über die soziale Herkunft.

11 Vgl. Walser, Prostitutionsverdacht.

12 Jusek, Suche, 78.

13 Vgl. Krafft, Zucht, 54.

14 Vgl. Ann Taylor Allen, Feminism, Veneral Diseases and the State in Germany, 1890–1918, in: Journal of the History of Sexuality 4 (1993), H. 1, 27 ff. u. Anita Ulrich, Ärzte und Sexualität – am Beispiel der Prostitution, in: Alfons Labisch u. Reinhard Spree, Hg., Medizinische Deutungsmacht im sozialen Wandel des 19. und frühen 20. Jahrhunderts, Bonn 1989, 224.

15 Zur distanzierten Haltung der deutschen Sozialdemokratie gegenüber dem Prostitutionsproblem siehe Konieczka, Arten, 118 ff.

16 Einen zeitgenössischen Überblick über die einzelnen Positionen lieferte bereits Bloch, Sexualleben, 357 ff.

17 So der bezeichnende Titel von Ulrich Linse, Über den Prozeß der Syphilisation. Körper und Sexualität um 1900 aus ärztlicher Sicht, in: Alexander Schuller u. Nikolaus Heim, Hg., Vermessene Sexualität, Heidelberg 1987, 163 ff.

18 Vgl. Dominique Puenzieux u. Brigitte Ruckstuhl, Medizin, Moral und Sexualität. Die Bekämpfung der Geschlechtskrankheiten Syphilis und Gonorrhöe in Zürich 1870–1920, Zürich 1994, 148 f.

19 Anita Ulrich, Bordelle, Straßendirnen und bürgerliche Sittlichkeit in der Belle Epoque. Eine sozialgeschichtliche Studie der Prostitution am Beispiel der Stadt Zürich, Zürich 1985, 147.

20 Lutz Sauerteig, «... ein Übel, das am Marke des deutschen Volkes zehrt ...». Gesundheitspolitische Strategien gegen Geschlechtskrankheiten in Deutschland im späten 19. und frühen 20. Jahrhundert, phil. Diss. Univ. Hamburg 1995, 495.

21 Ebd. 504.

22 Gleß, Reglementierung, 76 ff.; zur Prostitutionsdiskussion der zwanziger Jahre vgl. Elisabeth Meyer-Renschausen, Zur Rechtsgeschichte der Prostitution. Die gesellschaftliche «Doppelmoral» vor Gericht, in: Ute Gerhard, Hg., Frauen in der Geschichte des Rechts. Von der Frühen Neuzeit bis in die Gegenwart, München 1997, 772 ff. u. dies., The Bremen Morality Scandal, in: Renate Bridenthal, Atina Grossmann u. Marion Kaplan, Hg., When Biology Became Destiny. Women in Weimar and Nazi Germany, New York 1984, 87 ff.

23 Sauerteig, Übel, 535.

24 Franz Seidler, Prostitution, Homosexualität, Selbstverstümmelung. Probleme der deutschen Sanitätsführung 1939–1945, Neckargemünd 1977, 140.

25 Angelika Ebbinghaus, Der Staat – Prostituiertenjäger und Zuhälter, in: dies. u. a., Hg., Heilen und Vernichten im Mustergau Hamburg, Hamburg 1984, 85; vgl. auch Stefan Maiwald u. Gerd Mischler, Sexualität unter dem Hakenkreuz. Manipulation und Vernichtung der Intimsphäre im NS-Staat, Hamburg u. Wien 1999, 194 ff. u. Wehrmachtsbordell. Ein Soldat erinnert sich an seinen Dienst in der Sanitätsstube, in: Helke Sander u. Barbara Johr, Hg., BeFreier und Befreite. Krieg, Vergewaltigungen, Kinder, Frankfurt a. M. 1995, 74 ff.

26 Christa Paul, Zwangsprostitution. Staatlich errichtete Bordelle im Nationalsozialismus, Berlin 1994.

27 Vgl. Rüdiger Lautmann, Das Verbrechen der widernatürlichen Unzucht. Seine Grundlegung in der preußischen Gesetzesrevision des 19. Jahrhunderts, in: ders. u. Angela Taeger, Hg., Männerliebe im alten Deutschland. Sozialgeschichtliche Abhandlungen, Berlin 1992, 142 u. 167; Jörg Hutter, Die Entstehung des Paragraphen 175 im Strafgesetzbuch und die Geburt der deutschen Sexualwissenschaft, in: ebd. 187 ff. u. Die Geschichte des Paragraphen 175. Strafrecht gegen Homosexuelle, Ausstellungskatalog, hg. v. Schwulen Museum, Frankfurt a. M. 1990; vgl. auch Klaus Müller, Aber in meinem Herzen sprach eine Stimme so laut. Homosexuelle Autobiographien und medizinische Pathographien im 19. Jahrhundert, Berlin 1991, 111 ff.; Helmut Blazek, Rosa Zeiten für rosa Liebe. Zur Geschichte der Homosexualität, Frankfurt a. M. 1996, 125 ff. u. Hanna Hacker, Zonen

des Verbotenen. Die lesbische Codierung von Kriminalität und Feminismus um 1900, in: Barbara Hey, Ronald Pallier u. Roswitha Roth, Hg., Que(e)rdenken. Weibliche, männliche Homosexualität und Wissenschaft, Innsbruck u. Wien 1998, 40 ff.

28 Manfred Herzer, Magnus Hirschfeld. Leben und Werk eines jüdischen, schwulen und sozialistischen Sexologen, Frankfurt a. M. u. New York 1992, 63.

29 Vgl. James D. Steakley, Iconography of a Scandal. Political Cartoons and the Eulenburg Affair in Wilhelmin Germany, in: Martin Duberman, Martha Vicinus u. George Jr. Chauncey, Hg., Hidden from History. Reclaiming the Gay and Lesbian Past, New York 1989, 233 ff.;. Isabel V. Hull, Kaiser Wilhelm II. und der «Liebenberg-Kreis», in: Rüdiger Lautmann u. Angela Taeger, Hg., Männerliebe im alten Deutschland. Sozialgeschichtliche Abhandlungen, Berlin 1992, 81 ff.; John C. G. Röhl, Fürst Philipp zu Eulenburg. Zu einem Lebensbild, in: ebd., 119 ff. u. Ulfried Geuter, Homosexualität in der deutschen Jugendbewegung. Jugendfreundschaft und Sexualität im Diskurs von Jugendbewegung, Psychoanalyse und Jugendpsychologie am Beginn des 20. Jahrhunderts, Frankfurt a. M. 1994, 44 ff.

30 Angela Taeger u. Rüdiger Lautmann, Sittlichkeit und Politik. Paragraph 175 im Deutschen Kaiserreich (1871–1919), in: dies., Hg., Männerliebe im alten Deutschland. Sozialgeschichtliche Abhandlungen, Berlin 1992, 251 ff.

31 Detlev Grumbach, Die Linke und das Laster. Arbeiterbewegung und Homosexualität zwischen 1870 und 1933, in: ders., Hg., Die Linke und das Laster. Schwule Emanzipation und die Linke, Hamburg 1995, 26 f.

32 Siehe mehrere Beiträge in Eldorado. Homosexuelle Frauen und Männer in Berlin 1850–1950. Geschichte, Alltag und Kultur. Ausstellungskatalog, Berlin 1984 u. Jens Dobler, Nicht nur Verfolgung – auch Erfolge. Zusammenarbeit zwischen Schwulenbewegung und Polizei in der Kaiserzeit und der Weimarer Republik, in: Stefan Heiss u. Wolfgang Schmale, Hg., Polizei und schwule Subkulturen (=Komparativ 9, No. 1), Leipzig 1999, 48 ff.

33 Für München vgl. Stefan Heiss, München: Polizei und schwule Subkulturen 1919–1944, in: ebd., 62 ff.

34 Herzer, Hirschfeld, 126.

35 Vgl. W. U. Eissler, Arbeiterparteien und Homosexuellenfrage. Zur Sexualpolitik von SPD und KPD in der Weimarer Republik, Berlin 1980; Alexander Zinn, Die Bewegung der Homosexuellen. Die soziale Konstruktion des homosexuellen Nationalsozialisten im antifaschistischen Exil, in: Detlev Grumbach, Hg., Die Linke und das Laster. Schwule Emanzipation und die Linke, Hamburg 1995, 38 ff.; Gert Hekma, Harry Oosterhuis u. James D. Steakley, Hg., Gay Men and the Sexual History of the Political Left, New York 1995 u. Alexander Zinn, Die soziale Konstruktion des homosexuellen Nationalsozialisten. Zu Genese und Etablierung eines Stereotyps, Frankfurt a. M. 1997.

36 Einen Literaturüberblick bringt Bernd-Ulrich Hergemöller, Einführung in die Historiographie der Homosexualitäten, Tübingen 1999, 102 ff.; siehe auch Zinn, Konstruktion; Burkhard Jellonnek, Homosexuelle unter dem Hakenkreuz. Die Verfolgung von Homosexuellen im Dritten Reich, Pa-

derborn 1990; Richard Plant, Rosa Winkel. Der Krieg der Nazis gegen die Homosexuellen, Frankfurt a.M. u. New York 1991; zur Bewertung gleichgeschlechtlicher Akte unter Jugendlichen vgl. Robert G. Waite, Teenage Sexuality in Nazi Germany, in: Journal of the History of Sexuality 8 (1998), No. 3, 458 ff.; zuletzt auch Rainer Hoffschildt, Die Verfolgung der Homosexuellen in der NS-Zeit. Zahlen, Schicksale aus Norddeutschland, Berlin 1999.

37 Vgl. Blazek, Zeiten, 200.

38 Besonders Harry Oosterhuis, Reinheit und Verfolgung. Männerbünde, Homosexualität und Politik in Deutschland (1900–1945), in: Österreichische Zeitschrift für Geschichtswissenschaften 5 (1994), H. 3, 388 ff.

39 Kai Sommer, Die Strafbarkeit der Homosexualität von der Kaiserzeit bis zum Nationalsozialismus. Eine Analyse der Straftatbestände im Strafgesetzbuch und in den Reformentwürfen (1871–1945), Frankfurt a.M. u.a. 1998, 314 ff.; vgl. auch Günter Grau, Hg., Homosexualität in der NS-Zeit. Dokumente einer Diskriminierung und Verfolgung, Frankfurt a.M. 1992, 95 f. u. Andreas Pretzel u. Gabriele Roßbach, Hg., Wegen der zu erwartenden hohen Strafe … Homosexuellenverfolgung in Berlin 1933–1945, Berlin 2000.

40 Vgl. Rüdiger Lautmann u. Michael Schetsche, Reinheit, Volkstum, Manneskraft. Zur Sexualpolitik des Nationalsozialismus, in: Sowi. Sozialwissenschaftliche Informationen 24 (1995), H. 1, 32 ff. u. Claudia Schoppmann, Nationalsozialistische Sexualpolitik und weibliche Homosexualität, Pfaffenweiler 1991, 17 f.

41 Dazu ausführlich Claudia Schoppmann, Verbotene Verhältnisse. Frauenliebe 1938–1945, Berlin 1999, 134 ff.

42 Vgl. Maiwald u. Mischler, Sexualität, 172 ff.; Beispiele für das Vorgehen in einzelnen Städten sind F. Sparing, … wegen Verbrechen nach § 175 verhaftet. Die Verfolgung der Düsseldorfer Homosexuellen während des Nationalsozialismus, Düsseldorf 1997 u. Jürgen Müller, Die Kölner Kriminalpolizei zwischen Verbrechensaufklärung und «vorbeugender Verbrechensbekämpfung», in: Stefan Heiss u. Wolfgang Schmale, Hg., Polizei und schwule Subkulturen (=Komparativ 9, Nr. 1), Leipzig 1999, 29 ff.

43 Oosterhuis, Reinheit, 389.

44 Günther Grau, Verfolgung, «Umerziehung» oder «Ausmerzung» homosexueller Männer 1933 bis 1945. Folgen des rassenhygienischen Konzepts der Reproduktionssicherung, in: ders. Dokumente, 33 f.

45 Christian Fleck u. Albert Müller, Unzucht wider die Natur. Gerichtliche Verfolgung der «Unzucht mit Personen gleichen Geschlechts» in Österreich von den 1930er bis zu den 1950er Jahren, in: Österreichische Zeitschrift für Geschichtswissenschaften 9 (1998), H. 3, 402 ff.

46 F. Sparing, Daß er es der Kastration zu verdanken hat, daß er überhaupt in die Volksgemeinschaft entlassen wird, in: Centrum für Schwule Geschichte, Hg., Das sind Volksfeinde! Die Verfolgung von Homosexuellen an Rhein und Ruhr 1933–1945, Köln 1998, 168 f. u. Günter Grau, Unschuldige Täter. Mediziner als Vollstrecker der nationalsozialistischen Homosexuellenpolitik, in: Mitteilungen der Magnus-Hirschfeld-Gesellschaft 28 (1998), 11 ff.

47 Die nach Ländern unterschiedlichen Reaktionen auf die demographische Veränderung vergleicht Robert A. Nye, The History of Sexuality in Context. National Sexological Traditions, in: Science in Context 4 (1991), No. 2, 387 ff.

48 Siehe dazu William H. Hubbard, Familiengeschichte. Materialien zur deutschen Familie seit dem Ende des 18. Jahrhunderts, München 1983, 93 ff.; Richard Gisser, Daten zur Bevölkerungsentwicklung der österreichischen Alpenländer 1819–1913, in: Österreichisches Statistisches Zentralamt, Hg., Geschichte und Ergebnisse der zentralen amtlichen Statistik in Österreich 1829–1979, Wien 1979, 415 ff.; Ernst Hanisch, Der lange Schatten des Staates. österreichische Gesellschaftsgeschichte im 20. Jahrhundert, Wien 1994, 50.

49 Ansley J. Coale u. Roy Treadway, A Summary of the Changing Distribution of Overall Fertility, Marital Fertility and the Proportion Married in the Provinces of Europe, in: Ansley J. Coale u. Susan Cotts Watkins, Hg., The Decline of Fertility in Europe. The Revised Proceedings of a Conference on the Princeton European Fertility Project, Princeton 1986, 38.

50 Die Daten entstammen Reinhard Spree, Geburtenrückgang in Deutschland vor 1939. Verlauf und schichtsprezifische Ausprägung, in: Demographische Informationen (1984), 62; vgl. auch James Woycke, Birth Control in Germany, 1871–1933, London u. New York 1988, 3; John E. Knodel, The Decline of Fertility in Germany, 1871–1939, Princeton 1974, 107 u. 124; Adelheid Castell, Forschungsergebnisse zum Gruppenspezifischen Wandel generativer Strukturen, in: Werner Conze, Hg., Sozialgeschichte der Familie in der Neuzeit Europas, Stuttgart 1976, 170; einen internationalen Vergleich bringt Simon Szreter, Falling Fertilities and Changing Sexualities in Europe since c. 1850. Comparative Survey of National Demographic Patterns, in: Franz X. Eder, Lesley Hall u. Gert Hekma, Hg., Sexual Cultures in Europe. Themes in Sexuality, Manchester u. New York 1999, 159 ff.

51 In städtischen Oberschichten scheint auch im deutschsprachigen Raum, wenn nicht schon im 17. Jahrhundert, so doch im 18. Jahrhundert eine willentliche und erfolgreiche Geburten- und Familienplanung weit verbreitet gewesen zu sein. Vgl. für Schweizer Städte Francois Höpflinger, Bevölkerungswandel in der Schweiz. Zur Entwicklung von Heiraten, Geburten, Wanderungen und Sterblichkeit, Grüsch 1986, 59.

52 Vgl. Knodel, Decline, 123 f.

53 Andreas Weigl, Demographischer Wandel und Modernisierung in Wien, Wien 2000, 337 f.

54 So der Referent für Medizinalangelegenheiten im Preußischen Innenministerium, Eduard Dietrich im Jahre 1911, zit. nach Anna Bergmann, Die verhütete Sexualität. Die Anfänge der modernen Geburtenkontrolle, Hamburg 1992, 27 f.

55 Vgl. Birgit Bolognese-Leuchtenmüller, Bevölkerungsentwicklung und Berufsstruktur, Gesundheits- und Fürsorgewesen in Österreich 1750–1918, Wien 1978, Tabelle 25 u. Robert Lee, Germany, in: ders., Hg., European Demography and Economic Change, New York 1979, 195.

56 Christiane Dienel, Kinderzahl und Staatsräson. Empfängnisverhütung und Bevölkerungspolitik in Deutschland und Frankreich bis 1918, Münster 1995, 234 f.

57 Intensiv diskutiert wurde deshalb auch die Frage, ob Jungfräulichkeit nach wie vor eine Grundvoraussetzung der Eheschließung darstellte. Vgl. Fanziska Lamott, Virginität als Fetisch. Kulturelle Codierung und rechtliche Normierung der Jungfräulichkeit um die Jahrhundertwende, in: Tel Aviver Jahrbuch für Deutsche Geschichte 21 (1992), 153 ff.

58 Ebd. 235; zusammengefasst in Anna Bergmann, Wilhelm Reichs «sexuelle Massenhygiene» und seine Vision einer «freien» Sexualität, in: Zeitschrift für Sexualforschung 9 (1996), H. 4, 321. ff.

59 Wien gehörte um 1900 mit Budapest und Paris zu den wichtigsten europäischen Produktionsorten pornographischen Bildmaterials; vgl. Erwin J. Haeberle, Der «verbotene» Akt. Unzüchtige Fotos von 1850 bis 1950, in: Michael Köhler u. Gisela Barche, Das Aktfoto. Ansichten vom Körper im fotografischen Zeitalter. Ästhetik, Geschichte, Ideologie, München 1985, 244; zum erotischen Film siehe Michael Achenbach, Paolo Caneppele u. Ernst Kieninger, Projektionen der Sehnsucht. Saturn. Die erotischen Anfänge der österreichischen Kinematografie (hg. v. Filmarchiv Austria), Wien 1999; zur Pornographiegesetzgebung Wolfgang Hütt, Hg., Hintergrund. Mit den Unzüchtigkeits- und Gotteslästerungsparagraphen des Strafgesetzbuches gegen Kunst und Künstler 1900–1933, Berlin 1990.

60 Einen Überblick bringt Paul J. Weindling, Health, Race and German Politics Between National Unification and Nazism, 1870–1945, Cambridge 1989, 61 ff.

61 Maria Sophia Quine, Population Politics in Twentieth-Century Europe. Fascist Dictatorship and Liberal Demogracies, London u. New York 1996, 100.

62 Peter Weingart, Jürgen Kroll u. Kurt Bayertz, Rasse, Blut und Gene. Geschichte der Eugenik und Rassenhygiene in Deutschland, Frankfurt a. M. 1988, 113.

63 Vgl. Anneliese Bergmann, Frauen, Männer, Sexualität und Geburtenkontrolle. Die Gebärstreikdebatte der SPD im Jahre 1913, in: Karin Hausen, Hg., Frauen suchen ihre Geschichte. Historische Studien zum 19. und 20. Jahrhundert, München 1983, 81 ff.

64 Cornelie Usborne, Frauenkörper – Volkskörper. Geburtenkontrolle und Bevölkerungspolitik in der Weimarer Republik, Münster 1994, 48.

65 Einen Überblick geben Karen Hagemann, Eine Frauensache. Alltagsleben und Geburtenpolitik, 1919–1933, Pfaffenweiler 1991, 84 ff.; Atina Grossmann, Reforming Sex. The German Movement for Birth Control and Abortion Reform 1920–1950, New York 1995, 78 ff.; Cornelie Usborne, Abtreibung: Mord, Therapie oder weibliches Selbstbestimmungsrecht? Der Paragraph 218 im medizinischen Diskurs der Weimarer Republik, in: Johanna Geyer-Kordesch u. Annette Kuhn, Hg., Frauenkörper, Medizin, Sexualität. Auf dem Weg zu einer neuen Sexualmoral, Düsseldorf 1986, 192 ff. u. Christiane Dienel, Das 20. Jahrhundert (I). Frauenbewegung, Klassenjustiz und das Recht auf Selbstbestimmung der Frau, in: Robert

Jütte, Hg., Geschichte der Abtreibung. Von der Antike bis zur Gegenwart, München 1993, 140 ff.

66 Für die österreichische Diskussion siehe Karin Lehner, Verpönte Eingriffe. Sozialdemokratische Reformbestrebungen zu den Abtreibungsbestimmungen in der Zwischenkriegszeit, Wien 1989; Andrea Schurian, Sexualnot ist Sozialnot. Zur Agitation gegen den Paragraphen 144–148 in der Ersten Republik, in: Wolfgang Duchkowitsch, Hannes Haas u. Klaus Lojka, Hg., Kreativität aus der Krise. Konzepte der gesellschaftlichen Kommunikation in der Ersten Republik. Festschrift für Marianne Lunzer-Linhausen, Wien 1991, 141 ff. u. Maria Mesner, Vom Paragraph 144 zum Paragraph 97. Eine Reform mit Hindernissen, in: Dr. Karl Renner Institut, Hg., Beharrlichkeit, Anpassung und Widerstand. Die Sozialdemokratische Frauenorganisation und ausgewählte Bereiche sozialdemokratischen Frauenpolitik 1945–1990, Wien 1993, 377 ff.

67 Vgl. Mesner, Paragraph, 382.

68 Vgl. Usborne, Frauenkörper, 221 ff. u. Michael Gante, Das 20. Jahrhundert (II). Rechtpolitik und Rechtswirklichkeit, 1927–1976, in: Robert Jütte, Hg., Geschichte der Abtreibung. Von der Antike bis zur Gegenwart, München 1993, 169 f.

69 Zur «Abtreibungsrevolution» vgl. Weigl, Wandel, 325 ff.

70 Ausführlich Hans Dobler, Zensur von Büchern und Zeitschriften mit homosexueller Thematik in der Weimarer Republik, in: Homosexualitäten in der Weimarer Republik 1919–1933 (= Invertito – Jahrbuch für Geschichte der Homosexualitäten 2), 87 ff. u. Hütt, Hintergrund, 23 ff.

71 Zur Diskussion über die Verwendung und den Vertrieb von Kondomen siehe Jeannette Parisot, Dein Kondom, das unbekannte Wesen. Eine Geschichte der Pariser, Hamburg 1987, 39 ff.

72 Klaus Petersen, The Harmful Publication (Young Persons) Act of 1926. Literary Censorship and the Politics of Morality in the Weimar Republic, in: German Studies Review 15 (1992), No. 3, 505 ff.; Dobler, Zensur, 89; zur Sexualaufklärung vgl. Lutz D. H. Sauerteig, Sex Education in Germany from the Eighteenth to the Twentieth Century, in: Franz X. Eder, Lesley Hall u. Gert Hekma, Hg., Sexual Cultures in Europe. Themes in Sexuality, Manchester u. New York 1999, 18 ff.

73 Vgl. Kristine von Soden, Die Sexualberatungsstellen der Weimarer Republik 1919–1933, Berlin 1988 u. Karl Fallend, Wilhelm Reich in Wien. Psychoanalyse und Politik, Wien u. Salzburg 1988, 122 ff.

74 Zu den ‹modernen› Mitteln vgl. Billie Laura Finkel, Deutsche werdet wieder kinderfroh. Ehehygiene und künstliche Beschränkung der Kinderzahl zwischen 1900 und 1930 in Deutschland, in: Regina Löneke u. Ira Spieker, Hg., Reinliche Leiber – Schmutzige Geschäfte. Körperhygiene und Reinlichkeitsvorstellungen in zwei Jahrhunderten, Göttingen 1996, 28 ff.; zur Medizinierung der Frau Sabine Hering u. Gudrun Maierhof, Die unpäßliche Frau. Sozialgeschichte der Menstruation und Hygiene, 1860–1985, Pfaffenweiler 1991, 38 ff.; allgemein zur Geschichte der Verhütung Angus McLaren, A History of Contraception from Antiquity to the Present Day, Oxford u. Cambridge 1990, 178 ff.

75 Georg Denzler, Die verbotene Lust. 2000 Jahre christliche Sexualmoral, München 1988, 84.

76 Etwa Alfred Pfoser, Der Wiener «Reigen»-Skandal. Sexualangst als proletarisches Syndrom der Ersten Republik, in: Helmut Konrad u. Wolfgang Maderthaner, Hg., Neuere Studien zur Arbeitergeschichte, Bd. 3, Wien 1984, 663 ff.

77 Zur Frage der Verbreitung und Wirkung der Sexualreform vgl. Cornelie Usborne, The New Woman and Generational Conflict. Perceptions of Young Women's Sexual Mores in the Weimar Republic, in: Mark Roseman, Hg., Generations in Conflict. Youth Revolt and Generation Formation in Germany, 1770–1968, Cambridge 1995, 142 ff.

78 Einen kurzen Überblick bringt Sabine Maasen, Genealogie der Unmoral. Zur Therapeutisierung sexueller Selbste, Frankfurt a.M. 1998; dort 437 auch zur besonderen Rolle der Psychoanalyse.

79 Vgl. Usborne, Frauenkörper, 160.

80 Vgl. Bereits im Jahr 1909 wurden in Kalifornien Sterilisierungsgesetze eingeführt. Seit 1928 gab es im Schweizer Kanton Waadt diesbezügliche Bestimmungen, die allerdings die Einwilligung des Patienten oder seiner Angehörigen verlangten. 1929 folgten Dänemark und zwischen 1934 und 1936 auch Schweden, Norwegen, Estland, Finnland und Island. Vgl. Ernst Klee, Wie Eugenik die Köpfe eroberte, in: Die Zeit (1997), Nr. 37, 14 u. Anna Gossenreiter, Liz Horowitz u. Antoinette Killias, Und wird dazu angehalten, einen sittlich einwandfreien Lebenswandel zu führen. Frauen und Männer als Objekte fürsorgerischer Maßnahmen in den 1920er und 1930er Jahren, in: Franziska Jenny, Gudrun Piller u. Barbara Rettenmund, Hg., Orte der Geschlechtergeschichte. Beiträge zur 7. Schweizerischen Historikertagung, Zürich 1994, 57 ff.

81 Vgl. Gisela Bock, Zwangssterilisation im Nationalsozialismus. Studien zur Rassen- und Frauenpolitik, Opladen 1986, 8 u. 372 f.

82 Vgl. Maiwald u. Mischler, Sexualität, 64 ff.

83 Gabriele Czarnowski, Das kontrollierte Paar. Ehe- und Sexualpolitik im Nationalsozialismus, Weinheim 1991, 60.

84 Quine, Population, 92.

85 George L. Mosse, Nationalismus und Sexualität. Bürgerliche Moral und sexuelle Normen, München u. Wien 1987, 202.

86 Bock, Zwangssterilisation, 490.

87 Waite, Teenage, 444 ff.

88 Vgl. Quine, Population, 114 f.

89 Klassisch zum Geschlechterbild Klaus Theweleit, Männerphantasien, 2 Bde., Frankfurt a.M. 1977.

90 Vgl. Mosse, Nationalismus, 214 f.

91 Ausführlich Udi Pini, Leibeskult und Liebeskitsch. Erotik im Dritten Reich, München 1992, 147 ff.

92 Kirsten von Sydow, Psychosexuelle Entwicklung im Lebenslauf. Eine biographische Studie bei Frauen der Geburtsjahrgänge 1895 bis 1936, Regensburg 1991, bes. 272 ff.; dies., Lust auf Liebe bei älteren Menschen, München u. Basel 1992, bes. 47 ff.; dies. Lebenslust. Weibliche Sexualität von der frühen Kindheit bis ins hohe Alter, Bern u.a. 1993, 145 ff.; dies.

Female Sexuality and Historical Time. A Comparison of Sexual Biographies of German Women Born Between 1895 and 1936, in: Archives of Sexual Behaviour 25 (1996), No. 5, 473 ff. u. Waltraud Freese, Weibliche Sexualität im Lebenskontext – zwischen Projektion und Integration. Biographische und sexuelle Lebenswelten von Frauen der Jahrgänge 1911–1932, Pfaffenweiler 1996, bes. 163 ff. u. 276 ff.

93 Theodor H. van de Velde, Die vollkommene Ehe. Eine Studie über ihre Physiologie und Technik, Leipzig u. Stuttgart 1926.

94 Angus McLaren, Twentieth-Century Sexuality. A History, Oxford u. Malden 1999, 52 ff.

95 Rainer Münz, Sexualität in Beziehungen. Eine Rekonstruktion auf Grund biographischer Interviews mit österreichischen Frauen, in: Hugo Husslein u. a., Hg., Sexualität als Entwicklungsproblem. Auf dem Weg zur Partnerschaft, Wien 1985, 123.

8. «Liberalisierung» und Kommerzialisierung des Sex nach 1945

1 Stefan Maiwald u. Gerd Mischler, Sexualität unter dem Hakenkreuz. Manipulation und Vernichtung der Intimsphäre im NS-Staat, Hamburg u. Wien 1999, 215 f.

2 Vgl. die Beiträge in Die Sexualität des Heimkehrers (=Beiträge zur Sexualforschung, H. 11), Stuttgart 1957 u. Helke Sander u. Barbara Johr, Hg., BeFreier und Befreite. Krieg, Vergewaltigungen, Kinder, Frankfurt a. M. 1995.

3 Zur DDR vgl. Dietrich Mühlberg, Sexuelle Orientierungen und Verhaltensweisen in der DDR, in: Sowi. Sozialwissenschaftliche Informationen 24 (1995), H. 1, 49 ff. u. Kurt Starke u. Konrad Weller, Veränderungen 1970–1990 (DDR), in: Gunter Schmidt, Hg., Jugendsexualität. Sozialer Wandel, Gruppenunterschiede, Konfliktfelder, Stuttgart 1993, 49.

4 Dieter Schiefelbein, Wiederbeginn der juristischen Verfolgung homosexueller Männer in der Bundesrepublik Deutschland. Die Homosexuellenprozesse in Frankfurt am Main 1950/51, in: Zeitschrift für Sexualforschung 5 (1995), Nr. 1, 59 ff.

5 Ludwig v. Friedeburg, Die Umfrage in der Intimsphäre, Stuttgart 1953, 47.

6 Ebd. 56.

7 Gunter Schmidt u. Volkmar Sigusch, Veränderungen in den Sechziger Jahren (BRD), in: Gunter Schmidt, Hg., Jugendsexualität. Sozialer Wandel, Gruppenunterschiede, Konfliktfelder, Stuttgart 1993, 16.

8 Ein Folgeband wird sich mit der Geschichte der Sexualität in Deutschland und Österreich nach 1945 beschäftigen.

9 Hilde Thurnwald, Gegenwartsprobleme Berliner Familien. Eine soziologische Untersuchung, Berlin 1948, 201.

10 Uta G. Poiger, Rock'n Roll, Female Sexuality, and the Cold War Battle over German Identities, in: Journal of Modern History 68 (September 1996), 591.

11 Ebd., 602.

12 Peter Huemer, Angst vor der Freiheit, in: Gerhard Jagschitz u. Klaus-Dieter Mulley, Hg., Die «wilden» fünfziger Jahre. Gesellschaft, Formen und Gefühle eines Jahrzehnts in Österreich, Wien 1985, 214.

13 Roland Holm, Mach mich glücklich!, Lugano 1959, 28 f.

14 Huemer, Angst, 214.

15 Zit. nach Ursula Neumann, Ohne Jeans und Pille. Als «man» noch heiraten mußte, Stuttgart 1994, 114.

16 Elisabeth Noelle u. E. P. Neumann, Hg., Jahrbuch der öffentlichen Meinung 1958–1964, Allensbach 1965, 590.

17 Ralf Dose, Die Implantation der Antibabypille in den 60er und frühen 70er Jahren, in: Zeitschrift für Sexualforschung 3 (1990), 28 ff. u. mehrere Beiträge in: Gisela Staupe u. Lisa Vieth, Hg., Die Pille. Von der Lust und von der Liebe, Berlin 1996.

18 Bundesinnenminister Höcherl zu einer Anfrage der CDU; zit. nach Dose, Implantation, 32.

19 Vgl. Franz X. Eder, Vom wirtschaftlichen Mangel zum Konsumismus. Haushaltsbudgets und privater Konsum in Wien, 1918–1995, erscheint in: Lorenz Mikoletzky u. Georg Rigele, Hg., Geschichte der österreichischen Bundesländer, Bd. Wien, 2002.

20 Vgl. Klaus Theweleit, What Did We Do to Our Song, Girl … (Boy) … Zu Pillen, zur Pille und zu einigen Schicksalen des Sexuellen in Deutschland von 1960 bis heute, in: Gisela Staupe u. Lisa Vieth, Hg., Die Pille. Von der Lust und von der Liebe, Berlin 1996, 30 ff.

21 Sabine Sieg, «Anovlar» – die erste europäische Pille, in: Gisela Staupe u. Lisa Vieth, Hg., Die Pille. Von der Lust und von der Liebe, Berlin 1996, 142.

22 Vgl. Miriam Lau, Die neuen Sexfronten. Vom Schicksal einer Revolution, Berlin 2000; kritisch dazu Barbara Sichermann, Womit wir bei den Kindern wären, Die Zeit (2000), Nr. 47, 15 ff.

23 Alfred C. Kinsey u. a., Das sexuelle Verhalten der Frau, Berlin u. Frankfurt a. M. 1954 u. dies., Das sexuelle Verhalten des Mannes, Berlin u. Frankfurt a. M. 1955.

24 Vgl. Grünn, Stell Dir vor, 39 ff. u. Gisela Staupe u. Lisa Vieth, Man gibt mir zu sehr recht. Wir liegen nicht mehr gut. Ein Gespräch mit Oswalt Kolle, in: Gisela Staupe u. Lisa Vieth, Hg., Die Pille. Von der Lust und von der Liebe, 193 ff.

25 Monika Bernold, ein paar österreich. Von den «Leitners» zu «Wünsch dir was». Mediale Bausteine der Zweiten Republik, in: Österreichische Zeitschrift für Geschichtswissenschaften 7 (1996), H. 4, 528.

26 Vgl. die Eigendarstellung der Firmengeschichte auf http://www.beate-uhse.de/exclusiv/chronik/50/text.html.

27 Mein Bauch gehört mir. Die Neue Frauenbewegung und der § 218 – eine Dokumentation in Bruchstücken, in: Heinrich Klamm u. a., Hg., Die 70er Jahre, Berlin 1987, 140 ff.

28 Michael Gante, Das 20. Jahrhundert (II). Rechtspolitik und Rechtswirklichkeit, 1927–1976, in: Robert Jütte, Hg., Geschichte der Abtreibung. Von der Antike bis zur Gegenwart, München 1993, 169–207.

29 Maria Mesner, Vom Paragraph 144 zum Paragraph 97. Eine Reform mit Hindernissen, in: Susanne Feigl, Hg., Beharrlichkeit, Anpassung und Wi-

derstand. Die Sozialdemokratische Frauenorganisation und ausgewählte Bereiche sozialdemokr. Frauenpolitik, 1945–1990, Wien 1993, 462 ff.

30 Helmut Graupner, Von «Widernatürlicher Unzucht» zu «Sexueller Orientierung». Homosexualität und Recht, in: Barbara Hey, Ronald Pallier u. Roswitha Roth, Hg., Que(e)rdenken. Weibliche/männliche Homosexualität und Wissenschaft, Innsbruck u. Wien 1997, 209 ff.; zur Situation in der DRR vgl. Kurt Starke, Schwuler Osten. Homosexuelle Männer in der DDR, Berlin 1994.

31 Beide Aussprüche nach Maiwald u. Mischler, Sexualität, 221.

32 So auch der Titel von Martin Dannecker u. Reimut Reiche, Der gewöhnliche Homosexuelle. Eine soziologische Untersuchung über männliche Homosexuelle in der Bundesrepublik, Frankfurt a. M. 1974.

33 Sabine Maasen, Genealogie der Unmoral. Zur Therapeutisierung sexueller Selbste, Frankfurt a. M. 1998, 430 ff.

34 Lau, Sexfronten, 169.

35 Anna Koedt, Der Mythos vom vaginalen Orgasmus, in: Ann Anders, Hg., Autonome Frauen. Schlüsseltexte der Neuen Frauenbewegung seit 1968, Frankfurt a. M. 1988, 76 ff.

36 Alice Schwarzer, Der «kleine» Unterschied und seine großen Folgen, Frankfurt a. M. 1975.

37 Gunter Schmidt u. Volkmar Sigusch, Arbeiter-Sexualität. Eine empirische Untersuchung an jungen Industriearbeitern, Neuwied u. Berlin 1971, 121 ff.

38 Gunter Schmidt u. a., Veränderungen des Sexualverhaltens von Studentinnen und Studenten 1966–1981–1996, Hamburg 1997, 5 ff.; vgl. auch Hans Giese u. Gunter Schmidt, Studentensexualität. Verhalten und Einstellung. Eine Umfrage an 12 westdeutschen Universitäten, Hamburg 1968 u. Ernest Borneman, Rot-weiß-rote Herzen. Das Liebes-, Ehe- und Geschlechtsleben der Alpenrepublik, Wien 1984, 135 ff.

39 Dies galt für Jugendliche insgesamt. Vgl. Christine Zerzer, Sexuelles Verhalten österreichischer Schüler, in: Rudolf Weiss, Hg., Jugendsexualität. Forschungsergebnisse einer Untersuchung an über 2000 Schülern in Österreich, Innsbruck 1978, 66.

40 Reinhard Sieder, Sozialgeschichte der Familie, Frankfurt a. M. 1992, 347 f. u. Paul Bernhard Hill u. Johannes Kopp, Familiensoziologie. Grundlagen und theoretische Perspektiven, Stuttgart 1995, 49 ff.

41 Starke u. Weller, Veränderungen, 49 ff.

42 Ulrich Clement u. Kurt Starke, Sexualverhalten und Einstellungen zur Sexualität bei Studenten in der BRD und in der DDR, in: Zeitschrift für Sexualforschung 1 (1988), H. 1, 41 f.

43 Gunter Schmidt u. a., Veränderungen 1970–1990 (BRD), in: ders., Hg., Jugendsexualität. Sozialer Wandel, Gruppenunterschiede, Konfliktfelder, Stuttgart 1993, 34.

44 Ebd., 28 ff.; vgl. auch die Beiträge in Kerstin Plies, Bettina Nickel u. Peter Schmidt, Zwischen Lust und Frust – Jugendsexualität in den 90er Jahren. Ergebnisse einer repräsentativen Studie in Ost- und Westdeutschland, Opladen 1999.

45 Ernest Borneman, Hat es eine sexuelle Befreiung gegeben? Oder: Der Verfall des sexuellen Begehrens 1960–1990, in: Wolfgang Dür, Eva Flicker

u. Jürgen M. Pelikan, Hg., Sexualität in ausgewählten sozialwissenschaftlichen Perspektiven (=Schriftenreihe des Instituts für Soziologie, Universität Wien 35), Wien 1997, 127 ff.

46 Wolfgang Hegener, Aufstieg und Fall schwuler Identität. Ansätze zur Dekonstruktion der Kategorie Sexualität, in: Zeitschrift für Sexualforschung 6 (1993), H. 2, 132.

47 Zu den Auswirkungen von Aids vgl. z. B. Maria von Salisch u. Hans Oswald, Jugendliche und Aids. Sexualverhalten und Umgang mit dem Ansteckungsrisiko. Ergebnisse einer Untersuchung an Westberliner Schülerinnen und Schülern, in: Zeitschrift für Sexualforschung 2 (1989), H. 3, 216 ff. u. Gunter Runkel, Liebe und Leid. Das Sexualverhalten in der Bundesrepublik Deutschland und AIDS. Darstellung einer empirischen Untersuchung, in: Journal für Sozialforschung 29 (1989), H. 1, 79 ff.

48 Wolfgang Hegener, Das Mannequin. Vom sexuellen Subjekt zum geschlechtslosen Selbst, Tübingen 1992, 13 ff.

49 Vgl. Gunter Schmidt, Das Verschwinden der Sexualmoral. Über sexuelle Verhältnisse, Hamburg 1996, 11 ff.

Epilog
Die Historisierung des sexuellen Subjekts:
Sexualitätsgeschichte zwischen Essentialismus und sozialem Konstruktionismus

1 Dieses Kapitel ist eine überarbeitete Version des gleichnamigen Beitrages in: Österreichische Zeitschrift für Geschichtswissenschaften 5 (1994), H. 3, 311 ff.

2 Pierre Bourdieu, Homo academicus, Frankfurt a. M. 1988.

3 Die Bezeichnung «sozialer Konstruktionismus» hat sich inzwischen auch im deutschen Sprachraum durchgesetzt und damit zu eine klareren Abgrenzung gegenüber dem mathematischen Konstruktivismus geführt. Vgl. Ian Hacking, Was heißt «soziale Konstruktion»? Zur Konjunktur einer Kampfvokabel in den Wissenschaften, Frankfurt a. M. 1999, 80 f.

4 Bereits Steven Epstein hat ein solches «Totlaufen» des Diskurses in Aussicht gestellt. Vgl. Steven Epstein, Gay Politics, Ethnic Identity. The Limits of Social Constructionism, in: Socialist Review 93/94 (1987), 9 ff.; Reprint in: Edward Stein, Hg., Forms of Desire. Sexual Orientation and the Social Constructionist Controversy, New York u. London 1990, 241.

5 Den besten Überblick bieten Domna C. Stanton, Hg., Discourses of Sexuality. From Aristotle to AIDS, Ann Arbor 1992 u. Stein, Forms. Beide Werke bringen auch eine Auswahl der einschlägigen Literatur der siebziger und achtziger Jahre.

6 Edward Stein, Conclusion. The Essentials of Constructionism and the Construction of Essentialism, in: ders., Hg., Forms of Desire. Sexual Orientation and the Social Constructionist Controversy, New York u. London 1990, 325 ff. Steins Definition der Positionen bezieht sich allerdings nur auf die «sexuelle Orientierung».

7 James Weinrich, Sexual Landscapes. Why We Are What We Are, Why We Love Whom We Love, New York 1987; Kapitel 5 als Reprint: Reality or Social Construction?, in: Edward Stein, Hg., Forms of Desire. Sexual Orientation and the Social Constructionist Controversy, New York u. London 1990, 194 ff.; eine Auswahl sozial-konstruktionistischer Studien bringt Stefan Hirschauer, Konstruktivismus und Essentialismus. Zur Soziologie des Geschlechtsunterschieds und der Homosexualität, in: Zeitschrift für Sexualforschung 5 (1992), H. 4, 334 ff.

8 Carole S. Vance, Social Construction Theory. Problems in the History of Sexuality, in: Dennis Altman, Carole Vance, Martha Vicinus u. Jeffrey Weeks, Hg., Homosexuality, Which Homosexuality? International Conference on Gay and Lesbian Studies, London u. Amsterdam 1989, 22.

9 Michel Foucault, Der Gebrauch der Lüste. Sexualität und Wahrheit, Bd. 2, Frankfurt a. M. 1989 und ders., Die Sorge um sich. Sexualität und Wahrheit, Bd. 3, Frankfurt a. M. 1989; ausgewählte Literatur in David M. Halperin, Is there a History of Sexuality?, in: History and Theory. Studies in the Philosophy of History 28 (1989), 257 ff. u. John Boswell, Concepts, Experience, and Sexuality, in: Edward Stein, Hg., Forms of Desire. Sexual Orientation and the Social Constructionist Controversy, New York u. London 1990, 150 ff.

10 Vgl. Kapitel 5 und die dortige Literatur; Kenneth Plummer, Hg., The Making of the Modern Homosexual, London 1981 u. David F. Greenberg, The Construction of Homosexuality, Chicago u. London 1988.

11 Sein Thesenbuch ist Michel Foucault, Der Wille zum Wissen. Sexualität und Wahrheit, Bd. 1, Frankfurt a. M. 1977.

12 Vgl. John Boswell, Revolutions, Universals and Sexual Categories, in: Salmagundi 58/59 (1982/1983), 91 f.; zu Foucaults Nominalismus Étienne Balibar, Foucault und Marx. Der Einsatz des Nominalismus, in: François Ewald u. Bernhard Waldenfels, Hg., Spiele der Wahrheit. Michel Foucaults Denken, Frankfurt a. M. 1991, 39 ff.

13 Zu beiden siehe Stein, Conclusion, 327 ff.; dort auch das nachfolgende Beispiel zur «first encounter»-Theorie.

14 Vgl. Wayne R. Dynes, Wrestling the Sozial Boa Constructor, in: Out in Academia 2 (1988), 18 ff., Reprint in: Edward Stein, Hg., Forms of Desire. Sexual Orientation and the Social Constructionist Controversy, New York u. London 1990, 209 ff.

15 Stein in ders., Conclusion, 332.

16 So Rüdiger Lautmann, Konstruktionismus und Sexualwissenschaft, in: Zeitschrift für Sexualforschung 5 (1992), H. 3, 223.

17 Im Bereich der Geschichtswissenschaften am ehesten noch das einflussreiche Werk John Boswell, Christianity, Social Tolerance and Homosexuality. Gay People in Western Europe from the Beginning of the Christian Era to the Fourteenth Century, Chicago u. London 1980; eine Vermittlung zwischen den Positionen bzw. eine Einbeziehung essentialistischer Standpunkte kommt häufiger vor; siehe Bernd-Ulrich Hergemöller, Einführung in die Historiographie der Homosexualitäten, Tübingen 1999, 43 ff.; typische essentialistische Vertreter finden sich in Simon LeVay, Queer Science. The Use and Abuse of Research into Homosexuality, Cambridge (Mass.) 1996.

18 Einen Überblick bringt Simon LeVay, Keimzellen der Lust. Die Natur der menschlichen Sexualität, Heidelberg, Berlin u. Oxford 1994, bes. 63 ff. LeVay ist auch einer jener Biologen, die behaupten, den Ort der Homosexualität im Hirn gefunden zu haben. Vgl. Simon LeVay, A Difference in Hypothalamic Structure Between Heterosexual and Homosexual Men, in: Science 253 (1991), 1034 ff.

19 Schulebildend waren Edward O. Wilson, Sociobiology. The New Synthesis, Cambridge 1975 u. ders., On Human Nature, Cambridge 1978. Eine diese Positionen aufnehmende Kritik an der Soziobiologie findet sich in Hansjörg Hemminger, Soziobiologie des Menschen – Wissenschaft oder Ideologie?, in: Spektrum der Wissenschaft (Juni 1994), 72 ff.; zusammenfassend Udo Schüklenk, Naturwissenschaften und Philosophie, in: Rüdiger Lautmann, Hg., Homosexualität. Handbuch der Theorie und Forschungsgeschichte, Frankfurt a. M. u. New York 1993, 307 ff.

20 Volker Sommer, Wider die Natur? Homosexualität und Evolution, München 1990, 64 f.

21 Vgl. ebd., 67.

22 Eine Zusammenschau soziobiologischer Theorien bringt Donald Symonds, The Evolution of Human Sexuality, New York 1979.

23 Klassiker sind etwa Jos van Ussel, Sexualunterdrückung. Geschichte der Sexualfeindschaft, Gießen 1977 u. Lawrence Stone, The Family, Sex and Marriage in England 1500–1800, London 1977. Historisch argumentiert auch Herbert Marcuse, Triebstruktur und Gesellschaft. Ein philosophischer Beitrag zu Sigmund Freud, Frankfurt a. M. 1965.

24 Wie Peter Gay, Erziehung der Sinne. Sexualität im bürgerlichen Zeitalter, München 1986; siehe auch sein Freud for Historians, Oxford u. New York 1985; Sander L. Gilman, Sexuality. An Illustrated History. Representing the Sexual in Medicine and Culture from the Middle Ages to the Age of AIDS, New York 1989.

25 Zum Verhältnis von «Sexualtrieb» und kultureller Prägung siehe das Interview Peter Gay u. Franz Eder, Freud für die Historie, in: Österreichische Zeitschrift für Geschichtswissenschaften 1 (1990), H. 1, 104 ff.

26 Hier stimme ich mit Edward Steins «straw man»-Vorwurf durchaus überein. Vgl. Stein, Conclusion.

27 Vgl. George Chauncey Jr., Martin Duberman u. Martha Vicinus, Introduction, in: dies., Hg., Hidden from History. Reclaiming the Gay and Lesbian Past, New York 1989, 12.

28 Dazu ausführlich Epstein, Politics, 246 ff.

29 Im Zusammenhang mit der Sexualität entwickelt in John Gagnon u. William Simon, Sexual Conduct, Chicago 1973.

30 Mary McIntosh, The Homosexual Role, in: Social Problems 17 (Fall 1968), 182.

31 Vgl. Jeffrey Weeks, Coming Out. Homosexual Politics in Britain from the Nineteenth Century to the Present, London 1977.

32 Exemplarisch etwa John D'Emilio, Sexual Politics, Sexual Communities. The Making of a Homosexual Minority in the United States 1940–1970, Chicago 1983.

33 Isabel V. Hull hat die unterschiedlichen historiographischen Ansätze dar-

gelegt in dies., «Sexualität» und bürgerliche Gesellschaft, in: Ute Frevert, Hg., Bürgerinnen und Bürger. Geschichte der Geschlechterverhältnisse im 19. Jahrhundert, Göttingen 1988, 49.

34 Originalausgabe unter dem Titel Histoire de la sexualité 1. La volonté de savoir, Paris 1976.

35 Zu Foucault siehe auch Franz X. Eder, «Sexualunterdrückung», 9 ff. Nachfolgend beschränke ich mich auf seinen Einfluss auf den Diskurs.

36 Zu Foucaults Sicht der Sexualitätsgeschichte vgl. Volker Weiß, Wißbegierde und Geständniszwang. Die Formierung der sexuellen Identität, Pfaffenweiler 1993; dort 27 ff. auch die wichtigsten Kritiker Foucaults.

37 Siehe auch Michel Foucault, Nein zum König Sex. Ein Gespräch mit Bernard-Henri Lévy, in: Dispositive der Macht. Über Sexualität, Wissen und Wahrheit, Berlin 1978, 176 ff.

38 Foucault, Wille, 126 f.

39 Ebd., 84 ff. Eine Einordnung des «Geständnis»-Imperativs in das Lebenswerk Foucaults bringen Hubert L. Dreyfus u. Paul Rabinow, Michel Foucault. Jenseits von Strukturalismus und Hermeneutik, Frankfurt a. M. 1987; bes. das Kapitel «Technologie des Geständnisses», 205 ff.

40 Zur Rezeptionsgeschichte Carol A. Pollis, The Apparatus of Sexuality. Reflections on Foucault's Contributions to the Study of Sex in History, in: Journal of Sex Research 23 (1987), No. 23, 401 ff. u. Gayle Rubin, Thinking Sex. Notes for a Radical Theory of the Politics of Sexuality, in: Carole S. Vance, Hg., Pleasure and Danger. Exploring Female Sexuality, Boston u. London 1984, 267 ff.

41 Zu Foucaults Machtkonzeption siehe Mitchell Dean, Critical and Effective Histories. Foucault's Methods and Historical Sociology, London u. New York 1994.

42 Wenngleich Foucault in Interviews – in klarem Bruch mit seinem Konzept des Sexualitätsdispositvs – wiederholt das «natürliche Andere» des Sexual-Diskurses benannt hat: die «Lüste» des Leibes. Vgl. Von der Freundschaft. Michel Foucault im Gespräch, Berlin o. J.; vgl. auch Weiß, Wißbegierde, 175 ff.

43 Jürgen Habermas, Der philosophische Diskurs der Moderne. Zwölf Vorlesungen, Frankfurt a. M. 1988, 341; siehe auch Dennis K. Mumby, Two Discourses on Communication, Power, and the Subject. Jürgen Habermas and Michel Foucault, in: George Levine, Hg., Constructions of the Self, New Brunswick 1992, 94 ff. u. Claudia Honegger, Überlegungen zu Michel Foucaults Entwurf einer Geschichte der Sexualität, Maschinschr. Manuskript, Frankurt a. M. 1980.

44 Die wichtigsten Beiträge finden sich in Irene Diamond u. Lee Quinby, Feminism and Foucault. Reflections on Resistance, Boston 1988 u. Caroline Ramazanoglou, Up Against Foucault. Explorations of Some Tensions Between Foucault and Feminism, London u. New York 1993.

45 Lynn Hunt, Foucault's Subject in the ‹History of Sexuality›, in: Domna C. Stanton, Hg., Discourses of Sexuality. From Aristotle to AIDS, Ann Arbor 1992, 83. Die von Foucault im 18. Jahrhundert datierte Entstehung des modernen sexuellen Subjekts wird von Hunt zurecht kritisiert, wenn sie meint, dass die Infragestellung des – geschlechtertypischen – Subjekts

am Beginn des bürgerlichen Zeitalters auch eine Neudefinition des Sexuellen verlangte: «It is not the deployment of sexuality that solicits a new subject but rather a new version of subjectivity that solicits the development of sexuality.» Ebd., 86.

46 Vance, Theory, 18. Meine Gruppenbildung ist Vance verpflichtet; dort auch die weitere Literatur. Ein Beispiel für den Versuch einer homosexuellen Essentialisierung der frühen Kindheit nach Freud ist Martin Dannecker, Zur Konstitution des Homosexuellen, in: Zeitschrift für Sexualforschung 2 (1989), H. 4, 340 ff.

47 Wie Michel Feher, Hg., Fragments for a History of the Human Body, 3 Bde., New York 1989; Barbara Duden, Geschichte unter der Haut. Ein Eisenacher Arzt und seine Patientinnen um 1730, Stuttgart 1987 und eine Reihe von Artikeln in der Zeitschrift Differences 1 (1989) ff.

48 Vgl. Hirschauer, Konstruktivismus, 338 ff. u. Wolfgang Schmale, Einleitung: Gender Studies, Männergeschichte, Körpergeschichte, in: Wolfgang Schmale, Hg., MannBilder. Ein Lese- und Quellenbuch zur historischen Männerforschung, Berlin 1998, 7 ff.

49 Mit unterschiedlichem Anspruch zum Beispiel Helmuth Nyborg, Hormones, Sex, and Society. The Science of Physiology, Westport (Conn.) u. London 1994; Theresa L. Crenshaw, The Alchemy of Love and Lust, New York 1996; LeVay, Science; Gerti Senger u. Johannes Huber, Hormone – was sie sind und was sie bewirken, München 1989 u. Karl Grammer, Signale der Liebe. Die biologischen Gesetze der Partnerschaft, München 1995.

50 Henry Abelove, The Queering of Lesbian/Gay History, in: Radical History Review 62 (spring 1995), 45 ff.; allgemein Steven Seidman, Difference Troubles. Queering Social Theory and Sexual Politics, Cambridge 1997; eine Zusammenschau der essentialistischen Queer-Kritik bringt LeVay, Science, bes. 41 ff.

51 Stein, Conclusion, 353. Ich habe «sexual orientation» durch «sexuality» ersetzt.

Literaturverzeichnis

◆

Einen umfassenden Literaturüberblick gibt die vom Autor gleichzeitig mit diesem Band publizierte Internet-Datenbank «Bibliography of the History of Western Sexuality, 1700–1945» (http://www.univie.ac.at/Wirtschaftsgeschichte/Sexbibl/). Sie umfasst rund 15 000 Titel der nichtbelletristischen Literatur zur Geschichte der Sexualität in Europa und Nordamerika und ist nach gängigen Fachtermini beschlagwortet.

Abelove, Henry: The Queering of Lesbian/Gay History, in: Radical History Review 62 (Spring 1995), 45–57.

Abrams, Lynn: Whores, Whore-Chasers and Swine. The Regulation of Sexuality and the Restoration of Order in the Nineteenth Century Germany Divorce Court, in: Journal of Family History 21 (1996), No. 3, 267–280.

Achenbach, Michael, Paolo Caneppele u. Ernst Kieninger, Projektionen der Sehnsucht. Saturn. Die erotischen Anfänge der österreichischen Kinematografie (hg. v. Filmarchiv Austria), Wien 1999.

Allen, Ann Taylor: Feminism, Veneral Diseases and the State in Germany, 1890–1918, in: Journal of the History of Sexuality 4 (1993), No. 1, 27–50.

Allgemeines Criminal-Gesetzbuch für das Königreich Hannover vom 8. August 1840, Hannover 1864.

Allgemeines Gesetz über Verbrechen und deren Bestrafung, Wien 1787, tw. Neuausg. in: Arno Buschmann, Hg., Textbuch zur Strafrechtsgeschichte der Neuzeit. Die klassischen Gesetze, München 1998, 224–272.

Allgemeines Landrecht für die Preußischen Staaten, Berlin 1794; tw. Neuausg. in: Arno Buschmann, Hg., Textbuch zur Strafrechtsgeschichte der Neuzeit. Die klassischen Gesetze, München 1998, 272–445.

Alter, George: Theories of Fertility Decline. A Nonspecialist's Guide to the Current Debate, in: John R. Gillis, Louise A. Tilly u. David Levine, Hg., The European Experience of Declining Fertility, 1850–1970. The Quiet Revolution, Cambridge 1992, 13–27.

Ammerer, Gerhard: «… als eine liederliche Vettel mit einem ströhenen Kranz zweymahl ofentlich herum geführet…» Zur pönalisierten Sexualität in der zweiten Hälfte des 18. Jahrhunderts anhand Salzburger Kriminalrechtsquellen, in: Daniela Erlach, Markus Reisenleitner u. Karl Vocelka, Hg., Privatisierung der Triebe. Sexualität in der frühen Neuzeit, Frankfurt a. M. 1994, 111–150.

Aristotle's Master Piece Completed, in Two Parts. The First Containing the Secrets of Generation, in All the Parts Thereof. The Second Part, Being a Private Looking-Glas for the Female-Sex. The whole Being More Correct, than any Thing of this Kind Hitherto Published, London 1684.

Baierische Landesordnung 1553, in: Gustaf Klemens Schmelzeisen, Hg., Quellen zur Neueren Privatrechtsgeschichte Deutschlands, 1. Bd., Köln u. Graz 1968/1969, 161–324.

Bajohr, Stephan: Uneheliche Mütter im Arbeitermilieu. Die Stadt Braunschweig 1900–1930, in: Frauen in der Geschichte des 19. und 20. Jahrhunderts (= Geschichte und Gesellschaft 7 (1981), H. 3/4), 474–506.

Bake, Rita u. Birgit Kiupel, Unordentliche Begierden. Liebe, Sexualität und Ehe im 18. Jahrhundert, Hamburg 1996.

Baldinger, Ernst Gottfried: Vorbericht zum Artikel: Traurige Krankheitsge-schichte eines Onanisten, in: Neues Magazin für Ärzte 12 (1790), Stück 1, 85.

Balibar, Étienne: Foucault und Marx. Der Einsatz des Nominalismus, in: Fran-çois Ewald u. Bernhard Waldenfels, Hg., Spiele der Wahrheit. Michel Fou-caults Denken, Frankfurt a. M. 1991, 39–65.

Barbier, Patrick: Über die Männlichkeit der Kastraten, in: Martin Dinges, Hg., Hausväter, Priester, Kastraten. Zur Konstruktion von Männlichkeit in Spätmittelalter und früher Neuzeit, Göttingen 1998, 123–152.

Barker-Benfield, Graham John. The Horrors of the Half-Known Life. Male Attitudes toward Women and Sexuality in Nineteenth-Century America, New York 1976.

Barthel, Christian: Medizinische Polizey und medizinische Aufklärung. As-pekte des öffentlichen Gesundheitsdiskurses im 18. Jahrhundert, Frankfurt a. M. u. New York 1989.

Barthes, Roland: Sade, Fourier, Loyola, Frankfurt a. M. 1974.

Bauer, J. Phil.: Der Mensch in Bezug auf sein Geschlecht. Oder Aufsätze über Zeugung, Befruchtung, Fruchtbarkeit, Enthaltsamkeit, Beischlaf u. ä. Ge-genstände. Nach den neusten Werken der französischen Ärzte deutsch bear-beitet, Leipzig 1819.

Bauer, Karl Gottfried: Über die Mittel dem Geschlechtstriebe eine unschäd-liche Richtung zu geben. Mit einer Vorrede und Anmerkungen von C. G. Salzmann, Leipzig 1791.

Bauer, Max: Weib und Sittlichkeit. Die Sittengeschichte der deutschen Frau, Berlin 1927.

Beck, Rainer: Illegitimität und voreheliche Sexualität auf dem Land. Unterfin-ning 1661–1770, in: Richard van Dülmen, Hg., Kultur der einfachen Leute. Bayerisches Volksleben vom 16. bis zum 19. Jahrhundert, München 1983, 112–150.

Beck, Rainer: Frauen in Krise. Eheleben und Ehescheidung in ländlichen Ge-sellschaften Bayerns während des Ancien règime, in: Richard van Dülmen, Hg., Dynamik der Tradition, Frankfurt a. M. 1992, 137–212.

Becker, Peter: Leben und Lieben in einem kalten Land. Sexualität im Span-nungsfeld von Ökonomie und Demographie. Das Beispiel St. Lamprecht 1600–1850, Frankfurt a. M. 1990.

Becker, Peter: Ich bin halt immer liederlich gewest und habe zu wenig gebetet. Illegitimität und Herrschaft im Ancien Régime. St. Lambrecht 1600–1850, in: Rudolf Vierhaus, Frühe Neuzeit – frühe Moderne? Forschungen zur Vielschichtigkeit von Übergangsprozessen, Göttingen 1992, 157–179.

Bei, Neda, Wolfgang Förster, Hanna Hacker u. Manfred Lang, Hg., Das lila Wien um 1900. Zur Ästhetik der Homosexualitäten, Wien 1986.

Benjamin, Walter: Eduard Fuchs, der Sammler und Historiker (1937), in: Zeit-schrift für Sexualforschung 8 (1995), No. 1, 346–381.

Benke, Nikolaus u. Elisabeth Holzleithner: Zucht durch Recht. Juris-tische Konstruktionen der Sittlichkeit im österreichischen Strafrecht, in: L'Homme. Zeitschrift für Feministische Geschichtswissenschaft 9 (1998), H. 1, 41–88.

Benker, Gitta: Ehre und Schande. Voreheliche Sexualität auf dem Lande im ausgehenden 18. Jahrhundert, in: Johanna Geyer-Kordesch u. Annette

Kuhn, Hg., Frauenkörper, Medizin, Sexualität. Auf dem Weg zu einer neuen Sexualmoral, Düsseldorf 1986, 10–27.

Bergmann, Anna: Die verhütete Sexualität. Die Anfänge der modernen Geburtenkontrolle, Hamburg 1992.

Bergmann, Anna: Wilhelm Reichs «sexuelle Massenhygiene» und seine Vision einer «freien» Sexualität, in: Zeitschrift für Sexualforschung 9 (1996), H. 4, 315–334.

Bergmann, Anneliese: Frauen, Männer, Sexualität und Geburtenkontrolle. Die Gebärstreikdebatte der SPD im Jahre 1913, in: Karin Hausen, Hg., Frauen suchen ihre Geschichte. Historische Studien zum 19. und 20. Jahrhundert, München 1983, 81–108.

Bernheimer, Charles: Figures of Ill Repute. Representing Prostitution in Nineteenth-Century France, Cambridge (Mass.) 1989.

Bernold, Monika: ein paar österreich. Von den «Leitners» zu «Wünsch dir was». Mediale Bausteine der Zweiten Republik, in: Österreichische Zeitschrift für Geschichtswissenschaften 7 (1996), H. 4, 517–553.

Beutin, Wolfgang: Sexualität/Liebe. Neuzeit, in: Peter Dinzelbacher, Hg., Europäische Mentalitätsgeschichte. Hauptthemen in Einzeldarstellungen, Stuttgart 1993, 89–103.

Blasius, Dirk: Ehescheidung in Deutschland im 19. und 20. Jahrhundert, Frankfurt a. M. 1992.

Blazek, Helmut: Rosa Zeiten für rosa Liebe. Zur Geschichte der Homosexualität, Frankfurt a. M. 1996.

Bleibtreu-Ehrenberg, Gisela: Tabu Homosexualität. Die Geschichte eines Vorurteils, Frankfurt a. M. 1978.

Bloch, Iwan: Das Sexualleben unserer Zeit in seinen Beziehungen zur modernen Kultur, Berlin 1906.

Bloch, Iwan: A History of English Sexual Morals, London 1936.

Bloch, Karl Heinz: Masturbation und Sexualerziehung in Vergangenheit und Gegenwart. Ein kritischer Literaturbericht, Frankfurt a. M. 1989.

Bock, Gisela: Zwangssterilisation im Nationalsozialismus. Studien zur Rassen- und Frauenpolitik, Opladen 1986.

Bohaumilitzky, Peter u. Isolde Nägl, Sexualität und Volksfrömmigkeit in Europa, in: Hubert Ch. Ehalt, Hg., Volksfrömmigkeit. Von der Antike bis zum 18. Jahrhundert, Wien u. Köln 1989, 143–189.

Bolognese-Leuchtenmüller, Birgit: Bevölkerungsentwicklung und Berufsstruktur, Gesundheits- und Fürsorgewesen in Österreich 1750–1918, Wien 1978.

Bonello, Christian: Discours médical sur l'homosexualité en France au XIXe siècle, Paris 1984.

Borneman, Ernest: Rot-weiß-rote Herzen. Das Liebes-, Ehe- und Geschlechtsleben der Alpenrepublik, Wien 1984.

Borneman, Ernest: Sexuelle Marktwirtschaft. Vom Waren- und Geschlechtsverkehr in der bürgerlichen Gesellschaft, Wien 1994.

Borneman, Ernest: Hat es eine sexuelle Befreiung gegeben? Oder: Der Verfall des sexuellen Begehrens 1960–1990, in: Wolfgang Dür, Eva Flicker u. Jürgen M. Pelikan, Hg., Sexualität in ausgewählten sozialwissenschaftlichen Perspektiven (= Schriftenreihe des Instituts für Soziologie, Universität Wien 35), Wien 1997, 127–138.

Börner, Christian Friedrich: Praktisches Werk von der Onanie, 3. Aufl. Leipzig 1780 (Erstaufl. 1776).

Borscheid, Peter: Romantic Love or Material Interest. Choosing Partners in Nineteenth-Century Germany, in: Journal of Family History 11 (1986), No. 2, 157–168.

Boswell, John: Christianity, Social Tolerance and Homosexuality. Gay People in Western Europe from the Beginning of the Christian Era to the Fourteenth Century, Chicago u. London 1980.

Boswell, John: Revolutions, Universals and Sexual Categories, in: Salmagundi 58/59 (1982/1983), 89–113.

Boswell, John: Concepts, Experience, and Sexuality, in: Edward Stein, Hg., Forms of Desire. Sexual Orientation and the Social Constructionist Controversy, New York u. London 1990, 133–174.

Boucé, Paul-Gabriel: Some Sexual Beliefs and Myths in Eighteenth-Century Britain, in: ders., Hg., Sexuality in Eighteenth-Century Britain, Manchester 1982, 28–46.

Bourdieu, Pierre: Les strategies matrimonial dans le systeme de reproduction, in: Annales E.S.C. 27 (1972), 1105–1127.

Bourdieu, Pierre: Homo academicus, Frankfurt a.M. 1988.

Bourdieu, Pierre: Was heißt sprechen? Die Ökonomie des sprachlichen Tausches, Wien 1990.

Braun, Christina von: Nicht ich, Frankfurt a.M. 1985.

Braun, Karl: Die Krankheit Onania. Körperangst und die Anfänge moderner Sexualität im 18. Jahrhundert, Frankfurt a.M. u. New York 1995.

Brauneder, Wilhelm: Das Strafrecht in den österreichischen Polizeiordnungen des 16. Jahrhunderts, in: Karl Köbler, Hg., Wege europäischer Rechtsgeschichte. Karl Kroeschell zum 60. Geburtstag dargelegt von Freunden, Schülern und Kollegen, Frankfurt a.M. u.a. 1987, 1–28.

Bray, Alan: Homosexuality in Renaissance England, London 1988.

Breit, Stefan: Leichtfertigkeit und ländliche Gesellschaft. Voreheliche Sexualität in der frühen Neuzeit, München 1991.

Brown, Judith C.: Immodest Acts. The Life of a Lesbian Nun in Renaissance Italy, New York 1986.

Brown, Peter: Die Keuschheit der Engel. Sexuelle Entsagung, Askese und Körperlichkeit am Anfang des Christentums, München 1994.

Brücker, Eva: Und ich bin heil da 'rausgekommen. Gewalt und Sexualität in einer Berliner Arbeiternachbarschaft zwischen 1916/17 und 1958, in: Thomas Lindenberger u. Alf Lüdtke, Hg., Physische Gewalt. Studien zur Geschichte der Neuzeit, Frankfurt a.M. 1995, 337–365.

Bruckner, Pascal: Fourier, Paris 1975.

Brundage, James A.: Law, Sex and Christian Society in Medieval Europe, Chicago 1987.

Brundage, James A.: Sex and Canon Law, in: Vern L. Bullough u. James A. Brundage, Hg., Handbook of Medival Sexuality, New York u. London 1996, 33–50.

Bucher, Heini W.: Tissot und sein Traité des nerfs. Ein Beitrag zur Medizingeschichte der schweizerischen Aufklärung, Zürich 1958.

Buchholz, Stephan: Beiträge zum Ehe- und Familienrecht des 19. Jahrhunderts, in: Ius Commune. Zeitschrift für Europäische Rechtsgeschichte 9 (1980), 229–313.

Budde, Gunilla-Friedericke: Auf dem Weg ins Bürgerleben. Kindheit und Erziehung in deutschen und englische Bürgerfamilien, 1840–1914, Göttingen 1994.

Bullough, Vern L.: The Subordinate Sex. A History of Attitudes towards Women, Urbana 1973.

Bullough, Vern L.: An Early American Sex Manual, or, Aristotle Who?, in: ders., Sex, Society and History, New York 1976, 93–103.

Bullough, Vern L.: Homosexuality. A History. From Ancient Greece to Gay Liberation, New York 1979

Bullough, Vern L.: Science in the Bedroom. A History of Sex Research, New York 1994.

Bullough, Vern L. u. Bonnie Bullough: Prostitution. An Illustrated Social History, New York 1978.

Burghartz, Susanna: Zeiten der Einheit. Orte des Unzucht. Ehe und Sexualität in Basel während der Frühen Neuzeit, Paderborn 1999.

Busch, Dietrich Wilhelm Heinrich: Das Geschlechtsleben des Weibes in physiologischer, pathologischer und therapeutischer Hinsicht dargestellt, 5 Bde., Leipzig 1839–1844.

Buschan, Georg: Die Sitten der Völker. Liebe, Ehe, Heirat, Geburt, Religion, Aberglaube, Lebensgewohnheiten, Kultureigentümlichkeiten, Tod und Bestattung bei allen Völkern der Erde, 3 Bde., Stuttgart 1910.

Bussemer, Herrad U.: Bürgerliche Frauenbewegung und männliches Bildungsbürgertum 1860–1880, in: Ute Frevert, Hg., Bürgerinnen und Bürger. Geschlechterverhältnisse im 19. Jahrhundert, Göttingen 1988, 190–205.

Butler, Judith: Das Unbehagen der Geschlechter, Frankfurt a. M. 1991.

Cadden, Joan: Western Medicine and Natural Philosophy, in: Vern L. Bullough u. James A. Brundage, Hg., Handbook of Medival Sexuality, New York u. London 1996, 51–80.

Campe, Joachim Heinrich, Hg.: Allgemeine Revision des gesamten Schul- und Erziehungswesens, 16 Bde., Hamburg u.a. 1785–1792.

Castell, Adelheid: Forschungsergebnisse zum Gruppenspezifischen Wandel generativer Strukturen, in: Werner Conze, Hg., Sozialgeschichte der Familie in der Neuzeit Europas, Stuttgart 1976, 161–172.

Castellani, Carlo: Spermatozoan Biology from Leeuwenhoek to Spallanzani, in: Journal of the History of Biology 6 (1973), No. 1, 37–68.

Chauncey Jr., George: From Sexual Inversion to Homosexuality. The Changing Medical Conceptualization of Female Deviance, in: Kathy Peiss u. Christina Simmons, Hg., Passion and Power. Sexuality in History, Philadelphia 1989, 87–117.

Chauncey Jr., George, Martin Duberman u. Martha Vicinus, Introduction, in: dies., Hg., Hidden from History. Reclaiming the Gay and Lesbian Past, New York 1989, 1–16.

Clement, Ulrich u. Kurt Starke, Sexualverhalten und Einstellungen zur Sexualität bei Studenten in der BRD und in der DDR, in: Zeitschrift für Sexualforschung 1 (1988), H. 1, 30–44.

Coale, Ansley J. u. Susan Cotts Watkins, Hg.: The Decline of Fertility in Europe. The Revised Proceedings of a Conference on the Princeton European Fertility Project, Princeton 1986.

Coale, Ansley J. u. Roy Treadway, A Summary of the Changing Distribution of Overall Fertility, Marital Fertility and the Proportion Married in the Provinces of Europe, in: Ansley J. Coale u. Susan Cotts Watkins, Hg., The Decline of Fertility in Europe. The Revised Proceedings of a Conference on the Princeton European Fertility Project, Princeton 1986, 31–79.

Codex Juris Bavarici Criminalis, München 1751, tw. Neuausg. in: Arno Buschmann, Hg., Textbuch zur Strafrechtsgeschichte der Neuzeit. Die klassischen Gesetze, München 1998, 179–224.

Constitutio Criminalis Theresiana oder (…) k. k. peinliche Gerichtsordnung [Theresiana], Wien 1769, vollständiger Nachdruck, Graz 1993.

Corbin, Alain: Les filles de noce. Misère sexuelle et prostitution. 19e et 20e siècles, Paris 1979.

Crenshaw, Theresa L.: The Alchemy of Love and Lust, New York 1996.

Czarnowski, Gabriele: Das kontrollierte Paar. Ehe- und Sexualpolitik im Nationalsozialismus, Weinheim 1991.

Damasio, Antonio R.: The Feeling of What Happens. Body and Emotion in the Making of Consciousness, New York 1999.

Dannecker, Martin: Zur Konstitution des Homosexuellen, in: Zeitschrift für Sexualforschung 2 (1989), H. 4, 337–348.

Dannecker, Martin u. Reimut Reiche, Der gewöhnliche Homosexuelle. Eine soziologische Untersuchung über männliche Homosexuelle in der Bundesrepublik, Frankfurt a. M. 1974.

Das Criminal-Gesetz-Buch für das Herzogthum Braunschweig, Braunschweig 1840.

Das Strafgesetz über Verbrechen, Vergehen und Übertretungen, Wien 1852.

Das Strafgesetzbuch für das Königreich Bayern sammt dem Gesetze vom 10. November 1861 etc. Erläutert von Ludwig Weis, 2. Bd., Nördlingen 1863.

Dean, Mitchell: Critical and Effective Histories. Foucault‹s Methods and Historical Sociology, London u. New York 1994.

Dean-Jones, Lesley: The Politics of Pleasure. Female Sexual Apetite in the Hippocratic Corpus, in: Domna C. Stanton, Hg., Discourses of Sexuality. From Aristotle to AIDS, Ann Arbor 1992, 48–77.

D'Emilio, John: Sexual Politics, Sexual Communities. The Making of a Homosexual Minority in the United States 1940–1970, Chicago 1983.

D'Emilio, John u. Estelle B. Freedman. Intimate Matters. A History of Sexuality in America, New York 1988.

Denzler, Georg: Die verbotene Lust. 2000 Jahre christliche Sexualmoral, München 1988.

Derks, Paul: Die Schande der heiligen Päderastie. Homosexualität und Öffentlichkeit in der deutschen Literatur 1750–1850, Berlin 1990.

Deschner, Karlheinz: Das Kreuz mit der Kirche. Eine Sexualgeschichte des Christentums, Düsseldorf 1989.

Deutsches Fremdwörterbuch, hg. vom Institut für deutsche Sprache, Bd. 4, Berlin u. New York 1978.

Diamond, Irene u. Lee Quinby, Hg.: Feminism and Foucault. Reflections on Resistance, Boston 1988.

Die Arbeits- und Lebensverhältnisse der Wiener Lohnarbeiterinnen. Ergebnisse und stenographisches Protokoll der Enquete über Frauenarbeit, abgehalten in Wien vom 1. März bis 21. April 1896, Wien 1896.

Die Geschichte des Paragraphen 175. Strafrecht gegen Homosexuelle, Ausstellungskatalog, hg. v. Schwulen Musuem, Frankfurt a. M. 1990.

Die neuen Criminalgesetzbücher des Königreichs Sachsen etc., hg. von F. B. Busch, Leipzig 1848.

Die Peinliche Gerichtsordnung Kaiser Karls V. von 1532 [Carolina], hg. und erläutert von Gastav Radbruch, 5. verbesserte und ergänzte Auflage, hg. von Arthur Kaufmann, Stuttgart 1980.

Die Sexualität des Heimkehrers (= Beiträge zur Sexualforschung, H. 11), Stuttgart 1957.

Dienel, Christiane: Das 20. Jahrhundert (I). Frauenbewegung, Klassenjustiz und das Recht auf Selbstbestimmung der Frau, in: Robert Jütte, Hg., Geschichte der Abtreibung. Von der Antike bis zur Gegenwart, München 1993, 140–168.

Dienel, Christiane: Kinderzahl und Staatsräson. Empfängnisverhütung und Bevölkerungspolitik in Deutschland und Frankreich bis 1918, Münster 1995.

Digby, Anne: Women's Biological Straitjacket, in: Susan Mendus u. Jane Rendall, Hg., Sexuality and Subordination. Interdisciplinary Studies of Gender in the Nineteenth Century, London u. New York 1989, 192–220.

Dijk, Teun A. van, Hg.: Handbook of Discourse Analysis. 4 Bde., London u. a. 1995.

Dinges, Martin, Hg.: Hausväter, Priester, Kastraten. Die Konstruktion von Männlichkeit in Spätmittelalter und Früher Neuzeit, Göttingen 1998.

Dobler, Hans: Zensur von Büchern und Zeitschriften mit homosexueller Thematik in der Weimarer Republik, in: Homosexualitäten in der Weimarer Republik 1919–1933 (= Invertito – Jahrbuch für Geschichte der Homosexualitäten 2/2000), 85–104.

Dobler, Jens: Nicht nur Verfolgung – auch Erfolge. Zusammenarbeit zwischen Schwulenbewegung und Polizei in der Kaiserzeit und der Weimarer Republik, in: Stefan Heiss u. Wolfgang Schmale, Hg., Polizei und schwule Subkulturen (= Komparativ 9, No. 1), Leipzig 1999, 48–60.

Döcker, Ulrike: Zur Konstruktion des «bürgerlichen Menschen». Verhaltensideale und Lebenspraxis im Prozeß der «Verbürgerlichung», in: Österreichische Zeitschrift für Geschichtswissenschaften 1 (1990), H. 3, 7–47.

Dose, Ralf: Die Implantation der Antibabypille in den 60er und frühen 70er Jahren, in: Zeitschrift für Sexualforschung 3 (1990), 25–39.

Dreyfus, Hubert L. u. Paul Rabinow, Michel Foucault. Jenseits von Strukturalismus und Hermeneutik, Frankfurt a. M. 1987.

Duden, Barbara: Das schöne Eigentum. Zur Herausbildung des bürgerlichen Frauenbildes an der Wende vom 18. zum 19. Jahrhundert, in: Kursbuch 47 (1977), 125–142.

Duden, Barbara: Geschichte unter der Haut. Ein Eisenacher Arzt und seine Patientinnen um 1730, Stuttgart 1987.

Duerr, Hans Peter: Der Mythos vom Zivilisationsprozeß, 4 Bde., Frankfurt a. M. 1988–1993.

Dühren, Eugen (= Iwan Bloch): Der Marquis de Sade und seine Zeit. Ein Beitrag zur Kultur- und Sittengeschichte des 18. Jahrhunderts, Berlin 1899.

Dülmen, Richard van: Fest der Liebe. Heirat und Ehe in der frühen Neuzeit, in: ders., Hg., Armut, Liebe, Ehre. Studien zur historischen Kulturforschung, Frankfurt a. M. 1988, 67–106.

Dülmen, Richard van: Frauen vor Gericht. Kindsmord in der Frühen Neuzeit, Frankfurt a. M 1990.

Dumas, Francois R.: Le Marquis de Sade et la libération des sexes, Paris 1974.

Dynes, Wayne R.: Wrestling the Social Boa Constructor, in: Edward Stein, Hg., Forms of Desire. Sexual Orientation and the Social Constructionist Controversy, New York u. London 1990, 209–238.

Ebbinghaus, Angelika: Der Staat – Prostituiertenjäger und Zuhälter, in: dies. u. a., Hg., Heilen und Vernichten im Mustergau Hamburg, Hamburg 1984.

Ebeling, Hans: Das Subjekt in der Moderne. Rekonstruktion der Philosophie im Zeitalter der Zerstörung, Reinbek 1993.

Eder, Franz X.: Ein Geheimnis über das jeder spricht. ‹Sexualität› im medizinischen Diskurs des 19. und frühen 20. Jahrhunderts, in: Zeitgeschichte 14 (1987), Nr. 11/12, 426–441.

Eder, Franz X.: Prüderie oder holdes Gefühl. Zur Geschichte der Sexualität im 18. und 19. Jahrhundert, in: Beiträge zur historischen Sozialkunde 18 (1988), H. 1, 21–25.

Eder, Franz X.: Diese Theorie ist sehr delikat. Zur Sexualisierung der Wiener Moderne, in: Jürgen Nautz u. Richard Vahrenkamp, Hg., Die Wiener Jahrhundertwende. Einflüsse, Umwelt, Wirkungen, Wien, Köln u. Graz 1993, 159–178.

Eder, Franz X.: Zur szientistischen Konstruktion der Geschlechterdifferenz im 19. Jahrhundert, in: Österreichische Zeitschrift für Geschichtswissenschaften 4 (1993), H. 1, 175–182.

Eder, Franz X.: «Sexualunterdrückung» oder «Sexualisierung»? Zu den theoretischen Ansätzen der «Sexualitätsgeschichte», in: Daniela Erlach, Markus Reisenleitner u. Karl Vocelka, Hg., Privatisierung der Triebe. Sexualität in der frühen Neuzeit, Frankfurt a. M. u.a. 1994, 7–29.

Eder, Franz X.: Die Erfindung der «Onanie» im späten 18. Jahrhundert, in: Beiträge zur historischen Sozialkunde 24 (1994), H. 2, 57–62.

Eder, Franz X.: Die Historisierung des sexuellen Subjekts: Sexualitätsgeschichte zwischen Essentialismus und sozialem Konstruktionismus, in: Österreichische Zeitschrift für Geschichtswissenschaften 5 (1994), H. 3, 311–327.

Eder, Franz X.: Durchtränktsein mit Geschlechtlichkeit. Zur Konstruktion der bürgerlichen Geschlechterdifferenz im wissenschaftlichen Diskurs über die Sexualität (18.–19. Jahrhundert), in: Margret Friedrich u. Peter Urbanitsch, Hg., Von Bürgern und ihren Frauen, Wien, Köln u. Weimar 1996, 25–47.

Eder, Franz X.: «Sex-Appeal» versus «Gemieth und Lieb». Zur Entstehung der sexuellen Begierde in der bäuerlichen Kultur des 17.–19. Jahrhunderts, in: Wiener Wege der Sozialgeschichte. Themen – Perspektiven – Vermittlungen, hg. vom Institut für Wirtschafts- und Sozialgeschichte der Universität Wien, Wien, Köln u. Weimar 1997, 277–298.

Eder, Franz X., Hg.: Geschichte der Homosexualität. Schwerpunktheft der Österreichischen Zeitschrift für Geschichtswissenschaften 9 (1998), H. 3.

Eder, Franz X.: Von «Sodomiten» und «Konträrsexualen». Die Konstruktion des «homosexuellen» Subjekts im deutschsprachigen Wissenschaftsdiskurs des 18. und 19. Jahrhunderts, in: Barbara Hey, Ronald Pallier u. Roswith Roth, Hg., Que(e)rdenken – Weibliche/männliche Homosexualität und Wissenschaft, Innsbruck u. Wien 1998, 15–39.

Eder, Franz X.: Sexual Cultures in Germany and Austria, 1700–2000, in: Franz X. Eder, Lesley Hall u. Gert Hekma, Hg., Sexual Cultures in Europe. National Histories, Manchester u. New York 1999, 138–172.

Eder, Franz X.: Männer zwischen Habitus, Rolle und Körper (Review Article), in: Hanna Hacker, Herta Nagl-Docekal u. Gudrun Wolfgruber, Hg., Glück (= Schwerpunktheft L'Homme 1999/2), 313–328.

Eder, Franz X., Sexuelle Kulturen in Deutschland und Österreich, 18.–20. Jahrhundert, in: ders. u. Sabine Frühstück, Hg., Neue Geschichten der Sexualität. Beispiele aus Ostasien und Zentraleuropa 1700–2000, Wien 2000, 41–68.

Eder, Franz X., Hg.: Im Inneren der Männlichkeit. Schwerpunktheft der Österreichischen Zeitschrift für Geschichtswissenschaften (2000), H. 4.

Eder, Franz X.: Vom wirtschaftlichen Mangel zum Konsumismus. Haushaltsbudgets und privater Konsum in Wien, 1918–1995, erscheint in: Lorenz Mikoletzky u. Georg Rigele, Hg., Geschichte der österreichischen Bundesländer, Bd. Wien, 2002.

Eder, Franz X., Lesley A. Hall u. Gert Hekma, Hg.: Sexual Cultures in Europe. National Histories, Manchester u. New York 1999.

Eder, Franz X., Lesley A. Hall u. Gert Hekma, Hg.: Sexual Cultures in Europe. Themes in Sexuality, Manchester u. New York 1999.

Eder, Franz X., Lesley A. Hall u. Gert Hekma: Introduction, in: dies. Sexual Cultures in Europe. National Histories, Manchester u. New York 1999, 1–26.

Eder, Franz X. u. Sabine Frühstück, Hg., Neue Geschichten der Sexualität. Beispiele aus Ostasien und Zentraleuropa 1700–2000, Wien 2000.

Edikt gegen Scheinvergleiche in Schwängerungssachen der RSt. Frankfurt 1739, in: Gustaf Klemens Schmelzeisen, Hg.: Quellen zur Neueren Privatrechtsgeschichte Deutschlands, 2. Bd. Polizei- und Landesordnungen, Köln u. Graz 1968/1969, 293.

Ehmer, Josef: Familienstruktur und Arbeitsorganisation im frühindustriellen Wien, Wien 1980.

Ehmer, Josef: Heiratsverhalten, Sozialstruktur, Ökonomischer Wandel. England und Mitteleuropa in der Formationsperiode des Kapitalismus, Göttingen 1991.

Ehmer, Josef: Die Geschichte der Familie. Wandel der Ideale – Vielfalt der Wirklichkeit, in: Elisabeth Vavra, Hg., Familie. Ideal und Realität. Katalog zur Niederösterreichischen Landesausstellung 1993, Horn 1993, 5–21.

Eissler, W. U.: Arbeiterparteien und Homosexuellenfrage. Zur Sexualpolitik von SPD und KPD in der Weimarer Republik, Berlin 1980.

Eldorado. Homosexuelle Frauen und Männer in Berlin, 1850–1950. Geschichte, Alltag und Kultur. Ausstellungskatalog, Berlin 1984.

Elias, Norbert: Der Prozeß der Zivilisation, 2 Bde., Frankfurt a. M. 1976.

Ellrichshausen, Egon Conrad: Die uneheliche Mutterschaft im altösterreichischen Polizeirecht des 16. bis 18. Jahrhunderts. Dargestellt am Tatbestand der Fornication, Berlin 1988.

Emch-Dériaz, Antoinette S.: Tissot. Physician of the Enlightenment, New York 1992

Englisch, Paul: Sittengeschichte des Orients, Berlin u. Wien 1932.

Epstein, Steven: Gay Politics, Ethnic Identity. The Limits of Social Constructivism, in: Edward Stein, Hg., Forms of Desire. Sexual Orientation and the Social Constructivist Controversy, New York u. London 1990, 239–295.

Ettenhuber, Helga: Charivari in Bayern. Das Miesbacher Haberfeldtreiben von 1893, in: Richard van Dülmen, Hg., Kultur der einfachen Leute, München 1983, 180–207.

Evans, Hilary: Harlots, Whores and Hookers. A History of Prostitution, New York 1979.

Evans, Richard J.: Rituals of Retribution. Capital Punishment in Germany 1600–1987, Oxford 1996.

Faderman, Lillian: Surpassing the Love of Men. Romantic Friendship and Love between Women from Renaissance to the Present, New York 1981.

Fairclough, Norman: Discourse and Social Change, Cambridge 1992.

Fallend, Karl: Wilhelm Reich in Wien. Psychoanalyse und Politik, Wien u. Salzburg 1988.

Feher, Michel, Hg.: Fragments for a History of the Human Body, 3 Bde., New York 1989.

Ferdinand, Ursula, Andreas Pretzel u. Andreas Seeck, Hg.: Verqueere Wissenschaft? Zum Verhältnis von Sexualwissenschaft und Sexualreformbewegung in Geschichte und Gegenwart, Münster 1998.

Fieliz, Gottfried Heinrich: Einige Bemerkungen über die Selbstbefleckung, in: Neues Magazin für Ärzte 9 (1787), Stück 2, 160–168.

Finck, Petra u. Marliese Eckhof: Euer Körper gehört uns! Ärzte, Bevölkerungspolitik und Sexualmoral bis 1933, Hamburg 1987.

Finkel, Billie Laura: Deutsche werdet wieder kinderfroh. Ehehygiene und künstliche Beschränkung der Kinderzahl zwischen 1900 und 1930 in Deutschland, in: Regina Löneke u. Ira Spieker, Hg., Reinliche Leiber – Schmutzige Geschäfte. Körperhygiene und Reinlichkeitsvorstellungen in zwei Jahrhunderten, Göttingen 1996, 279–302.

Fischer-Homberger, Esther: Krankheit Frau. Und andere Arbeiten zur Medizingeschichte der Frau, Bern 1979.

Flandrin, Jean-Louis: Les amours paysannes. Amour et sexualité dans les campagnes de l'ancienne France (XVIe-XIXe siècle), Paris 1975.

Fleck, Christian u. Albert Müller: Unzucht wider die Natur. Gerichtliche Verfolgung der «Unzucht mit Personen gleichen Geschlechts» in Österreich von den 1930er bis zu den 1950er Jahren, in: Österreichische Zeitschrift für Geschichtswissenschaften 9 (1998), H. 3, 400–422.

Floßmann, Ursula: Geschlechtsspezifische Diskriminierung und Gleichbehandlungsgebote als Strukturelemente frühneuzeitlicher Rechtsordnungen, in: Louis C. Morsak u. Markus Escher, Hg., Festschrift für Louis Carlen zum 60. Geburtstag, Zürich 1989, 617–625.

Floßmann, Ursula u. Elisabeth Kriz: Die geschichtliche Entwicklung des Sexualstrafrechts. Dargestellt an zwei Beispielen: Abtreibung und Vergewaltigung, in: Ursula Floßmann, Hg., Frau im Recht. Geschichte – Praxis – Politik, Linz 1988, 27–59.

Foucault, Michel: Die Geburt der Klinik. Eine Archäologie des ärztlichen Blicks, Frankfurt a. M. 1976.

Foucault, Michel: Überwachen und Strafen. Die Geburt des Gefängnisses, Frankfurt a. M. 1977.

Foucault, Michel: Der Wille zum Wissen. Sexualität und Wahrheit, Frankfurt a. M. 1977.

Foucault, Michel: Nein zum König Sex. Ein Gespräch mit Bernard-Henri Lévy, in: Dispositive der Macht. Über Sexualität, Wissen und Wahrheit, Berlin 1978, 176–198.

Fout, John C.: A Note from the Editor, in: Journal of the History of Sexuality 1 (1990), No. 1, 1–2.

Frank, Johann Peter: System einer vollständigen medicinischen Policey, Bd. 1, Wien 1779.

Frank, Manfred, Gérard Raulet u. Willem van Reijen, Hg.: Die Frage nach dem Subjekt, Frankfurt a. M. 1988.

Freese, Waltraud: Weibliche Sexualität im Lebenskontext – zwischen Projektion und Integration. Biographische und sexuelle Lebenswelten von Frauen der Jahrgänge 1911–1932, Pfaffenweiler 1996.

Freud, Sigmund: Triebe und Triebschicksale (1915), in: ders., Studienausgabe, Bd. III: Psychologie des Unbewußten, Frankfurt a. M. 1982, 75–102.

Freud, Sigmund: Vorlesungen zur Einführung in die Psychoanalyse, III. Teil: Die allgemeine Neurosenlehre (1916/1917), in: ders., Studienausgabe, Bd. 1: Vorlesungen zur Einführung in die Psychoanalyse. Neue Folge der Vorlesungen zur Einführung in die Psychoanalyse, Frankfurt a. M. 1982, 243–445.

Freud, Sigmund: Angst und Triebleben (= 32. Vorlesung der Neuen Folge der Vorlesungen zur Einführung in die Psychoanalyse) (1932), in: ders., Studienausgabe, Bd. I: Vorlesungen zur Einführung in die Psychoanalyse. Neue Folge der Vorlesungen zur Einführung in die Psychoanalyse, Frankfurt a. M. 1982, 517–543.

Frevert, Ute: Bürgerliche Meisterdenker und das Geschlechterverhältnis. Konzepte, Erfahrungen, Visionen an der Wende vom 18. zum 19. Jahrhundert, in: dies., Hg., Bürgerinnen und Bürger. Geschlechterverhältnisse im 19. Jahrhundert, Göttingen 1988, 17–48.

Friedeburg, Ludwig v.: Die Umfrage in der Intimsphäre, Stuttgart 1953.

Fuchs, Eduard: Illustrierte Sittengeschichte vom Mittelalter bis zur Gegenwart, 3 Bde. u. 3 Ergänzungsbde., München 1909–1916.

Gagnon, John u. William Simon: Sexual Conduct, Chicago 1973.

Gallagher, Catherine u. Thomas Laqueur, Hg.: The Making of the Modern Body. Sexuality and Society in the Nineteenth-Century, Berkeley 1987.

Gante, Michael: Das 20. Jahrhundert (II). Rechtpolitik und Rechtswirklichkeit, 1927–1976, in: Robert Jütte, Hg., Geschichte der Abtreibung. Von der Antike bis zur Gegenwart, München 1993, 169–207.

Gay, Peter: Freud for Historians, Oxford u. New York 1985.

Gay, Peter: Education of the Senses. The Bourgeois Experience. Victoria to Freud, London 1983 (dt.: Erziehung der Sinne. Sexualität im bürgerlichen Zeitalter, München 1986).

Gay, Peter u. Franz Eder, Freud für die Historie, in: Österreichische Zeitschrift für Geschichtswissenschaften 1 (1990), H. 1, 101–110.

Geldbach, E.: Die Philantropen als Wegbereiter moderner Leibeskultur, in: Horst Ueberhorst, Hg., Geschichte der Leibesübungen, Bd. 3, Berlin 1980, 165–96.

Gerard, Kent u. Gert Hekma, Hg.: The Pursuit of Sodomy. Male Homosexuality in Renaissance and Enlightenment Europe, New York 1988.

Gerhard, Ute: Andere Ergebnisse, in: Ute Frevert, Hg., Bürgerinnen und Bürger. Geschlechterverhältnisse im 19. Jahrhundert, Göttingen 1988, 210–214.

Gesetzbuch über Verbrechen, Wien 1803.

Geuter, Ulfried: Homosexualität in der deutschen Jugendbewegung. Jungenfreundschaft und Sexualität im Diskurs von Jugendbewegung, Psychoanalyse und Jugendpsychologie am Beginn des 20. Jahrhunderts, Frankfurt a. M. 1994.

Giddens, Anthony: Wandel der Intimität in der Moderne. Sexualität, Liebe und Erotik in modernen Gesellschaften, Frankfurt a. M. 1993.

Giese, Hans u. Gunter Schmidt: Studentensexualität. Verhalten und Einstellung. Eine Umfrage an 12 westdeutschen Universitäten, Hamburg 1968.

Gilman, Sander L.: Sexuality. An Illustrated History. Representing the Sexual in Medicine and Culture from the Middle Ages to the Age of AIDS, New York 1989.

Gilman, Sander L.: The Jew's Body, New York u. London 1991.

Gisser, Richard: Daten zur Bevölkerungsentwicklung der österreichischen Alpenländer 1819–1913, in: Österreichisches Statistisches Zentralamt, Hg., Geschichte und Ergebnisse der zentralen amtlichen Statistik in Österreich 1829–1979, Wien 1979, 369–415.

Gleichen-Russwurm, Alexander v.: Cultur- und Sittengeschichte aller Zeiten und Völker. Aus den Meisterwerken der Kulturgeschichtsschreibung, Wien 1929.

Gleixner, Ulrike: Das Mensch und der Kerl. Die Konstruktion von Geschlecht in Unzuchtsverfahren der Frühen Neuzeit (1700–1760), Frankfurt a. M. u. New York 1994.

Gleß, Sabine: Die Reglementierung von Prostitution in Deutschland, Berlin 1999.

Goltz, Dietlinde: Samenflüssigkeit und Nervensaft. Zur Rolle der antiken Medizin in den Zeugungstheorien des 18. Jahrhunderts, in: Medizinhistorisches Journal 22 (1987), 135–163.

Goodbye to Berlin? 100 Jahre Schwulenbewegung. Eine Ausstellung des Schwulen Museums und der Akademie der Künste, Berlin 1997.

Gordon, Linda: Woman's Body. Woman's Right. A Social History of Birth Control in America, New York 1976.

Gossenreiter, Anna, Liz Horowitz u. Antoinette Killias: Und wird dazu angehalten, einen sittlich einwandfreien Lebenswandel zu führen. Frauen und Männer als Objekte fürsorgerischer Maßnahmen in den 1920er und 1930er Jahren, in: Franziska Jenny, Gudrun Piller u. Barbara Rettenmund, Hg., Orte der Geschlechtergeschichte. Beiträge zur 7. Schweizerischen Historikertagung, Zürich 1994, 57–97.

Goulemot, Jean Marie: Gefährliche Bücher. Erotische Literatur, Pornographie, Leser und Zensur im 18. Jahrhundert, Reinbek 1993.

Grammer, Karl: Signale der Liebe. Die biologischen Gesetze der Partnerschaft, München 1995.

Grau, Günter: Unschuldige Täter. Mediziner als Vollstrecker der nationalsozialistischen Homosexuellenpolitik, in: Mitteilungen der Magnus-Hirschfeld-Gesellschaft 28 (1998), 5–28.

Grau, Günter, Hg.: Homosexualität in der NS-Zeit. Dokumente einer Diskriminierung und Verfolgung, Frankfurt a. M. 1992.

Graupner, Helmut: Von «Widernatürlicher Unzucht» zu «Sexueller Orientierung». Homosexualität und Recht, in: Barbara Hey, Ronald Pallier u. Roswith Roth, Hg., Que(e)rdenken – Weibliche/männliche Homosexualität und Wissenschaft, Innsbruck u. Wien 1998, 198–253.

Greenberg, David F.: The Construction of Homosexuality, Chicago u. London 1988.

Griesebener, Andrea: Er hat mir halt gute Wörter gegeben, daß ich es thun solle. Sexuelle Gewalt im 18. Jahrhundert am Beispiel des Prozesses gegen Katharina Riedlerin und Franz Riedler, in: Michael Weinzierl, Hg., Individualisierung, Rationalisierung, Säkularisierung. Neue Wege der Religionsgeschichte, Wien u. München 1997, 130–155.

Griesebner, Andrea: Konkurrierende Wahrheiten. Malefizprozesse vor dem Landgericht Perchtoldsdorf im 18. Jahrhundert, Wien, Köln u. Weimar 2000.

Groh, Dieter: Anthropologische Dimensionen der Geschichte, Frankfurt a. M. 1992.

Groneman, Carol: Nymphomanie. Zur Geschichte der Konstruktion weiblicher Sexualität, in: Zeitschrift für Sexualforschung 9 (1996), H. 4, 285–302.

Grosskurth, Phyllis: Havelock Ellis. A Biography, London 1980.

Grossmann, Atina: Reforming Sex. The German Movement for Birth Control and Abortion Reform 1920–1950, New York 1995.

Gruber, Helmut: Sexuality in ‹Red Vienna›. Socialist Party Conceptions and Programs and Working-Class Life, 1920–1934, in: International Labor and Working-Class History 31 (1987), 37–68.

Grumbach, Detlev, Hg.: Die Linke und das Laster. Schwule Emanzipation und die Linke, Hamburg 1995.

Guerrand, Roger-Henri: Nieder mit der Masturbation!, in: Philippe Ariès, Hg., Liebe und Sexualität, München 1995, 278–286.

Habermas, Jürgen: Der philosophische Diskurs der Moderne. Zwölf Vorlesungen, Frankfurt a. M. 1988.

Hacker, Hanna: Frauen und Freundinnen. Studien zur «weiblichen Homosexualität» am Beispiel Österreich, 1870–1938, Weinheim u. Basel 1987.

Hacker, Hanna: Männliche Autoren der Sexualwissenschaft über weibliche Homosexualität (1870–1930), in: Rüdiger Lautmann, Hg., Homosexualität – Handbuch der Theorie- und Forschungsgeschichte, Frankfurt a. M. u. New York 1993, 134–140.

Hacker, Hanna: Zonen des Verbotenen. Die lesbische Codierung von Kriminalität und Feminismus um 1900, in: Barbara Hey, Ronald Pallier u. Roswitha Roth, Hg., Que(e)rdenken. Weibliche, männliche Homosexualität und Wissenschaft, Innsbruck u. Wien 1998, 40–57.

Hacking, Ian: Was heißt «soziale Konstruktion»? Zur Konjunktur einer Kampfvokabel in den Wissenschaften, Frankfurt a. M 1999.

Haeberle, Erwin J.: Der «verbotene» Akt. Unzüchtige Fotos von 1850 bis 1950, in: Michael Köhler u. Gisela Barche, Das Aktfoto. Ansichten vom Körper im fotografischen Zeitalter. Ästhetik, Geschichte, Ideologie, München 1985, 240–252.

Haeberle, Erwin J.: Zur Geschichte der Pornografie. Fotografierte Unzucht. Ein historischer Überblick, in: Josef Christian Aigner u. Rolf Gindorf, Hg., Von der Last zur Lust. Sexualität zwischen Liberalisierung und Entfremdung, Wien 1986, 25–45.

Hagemann, Karen: Frauenalltag und Männerpolitik. Alltagsleben und gesellschaftliches Handeln von Arbeiterfrauen in der Weimarer Republik, Bonn 1990.

Hagemann, Karen: Eine Frauensache. Alltagsleben und Geburtenpolitik, 1919–1933, Pfaffenweiler 1991.

Haggerty, George E.: Men in Love. Masculinity and Sexuality in the Eighteenth Century, New York 1999.

Hagner, Michael: The Soul and the Brain Between Anatomy and Naturphilosophie in the Early Nineteenth Century, in: Medical History 36 (1992), 1–33.

Hall, Lesley A.: Hidden Anxieties. Male Sexuality, 1900–1950, Cambridge 1991.

Hall, Lesley A.: Sexual Cultures in Britain. Some Persisting Themes, in: Franz X. Eder, Lesley A. Hall u. Gert Hekma, Hg., Sexual Cultures in Europe. National Histories, Manchester u. New York 1999, 29–52.

Halperin, David M.: Is there a History of Sexuality?, in: History and Theory. Studies in the Philosophy of History 28 (1989), 257–274.

Hanisch, Ernst: Der lange Schatten des Staates. Österreichische Gesellschaftsgeschichte im 20. Jahrhundert, Wien 1994.

Hare, E. H.: Masturbatory Insanity. The History of an Idea, in: Journal of Mental Science 108 (1962), 1–25.

Harms-Ziegler, Beate: Illegitimität und Ehe. Illegitimität als Reflex des Ehediskurses in Preußen im 18. und 19. Jahrhundert, Berlin 1991.

Harms-Ziegler, Beate: Außereheliche Mutterschaft in Preußen im 18. und 19. Jahrhundert, in: Ute Gerhard, Hg., Frauen in der Geschichte des Rechts, München 1997, 325–344.

Harrington, Joel F.: Reordering Marriage and Society in Reformation Germany, Cambridge u. New York 1995.

Härter, Karl: Entwicklung und Funktion der Policeygesetzgebung des Heiligen Römischen Reiches Deutscher Nation im 16. Jahrhundert, in: Ius Commune. Zeitschrift für Europäische Rechtsgeschichte 20 (1993), 61–141.

Hartl, Friedrich: Das Wiener Kriminalgericht. Strafrechtspflege vom Zeitalter der Aufklärung bis zur österreichischen Revolution, Wien, Köln u. Graz 1973.

Hausen, Karin: Die Polarisierung der Geschlechtercharaktere. Eine Spiegelung der Dissoziation von Erwerbsarbeit und Familienleben, in: Werner Conze, Hg., Sozialgeschichte der Neuzeit Europas, Stuttgart 1976, 363–393.

Hegener, Wolfgang: Das Mannequin. Vom sexuellen Subjekt zum geschlechtslosen Selbst, Tübingen 1992.

Hegener, Wolfgang: Aufstieg und Fall schwuler Identität. Ansätze zur Dekonstruktion der Kategorie Sexualität, in: Zeitschrift für Sexualforschung 6 (1993), H. 2, 132–150.

Heiss, Gernot: Konfessionsbildung. Kirchenzucht und frühmoderner Staat, in: Hubert Ch. Ehalt, Hg., Volksfrömmigkeit. Glaubensvorstellungen und Wirklichkeitsbewältigung im Wandel, Wien u. Köln 1989, 191–220.

Heiss, Stefan: München: Polizei und schwule Subkulturen 1919–1944, in: Stefan Heiss u. Wolfgang Schmale, Hg., Polizei und schwule Subkulturen (= Komparativ 9, No. 1), Leipzig 1999, 61–79.

Hekma, Gert: A History of Sexology. Social and Historical Aspects of Sexuality, in: Jan Bremmer, Hg., From Sappho to de Sade. Moments in the History of Sexuality, London u. New York 1989, 173–192.

Hekma, Gert: Sodomites, Platonic Lovers, Contrary Lovers. The Background of the Modern Homosexual, in: Gerard Kent u. Gert Hekma, Hg., The Pursuit of Sodomy. Male Homosexuality in Renaissance and Enlightenment Europe, New York u. London 1989, 433–456.

Hekma, Gert, Harry Oosterhuis u. James D. Steakley, Hg.: Gay Men and the Sexual History of the Political Left, New York 1995.

Hekma, Gert: Die Verfolgung der Männer. Gleichgeschlechtliche Begierden und Praktiken in der europäischen Geschichte, in: Österreichische Zeitschrift für Geschichtswissenschaften 9 (1998), H. 3, 311–341.

Hekma, Gert u. Herman Roodenburg, Hg.: Soete minne en helsche boosheit. Seksuele voorstellingen in Nederland, 1300–1850, Nijmegen 1988.

Hellbling, Ernst C.: Grundlegende Strafrechtsquellen der österreichischen Erbländer vom Beginn der Neuzeit bis zur Theresiana. Ein Beitrag zur Geschichte des Strafrechts in Österreich (bea. u. hrsg. v. Ilse Reiter), Wien, Köln u. Weimar 1996.

Hentze, Hilke: Sexualität in der Pädagogik des späten 18. Jahrhunderts, Frankfurt 1979.

Hergemöller, Bernd-Ulrich: Iubemus insurgere leges. Vom «Senatus consultum de Baccanalibus» zum «Allgemeinen Landrecht für die Preußischen Staaten», in: Die Geschichte des § 175. Strafrecht gegen Homosexuelle. Katalog zur Ausstellung in Berlin und Frankfurt, hg. v. d. Freunden eines Schwulen Museums in Berlin e. V., Frankfurt a. M. 1990, 14–29.

Hergemöller, Bernd-Ulrich: Grundfragen zum Verständnis gleichgeschlechtlichen Verhaltens im späten Mittelalter, in: Rüdiger Lautmann u. Angela Taeger, Hg., Männerliebe im alten Deutschland. Sozialgeschichtliche Abhandlungen, Berlin 1992, 9–38.

Hergemöller, Bernd-Ulrich: Einführung in die Historiographie der Homosexualitäten, Tübingen 1999.

Hergemöller, Bernd-Ulrich: Von der «stummen Sünde» zum «Verschwinden der Homosexualität». Zuschreibungen und Identitäten, in: Wolfram Setz, Hg., Die Geschichte der Homosexualitäten und die schwule Identität an der Jahrtausendwende. Eine Vortragsreihe aus Anlaß des 175. Geburtstags von K. H. Ulrichs, Berlin 2000, 13–41.

Hering, Sabine u. Gudrun Maierhof: Die unpäßliche Frau. Sozialgeschichte der Menstruation und Hygiene, 1860–1985, Pfaffenweiler 1991.

Herzer, Manfred: Kertbeny and the Nameless Love, in: Journal of Homosexuality 12 (1985), No. 1, 1–26.

Herzer, Manfred: Deutsches Schwulenstrafrecht vor der Gründung des zweiten Kaiserreichs, 1795–1870, in: Die Geschichte des § 175. Strafrecht gegen Homosexuelle. Katalog zur Ausstellung in Berlin und Frankfurt, Frankfurt a. M. 1990, 30–41.

Herzer, Manfred: Magnus Hirschfeld. Leben und Werk eines jüdischen, schwulen und sozialistischen Sexologen, Frankfurt a. M. u. New York 1992.

Herzer, Manfred: Kertbenys Leben und Sexualitätsstudien, in: Karl Maria Kertbeny, Schriften zur Homosexualitätsforschung (hrsg. v. Manfred Herzer), Berlin 2000, 7–61.

Herzer, Manfred u. Jean-Claude Féray: Karl Maria Kertbeny, in: Rüdiger Lautmann, Hg., Homosexualität – Handbuch der Theorie- und Forschungsgeschichte, Frankfurt a. Main u. New York 1993, 42–47.

Hesslein, Bernhard: Berlin's berühmte und berüchtigte Häuser. In historischer, criminalistischer und socialer Beziehung, Berlin 1849.

Hill, Paul Bernhard u. Johannes Kopp: Familiensoziologie. Grundlagen und theoretische Perspektiven, Stuttgart 1995.

Hippel, Robert von: Deutsches Strafrecht, Bd. 1: Allgemeine Grundlagen, Berlin 1925.

Hirschauer, Stefan: Konstruktivismus und Essentialismus. Zur Soziologie des Geschlechtsunterschieds und der Homosexualität, in: Zeitschrift für Sexualforschung 5 (1992), H. 4, 331–345.

Hirschfeld, Magnus: Sittengeschichte des Weltkrieges, 2 Bde. u. 1 Ergänzungsbd., Leipzig u. Wien 1930–1931.

Hirschfeld, Magnus u. Bernd Götz: Sexualgeschichte der Menschheit, Berlin 1929.

Hodann, Max: Bub und Mädel, Leipzig 1924.

Hödl, Klaus: Der ‹jüdische› Körper als Stigma, in: Österreichische Zeitschrift für Geschichtswissenschaften 8 (1999), H. 2, 212–230.

Hoffschildt, Rainer: Die Verfolgung der Homosexuellen in der NS-Zeit. Zahlen, Schicksale aus Norddeutschland, Berlin 1999.

Hohkamp, Michaela: Macht, Herrschaft und Geschlecht. Ein Plädoyer zur Erforschung von Gewaltverhältnissen in der Frühen Neuzeit, in: L'homme. Zeitschrift für feministische Geschichtswissenschaft 7 (1996), No. 2, 8–17.

Hohmann, Joachim S.: Sexualforschung und -aufklärung in der Weimarer Republik. Eine Übersicht in Materialien und Dokumenten. Mit einem Beitrag über den frühen Aufklärungsfilm, Berlin 1985.

Hoke, Rudolf: Österreichische und deutsche Rechtsgeschichte, Wien, Köln u. Weimar 1992.

Hommen, Tanja: Sittlichkeitsverbrechen. Sexuelle Gewalt im Kaiserreich, Frankfurt a. M. u. New York 1999.

Honegger, Claudia: Überlegungen zu Michel Foucaults Entwurf einer Geschichte der Sexualität, Maschinschr. Manuskript, Frankfurt a. M. 1980.

Honegger, Claudia: Die Ordnung der Geschlechter. Die Wissenschaften vom Menschen und das Weib, Frankfurt a. M. u. New York 1991.

Hoof, Dieter: Pestalozzi und die Sexualität seines Zeitalters. Quellen, Texte und Untersuchungen zur historischen Sexualwissenschaft, St. Augustin 1987.

Höpflinger, Francois: Bevölkerungswandel in der Schweiz. Zur Entwicklung von Heiraten, Geburten, Wanderungen und Sterblichkeit, Grüsch 1986.

Hubbard, William H.: Familiengeschichte. Materialien zur deutschen Familie seit dem Ende des 18. Jahrhunderts, München 1983.

Hüchtker, Dietlind: Elende Mütter und liederliche Weibspersonen. Geschlechterverhältnisse und Armenpolitik in Berlin, 1770–1850, Münster 1999.

Huemer, Peter: Angst vor der Freiheit, in: Gerhard Jagschitz u. Klaus-Dieter Mulley, Hg., Die «wilden» fünfziger Jahre. Gesellschaft, Formen und Gefühle eines Jahrzehnts in Österreich, Wien 1985, 208–220.

Hull, Isabel V.: ‹Sexualität› und bürgerliche Gesellschaft, in: Ute Frevert, Hg., Bürgerinnen und Bürger. Geschlechterverhältnisse im 19. Jahrhundert, Göttingen 1988, 49–66.

Hull, Isabel V.: Kaiser Wilhelm II. und der «Liebenberg-Kreis», in: Rüdiger Lautmann u. Angela Taeger, Hg., Männerliebe im alten Deutschland. Sozialgeschichtliche Abhandlungen, Berlin 1992, 81–117.

Hull, Isabel V.: Sexuality, State, and Civil Society in Germany, 1700–1815, Ithaca u. London 1996.

Hull, Isabel V.: Sexualstrafrecht und geschlechtsspezifische Normen in den deutschen Staaten des 17. und 18. Jahrhunderts, in: Ute Gerhard, Hg., Frauen in der Geschichte des Rechts, München 1997, 221–234.

Hunt, Lynn: Foucault's Subject in the ‹History of Sexuality›, in: Domna C. Stanton, Hg., Discourses of Sexuality. From Aristotle to AIDS, Ann Arbor 1992, 78–93.

Hunt, Lynn, Hg.: Die Erfindung der Pornographie. Obszönität und die Ursprünge der Moderne, Frankfurt a. M. 1994.

Hurteau, Pierre: Catholic Moral Discourse on Male Sodomy and Masturbation in the Seventeenth and Eighteenth Centuries, in: Journal of the History of Sexuality 4 (1993), No. 1, 1–26.

Hütt, Wolfgang, Hg.: Hintergrund. Mit den Unzüchtigkeits- und Gotteslästerungsparagraphen des Strafgesetzbuches gegen Kunst und Künstler, 1900–1933, Berlin 1990.

Hutter, Jörg: Die Entstehung des § 175 im Strafbuch und die Geburt der deutschen Sexualwissenschaft, in: Rüdiger Lautmann u. Angela Taeger, Hg., Männerliebe im alten Deutschland. Sozialgeschichtliche Abhandlungen, Berlin 1992, 187–238.

Hutter, Jörg: Die gesellschaftliche Kontrolle des homosexuellen Begehrens. Medizinische Definitionen und juristische Sanktionen im 19. Jahrhundert, Frankfurt a. M. u. New York. 1992.

Ingram, Martin: Church Courts. Sex and Marriage in England 1570–1640, Cambridge 1987.

Jacobs, Karl-Felix: Die Entstehung der Onanie-Literatur im 17. und 18. Jahrhundert, Diss. Univ. München 1963.

Jacquart, Daniel u. Claude Thomasset: Sexuality and Medicine in the Middle Ages, Cambridge 1988.

JanMohamed, Abdul R.: Sexuality on/of the Racial Border. Foucault, Wright and the Articulation of «Racialized Sexuality», in: Domna C. Stanton, Hg., Discourses of Sexuality. From Aristotle to AIDS, Ann Arbor 1992, 94–116.

Jellonnek, Burkhard: Homosexuelle unter dem Hakenkreuz. Die Verfolgung von Homosexuellen im Dritten Reich, Paderborn 1990.

Jerouschek, Günter: Die juristische Konstruktion des Abtreibungsverbots, in: Ute Gerhard, Hg., Frauen in der Geschichte des Rechts. Von der Frühen Neuzeit bis in die Gegenwart, München 1997, 248–261.

Jordan, Mark D.: The Invention of Sodomy in Christian Theology, Chicago 1997.

Jordanova, Ludmilla: The Popularisation of Medicine. Tissot on Onanism, in: Textual Practice 1 (1987), No. 1, 68–79.

Jordanova, Ludmilla: Sexual Visions. Images of Gender in Science and Medicine between the Eighteenth and Twentieth Centuries, New York u. London 1989.

Josephi, Wilhelm. Ueber die Ehe und physische Erziehung. Ein Handbuch für solche, welche sich verehelichen wollen, sowie auch für Eheleute, Eltern und Lehrer, Göttingen 1788

Journal of the History of Sexuality, 1990 ff.

Jusek, Karin J.: Sexual Morality and the Meaning of Prostitution in Fin de Siècle Vienna, in: Jan Bremmer, Hg., From Sappho to de Sade. Moments in the History of Sexuality, London u. New York 1989, 123–142.

Jusek, Karin J.: Nothwendiges Uebel oder «schmachvollste Degradation»? Die Prostitutions-Debatte im Wien der Jahrhundertwende, in: Aufbruch ins Jahrhundert der Frau? Rosa Mayreder und der Feminismus in Wien um 1900. Ausstellungskatalog, Wien 1990, 128–142.

Jusek, Karin J.: Die Erneuerung des Staates durch die sittliche Kraft der Untertanen. Kirchenpolitik und Sexualmoral zur Zeit Kaiser Franz Joseph I., 1848–1916, in: Groniek. Historisch Tijdschrift 109 (1990), 79–90.

Jusek, Karin J.: Auf der Suche nach der Verlorenen. Die Prostitutionsdebatten im Wien der Jahrhundertwende. Proefschrift/Habilitationsschrift, Groningen 1993.

Jusek, Karin J.: Auf der Suche nach der Verlorenen. Die Prostitutionsdebatten im Wien der Jahrhundertwende, Wien 1994.

Jütte, Robert: Die Persistenz des Verhütungswissens in der Volkskultur. Sozial- und medizinhistorische Anmerkungen zur These von der «Vernichtung der weisen Frauen», in: Medizinhistorisches Journal 24 (1989), 214–231.

Katz, Jonathan: Gay American History. Lesbian and Gay Men in the USA, New York 1976.

Kennedy, Hubert C.: Ulrichs. The Life and Works of Karl Heinrich Ulrichs. Pioneer of the Modern Gay Movement, Boston 1988.

Kennedy, Hubert C.: Karl Heinrich Ulrichs. Sein Leben und sein Werk, Stuttgart 1990.

Kennedy, Hubert C.: Karl Heinrich Ulrichs. First Theorist of Homosexuality, in: Vernon A. Rosario, Hg., Science and Homosexualities, New York u. London 1997, 26–45.

Kertbeny, Karl Maria: Paragraph 143 des Preussischen Strafgesetzbuches vom 14. April 1851 und seine Aufrechterhaltung als Paragraph 152 im Entwurfe eines Strafgesetzbuches für den Norddeutschen Bund, Leipzig 1869.

Kienitz, Sabine: Geschäfte mit dem Körper. Sexualmoral und Überlebensstrategie von Frauen aus der Unterschicht Anfang des 19. Jahrhunderts in Württemberg, in: Historische Anthropologie 3 (1995), H. 3, 433–459.

Kienitz, Sabine: Sexualität, Macht und Moral. Prostitution und Geschlechterbeziehungen Anfang des 19. Jahrhunderts in Württemberg. Ein Beitrag zur Mentalitätsgeschichte, Berlin 1995.

Kinsey, Alfred C. u. a.: Das sexuelle Verhalten der Frau, Berlin u. Frankfurt a. M. 1954.

Kinsey, Alfred C. u. a.: Das sexuelle Verhalten des Mannes, Berlin u. Frankfurt a. M. 1955.

Klee, Ernst: Wie Eugenik die Köpfe eroberte, in: Die Zeit (1997), Nr. 37, 14.

Kleinau, Elke: Lust und Last der «freien Liebe». Sexualität in den Theorien des frühen Sozialismus, in: Interdisziplinäre Forschungsgruppe Frauenforschung, Hg., Liebes- und Lebensverhältnisse. Sexualität in der feministischen Diskussion, Frankfurt a. M. u. New York 1990, 9–26.

Knodel, John E.: The Decline of Fertility in Germany 1871–1939, Princeton 1974.

Knodel, John E.: Demographic Behavior in the Past. A Study of Fourteen German Village Populations in the Eighteenth and Nineteenth Century, Cambridge 1988.

Kocka, Jürgen: Arbeitsverhältnisse und Arbeiterexistenzen. Grundlagen der Klassenbildung im 19. Jahrhundert, Bonn 1990.

Koedt, Anna: Der Mythos vom vaginalen Orgasmus, in: Ann Anders, Hg., Autonome Frauen. Schlüsseltexte der Neuen Frauenbewegung seit 1968, Frankfurt a. M. 1988, 78–88.

Konersmann, Frank: Presbyteriale und konsistoriale Kirchenzucht in der reformierten Kirche Pfalz-Zweibrückens von 1681 bis 1798, in: Blätter zur Pfälzer Kirchengeschichte und religiösen Volkskunde 61 (1994), 5–43.

Konieczka, Vera: Arten zu sprechen, Arten zu schweigen. Sozialdemokratie und Prostitution im deutschen Kaiserreich, in: Johanna Geyer-Kordesch u. Annette Kuhn, Hg., Frauenkörper, Medizin, Sexualität. Auf dem Weg zu einer neuen Sexualmoral, Düsseldorf 1986, 102–126.

Koselleck, Reinhart: Semantik und Sprachpragmatik in der bürgerlichen Welt. Eine vergleichende Studie zum Bürgertum in Deutschland, England, Frankreich, in: Sozialgeschichte des neuzeitlichen Bürgertums. Deutschland im internationalen Vergleich. Arbeits- und Ergebnisbericht für die zweite Forschungsphase 1989–1992, Bielefeld 1991, A2.

Kraakman, Dorelies: Pornography in Western European Culture, in: Franz X. Eder, Lesley A. Hall u. Gert Hekma, Hg., Sexual Cultures in Europe. Themes in Sexuality, Manchester u. New York 1999, 104–120.

Krafft, Sybille: Zucht und Unzucht. Prostitution und Sittenpolizei im München der Jahrhundertwende, München 1996.

Krafft, Sybille: Bordelle und Sperrbezirke. Die sittenpolizeiliche Kontrolle der Prostitution am Beispiel Münchens um 1900, in: Franz X. Eder u. Sabine Frühstück, Hg., Neue Geschichten der Sexualität. Beispiele aus Ostasien und Zentraleuropa 1700–2000, Wien 2000, 167–189.

Krafft-Ebing, Richard von: Psychopathia sexualis. Mit besonderer Berücksichtigung der konträren Sexualempfindung. Eine medizinisch-gerichtliche Studie für Ärzte und Juristen, Stuttgart 1886.

Krafft-Ebing, Richard von: Der Conträrsexuale vor dem Strafrichter. De Sodomia ratione sexus punienda. De lege lata et de lege ferenda. Eine Denkschrift, Leipzig u. Wien 1895.

Krafft-Ebing, Richard von: Psychopathia sexualis, München 1984 (Erstausgabe 1886).

Krause, Christiane: «Hetärismus» und «Freie Liebe» gegen «Bürgerliche Verbesserung». Franziska zu Reventlow in den «Zürcher Diskussionen», in: Irmgard Roebling, Hg., Lulu, Lilith, Mona Lisa ... Frauenbilder der Jahrhundertwende, Pfaffenweiler 1989, 77–98.

Krell, David Farell: Contagion. Sexuality, Disease and Death in German Idealism and Romanticism, Bloomington u. Indianapolis 1998.

Kubes-Hofmann, Ursula: Geschlecht und Charakter. Anmerkungen zum Topos des «neurasthenischen Mannes», in: Neda Bei u.a., Hg., Das lila Wien um 1900. Zur Ästhetik der Homosexualitäten, Wien 1986, 108–113.

Kuhn, Axel: Die proletarische Familie. Wie Arbeiter in ihren Lebenserinnerungen über den Ehealltag berichten, in: Heiko Haumann, Hg., Arbeiteralltag in Stadt und Land. Neue Wege der Geschichtsschreibung, Berlin 1982, 89–119.

Kuzniar, Alice A., Hg.: Outing Goethe and his Age, Stanford 1996.

Lacroix, Paul: Mémoires curieux sur l'histoire des moeurs et la prostitution en France aux XVIIᵉ et XVIIIᵉ siècles, Paris 1854.

Lamott, Fanziska: Virginität als Fetisch. Kulturelle Codierung und rechtliche Normierung der Jungfräulichkeit um die Jahrhundertwende, in: Tel Aviver Jahrbuch für Deutsche Geschichte 21 (1992), 153–170.

Langewiesche, Dieter: Arbeiterkultur in Österreich. Aspekte, Tendenzen und Thesen, in: Gerhard A. Ritter, Hg., Arbeiterkultur, Königstein/Ts. 1979, 40–57.

Laqueur, Thomas: Auf den Leib geschrieben. Die Inszenierung der Geschlechter von der Antike bis Freud, Frankfurt a.M. u. New York 1992.

Laslett, Peter, Hg.: Family, Life and Illicit Love in Earlier Generations. Essays in Historical Sociology, Cambridge 1977.

Laslett, Peter, Karla Oosterveen u. Richard M. Smith, Hg., Bastardy and its Comparative History. Studies in the History of Illegitimacy and Marital Nonconformism in Britain, France, Germany, Sweden, North Amerika and Japan, London 1980.

Lau, Miriam: Die neuen Sexfronten. Vom Schicksal einer Revolution, Berlin 2000.

Lautmann, Rüdiger: Das Verbrechen der widernatürlichen Unzucht. Seine Grundlegung in der preußischen Gesetzesrevision des 19. Jahrhunderts, in: ders. u. Angela Taeger, Hg., Männerliebe im alten Deutschland. Sozialgeschichtliche Abhandlungen, Berlin 1992, 141–186.

Lautmann, Rüdiger: Konstruktionismus und Sexualwissenschaft, in: Zeitschrift für Sexualforschung 5 (1992), H. 3, 219–244.

Lautmann, Rüdiger, Hg.: Homosexualität. Handbuch der Theorie- und Forschungsgeschichte, Frankfurt a.M. u. New York 1993.

Lautmann, Rüdiger u. Angela Taeger, Hg.: Männerliebe im alten Deutschland. Sozialgeschichtliche Abhandlungen, Berlin 1992.

Lautmann, Rüdiger u. Michael Schetsche: Reinheit, Volkstum, Manneskraft.

Zur Sexualpolitik des Nationalsozialismus, in: Sowi. Sozialwissenschaftliche Informationen 24 (1995), H. 1, 32–40.

Lee, W. R.: Bastardy and the Socioecomnomic Structure of Southern Germany, in: Journal of Interdisziplinary History 7 (1977), 403–425.

Lee, Robert, Hg.: European Demography and Economic Change, New York 1979.

Lehner, Karin. Verpönte Eingriffe. Sozialdemokratische Reformbestrebungen zu den Abtreibungsbestimmungen in der Zwischenkriegszeit, Wien 1989.

Lehouck, Emile: Vie de Charles Fourier, Paris 1978.

Leibbrand, Annemarie u. Werner Leibbrand: Formen des Eros. Kultur- und Geistesgeschichte der Liebe, 2 Bde., Freiburg 1972.

Leibrock-Plehn, Larissa: Frühe Neuzeit. Hebammen, Kräutermedizin und weltliche Justiz, in: Robert Jütte, Hg., Geschichte der Abtreibung. Von der Antike bis zur Gegenwart, München 1993, 68–90.

Leites, Edmund: Puritanisches Gewissen und moderne Sexualität, Frankfurt a. M. 1988.

Leitich, Kristl: Obrigkeitliche Maßnahmen zur Hebung der Sitten in den Ländern Unter und Ob der Enns während der frühen Neuzeit. Landesfürstliche und herrschaftliche Ordnungen von 1520 bis 1780, Diss. Univ. Wien 1968.

LeRider; Jacques: Das Ende der Illusion. Die Wiener Moderne und die Krisen der Identität, Wien 1990.

Lesky, Erna: Die Zeugungs- und Vererbungslehren der Antike und ihr Nachwirken, Mainz u. Wiesbaden 1951.

LeVay, Simon: Keimzellen der Lust. Die Natur der menschlichen Sexualität, Heidelberg, Berlin u. Oxford 1994.

LeVay, Simon: Queer Science. The Use and Abuse of Research into Homosexuality, Cambridge (Mass.) 1996.

Levine, George, Hg.: Constructions of the Self, New Brunswick 1992.

Linse, Ulrich: Arbeiterschaft und Geburtenentwicklung im Deutschen Kaiserreich von 1871, in: Archiv für Sozialgeschichte 12 (1972), 205–271.

Linse, Ulrich: Über den Prozeß der Syphilisation. Körper und Sexualität um 1900 aus ärztlicher Sicht, in: Alexander Schuller u. Nikolaus Heim, Hg., Vermessene Sexualität, Heidelberg 1987, 163–185.

Lipp, Carola: Dörfliche Formen generativer und sozialer Reproduktion, in: Wolfgang Kaschuba u. Carola Lipp, Dörfliches Überleben. Zur Geschichte materieller und sozialer Reproduktion ländlicher Gesellschaften im 19. und frühen 20. Jahrhundert, Tübingen 1982, 288–607.

Lipp, Carola: Ledige Mütter, «Huren» und «Lumpenhunde». Rechtsnormen und ihre innere Repräsentanz am Beispiel von Ehrenhändeln im Fabrikarbeitermilieu des 19. Jahrhunderts, in: Utz Jeggle u. a., Hg., Tübinger Beiträge zur Volkskultur, Tübingen 1986, 70–86.

Lipp, Carola: Sexualität und Heirat, in: Wolfgang Ruppert, Hg., Die Arbeiter. Lebensformen, Alltag und Kultur von der Frühindustrialisierung bis zum «Wirtschaftswunder», München 1986, 186–197.

Lipp, Carola: Die Innenseite der Arbeiterkultur. Sexualität im Arbeitermilieu des 19. und frühen 20. Jahrhunderts, in: Richard van Dülmen, Hg., Arbeit, Frömmigkeit, Eigensinn, Frankfurt a. M. 1990, 214–259.

Lippe, Rudolf zur: Naturbeherrschung am Menschen, Bd. 2, Geometrisierung des Menschen und Repräsentation des Privaten im französischen Absolutismus, 2. Aufl., Frankfurt a. M. 1981.

Loewe, Philipp: Die Prostitution aller Zeiten und Völker mit besonderer Berücksichtigung von Berlin. Ein Beitrag zu der obschwebenden Bordellfrage, Berlin 1852.

Lombroso, Cesare u. Guglielmo Ferrero: Das Weib als Verbrecherin und Prostitutierte. Anthropologische Studien, gegründet auf eine Darstellung der Biologie und Psychologie des normalen Weibes, Hamburg 1894.

Lorenz, Maren: Da der anfängliche Schmerz in Liebeshitze übergehen kann. Das Delikt der «Nothzucht» im gerichtsmedizinischen Diskurs des 18. Jahrhunderts, in: Österreichische Zeitschrift für Geschichtswissenschaften 5 (1994), H. 3, 328–357.

Lorenz, Maren: Kriminelle Körper – Gestörte Gemüter. Die Normierung des Individuums in Gerichtsmedizin und Psychiatrie der Aufklärung, Hamburg 1999.

Lorenz, Maren: Weil eine Weibsperson immer so viel Gewalt hat als erforderlich. Sexualität und sexuelle Gewalt im medizinisch-juristischen Diskurs und seiner Praxis (17. bis Anfang des 20. Jahrhunderts), in: Franz X. Eder u. Sabine Frühstück, Hg., Neue Geschichten der Sexualität. Beispiele aus Ostasien und Zentraleuropa 1700–2000, Wien 2000, 145–166.

Luhmann, Niklas: Liebe als Passion. Zur Codierung von Intimität, Frankfurt a. M. 1982.

Luhmann, Niklas: Soziale Systeme – Grundzüge einer allgemeinen Theorie, Frankfurt a. M. 1984.

Maasen, Sabine, Genealogie der Unmoral. Zur Therapeutisierung sexueller Selbste, Frankfurt a. M. 1998.

MacLeod, Catriona: The ‹Third Sex› in an Age of Difference. Androgyny and Homosexuality in Winckelmann, Friedrich Schlegel and Kleist, in: Alice A. Kuzniar, Hg., Outing Goethe and his Age, Stanford 1996, 194–214,

Magnan, Valentin: Des anomalies, des aberrations et des perversions sexuelles, Paris 1885.

Maiwald, Stefan u. Gerd Mischler: Sexualität unter dem Hakenkreuz. Manipulation und Vernichtung der Intimsphäre im NS-Staat, Hamburg u. Wien 1999.

Mak, Geertje: Passing Women im Sprechzimmer von Magnus Hirschfeld. Warum der Begriff «Transvestit» nicht für Frauen in Männerkleidern eingeführt wurde, in: Österreichische Zeitschrift für Geschichtswissenschaften 9 (1998), H. 3, 384–399.

Mantl, Elisabeth: Heirat als Privileg. Obrigkeitliche Heiratsbeschränkungen in Tirol und Vorarlberg 1820 bis 1920, Wien 1997.

Marcus, Stephen: The Other Victorians. A Study of Sexuality and Pornography in Mid-Nineteenth Century England, New York u. London 1966.

Marcuse, Herbert: Triebstruktur und Gesellschaft. Ein philosophischer Beitrag zu Sigmund Freud, Frankfurt a. M. 1965.

Marcuse, Max: Der eheliche Präventivverkehr, seine Verbreitung, Verursachung und Methodik, dargestellt und beleuchtet an 300 Ehen, Stuttgart 1917.

Mars, Leonard: What was Onan's Crime, in: Comparative Studies in Society and History. An International Quarterley 26 (1984), No. 3, 433–439.

Masson, Jeffrey Moussaieff: A Dark Science. Women, Sexuality and Psychiatry in the Nineteenth Century, New York 1986.

Matz, Klaus Jürgen: Pauperismus und Bevölkerung. Die gesetzlichen Ehebeschränkungen in den süddeutschen Staaten während des 19. Jahrhunderts, Stuttgart 1980.

Maurer, Michael: Die Biographie des Bürgers. Lebensformen und Denkweisen in der formativen Phase des deutschen Bürgertums (1680–1815), Göttingen 1996.

Mayer, Hans: Außenseiter, Frankfurt a. M. 1975.

Maynes, Mary Jo: Adolescent Sexuality and Social Identity in French and German Lower-Class Autobiography, in: Journal of Family History 17 (1992), No. 4, 397–418.

McIntosh, Mary: The Homosexual Role, in: Social Problems 16 (1968), 182–191.

McLaren, Angus: Some Secular Attitudes Towards Sexual Behaviour in France 1760–1860, in: French Historical Studies 8 (1973/74), No. 8, 604–625.

McLaren, Angus: Birth Control in Nineteenth-Century England, London 1978.

McLaren, Angus: Reproductive Rituals. The Perception of Fertility in England from the Sixteenth to the Nineteenth Century, London u. New York 1984.

McLaren, Angus: A History of Contraception from Antiquity to the Present Day, Oxford u. Cambridge 1990.

McLaren, Angus: Twentieth-Century Sexuality. A History, Oxford u. Malden 1999.

Medick, Hans: Spinnstuben auf dem Dorf. Jugendliche Sexualkultur und Feierabendbräuche in der ländlichen Gesellschaft der frühen Neuzeit, in: Gerhard Huck, Hg., Sozialgeschichte der Freizeit. Untersuchungen zum Wandel der Alltagskultur in Deutschland, Wuppertal 1980, 19–49.

Medick, Hans u. David Sabean: Emotionen und materielle Interessen in Familie und Verwandtschaft. Überlegungen zu neuen Wegen und Bereichen einer historischen und sozialanthropologischen Familienforschung, in: dies., Hg., Emotionen und materielle Interessen. Sozialanthropologische und historische Beiträge zur Familienforschung, Göttingen 1984, 27–54.

Mein Bauch gehört mir. Die Neue Frauenbewegung und der § 218 – eine Dokumentation in Bruchstücken, in: Heinrich Klamm u. a., Hg., Die 70er Jahre, Berlin 1987, 140–143.

Mentges, Gabriele: Blicke auf den ländlichen Leib. Zur Geschichte einer Enteignung. Eine Darstellung anhand Kleiderbeschreibungen aus Württemberg von 1820 bis 1910, in: Richard van Dülmen, Hg., Körper-Geschichten. Studien zur historischen Kulturforschung, Frankfurt a. M. 1996, 176–199.

Mesner, Maria: Vom Paragraph 144 zum Paragraph 97. Eine Reform mit Hindernissen, in: Dr. Karl Renner Institut, Hg., Beharrlichkeit, Anpassung und Widerstand. Die Sozialdemokratische Frauenorganisation und ausgewählte Bereiche sozialdemokratischen Frauenpolitik 1945–1990, Wien 1993, 377–514.

Meyer-Knees, Anke. Verführung und sexuelle Gewalt. Untersuchung zum medizinischen Diskurs im 18. Jahrhundert, Tübingen 1992

Meyer-Renschausen, Elisabeth: The Bremen Morality Scandal, in: Renate Bridenthal, Atina Grossmann u. Marion Kaplan, Hg., When Biology Became Destiny. Women in Weimar and Nazi Germany, New York 1984, 87–108.

Meyer-Renschhausen, Elisabeth: Zur Rechtsgeschichte der Prostitution. Die gesellschaftliche «Doppelmoral» vor Gericht, in: Ute Gerhard, Hg., Frauen in der Geschichte des Rechts. Von der Frühen Neuzeit bis in die Gegenwart, München 1997, 772–789.

Michelsen, Jakob: Von Kaufleuten, Waisenknaben und Frauen in Männerkleidern. Sodomie im Hamburg des 18. Jahrhunderts, in: Zeitschrift für Sexualforschung 9 (1996), H. 3, 205–237.

Mieck, Ilja: Wirtschaft und Gesellschaft Europas 1650 bis 1850, in: ders., Hg., Europäische Wirtschafts- und Sozialgeschichte von der Mitte des 19. Jahrhunderts bis zum Ersten Weltkrieg, Stuttgart 1993, 1–234.

Mitteilungen der Magnus Hirschfeld-Gesellschaft, 1983 ff.

Mitterauer, Michael: Gesindeehen in ländlichen Gebieten Kärntens. Ein Sonderfall historischer Familienbildung, in: Paul W. Roth, Hg., Beiträge zur Handels- und Verkehrsgeschichte, Graz 1978, 227–246.

Mitterauer, Michael: Familienformen und Illegitimität in ländlichen Gebieten Österreichs, in: Archiv für Sozialgeschichte 19 (1979), 123–188.

Mitterauer, Michael: Ledige Mütter. Zur Geschichte illegitimer Geburten in Europa, München 1983.

Möbius, Paul Julius: Über den physiologischen Schwachsinn des Weibes, Halle a. S. 1900.

Moi, Toril: Representations of Patriarchy. Sexuality and Epistemology in Freud's Dora, in: Feminist Review 9 (1991), 60–75.

Mommsen, Theodor: Römisches Strafrecht (Leipzig 1899), unveränderter Nachdruck Graz 1955.

Moreck, Curt: Die käufliche Liebe bei den Kulturvölkern, Dresden 1928.

Morel, B. A.: Traité des dégénéréscences physiques, intellectuelles et morales de l'espèce humaine, Paris 1857.

Mort, Frank: Dangerous Sexualities. Medico-Moral Politics in England since 1830, London u. New York 1987.

Mosse, George L.: Nationalism and Sexuality. Respectability and Abnormal Sexuality in Modern Europe, New York 1985.

Mosse, George L.: Nationalismus und Sexualität. Bürgerliche Moral und sexuelle Normen, München u. Wien 1987.

Mosse, George L.: Das Bild des Mannes. Zur Konstruktion der modernen Männlichkeit, Frankfurt a. M. 1997.

Mühlberg, Dietrich: Sexuelle Orientierungen und Verhaltensweisen in der DDR, in: Sowi. Sozialwissenschaftliche Informationen 24 (1995), H. 1, 49–57.

Müller, Jürgen: Die Kölner Kriminalpolizei zwischen Verbrechensaufklärung und «vorbeugender Verbrechensbekämpfung», in: Stefan Heiss u. Wolfgang Schmale, Hg., Polizei und schwule Subkulturen (=Komparativ 9, Nr. 1), Leipzig 1999, 25–47.

Müller, Klaus: Aber in meinem Herzen sprach eine Stimme so laut. Homosexuelle Autobiographien und medizinische Pathographien im 19. Jahrhundert, Berlin 1991.

Müller, Klaus: Die unmittelbare Vorgeschichte: Heinrich Hössli, in: Rüdiger Lautmann, Hg., Homosexualität. Handbuch der Theorie- und Forschungsgeschichte, Frankfurt a. Main u. New York 1993, 13–18.

Mumby, Dennis K.: Two Discourses on Communication, Power, and the Subject. Jürgen Habermas and Michel Foucault, in: George Levine, Hg., Constructions of the Self, New Brunswick 1992, 81–104.

Münz, Rainer: Sexualität in Beziehungen. Eine Rekonstruktion auf Grund biographischer Interviews mit österreichischen Frauen, in: Hugo Husslein u.a., Hg., Sexualität als Entwicklungsproblem. Auf dem Weg zur Partnerschaft, Wien 1985, 118–188.

Murray, Stephen O.: Homosexual Acts and Selves in Early Modern Europe, in: Gerard Kent u. Gert Hekma, Hg., The Pursuit of Sodomy. Male Homosexuality in Renaissance and Enlightenment Europe, New York u. London 1989, 457–478.

Näcke, Paul: Verbrechen und Wahnsinn beim Weibe, Wien u. Leipzig 1894.

Nead, Linda: Myths of Sexuality. Representations of Women in Victorian Britain, Oxford u. New York 1988.

Neuman, Robert Paul: The Priests of the Body and Masturbatory Insanity in the Late Nineteenth Century, in: Psychohistory Review 6 (1978), 21–32.

Neuman, Robert Paul: Working-Class Birth Control in Wilhelmine Germay, in: Comperative Studies in Society and History 20 (1978), 408–428.

Neumann, Ursula: Ohne Jeans und Pille. Als «man» noch heiraten mußte, Stuttgart 1994.

Niederösterreichische Polizeiordnung 1542 (= Sammlung Chorinsky I, UB Wien).

Niklas Luhmann, Liebe als Passion. Zur Codierung von Intimität, Frankfurt a.M. 1982.

Nyborg, Helmuth: Hormones, Sex, and Society. The Science of Physiology, Westport (Conn.) u. London 1994.

Nye, Robert A.: The History of Sexuality in Context. National Sexological Traditions, in: Science in Context 4 (1991), No. 2, 387–406.

Nye, Robert A.: Sex and Sexuality in France since 1800, in: Franz X. Eder, Lesley A. Hall u. Gert Hekma, Hg., Sexual Cultures in Europe. National Histories, Manchester u. New York 1999, 91–113.

Oest, Johann Friedrich: Höchstnöthige Belehrung und Warnung für Jünglinge und Knaben, die schon zu einigem Nachdenken gewöhnt sind, Wolfenbüttel 1787.

Oest, Johann Friedrich: Versuch einer Beantwortung der pädagogischen Frage. Wie man Kinder und junge Leute vor dem Leib und Seele verwüstenden Laster der Unzucht überhaupt, und der Selbstschwächung insonderheit verwahren. Oder, wofern sie schon davon angesteckt waren, wie man sie davon heilen könne?, in: Joachim Heinrich Campe, Hg., Allgemeine Revision des gesammten Schul- und Erziehungswesens, Bd. 6, Wolfenbüttel 1787, 1–286.

Onania, oder die schreckliche Sünde der Selbst-Befleckung. Mit allen ihren entsetzlichen Folgen, so dieselben bey beyderley Geschlecht nach sich ziehen pfleget, Leipzig 1736.

Onania, or the Heinous Sin of Self-Pollution, and All Its Frightful Consequences, in Both Sexes, Considered, London [1716].

Onania: or, the Heinous Sin of Self-Pollution, and all its Frightful Consequences (in both Sexes,) Considered; With Spiritual and Physical Advice to those who have already injur'd themselves by this abominable practice, 15. Aufl. London 1730.

Oosterhuis, Harry, Hg.: Homosexuality and Male Bonding in Pre-Nazi-Germany. The Youth Movement, the Gay Movement, and Male Bonding before Hitler's Rise, Binghampton (N.Y.) 1992.

Oosterhuis, Harry: Homoseksuele identiteit tussen ziektegeschiedenis en autobiografie. Richard von Krafft-Ebing en zijn stiefkinderen der natuur, in: Gezondheid, Tijdschrift over theorie en praktijk va de gezondheidszorg 2 (1994), Nr. 2, 130–147.

Oosterhuis, Harry: Reinheit und Verfolgung. Männerbünde, Homosexualität und Politik in Deutschland (1900–1945), in: Österreichische Zeitschrift für Geschichtswissenschaften 5 (1994), H. 3, 388–409.

Oosterhuis, Harry: «Plato war doch gewiss kein Schweinehund». Richard von Krafft-Ebing und die homosexuelle Identität, in: Österreichische Zeitschrift für Geschichtswissenschaften 9 (1998), H. 3, 358–384.

Oosterhuis, Harry: Medical Science and the Modernisation of Sexuality, in: Franz X. Eder, Lesley A. Hall and Gert Hekma, Hg., Sexual Cultures in Europe. National Histories, Manchester u. New York 1999, 221–241.

Oosterhuis, Harry: Stepchildren of Nature. Krafft-Ebing, Psychiatry and the Making of Sexual Identity, Chicago u. London 2000.

Ortmayr, Norbert, Hg.: Knechte. Autobiographische Dokumente und sozialhistorische Skizzen, Wien, Köln u. Weimar 1992.

Osterwald, Johann Friedrich: Treu gemeinte Warnung vor der Unreinigkeit, darinne nicht nur aller dahion gehörigen Laster mit sich führende Schande und daraus entstehender Schande, aus der Natur so wohl als der Hiligen Schrift vorgestellet, sondern auch wie solche zu vermeiden und die edle Tugend der Keuschheit zu erlangen, kräfftige Mittel angewisen werden, Hamburg 1714.

Pallaver, Günther: Das Ende der schamlosen Zeit. Die Verdrängung der Sexualität in der frühen Neuzeit am Beispiel Tirols, Wien 1987.

Palmer, Bryan D.: Descent into Discourse. The Reification of Language and the Writing of Social History, Philadelphia 1990.

Parent-Duchatelet, Alexandre: La prostitution à Paris au XIXe siècle, Paris 1826.

Parisot, Jeannette: Dein Kondom, das unbekannte Wesen. Eine Geschichte der Pariser, Hamburg 1987.

Patrouch, Joseph F.: Sexualität und Herrschaft. Sexuelles Fehlverhalten in Strafprozessen vor drei grundherrlichen Gerichten Oberösterreichs, in: Daniela Erlach, Markus Reisenleitner, u. Karl Vocelka, Hg., Privatisierung der Triebe. Sexualität in der frühen Neuzeit, Frankfurt a. M. 1994, 155–166.

Paul, Christa: Zwangsprostitution. Staatlich errichtete Bordelle im Nationalsozialismus, Berlin 1994.

Payer, Pierre J.: Sex and the Penitentials. The Development of a Sexual Code, 550–1150, Toronto 1984.

Pearsall, Ronald: The Worm in the Bud. The World of Victorian Sexuality, Harmondsworth 1969.

Petersen, Klaus: The Harmful Publication (Young Persons) Act of 1926. Literary Censorship and the Politics of Morality in the Weimar Republic, in: German Studies Review 15 (1992), No. 3, 505–523.

Pfister, Christian: Bevölkerungsgeschichte und historische Demographie 1500–1800, München 1994.

Pfoser, Alfred: Der Wiener «Reigen»-Skandal. Sexualangst als proletarisches Syndrom der Ersten Republik, in: Helmut Konrad u. Wolfgang Madertha-ner, Hg., Neuere Studien zur Arbeitergeschichte, Bd. 3, Wien 1984, 663–720.

Pick, Daniel: Faces of Degeneration. A European Disorder 1848–1918, Cambridge 1989.

Pini, Udi: Leibeskult und Liebeskitsch. Erotik im Dritten Reich, München 1992.

Pirhofer, Gottfried u. Reinhard Sieder: Zur Konstitution der Arbeiterfamilie im Roten Wien. Familienpolitik, Kulturreform, Alltag und Ästhetik, in: Michael Mitterauer u. Reinhard Sieder, Hg., Historische Familienforschung, Frankfurt a. M. 1982, 326–368.

Planert, Ute: Der dreifache Körper des Volkes. Sexualität, Biopolitik und die Wissenschaften vom Leben, in: Ute Frevert, Hg., Körpergeschichte (= Geschichte und Gesellschaft (2000), H. 4), 539–576.

Plant, Richard: The Pink Triangle. The Nazi War against Homosexuals, New York 1986.

Plant, Richard: Rosa Winkel. Der Krieg der Nazis gegen die Homosexuellen, Frankfurt a. M. u. New York 1991.

Plies, Kerstin, Bettina Nickel u. Peter Schmidt, Zwischen Lust und Frust – Jugendsexualität in den 90er Jahren. Ergebnisse einer repräsentativen Studie in Ost- und Westdeutschland, Opladen 1999.

Plummer, Kenneth, Hg.: The Making of the Modern Homosexual, London 1981.

Poiger, Uta G.: Rock'n Roll, Female Sexuality, and the Cold War Battle over German Identities, in: Journal of Modern History 68 (September 1996), 577–616.

Pollis, Carol A.: The Apparatus of Sexuality. Reflections on Foucault's Contributions to the Study of Sex in History, in: Journal of Sex Research 23 (1987), 401–408.

Pomata, Gianna: Vollkommen oder verdorben? Der männliche Samen im frühneuzeitlichen Europa, in: L'Homme 6 (1995), H. 2, 59–85.

Pörksen, Uwe: Plastikwörter. Die Sprache einer internationalen Diktatur, Stuttgart 1988.

Porter, Roy: Mixed Feelings. The Enlightenment and Sexuality in Eighteenth-Century Britain, in: Paul-Gabriel Boucé, Hg., Sexuality in Eighteenth-Century Britain, Manchester 1982, 1–27.

Porter, Roy: Spreading Carnal Knowledge or Selling Dirt Cheap? Nicholas Venettes ‹Tableau de l'amour conjugal› in Eighteenth-Century England, in: Journal of European Studies 14 (1984), 233–255.

Porter, Roy: Constructing Sexual Knowledge. The Literature of Sexual Advice Before 1800. Paper für die «Amsterdam Conference on Sexual Cultures in Europe», Juni 1992, Amsterdam 1992.

Porter, Roy: Forbidden Pleasures. Enlightenment Literature of Sexual Advice, in: Paula Bennett u. Vernon A. Rosario, Hg., Solitary Pleasures. The Historical, Literary, and Artistic Discourses of Autoeroticism, New York u. London 1995, 75–98.

Porter, Roy u. Lesley Hall: The Facts of Life. The Creation of Sexual Knowledge in Britain, 1650–1950, New Haven u. London 1995.

Pretzel, Andreas u. Gabriele Roßbach, Hg.: Wegen der zu erwartenden hohen Strafe ... Homosexuellenverfolgung in Berlin 1933–1945, Berlin 2000.

Preußische Landordnung 1577, in: Gustaf Klemens Schmelzeisen, Hg., Quellen zur Neueren Privatrechtsgeschichte Deutschlands, 1. Bd., Köln u. Graz 1968/1969, 373–422.

Puenzieux, Dominique u. Brigitte Ruckstuhl: Medizin, Moral und Sexualität. Die Bekämpfung der Geschlechtskrankheiten Syphilis und Gonorrhöe in Zürich 1870–1920, Zürich 1994.

Puff, Helmut: Männergeschichten/Frauengeschichten. Über den Nutzen einer Geschichte der Homosexualitäten, in: Hans Medick u. Anne-Charlott Trepp, Hg., Geschlechtergeschichte und Allgemeine Geschichte. Herausforderungen und Perspektiven, Göttingen 1998, 127–169.

Quanter, Rudolf: Die Sittlichkeitsverbrechen im Laufe der Jahrhunderte und ihre strafrechtliche Beurteilung, Berlin 1904.

Quine, Maria Sophia: Population Politics in Twentieth-Century Europe. Fascist Dictatorship and Liberal Demogracies, London u. New York 1996.

Radkau, Joachim: Das Zeitalter der Nervosität. Deutschland zwischen Bismark und Hitler, München u. Wien 1998.

Ramas, Maria: Freud's Dora, Dora's Hysteria, in: Judith Newton, Mary Ryan u. Judith R. Walkowitz, Hg., Sex and Class in Women's History. Essays from Feminist Studies, London u. Boston 1985, 72–113.

Ramazanoglou, Caroline: Up Against Foucault. Explorations of Some Tensions Between Foucault and Feminism, London u. New York 1993.

Rang, Britta: Zur Geschichte des dualistischen Denkens über Mann und Frau. Kritische Anmerkungen zu den Thesen von Karin Hausen zur Herausbildung der Geschlechtercharaktere im 18. und 19. Jahrhundert, in: Jutta Dalhoff, Hg., Frauenmacht in der Geschichte. Beiträge des Historikerinnentreffens 1985 zur Frauengeschichtsforschung, Düsseldorf 1986, 194–204.

Ranke-Heinemann, Uta: Eunuchen für das Himmelreich. Katholische Kirche und Sexualität, überarb. Ausg. München 1999.

Rehm, Friedrich: Vorschläge wie man auch mit Beibehaltung der bisher üblichen Beinkleider Mädchen und Knaben durch Verbesserung ihrer physischen und moralischen Erziehung vor früher Unzucht bewahren könne, Marburg 1793.

Rettung unschuldiger Kinder weiblichen Geschlechts von fälschlich beschuldigter Selbstbefleckung gegen Herrn Leibarzt Zimmermann, in: Neues Magazin für Aerzte 1 (1779), Stück 1, 52–60.

Richter, Simon: Wet-Nursing, Onanism and the Breast in Eighteenth-Century Germany, in: Journal of the History of Sexuality 7 (1996), No. 1, 1–22.

Ritter, Gerhard A. u. Klaus Tenfelde: Arbeiter im Deutschen Kaiserreich 1871 bis 1914, Bonn 1992.

Röhl, John C. G.: Fürst Philipp zu Eulenburg. Zu einem Lebensbild, in: Rüdiger Lautmann u. Angela Taeger, Hg., Männerliebe im alten Deutschland. Sozialgeschichtliche Abhandlungen, Berlin 1992, 119–140.

Rohlje, Uwe: Autoerotik und Gesundheit. Untersuchungen zur gesellschaftlichen Entstehung und Funktion der Masturbationsbekämpfung im 18. Jahrhundert, Münster u. New York 1991.

Roper, Lyndal: The Holy Household. Women and Morals in Reformation Augsburg, Oxford 1989.

Roper, Lyndal: Wille und Ehre. Sexualität, Sprache und Macht in Augsburger Kriminalprozessen, in: Heide Wunder u. Christina Vanja, Hg., Wandel der Geschlechterbeziehungen zu Beginn der Neuzeit, Frankfurt a. M. 1991, 180–197.

Roper, Lyndal: Ödipus und der Teufel. Körper und Psyche in der Frühen Neuzeit, Frankfurt a. M. 1995.

Rosario, Vernon A.: Phantastical Pollutions. The Public Threat of Privat Vice in France, in: Paula Bennett u. Vernon A. Rosario, Hg., Solitary Pleasures. The Historical, Literary, and Artistic Discourses of Autoeroticism, New York u. London 1995, 101–130.

Rosenbaum, Heidi: Formen der Familie. Untersuchungen zum Zusammenhang von Familienverhältnissen, Sozialstruktur und sozialem Wandel in der deutschen Gesellschaft des 19. Jahrhunderts, Frankfurt a. M. 1982.

Rosenbaum, Heidi: Proletarische Familien. Arbeiterfamilien und Arbeiterväter im frühen 20. Jahrhundert zwischen traditioneller, sozialdemokratischer und kleinbürgerlicher Orientierung, Frankfurt a. M. 1992.

Rosenbaum, Julius: Geschichte der Lustseuche im Alterthume, Halle 1839.

Rosenberg, Charles E.: Body and Mind in Nineteenth-Century Medicine. Some Clinical Origins of the Neurosis Construct, in: Bulletin of the History of Medicine 63 (1990), 185–197.

Rosenberger, Fritz Eduard: Das Sexualstrafrecht in Bayern von 1813 bis 1871, Diss. Univ. Marburg 1973.

Rotberg, Robert I. u. Theodore K. Rabb, Hg.: Marriage and Fertility. Studies in Interdisciplinary History, Princeton 1980.

Rousseau, George S.: The Pursuit of Homosexuality in the Eighteenth Century. ‹Utterly Confused Category› and/or Rich Repository?, in: Robert Purks Maccubbin, Hg., This Nature's Fault. Unauthorized Sexuality During the Enlightenment, Cambridge 1987, 132–168.

Rousseau, George S.: Cultural History in a New Key. Towards a Semiotics of the Nerve, in: Joan H. Pittcock u. Andrew Wear, Hg., Interpretation and Cultural History, Hampshire u. London 1991, 25–81.

Rousseau, Jean-Jacques: Emil oder Über die Erziehung, Paderborn u. a. (11. Aufl.) 1993.

Rubin, Gayle: Thinking Sex. Notes for a Radical Theory of the Politics of Sexuality, in: Carole S. Vance, Hg., Pleasure and Danger. Exploring Female Sexuality, Boston u. London 1984, 267–319.

Rublack, Ulinka: Viehisch, frech vnd onverschämpt. Inzest in Südwestdeutschland, ca. 1530–1700, in: Otto Ulbricht, Hg., Von Huren und Rabenmüttern. Weibliche Kriminalität in der frühen Neuzeit, Köln, Weimar u. Wien 1995, 171–213.

Rublack, Ulinka: Magd, Metz' oder Mörderin. Frauen vor frühneuzeitlichen Gerichten, Frankfurt a. M. 1998.

Rühle, Otto: Illustrierte Kultur- und Sittengeschichte des Proletariats, 2 Bde., Berlin 1930.

Ruestow, Edward G.: Images and Ideas. Leeuwenhoek's Perception of Spermatozoa, in: Journal of the History of Biology 16 (1983), No. 2, 185–224.

Runkel, Gunter: Liebe und Leid. Das Sexualverhalten in der Bundesrepublik Deutschland und AIDS. Darstellung einer empirischen Untersuchung, in: Journal für Sozialforschung 29 (1989), H. 1, 79–95.

Russett, Cynthia Eagle: Sexual Science. The Victorian Construction of Womanhood, Cambridge (Mass.) u. London 1989.

Ryter, Annemarie: Es geht Niemand etwas an, von wem ich die Kinder bekomme. Überlegungen zu Öffentlichkeit und Privatheit auf dem Dorf, in: Mireille Othenin-Girard, Anna Grossenreiter u. Sabine Trautweiler, Hg., Frauen und Öffentlichkeit. Beiträge der 6. Schweizerischen Historikerinnentagung, Zürich 1991, 125–132.

Sabean, David Warren: Unehelichkeit. Ein Aspekt sozialer Reproduktion kleinbäuerlicher Produzenten. Zur Analyse dörflicher Quellen um 1800, in: Robert Berdahl et al., Hg., Klassen und Kultur. Sozialanthropologische Perspektiven in der Geschichtsschreibung, Frankfurt a. M. 1982, 54–76.

Sabean, David Warren: Kinship in Neckarhausen, 1700–1870, Cambridge 1998.

Sachsen-Gothaische Landesordnung 1666, in: Gustaf Klemens Schmelzeisen, Hg., Quellen zur Neueren Privatrechtsgeschichte Deutschlands. Bd. 1, Köln u. Graz 1968/1969, 571–704.

Salisch, Maria von u. Hans Oswald: Jugendliche und Aids. Sexualverhalten und Umgang mit den Ansteckungsrisiko. Ergebnisse einer Untersuchung an Westberliner Schülerinnen und Schülern, in: Zeitschrift für Sexualforschung 2 (1989), H. 3, 216–226.

Salzmann, Christian Gotthilf: Ists recht über die heimlichen Sünden der Jugend öfentlich zu schreiben?, Schnepfenthal 1785.

Salzmann, Christian Gotthilf: Über die heimlichen Sünden der Jugend, Frankfurt a. M. u. Leipzig 1785.

Sander, Helke u. Barbara Johr, Hg.: BeFreier und Befreite. Krieg, Vergewaltigungen, Kinder, Frankfurt a. M. 1995.

Sanger, William: History of Prostitution. Its Extent, Causes and Effects Throughout the World, New York 1858.

Sarganeck, Georg: Überzeugende und bewegliche Warnung vor allen Sünden der Unreinigkeit und heimlichen Unzucht, darinnen aus medizinischen und theologischen Gründen vernünftig vorgestellt wird, I. was für Gefahr und Schaden, II. Schulden und Gerichte, und III. für Rettungsmittel vorhanden, Züllichau 1740.

Sauerteig, Lutz: «… ein Übel, das am Marke des deutschen Volkes zehrt …». Gesundheitspolitische Strategien gegen Geschlechtskrankheiten in Deutschland im späten 19. und frühen 20. Jahrhundert, phil. Diss. Univ. Hamburg 1995.

Sauerteig, Lutz D. H.: Sex Education in Germany from the Eighteenth to the Twentieth Century, in: Franz X. Eder, Lesley A. Hall u. Gert Hekma, Hg., Sexual Cultures in Europe. Themes in Sexuality, Manchester u. New York 1999, 9–33.

Saurer, Edith: Leiden und Lieben. Zum deutschsprachigen Frauenroman im 19. Jahrhundert, in: Die ungeschriebene Geschichte. Historische Frauenforschung. Dokumentation des 5. Historikerinnentreffens in Wien, Wien 1985, 135–140.

Saurer, Edith: Bewahrerinnen der Zucht und der Sittlichkeit. Gebetbücher für

Frauen. Frauen in Gebetbüchern, in: L'Homme. Zeitschrift für Feministische Geschichtswissenschaft 1 (1990), H. 1, 37–58.

Saurer, Edith: Über die Beziehung von Schamhaftigkeit, Öffentlichkeit und Geschlecht, in: Wolfgang Müller-Funk, Hg., Macht. Geschlechter. Differenz. Beiträge zur Archäologie der Macht im Verhältnis der Geschlechter, Wien 1994, 63–78.

Saurer, Edith: Reglementierte Liebe. Staatliche Ehehindernisse in der vormärzlichen Habsburgermonarchie, in: SOWI. Sozialwissenschaftliche Informationen. Geschichte, Politik, Wirtschaft 24 (1995), H. 4, 245–252.

Saurer, Edith: Zur Säkularisierung des Sündenkonzepts. Die Genese des strafrechtlichen Konzepts der «Erregung öffentlichen Ärgernisses», in: Michael Weinzierl, Hg., Individualisierung, Rationalisierung, Säkularisierung. Neue Wege der Religionsgeschichte, München u. Wien 1997, 200–219.

Schidrowitz, Leo, Hg.: Sittengeschichte des Proletariats. Der Weg vom Leibes- zum Maschinensklaven, die sittliche Stellung und Haltung des Proletariats, Wien u. Leipzig 1928.

Schieder, Elmar A. M.: Das Haberfeldtreiben. Ursprung, Wesen, Deutung, München 1983.

Schiefelbein, Dieter: Wiederbeginn der juristischen Verfolgung homosexueller Männer in der Bundesrepublik Deutschland. Die Homosexuellenprozesse in Frankfurt am Main 1950/51, in: Zeitschrift für Sexualforschung 5 (1995), Nr. 1, 59–73.

Schilling, Heinz: Frühneuzeitliche Formierung und Disziplinierung von Ehe, Familie und Erziehung im Spiegel calvinistischer Kirchenratsprotokolle, in: Paolo Prodi, Hg., Glaube und Eid. Treueformeln, Glaubensbekenntnisse und Sozialdisziplinierung zwischen Mittelalter und Neuzeit, München 1993, 199–235.

Schilling, Heinz: Die Kirchenzucht im frühneuzeitlichen Europa in interkonfessionell vergleichender und interdisziplinärer Perspektive – eine Zwischenbilanz, in: ders., Hg., Kirchenzucht und Sozialdisziplinierung im frühneuzeitlichen Europa (Zeitschrift für historische Forschung Beiheft 16), Berlin 1994, 11–40.

Schlumbohm, Jürgen: Gesetze, die nicht durchgesetzt werden – ein Strukturmerkmal des frühneuzeitlichen Staates?, in: Geschichte und Gesellschaft 23 (1997), 647–663.

Schmale, Wolfgang, Hg.: MannBilder. Ein Lese- und Quellenbuch zur historischen Männerforschung, Berlin 1998.

Schmale, Wolfgang: Einleitung: Gender Studies, Männergeschichte, Körpergeschichte, in: Wolfgang Schmale, Hg., MannBilder. Ein Lese- und Quellenbuch zur historischen Männerforschung, Berlin 1998, 7–33.

Schmale, Wolfgang: Polizei-Überwachung und «mann-männliche Subkultur» in der Neuzeit. Eine Hinführung zum Thema, in: Stefan Heiss u. Wolfgang Schmale, Hg., Polizei und schwule Subkulturen (=Komparativ 9, No. 1), Leipzig 1999, 9–24.

Schmelzeisen, Gustaf Klemens, Hg.: Quellen zur Neueren Privatrechtsgeschichte Deutschlands, 2. Bd. Polizei- und Landesordnungen, Köln u. Graz 1968/1969.

Schmersahl, Katrin: Medizin und Geschlecht. Zur Konstruktion der Kategorie Geschlecht im medizinischen Diskurs des 19. Jahrhunderts, Opladen 1998.

Schmid, Pia u. Christina Weber: Von der ‹wohlgeordneten Liebe› und der ‹so eigenen Wollust des Geschlechtes›. Zur Diskussion der weiblichen Begierde zwischen 1730 und 1830, in: Jutta Dalhoff, Hg., Frauenmacht in der Geschichte. Beiträge des Historikerinnentreffens 1985 zur Frauengeschichtsforschung, Düsseldorf 1986, 150–165.

Schmidt, Eberhard: Einführung in die Geschichte der deutschen Strafrechtspflege, 3. völlig durchgearbeitete und veränderte Aufl., Göttingen 1965.

Schmidt, Gunter: Das Verschwinden der Sexualmoral. Über sexuelle Verhältnisse, Hamburg 1996.

Schmidt, Gunter u. a.: Veränderungen 1970–1990 (BRD), in: ders., Hg., Jugendsexualität. Sozialer Wandel, Gruppenunterschiede, Konfliktfelder, Stuttgart 1993, 27–48.

Schmidt. Gunter u. a.: Veränderungen des Sexualverhaltens von Studentinnen und Studenten 1966–1981–1996, Vortrag auf der 19. Tagung der Deutschen Gesellschaft für Sexualforschung «Kultureller Wandel der Sexualität», am 16. und 17. Oktober 1997 in Hamburg (Manuskript), Hamburg 1997.

Schmidt, Gunter u. Volkmar Sigusch: Arbeiter-Sexualität. Eine empirische Untersuchung an jungen Industriearbeitern, Neuwied u. Berlin 1971.

Schmidt, Gunter u. Volkmar Sigusch, Veränderungen in den Sechziger Jahren (BRD), in: Gunter Schmidt, Hg., Jugendsexualität. Sozialer Wandel, Gruppenunterschiede, Konfliktfelder, Stuttgart 1993, 12–26.

Schnabel-Schüle, Helga: Überwachen und Strafen im Territorialstaat. Bedingungen und Auswirkungen des Systems strafrechtlicher Sanktionen im frühneuzeitlichen Württemberg, Köln, Weimar u. Wien 1997.

Schnell, Rüdiger: Text und Geschlecht. Mann und Frau in Eheschriften der frühen Neuzeit, Frankfurt a. M. 1997.

Schnell, Rüdiger: Frauendiskurs, Männerdiskurs, Ehediskurs. Textsorten und Geschlechterkonzepte in Mittelalter und Früher Neuzeit, Frankfurt a. M. u. New York 1998.

Schnell, Rüdiger: Mediävistik und Frühneuzeitforschung: Können sie zusammen nicht kommen? Überlegungen anläßlich einer Neuerscheinung, in: Archiv für Kulturgeschichte 82 (2000), H. 1, 227–237.

Schoppmann, Claudia: Der Skorpion. Frauenliebe in der Weimarer Republik, Hamburg 1985.

Schoppmann, Claudia: Nationalsozialistische Sexualpolitik und weibliche Homosexualität, Pfaffenweiler 1991.

Schoppmann, Claudia: Zeit der Maskierung. Lebensgeschichten lesbischer Frauen im «Dritten Reich», Berlin 1993.

Schoppmann, Claudia: Verbotene Verhältnisse. Frauenliebe 1938–1945, Berlin 1999.

Schrank, Josef: Die Prostitution in Wien in historischer, administrativer und hygienischer Beziehung, Wien 1886.

Schüklenk, Udo: Naturwissenschaften und Philosophie, in: Rüdiger Lautmann, Hg., Homosexualität. Handbuch der Theorie und Forschungsgeschichte, Frankfurt a. M. u. New York 1993, 307–317.

Schulte, Regina. Sperrbezirke. Tugendhaftigkeit und Prostitution in der bürgerlichen Welt, Frankfurt a. M. 1979.

Schulte, Regina: Bauernmägde in Bayern am Ende des 19. Jahrhunderts, in: Karin Hausen, Hg., Frauen suchen ihre Geschichte. Historische Studien zum 19. und 20. Jahrhundert, München 1983, 110–127.

Schulte, Regina: Kindsmörderinnen auf dem Lande, in: Hans Medick u. David Sabean, Hg., Emotionen und materielle Interessen. Sozialanthropologische und historische Beiträge zur Familienforschung, Göttingen 1984, 113–142.

Schulte, Regina: Das Dorf im Verhör, Reinbek 1989.

Schurian, Andrea: Sexualnot ist Sozialnot. Zur Agitation gegen den Paragraphen 144–148 in der Ersten Republik, in: Wolfgang Duchkowitsch, Hannes Haas u. Klaus Lojka, Hg., Kreativität aus der Krise. Konzepte der gesellschaftlichen Kommunikation in der Ersten Republik. Festschrift für Marianne Lunzer-Linhausen, Wien 1991, 141–156.

Schwarzer, Alice: Der «kleine» Unterschied und seine großen Folgen, Frankfurt a. M. 1975.

Schwerhoff, Gerd: Verordnete Schande? Spätmittelalterliche und frühneuzeitliche Ehrenstrafen zwischen Rechtsakt und sozialer Sanktion, in: Andreas Blauert u. Gerd Schwerhoff, Hg., Mit den Waffen der Justiz. Zur Kriminalitätsgeschichte des Spätmittelalters und der Frühen Neuzeit, Frankfurt a. M. 1993, 158–188.

Segall, Josef: Geschichte und Strafrecht der Reichspolizeiordnungen von 1530, 1548 und 1577, Kirchhain 1914.

Seidler, Eduard: 19. Jahrhundert. Zur Vorgeschichte des Paragraphen 218, in: Robert Jütte, Hg., Geschichte der Abtreibung. Von der Antike bis zur Gegenwart, München 1993, 120–139.

Seidler, Franz: Prostitution, Homosexualität, Selbstverstümmelung. Probleme der deutschen Sanitätsführung 1939–1945, Neckargemünd 1977.

Seidman, Steven: Difference Troubles. Queering Social Theory and Sexual Politics, Cambridge 1997.

Senger, Gerti u. Johannes Huber: Hormone – was sie sind und was sie bewirken, München 1989.

Senn, Marcel: Rechtsgeschichte – ein kulturhistorischer Grundriss, Zürich 1997.

Seyfarth-Stubenrauch, Michael: Erziehung und Sozialisation in Arbeiterfamilien im Zeitraum 1870 bis 1914 in Deutschland. Ein Beitrag historisch-pädagogischer Sozialisationsforschung zur Sozialgeschichte der Erziehung, Frankfurt a. M., Bern u. New York 1985.

Shorter, Edward: Illegitimacy, Sexual Revolution and Social Change in Modern Europe, in: Journal of Interdisciplinary History 2 (1971), 237–272.

Shorter, Edward: Female Emancipation, Birth Control and Fertility in European History, in: The American Historical Review 78 (1973), No. 3, 605–640.

Shorter, Edward: The Making of the Modern Family, New York 1975.

Shorter, Edward: Bastardy in South Germany. A Reply, in: Journal of Interdisciplinary History 8 (1978), 459–469.

Shorter, Edward: Bäuerliches Heiratsverhalten und Ehebeziehungen in der vorindustriellen Gesellschaft, in: Heidi Rosenbaum, Hg., Seminar Familie und Gesellschaftsstruktur, Frankfurt a. M. 1978, 459–469.

Shorter, Edward: From Paralysis to Fatique. The History of Psychosomatic Illness in the Modern Era, New York 1992.

Showalter, Elaine: The Female Malady. Women, Madness and English Culture 1830–1980, New York 1985.

Sieber, Dominik: Calvinistische Passionen, konfessionalisierte Körper. Zur Autobiographie des Zinngießers Augustin Güntzer (1596–1657?), in: Sowi. Sozialwissenschaftliche Informationen 24 (1995), H. 1, 5–11.

Sieder, Reinhard: «Vata, derf i aufstehn?» Kindheitserfahrungen in Wiener Arbeiterfamilien um 1900, in: Hubert Ch. Ehalt, Hg., Glücklich ist, wer vergißt ...? Das andere Wien um 1900, Wien, Köln u. Graz 1986, 39–90.

Sieder, Reinhard: Sozialgeschichte der Familie, Frankfurt a. M. 1987.

Sieder, Reinhard: Die Ordnung des Hauses und die Liebe der Jungen. Zur Sexualkultur Lediger in bäuerlichen Gesellschaften um 1800, in: Oto Luthar et al., Hg., Pot na grmado. Der Weg auf den Scheiterhaufen. The Road to the Pile. Ljubljana 1994, 297–327.

Sigusch, Volkmar: Karl Heinrich Ulrichs. Der erste Schwule der Weltgeschichte, Berlin 2000.

Sint, Oswald: Buibm und Gitschn beinando is ka Zoig! Jugend in Osttirol 1900–1930, Wien, Graz u. Köln 1986.

Soden, Kristine v. Die Sexualberatungsstellen der Weimarer Republik, 1919–1933, Berlin 1988.

Solomon-Godeau, Abigail: Male Trouble. A Crisis in Representation, London 1997.

Sommer, Kai: Die Strafbarkeit der Homosexualität von der Kaiserzeit bis zum Nationalsozialismus. Eine Analyse der Straftatbestände im Strafgesetzbuch und in den Reformentwürfen (1871–1945), Frankfurt a. M. u. a. 1998.

Sommer, Volker: Wider die Natur? Homosexualität und Evolution, München 1990.

Spann, Othmar: Die geschlechtlich-sittlichen Verhältnisse im Dienstboten- und Arbeiterinnenstande, gemessen an der Erscheinung der unehelichen Geburten, in: Zeitschrift für Socialwissenschaft 7 (1904), 287–303.

Sparing, Frank: ... wegen Verbrechen nach § 175 verhaftet. Die Verfolgung der Düsseldorfer Homosexuellen während des Nationalsozialismus, Düsseldorf 1997.

Sparing, Frank: ... daß er es der Kastration zu verdanken hat, daß er überhaupt in die Volksgemeinschaft entlassen wird, in: Centrum für Schwule Geschichte, Hg., Das sind Volksfeinde! Die Verfolgung von Homosexuellen an Rhein und Ruhr 1933–1945, Köln 1998, 160–181.

Spencer, Colin: Homosexuality. A History, London 1995, 243 ff.

Spree, Reinhard: Geburtenrückgang in Deutschland vor 1939. Verlauf und schichtspezifische Ausprägung, in: Demographische Informationen (1984), 49–68.

Stannard, David E.: Shrinking History. On Freud and the Failure of Psychohistory, New York u. Oxford 1980.

Stanton, Domna C., Hg.: Discourses of Sexuality. From Aristotle to AIDS, Ann Arbor 1992.

Stanton, Domna C.: The Subject of Sexuality, in: dies., Hg., Discourses of Sexuality. From Aristotle to AIDS, Ann Arbor 1992, 1–47.

Starke, Kurt: Schwuler Osten. Homosexuelle Männer in der DDR, Berlin 1994.

Starke, Kurt u. Konrad Weller: Veränderungen 1970–1990 (DDR), in: Gunter Schmidt, Hg., Jugendsexualität. Sozialer Wandel, Gruppenunterschiede, Konfliktfelder, Stuttgart 1993, 49–65.

Staupe, Gisela u. Lisa Vieth, Hg.: Die Pille. Von der Lust und von der Liebe, Berlin 1996.

Steakley, James D.: The Homosexual Emancipation Movement in Germany, 1862–1945, New York 1975.

Steakley, James D.: Iconography of a Scandal. Political Cartoons and the Eulenburg Affair in Wilhelmin Germany, in: Martin Duberman, Martha Vicinus u. George Jr. Chauncey, Hg., Hidden from History. Reclaiming the Gay and Lesbian Past, New York 1989, 233–263.

Steakley, James D.: Sodomy and Enlightenment Prussia. From Execution to Suicide, in: Kent Gerard u. Gert Hekma, Hg., The Pursuit of Sodomy. Male Homosexuality in Renaissance and Enlightenment Europe, New York u. London 1989, 163–176.

Stein, Edward, Hg.: Forms of Desire. Sexual Orientation and the Social Constructionist Controversy, New York u. London 1990.

Stein, Edward: The Essentials of Constructionism and the Construction of Essentialism, in: ders., Hg., Forms of Desire. Sexual Orientation and the Social Constructionist Controversy, New York u. London 1990, 325–354.

Stengers, Jean u. Anne van Neck: Histoire d'une grande peur. La mastubation, Brüssel 1984.

Stolberg, Michael: Mein äskulapisches Orakel! Patientenbriefe als Quelle einer Kulturgeschichte der Krankheitserfahrung im 18. Jahrhundert, in: Österreichische Zeitschrift für Geschichtswissenschaften 7 (1996), H. 3, 385–404.

Stolberg, Michael: An Unmanly Vice. Self-Pollution, Anxiety, and the Body in the Eighteenth Century, in: Social History of Medicine 13 (2000), No. 1, 1–21.

Stolberg, Michael: Self-pollution, Moral Reform, and the Veneral Trade. Notes on the Sources and Historical Context of Onania (1716), in: Journal of the History of Sexuality 9 (2000), 1/2, 37–61.

Stone, Lawrence: The Family, Sex and Marriage in England 1500–1800, London 1977.

Strafgesetzbuch für das Deutsche Reich, Berlin 1871.

Strafgesetzbuch für das Königreich Bayern, München 1813, tw. Neuausg. in: Arno Buschmann, Hg., Textbuch zur Strafrechtsgeschichte der Neuzeit. Die klassischen Gesetze, München 1998, 447–538.

Strafgesetzbuch für die Preußischen Staaten vom 1. Juli 1851, tw. Neuausg. in: Arno Buschmann, Hg., Textbuch zur Strafrechtsgeschichte der Neuzeit. Die klassischen Gesetze, München 1998, 538–614.

Stukenbrock, Karin: Abtreibung im ländlichen Raum Schleswig-Hosteins im 18. Jahrhundert. Eine sozialgeschichtliche Untersuchung auf der Basis von Gerichtsakten, Neumünster 1993.

Stukenbrock, Karin: Das Zeitalter der Aufklärung. Kindsmord, Fruchtabtreibung und medizinische Policey, in: Robert Jütte, Hg., Geschichte der Abtreibung. Von der Antike bis zur Gegenwart, München 1993, 91–119.

Stümke, Hans-Georg u. Rudi Finkler: Rosa Winkel, rosa Listen. Homosexu-elle und «Gesundes Volksempfinden» von Auschwitz bis heute, Reinbek 1981.

Sulloway, Frank J.: Freud. Biologist of the Mind. Beyond the Psychoanalytic Legend, New York 1979.

Sumser, Robert: Erziehung, the Family and the Regulation of Sexuality in the Late German Enlightenment, in: German Studies Review 15 (1992), No. 3, 455–474.

Sutter, Eva: Ein Act des Leichtsinns und der Sünde. Illegitmität im Kanton Zürich. Recht, Moral und Lebensrealtität, 1800–1860, Zürich 1995.

Sweet, Denis M.: The Personal, the Political, and the Aesthetic. Johann Joachim Winckelmann's German Enlightenment Life, in: Gerard Kent u. Gert Hekma, Hg., The Pursuit of Sodomy. Male Homosexuality in Renaissance and Enlightenment Europe, New York u. London 1989, 147–162.

Sydow, Kirsten von: Psychosexuelle Entwicklung im Lebenslauf. Eine biographische Studie bei Frauen der Geburtsjahrgänge 1895 bis 1936, Regensburg 1991.

Sydow, Kirsten von: Lust auf Liebe bei älteren Menschen, München u. Basel 1992.

Sydow, Kirsten von: Lebenslust. Weibliche Sexualität von der frühen Kindheit bis ins hohe Alter, Bern u. a. 1993.

Sydow, Kirsten von: Female Sexuality and Historical Time. A Comparison of Sexual Biographies of German Women Born Between 1895 and 1936, in: Archives of Sexual Behaviour 25 (1996), No. 5, 473–493.

Symonds, Donald: The Evolution of Human Sexuality, New York 1979.

Szreter, Simon: Falling Fertilities and Changing Sexualities in Europe since c. 1850. Comparative Survey of National Demographic Patterns, in: Franz X. Eder, Lesley Hall u. Gert Hekma, Hg., Sexual Cultures in Europe. Themes in Sexuality, Manchester u. New York 1999, 159–194.

Taeger, Angela: Intime Machtverhältnisses. Moralstrafrecht und administrative Kontrolle der Sexualität im ausgehenden Ancien Régime, München 1999.

Taeger, Angela u. Rüdiger Lautmann: Sittlichkeit und Politik. Paragraph 175 im Deutschen Kaiserreich (1871–1919), in: dies., Hg., Männerliebe im alten Deutschland. Sozialgeschichtliche Abhandlungen, Berlin 1992, 239–268.

Tarczylo, Théodore: Sexe et liberté au siècle des Lumières, Paris 1983.

Tarczylo, Théodore: Moral Values in ‹La Suite de l'Entretien›, in: Robert Purks Maccubbin, Hg., 'Tis Nature's Fault. Unauthorized Sexuality During the Enlightenment, Cambridge 1987, 43–60.

Tenfelde, Klaus: Arbeiterfamilie und Geschlechterbeziehungen im Deutschen Kaiserreich, in: Geschichte und Gesellschaft 18 (1992), H. 2, 179–203.

Thalhofer, F. X.: Die sexuelle Pädagogik bei den Philanthropen, Kempten u. München 1907.

Theweleit, Klaus: Männerphantasien, 2 Bde., Frankfurt a. M. 1977.

Theweleit, Klaus: What Did We Do to Our Song, Girl … (Boy) … Zu Pillen, zur Pille und zu einigen Schicksalen des Sexuellen in Deutschland von 1960 bis heute, in: Gisela Staupe u. Lisa Vieth, Hg., Die Pille. Von der Lust und von der Liebe, Berlin 1996, 21–49.

Thiel, Michael: Johann Friedrich Ernst Albrecht (1752–1814). Arzt, medizinischer Volksschriftsteller, politischer Belletrist. Ein Beitrag zur Trivialliteraturforschung, Berlin 1970.

Thurnwald, Hilde: Gegenwartsprobleme Berliner Familien. Eine soziologische Untersuchung, Berlin 1948.

Tilly, Charles et al., Hg.: Historical Studies in Changing Fertility, Princeton 1978.

Tilly, Louise A., Joan W. Scott u. Miriam Cohan: Women's Work and European Fertility Patterns, in: Journal of Interdisciplinary History 6 (1976), 447–476.

Tissot, Samuel Auguste: De morbis ex manustupratione ortis, Lausanne 1758.

Tissot, Samuel Auguste: De l'onanisme, ou dissertation pyhsique sur les maladies, produites par la masturbation, disseration physique Univ. Paris 1760.

Tissot, Samuel Auguste: Von der Onanie oder Abhandlung über die Krankheiten, die von der Selbstbefleckung herrühren, Eisenach 1770.

Titzmann, Michael: Bemerkungen zu Wissen und Sprache in der Goethezeit (1770–1830), in: Jürgen Link u. Wulf Wülfing, Hg., Bewegung und Stillstand in Metaphern und Mythen. Fallstudien zum Verhältnis von elementarem Wissen und Literatur im 19. Jahrhundert, Stuttgart 1984, 100–120,

Titzmann, Michael: Kulturelles Wissen – Diskurs – Denksystem. Zu einigen Grundbegriffen der Literaturgeschichtsschreibung, in: Zeitschrift für französische Sprache und Literatur 99 (1989), 47–61.

Titzmann, Michael: Literarische Strukturen und kulturelles Wissen. Das Beispiel inzestuöser Situationen in der Erzählliteratur der Goethezeit und ihrer Funktionen im Denksystem der Epoche, in: Jörg Schönert, Hg., Erzählte Kriminalität. Zur Typologie und Funktion von narrativen Darstellungen in Strafrechtspflege, Publizistik und Literatur zwischen 1770 und 1920, Tübingen 1991, 229–281.

Tony, Fahey: Religion and Sexual Culture in Ireland, in: Franz X. Eder, Lesley A. Hall u. Gert Hekma, Hg., Sexual Cultures in Europe. National Histories, Manchester u. New York 1999, 53–70.

Trepp, Anne-Charlotte: Anders als sein «Geschlechtscharakter». Der bürgerliche Mann um 1800. Ferdinand Beneke (1774–1848), in: Historische Anthropologie. Kultur, Gesellschaft, Alltag 4 (1994), H. 1, 57–77.

Trepp, Anne-Charlotte: Sanfte Männlichkeit und selbständige Weiblichkeit. Frauen und Männer im Hamburger Bürgertum zwischen 1770 und 1840, Göttingen 1996.

Trumbach, Randolph: London's Sodomites. Homosexual Behavior and Western Culture in the 19th Century, in: Journal of Social History 11 (1977/78), No. 1, 1–33.

Trumbach, Randolph: Sodomitical Subcultures, Sodomitical Roles, and the Gender Revolution of Eighteenth Century. The Recent Historiography, in: Robert Purks Maccubbin, Hg., 'Tis Nature's Fault. Unauthorized Sexuality During the Enlightenment, Cambridge 1987, 109–121.

Trumbach, Randolph: Sodomitical Assaults, Gender Role and Sexual Development in Eighteenth-Century London, in: Kent Gerard u. Gert Hekma, Hg., The Pursuit of Sodomy. Male Homosexuality in Renaissance and Enlightenment Europe, New York u. London 1989, 407–432.

Trumbach, Randolph: Sex, Gender and Sexual Identity in Modern Culture. Male Sodomy and Female Prostitution in Enlightenment London, in: Journal of the History of Sexuality 2 (1991), No. 2, 186–203.

Trumbach, Randolph: Sex and the Gender Revolution, Bd. 1: Heterosexuality and the Third Gender in Enlightenment London, Chicago u. London 1998.

Trumbach, Randolph, Gert Hekma u. Harry Oosterhuis, Die Entstehung der Homo- und der Heterosexuellen. Ein Gespräch, in: Österreichische Zeitschrift für Geschichtswissenschaften 9 (1998), No. 3, 425–436.

Ulbricht, Otto: Kindsmord und Aufklärung in Deutschland, München 1990.

Ulbricht, Otto: Kindsmord in der Frühen Neuzeit, in: Ute Gerhard, Hg., Frauen in der Geschichte des Rechts. Von der Frühen Neuzeit bis in die Gegenwart, München 1997, 235–247.

Ulrich, Anita: Bordelle, Straßendirnen und bürgerliche Sittlichkeit in der Belle Epoque. Eine sozialgeschichtliche Studie der Prostitution am Beispiel der Stadt Zürich, Zürich 1985.

Ulrich, Anita: Ärzte und Sexualität – am Beispiel der Prostitution, in: Alfons Labisch u. Reinhard Spree, Hg., Medizinische Deutungsmacht im sozialen Wandel des 19. und frühen 20. Jahrhunderts, Bonn 1989, 223–235.

Usborne, Cornelie: Abtreibung: Mord, Therapie oder weibliches Selbstbestimmungsrecht? Der Paragraph 218 im medizinischen Diskurs der Weimarer Republik, in: Johanna Geyer-Kordesch u. Annette Kuhn, Hg., Frauenkörper, Medizin, Sexualität. Auf dem Weg zu einer neuen Sexualmoral, Düsseldorf 1986, 192–236.

Usborne, Cornelie: Frauenkörper – Volkskörper. Geburtenkontrolle und Bevölkerungspolitik in der Weimarer Republik, Münster 1994.

Usborne, Cornelie: The New Woman and Generational Conflict. Perceptions of Young Women's Sexual Mores in the Weimar Republic, in: Mark Roseman, Hg., Generations in Conflict. Youth Revolt and Generation Formation in Gemany, 1770–1968, Cambridge 1995, 85–101.

Ussel, Jos van: Geschiedenis van het seksuele probleem, Meppel 1968.

Ussel, Jos van: Sexualunterdrückung. Geschichte der Sexualfeindschaft, Gießen 1977.

Vance, Carole S.: Social Construction Theory. Problems in the History of Sexuality, in: Dennis Altman, Carole Vance, Martha Vicinus u. Jeffrey Weeks, Hg., Homosexuality, Which Homosexuality? International Conference on Gay and Lesbian Studies, London u. Amsterdam 1989, 13–33.

Velde, Theodor H. van de: Die vollkommene Ehe. Eine Studie über ihre Physiologie und Technik, Leipzig u. Stuttgart 1926.

Venette, Nicolas: De la génération de l'homme. Ou tableau de l'amour conjougal. Divisé en quatre parties, Köln 1696.

Venette, Nicolas: Abhandlung von Erzeugung des Menschen, Königsberg u. Leipzig 1738.

Verein für erzählte Lebensgeschichte, Hg.: Ich weiss über die Liebe gar nicht viel. Waldviertler Frauen erzählen über Heirat, Liebe, Sexualität und Aufklärung, Vitis 1990.

Villaume, Peter: Über die Unzuchtsünden in der Jugend, in: Joachim Heinrich Campe, Hg., Allgemeine Revision des gesammten Schul- und Erziehungswesens, Wolfenbüttel 1787, Bd. 7, 1–308.

Vocelka, Karl: Überlegungen zum Phänomen der «Sozialdisziplinierung» in der Habsburgermonarchie, in: Daniela Erlach, Markus Reisenleitner u. Karl Vocelka, Hg., Privatisierung der Triebe. Sexualität in der frühen Neuzeit, Frankfurt a. M. u. a. 1994, 31–45.

Vogel, Samuel Gottlieb: Unterricht für Eltern, Erzieher und Kinderaufseher, wie das unglaublich gemeine Laster der zerstörenden Selbstbefleckung am sichersten zu entdecken, zu verhüten und zu heilen sei, Stendal 1786.

Vomacka, Adolf: Was der Nervöse, der Neurastheniker von seiner Krankheit wissen und wie er leben muß um gesund zu werden, Leipzig 1907.

Von der Freundschaft. Michel Foucault im Gespräch, Berlin o. J.

Wagner, Peter: The Veil of Science and Morality. Some Pornographic Aspects of the Onania, in: British Journal for Eighteenth Cntury Studies 4 (1983), 179–184.

Wagner, Peter: The Discourse on Sex. Or Sex as a Discourse. Eighteenth-Century Medical and Paramedical Erotica, in: G. S. Rousseau u. Roy Porter, Hg., Sexual Underworlds of the Enlightenment, Manchester 1987, 46–68.

Waite, Robert G.: Teenage Sexuality in Nazi Germany, in: Journal of the History of Sexuality 8 (1998), No. 3, 435–476.

Walkowitz, Judith R.: Prostitution and Victorian Society. Women, Class and the State, New York u. Cambridge 1980.

Walser, Karin: Prostitutionsverdacht und Geschlechterforschung. Das Beispiel der Dienstmädchen um 1900, in: Geschichte und Gesellschaft 11 (1985), H. 1, 99–111.

Walter, Tilmann: Unkeuschheit und Werk der Liebe. Diskurse über Sexualität am Beginn der Neuzeit in Deutschland, Berlin u. New York 1998.

Wawerzonnek, Marcus: Implizite Sexualpädagogik in der Sexualwissenschaft 1886–1933, Köln 1984.

Weber, Max: Die Protestantische Ethik und der Geist des Kapitalismus, in: ders., Gesammelte Aufsätze zur Religionssoziolgie 1, Tübingen 1988, 17–206.

Weeks, Jeffrey: Coming Out. Homosexual Politics in Britain, from the Nineteenth Century to the Present, London 1977.

Weeks, Jeffrey: Making Sexual History, Cambridge, Oxford u. Molden 2000.

Wegelin, Adrian: Beobachtung einer Nervenkrankheit nebst Heilung von Entstehung der Selbstbefleckung, bey einem Mädchen von 23 Jahren, in: Archiv für die Geburthülfe, Frauenzimmer- und Kinderkrankheiten 4 (1792), Stück 1, 101–109.

Weigl, Andreas: Demographischer Wandel und Modernisierung in Wien, Wien 2000.

Weinberg, Siegfried: Über den Einfluß der Geschlechtsfunktionen auf die weibliche Kriminalität (= Juristisch-psychiatrische Grenzfragen 6, H. 1), Halle a. S. 1907.

Weindling, Paul J.: Health, Race and German Politics Between National Unification and Nazism, 1870–1945, Cambridge 1989.

Weingand, Hans-Peter: Vom Feuertod zu einem Monat Gefängnis. Gleichgeschlechtliche sexuelle Handlungen und Strafrecht in Österreich 1499–1803, in: Invertito – Jahrbuch für Geschichte der Homosexualitäten 1 (1999), 102–109.

Weingart, Peter, Jürgen Kroll u. Kurt Bayertz: Rasse, Blut und Gene. Geschichte der Eugenik und Rassenhygiene in Deutschland, Frankfurt a. M. 1988.

Weinrich, James: Sexual Landscapes. Why We Are What We Are, Why We Love Whom We Love, New York 1987.

Weinrich, James: Reality or Social Construction?, in: Edward Stein, Hg., Forms of Desire. Sexual Orientation and the Social Constructionist Controversy, New York u. London 1990, 175–208.

Weiß, Volker: Wißbegierde und Geständniszwang. Die Formierung der sexuellen Identität, Pfaffenweiler 1993.

Wernz, Corinna: Sexualität als Krankheit. Der medizinische Diskurs zur Sexualität um 1800, Stuttgart 1993.

Westphal, Hannelore: Die Liebe auf dem Dorf. Vom Wandel der Sexualmoral und der Prostitution auf dem Lande, Braunschweig 1988.

Wettley, Annemarie u. Werner Leibbrand: Von der «Psychopathia sexualis» zur Sexualwissenschaft, Stuttgart 1959.

Wiesner-Hanks, Merry E.: Christianity and Sexuality in the Early Modern World. Regulating Desire, Reforming Practice, London u. New York 2000.

Wilson, Edward O.: Soziobiology. The New Synthesis, Cambridge 1975.

Wilson, Edward O.: On Human Nature, Cambridge 1978.

Winkelbauer, Thomas: Grundherrschaft, Sozialdisziplinierung und Konfessionalisierung in Böhmen, Mähren und Österreich unter der Enns im 16. und 17. Jahrhundert, in: Joachim Bahlcke u. Arno Strohmeyer, Hg., Konfessionalisierung in Ostmitteleuropa. Wirkungen des religiösen Wandels im 16. und 17. Jahrhundert in Staat, Gesellschaft und Kultur, Stuttgart 1999, 307–338.

Winterfeld, Moritz Adolph von: Über die heimlichen Sünden der Jugend. Eine Preisschrift, in: Joachim Heinrich Campe, Hg., Allgemeine Revision des gesammten Schul- und Erziehungswesens, Bd. 6, Wolfenbüttel 1787, 507–609.

Wittmann, Reinhard: Geschichte des deutschen Buchhandels, München 1991.

Wolff, Winifried: Max Hodann (1894–1946). Sozialist und Sexualreformer, Hamburg 1993.

Woycke, James: Birth Control in Germany, 1871–1933, London u. New York 1988.

Wunder, Heide: Er ist die Sonn, sie ist der Mond. Frauen in der Frühen Neuzeit, München 1992.

Württembergische Eheordnung 1553, in: Gustaf Klemens Schmelzeisen, Hg., Quellen zur Neueren Privatrechtsgeschichte Deutschlands, 2. Bd. Polizei- und Landesordnungen, Köln u. Graz 1968/1969, 14–20.

Wuttke, W.: Homosexuelle im Nationalsozialismus, Ulm 1987.

Young, Wayland: Eros Denied. Sex in Western Society, New York 1964.

Zerzer, Christine: Sexuelles Verhalten österreichischer Schüler, in: Rudolf Weiss, Hg., Jugendsexualität. Forschungsergebnisse einer Untersuchung an über 2000 Schülern in Österreich, Innsbruck 1978, 55–71.

Zima, Peter V.: Theorie des Subjekts. Subjektivität und Identität zwischen Moderne und Postmoderne, Tübingen u. Basel 2000.

Zimmermann, Johann Georg: Warnung an Aeltern, Erzieher und Kinderfreunde wegen der Selbstbefleckung, zumal bey ganz jungen Mädchen, in: Neues Magazin für Aerzte 1 (1779), Stück 1, 43–51.

Zinn, Alexander: Die Bewegung der Homosexuellen. Die soziale Konstruktion des homosexuellen Nationalsozialisten im antifaschistischen Exil, in: Detlev Grumbach, Hg., Die Linke und das Laster. Schwule Emanzipation und die Linke, Hamburg 1995, 38–84.

Zinn, Alexander: Die soziale Konstruktion des homosexuellen Nationalsozialisten. Zu Genese und Etablierung eines Stereotyps, Frankfurt a. M. 1997.

Zöttlein, Helga: Unzüchtige Frauen – Unzüchtige Männer. Nichteheliche Paarbeziehungen in der kurhessischen Landstadt Zierenberg im Vormärz, in: Archiv für Sozialgeschichte 38 (1998), 23–40.

Zur Geschichte der Selbstbefleckung bey Kindern weiblichen Geschlechts. Aus dem Briefe einer Dame, in: Neues Magazin für Aerzte 1 (1779), Stück 1, 64–65.

Abbildungsverzeichnis

Personen- und Sachregister

Liebe und Sexualität

José Pierre (Hrsg.)

Recherchen im Reich der Sinne

Die zwölf Gespräche der Surrealisten über Sexualität 1928–1932
Aus dem Französischen von Martina Dervis
1996. 196 Seiten
Beck'sche Reihe Band 1161

Jürgen Wertheimer

Don Juan und Blaubart

Erotische Serientäter in der Literatur
1999. 174 Seiten mit 15 Abbildungen. Paperback
Beck'sche Reihe Band 1316

Peter Gay

Die zarte Leidenschaft

Liebe im bürgerlichen Zeitalter
1987. 526 Seiten mit 20 Abbildungen. Leinen

Sudhir Kakar

Kamasutra oder die Kunst des Begehrens

Roman
Aus dem Englischen von Natalie Lemmens
3. Auflage. 2002. 358 Seiten. Gebunden

Robert Jütte

Geschichte der Sinne

Von der Antike bis zum Cyberspace
2000. 416 Seiten mit 17 Abbildungen. Leinen

Claudia Schmölders (Hrsg.)

Die Erfindung der Liebe

Berühmte Zeugnisse aus drei Jahrtausenden
1996. 316 Seiten. Leinen

Verlag C.H.Beck München